全世界无产者，联合起来！

列宁全集

第二版增订版

第十卷

1905年3—6月

中共中央 马克思 恩格斯 著作编译局编译
列　宁 斯大林

人民出版社

《列宁全集》第二版是根据
中国共产党中央委员会的决定,
由中共中央马克思恩格斯列宁
斯大林著作编译局编译的。

凡　　例

1. 正文和附录中的文献分别按写作或发表时间编排。在个别情况下，为了保持一部著作或一组文献的完整性和有机联系，编排顺序则作变通处理。

2. 每篇文献标题下括号内的写作或发表日期是编者加的。文献本身在开头已注明日期的，标题下不另列日期。

3. 1918 年 2 月 14 日以前俄国通用俄历，这以后改用公历。两种历法所标日期，在 1900 年 2 月以前相差 12 天（如俄历为 1 日，公历为 13 日），从 1900 年 3 月起相差 13 天。编者加的日期，公历和俄历并用时，俄历在前，公历在后。

4. 目录中凡标有星花 * 的标题，都是编者加的。

5. 在引文中尖括号〈　〉内的文字和标点符号是列宁加的。

6. 未说明是编者加的脚注为列宁的原注。

7.《人名索引》、《文献索引》条目按汉语拼音字母顺序排列。在《人名索引》条头括号内用黑体字排的是真姓名；在《文献索引》中，带方括号[　]的作者名、篇名、日期、地点等等，是编者加的。

目　录

附　录

插　图

前　　言

本卷收载列宁在 1905 年 3 月至 6 月期间的著作。

自 1905 年 1 月俄国爆发革命后，广大人民群众的革命情绪不断高涨，反对沙皇专制制度的斗争逐步强化。工人的罢工愈来愈具有组织性和鲜明的政治目的。不少地方的群众性政治罢工转变为武装起义，工人和沙皇军队进行了街垒战。为了领导罢工，最早的一批工人代表苏维埃诞生了。如火如荼的农民运动也在广大农村地区开展起来。有些村庄的农民甚至作出了分配地主土地的决定，并用原始武器和农具武装起来对付沙皇政府派来进行镇压的警察。巨大的革命浪潮波及沙皇军队，"波将金"号装甲舰水兵的起义吓坏了沙皇政府，以致它求援于欧洲列强来镇压革命。在日俄战争中，沙皇海军的庞大舰队被日本消灭于朝鲜海峡，这一军事上的彻底崩溃意味着沙皇在政治上的崩溃。俄国的资产阶级对沙皇专制制度由不满进而反对，但它们害怕工农的革命运动。蓬勃发展的革命运动要求俄国社会民主工党从政治上对无产阶级进行领导，建立无产阶级和农民的联盟，团结一切革命力量，组织全民武装起义，把斗争的矛头直指沙皇专制制度。俄国社会民主工党在召开了第二次代表大会以后，经历着深刻的党内危机。党要适应革命形势的迅猛发展，就必须赶快摆脱危机，并根据活动条件的变化而改变党的组织工作形式，制定党在革命中的策略路线。而要完成这些任务,就必须召开俄国社会民主工党第三次代表大会。第三次代表大会是布尔什维克单独召开的。本来,召开这次代表大会的预期目的是在革命运动的新高潮中确定党的共同策略和实现党在组织上的统一,因而布尔什维克曾提出党的所有委员会,不论是布尔什维克的还是孟什维克的,都可以应邀参加这次代表大会,但孟什维克拒绝参加。孟什维克为了对抗这次代表大会,单独召开了自己的代表会议。一个代表大会和一个代表会议表明,实际上已形成两个党,它们对当时方兴未艾的革命运动持相异的看法,它们执行着不同的方针、路线和策略。

俄国社会民主工党是否参加未来的临时革命政府,这是布尔什维克和孟什维克在业已开始的资产阶级民主革命中争论的一个主要问题。本卷一开头的两篇文章《社会民主党和临时革命政府》和《无产阶级和农民的革命民主专政》以论战的形式阐述了这个问题,说明列宁是用创造性的马克思主义态度来对待俄国资产阶级民主革命胜利后将要产生的国家政权的。俄国在推翻沙皇专制制度后,必须建立无产阶级和农民的革命民主专政,这个专政的政治机构将是临时革命政府,临时革命政府的任务在于领导国家的全部政治生活直到召开全民立宪会议,进行民主改革,实现俄国社会民主工党的最低纲领,为向社会主义革命过渡准备条件。孟什维克断言,资产阶级民主革命的胜利应该是资产阶级取得政权,而不是实行无产阶级和农民的革命民主专政。他们认为,在建立民主共和国时,无产阶级和农民自觉地担负起专政的任务是危险的。列宁说:在专制制度崩溃时放弃革命民主专政的思想,就等于放弃实现社会民主党的最低纲领;这个纲领中提出的各种经济改造和政治改造,如建立共和国、人民武装、教会同国家分离、完全的民主自由、坚决的经济改革这些要求，如果没有下层阶级的革命民主专政，要在资产阶级制度的基础上实行，这是不可思议的。孟什维克认为：社会民主党人参加临时革命政府是不能允许的，因为参加政府就要掌握政权，而社会民主党作为无产阶级的政党，如果不打算实现自己的最高纲领，是不能掌握政权的。孟什维克还认为，同资产阶级革命民主派一道参加临时政府，这无异于推崇资产阶级制度。列宁就此驳斥道：社会民主党"推崇民主共和制的资产阶级制度，是同专制农奴制的资产阶级制度相比较而言。不过，它是把资产阶级共和国仅仅当做阶级统治的最后形式来'推崇'的，把它当做无产阶级同资产阶级斗争的最方便的舞台来推崇的，它推崇的不是资产阶级的监狱和警察、私有制和卖淫，而是为了对这些可爱的设施进行广泛的和自由的斗争。"（见本卷第 25 页）列宁同时指出，如果社会民主党哪怕有一分钟忽视自己的独立目标，忽视有必要把提高无产阶级的阶级自觉和发展无产阶级的独立政治组织放在首位，那么参加临时革命政府将会是极端危险的。但不应夸大这种危险，有组织的无产阶级完全能够应付这种危险。他说："在革命民主专政的条件下，我们就能够动员千百万城乡贫民，我们就能够使俄国的民主革命成为欧洲社会主义变革的序幕。"（见本卷第 28 页）

　　使无产阶级同农民结成联盟来夺取这次革命的胜利，是布尔什维克执行的一条主要方针。收进本卷的《自由派的土地纲领》和《马克思论美国的"土地平分"》两文阐述了俄国社会民主工党对待农民运动的立场。前一篇文章是为了揭露自由派提出的土地改革措施的反人民实质而写的。俄国的自由派和民粹派一样，他们的资产阶级民主主义性质正表现在用小农经济的利益掩盖农业雇佣

劳动的利益。列宁说:社会民主党完全同情农民运动,如果农民能
够用革命办法夺走地主的全部土地,这对俄国的整个社会发展和
俄国的无产阶级都是巨大的胜利;但是,即使取得这个好结局,农
业雇佣工人的人数也只可能暂时减少,而决不会绝迹,农业雇佣工
人的单独利益仍然是单独利益。列宁进一步指出:土地转到农民
手里一点也不会消灭资本主义生产方式在俄国的统治,反而会给
这种生产方式的发展以更广泛的基地。列宁说:在进行彻底的社
会主义变革之前,任何最激进的和最革命的土地改革措施都消灭
不了农业雇佣工人阶级;幻想所有的人都变成小资产者是一种反
动的庸俗观念。列宁的后一篇文章论述的是马克思如何在1846
年就美国的"土地平分"问题批判"真正的社会主义"的代表人物海
尔曼·克利盖的错误观点。列宁认为,马克思的这一批判对俄国
社会民主党人的意义很大,因为土地问题当时被美国的社会运动
进程本身提到首位,正像俄国现在一样,而当时谈的恰恰不是发达
的资本主义社会,而是为资本主义的发展创造条件,这一点对俄国
的农民运动尤其重要。马克思一开始就批判了所谓"土地平分"计
划的空想主义,指出宗法制度转为工业制度是不可避免的,也就是
说,资本主义的发展是不可避免的。列宁概括马克思对克利盖的
批判时说:"你妄想避免的资本主义的恶,却是历史上的善,因为它
将惊人地加速社会的发展,使共产主义运动新的高级形态更早地
到来。"(见本卷第55页)当年的克利盖和俄国的社会革命党人都
把小资产阶级的空想说成是最高的革命理想,不懂得现代经济制
度及其发展的真正基础。但是,马克思并不笼统地否定"土地平
分"这一小资产阶级运动;同样,列宁也肯定社会革命党对土地私
有制的攻击。列宁认为,对土地私有制的打击将促进今后对一般

私有制的打击。列宁强调指出，我们不能因为当前俄国农民运动具有小资产阶级性质就对它不屑一顾。"我们必须用全力来支持这个运动，发展它，使它成为一个具有政治自觉性和明确阶级性的运动，推动它前进，和它齐心协力地一同走到终点，因为我们的路程比任何农民运动的终点远得多，我们的终点是完全结束社会划分为阶级的现象。"（见本卷第56页）

　　载入本卷的《〈前进报〉编辑部对圣彼得堡五金工厂工人小组的决议所加的按语》、《嫁祸于人》、《被揭穿的总委员会》、《给俄国社会民主工党总委员会主席普列汉诺夫同志的公开信》、《关于第三次代表大会问题》反映出布尔什维克为筹备俄国社会民主工党第三次代表大会所进行的斗争。这些文献说明：孟什维克破坏了党的第二次代表大会的各项决议，建立了秘密组织，从而分裂了党；他们在攫取了党的中央机关之后，激烈反对布尔什维克，瓦解党的组织工作，破坏工人阶级的统一行动，对革命进程起阻碍作用。这些文献也说明：布尔什维克在同孟什维克的斗争中壮大了力量，增强了影响，在党内得到了愈来愈多的地方委员会的支持；布尔什维克不顾孟什维克的多方阻挠，坚决召开党的第三次代表大会以解决党内危机，并为此做了大量的思想上和组织上的工作。这些文献还说明，召开党的第三次代表大会是符合党的组织原则的，是合法的，是受到广大党员拥护的。

　　列宁有关俄国社会民主工党第三次代表大会的文献在本卷中占有较大篇幅。这次代表大会于1905年4月12日（25日）至27日（5月10日）在伦敦召开。出席大会的代表38名，所有大的党组织都派代表出席，由28个地方委员会中的21个派出的24名代表有表决权。列宁当选为大会主席，领导了大会的全部工作。这次代表大会批判了孟什维克在组织问题和策略问题上的机会主义观点,确立了布尔什维克的组织原则和策略原则。代表大会通过了新党章,建立了党的统一的中央领导机关——中央委员会以代替两个中央领导机关(中央委员会和中央机关报),并决定创办《无产者报》作为党的机关报。列宁为大会拟了主要的决议草案,就各种重大问题作了报告和发言。列宁的这些决议草案、报告和发言除涉及大会的筹备和工作程序外,还阐述了关于武装起义、关于在革命前夕和革命时期对政府政策的态度、关于临时革命政府、关于党的公开政治活动、关于对农民运动的态度、关于党内工人和知识分子的关系、关于党章、关于对党内分裂出去的部分的态度、关于对各民族的社会民主党组织的态度、关于对自由派的态度、关于对社会革命党的态度、关于中央委员会的工作报告等等问题。

俄国社会民主工党第三次代表大会是在俄国革命高涨的形势下召开的,它确定了党在已经开始的革命中的主要策略。关于武装起义问题是大会讨论的策略问题之一。列宁为大会拟的《关于武装起义的补充决议草案》和《关于武装起义的决议》指出:组织无产阶级举行武装起义来直接同专制制度斗争是当前革命时期党的最主要最迫切的任务之一,各级党组织要通过宣传和鼓动给无产阶级不仅讲清楚即将来临的武装起义的政治意义,而且讲清楚这一起义的实际组织工作;在宣传鼓动时要说明群众性政治罢工在起义开始时和起义进程中都具有重要意义;要采取最积极的措施来武装无产阶级以及制定武装起义和直接领导武装起义的计划,必要时应设立由党的工作者组成的专门小组来进行这项工作。列宁还就武装起义问题先后在大会上作了两次发言。

关于社会民主党参加临时革命政府的问题是俄国社会民主工

党第三次代表大会讨论的又一策略问题。列宁在大会上作了《关于社会民主党参加临时革命政府的报告》。列宁在报告中发挥了他在上述《社会民主党和临时革命政府》、《无产阶级和农民的革命民主专政》两文中的思想。列宁从理论上批判了格·瓦·普列汉诺夫和亚·萨·马尔丁诺夫关于这一问题的错误观点，正确阐述了马克思和恩格斯总结的欧洲资产阶级民主革命，尤其是1848—1850年革命的历史经验对俄国当时革命的意义。列宁还写了《关于社会民主党参加临时革命政府的决议草案》和《关于临时革命政府的决议草案》，对社会民主党参加临时革命政府的必要性作了简明的理论概括。列宁特别提出了社会民主党对自己的参加临时革命政府的代表进行监督的问题："党必须对它的全权代表进行严格的监督，必须坚定不移地维护社会民主工党的独立性，因为社会民主工党力求实现彻底的社会主义变革，在这方面它与一切资产阶级民主主义政党和阶级都是势不两立的。"（见本卷第120页）

　　关于社会民主党对农民运动的态度也是俄国社会民主工党第三次代表大会讨论的一个策略问题。列宁在《关于支持农民运动的决议案的报告》中论证的思想同他在上述《自由派的土地纲领》、《马克思论美国的"土地平分"》两文中论证的思想是一脉相承的。列宁认为，现在农民运动正在发展壮大，无产阶级政党要全力支持这个运动，并且决不限制这个运动的规模。列宁的报告还涉及党的第二次代表大会制定的党纲中提出的关于归还割地的要求。列宁说，关于割地一项决不是划定农民运动的界限，决不是缩小也决不是限制农民运动，社会民主党永远不会去阻拦农民采取土地改革的革命措施。列宁拟的《关于支持农民运动的决议草案》和《关于对农民运动的态度的决议案》提出：最坚决地支持农民所采取的能够改善他们状况的一切革命措施，包括没收地主、官府、教会、寺院和皇族的土地；立即组织革命农民委员会，作为在农民中进行鼓动的实际口号，作为使农民运动具有高度自觉性的手段；号召农民和农村无产阶级举行各种各样的政治性游行示威，集体拒绝交纳赋税，不执行政府及其走狗的决定和命令；力求把农村无产阶级独立地组织起来，并使他们在社会民主党的旗帜下同城市无产阶级融合在一起。

俄国社会民主工党第三次代表大会讨论了组织建设问题，列宁就党章修改问题作了十次发言。这次代表大会采纳列宁早在党的第二次代表大会上提出的党章第1条条文，取消了孟什维克尔·马尔托夫关于这一条的体现了机会主义观点的条文。这对巩固新型的无产阶级政党具有重大意义。至于在组织问题上如何对待孟什维克，代表大会持慎重态度。列宁为此拟了《关于党内分裂出去的部分的决议草案》，并就彼·鲁勉采夫的相同内容的决议案作了发言。代表大会基于在革命中必须团结无产阶级力量的考虑，在决议中提出：附和孟什维克观点的人，在承认党代表大会和党章而且完全服从党的纪律的条件下可以参加党的组织。根据列宁的意见，代表大会建议中央委员会解散那些不服从党的第三次代表大会的决议和党的纪律的孟什维克组织。

列宁在俄国社会民主工党第三次代表大会之后，代表中央委员会写了《关于俄国社会民主工党第三次代表大会的通知》，登载在《无产者报》第1号上，该报第1号还发表了列宁写的《关于代表大会的组成》、《第三次代表大会》两文。这些文献阐明了俄国社会民主工党第三次代表大会的意义。列宁认为这次代表大会应当在俄国社会民主主义工人运动史上开创一个新阶段。他说，人民战胜专制制度的可能愈来愈大了，这个胜利向社会民主党提出的要求，是民主主义变革时代在任何地方历史都未曾向工人政党提出过的。为了使西欧工人了解俄国社会民主工党第三次代表大会决议的内容，列宁组织了出版大会最重要决议和上述通知的德文本和法文本的工作，列宁在《致社会党国际局》的信件（5 月 20 日）中将此事告知了社会党国际局。在同一信件中列宁还通报了第三次代表大会在组织问题方面作出的重大决定。在《给〈莱比锡人民报〉编辑部的公开信》中，列宁抗议第二国际领袖卡·考茨基反对俄国社会民主工党第三次代表大会决议、歪曲俄国社会民主工党内部生活真相、为孟什维克辩护的行为。列宁所写《倒退的第三步》一文是评论孟什维克召开的所谓第三次代表会议的。该文剖析了这个代表会议提出的"组织章程"的内容，揭露了它所通过的一系列策略决议的实质。列宁把孟什维克的偏向机会主义的活动称为"倒退的第三步"。

　　列宁在俄国社会民主工党第三次代表大会之后继续论述关于工农民主专政和临时革命政府的问题。提纲性短文《胜利的革命》，其中心内容就是关于工农民主专政。需要提出的是，列宁为了反驳普列汉诺夫对临时革命政府的议论，还给《无产者报》写了《论临时革命政府》的系列文章。在第一篇题为《普列汉诺夫的历史考证》的文章中，列宁批判了把马克思关于 19（和 20）世纪革命的三种主要力量和三个基本阶段的原理庸俗化的观点。马克思的原理是：革命的第一阶段是限制专制制度以满足资产阶级；第二阶段是争取共和国以满足"人民"即农民和整个小资产阶级；第三阶段是社会主义变革，只有这种变革才能满足无产阶级。列宁说，社会民主党人的确要登上这三级不同的台阶；这些台阶之所以不同，取决于在最好的情况下有哪些阶级能够陪同社会民主党人一起攀登；但是，如果把这个三级台阶理解为在任何一次攀登前，需要为自己预先量出短短的尺度，譬如不超过一级台阶，那就是超级庸人。普列汉诺夫不顾历史事实，硬说马克思对工人政党参加临时革命政府的问题持否定态度。列宁说，马克思在《共产主义者同盟中央委员会告同盟书》中根本没有涉及无产阶级参加临时革命政府在原则上是否可以允许的问题。列宁又说，如果马克思和恩格斯认识到民主制度将在相当长的时期内占统治地位，那么为了巩固共和国，为了彻底消灭专制制度的一切痕迹和彻底清扫为社会主义而战斗的场所，他们会赋予无产阶级和农民的民主专政以更大的意义的。列宁在题为《仅仅从下面还是既从下面又从上面？》的第二篇文章中指出，孟什维克认为，无产阶级组成资产阶级民主国家的反对党的最好途径，就是从下面、通过无产阶级对执政的民主派施加压力来发展资产阶级革命，而布尔什维克却想使无产阶级不仅"从下面"而且还要从上面即从临时政府里对革命施加压力。列宁就此引证恩格斯对巴枯宁主义者的批判，并得出结论说：把革命行动完全局限于从下面施加压力，这是无政府主义；谁不懂得革命时代的新任务，即从上面采取行动的任务，谁不善于确定这种行动的条件和纲领，谁就不懂得无产阶级在任何民主主义革命中的任务。列宁系列文章中未见于报刊的第三篇文章所提出的临时革命政府的任务问题在本卷的《临时革命政府图景》、《革命军队和革命政府》等文中得到了说明。

　　列宁写《革命军队和革命政府》一文是由于他得知，沙皇海军的"波将金"号装甲舰举行起义，转到了革命方面。这篇文章从俄国社会民主工党第三次代表大会的武装起义方针进而谈到军事问题。列宁认为,"波将金"号起义这一重大事件标志着反对专制制度的革命运动的发展又向前迈进了一大步。列宁说:"暴乱——游行示威——巷战——建立革命军队,这就是人民起义的发展阶段。现在我们终于走上了最后的阶段."(见本卷第318页)列宁指出:不管"波将金"号的命运如何,这无疑是一次组织革命军队核心的尝试;要全力支持这一尝试,向最广大的无产阶级和农民群众说明革命军队在为自由而斗争的事业中具有的全民意义。列宁在论证革命军队在革命中的作用时说:革命军队是进行军事斗争和对人民群众实行军事领导以对付专制制度军事力量的残余所必需的;革命军队之所以必要,是因为只有靠暴力才能解决伟大的历史问题,而在现代斗争中,暴力组织就是军事组织。但列宁又补充说:社会民主党从来没有搞过军事阴谋,当业已开始的国内战争条件还不具备的时候,它从来没有把军事问题提到第一位。列宁把革命军队和革命政府相提并论:革命军队和革命政府是一件事情的两个方面,是为了起义成功和巩固起义果实所同样必需的两个机构。载于本卷的列宁代表俄国社会民主工党写的《致社会党国际局》的信件(6月21日),请求向世界各国工人发表一份呼吁书,呼吁不许干涉俄国的起义。

　　本卷中的许多文献揭露了资产阶级自由主义运动的实质,阐述了俄国社会民主工党所执行的坚持无产阶级的领导权、使自由派资产阶级孤立但并不拒绝利用他们的有利于民主派反沙皇斗争的个别言行的路线。列宁在《革命斗争和自由派的渔利行为》一文中指出,当专制制度和革命人民之间的斗争日趋激化时,自由派资产阶级在两者之间随机应变,既依靠革命人民反对专制制度,又依靠君主制反对革命人民。列宁认为:自由派的立宪纲领是在完全自觉地保存君主制的前提下允许全民立宪会议同君主制并存;资产阶级不愿意推翻现存政权并用共和制代替君主制,主张在人民和沙皇之间搞"调和",使斗争双方的力量保持平衡而都不能获得完全的胜利,以便从中渔利。在《革命无产阶级的民主主义任务》一文中,列宁指出,资产阶级争取政治自由的斗争是不彻底的,俄国社会民主党人不得不同资产阶级自由派的不彻底性进行战斗。列宁说,像立宪会议和普遍、直接、平等、无记名投票的选举制这样一些口号已经成为共同的财产,俄国社会民主党的纲领也把全民立宪会议的口号放在重要的位置上,但不是孤立地而是与下面的口号相联系地提出的:(1)推翻沙皇专制制度;(2)以民主共和制取代它;(3)用民主立宪制保证人民专制,也就是把整个国家的最高权力集中在由人民代表组成的一院制的立法会议手中。以上两文还对俄国自由派资产阶级当时正在酝酿成立的立宪民主党作了评价。列宁说:俄国正在非常迅速地形成一个很广泛的自由主义政党,这个政党使用"立宪民主"党的名称是为了掩盖该党的君主主义性质;事实上,整个这个党都拥护君主制,它根本不要共和制,这就是说,它是一个立宪君主制拥护者的党。为了揭露沙皇大臣布里根的代表地主和官僚利益、丝毫也未使专制政权受到限制的"宪法"草案的反人民实质,列宁写了《宪法交易》一文;为了说明专制君主制、立宪君主制和民主共和制这三种政体的不同,列宁还写了《三种宪法或三种国家制度》。另外,本卷中的《政治诡辩》、《保守派资产阶级的忠告》、《资产阶级背叛的头几步》、《戴白手套的"革命家"》、《无产阶级的斗争和资产阶级的奴颜婢膝》等文献都对自由派资产阶级进行了揭露和批判。

　　载入本卷的《新的革命工人联合会》一文评析了俄国资产阶级

民主革命期间以非党面目出现的组织的性质和作用,阐明了社会民主党对待这些组织的态度,论述了对参加民主革命的工人进行社会主义思想教育的必要性。列宁在文中指出:俄国的这场资产阶级民主革命的性质本身必然造成各种各样战斗成分的壮大和增长,他们代表各个不同阶层人民的利益;由于全体人民都身受专制制度的压迫,公开的政治斗争尚未能彻底划清阶级界限并建立明确的、连广大群众也可以了解的政党,因此,这些界限没有划清的、不确定的成分构成了革命民主派的骨干;他们的战斗作用对民主主义革命来说非常大,但他们仅仅是民主主义者、反对专制制度的革命者;而对于无产阶级运动来说,他们的政治作用有时不仅可能很小,甚至可能有害,因为他们同无产阶级毫无联系,他们争取自由的斗争同无产阶级争取社会主义的斗争没有紧密联系,他们所起作用的客观意义无非是实现资产阶级的利益;他们的活动一点也保证不了胜利的成果、自由的成果为无产阶级、为社会主义所用。列宁指出,那种认为在反对专制制度的共同斗争中暂时放弃党派争论和无产阶级同资产阶级的原则分歧的主张是错误的。列宁说:资产阶级很向往自由,但他们不仅不放弃土地和资本的私有制,而且拼命保住它们不受工人侵犯;工人是在和资产阶级并肩反对专制制度,而对工人来说,放弃和资产阶级的原则分歧就等于放弃社会主义。列宁强调指出:"工人们应该为争取自由而斗争,同时**一分钟**也不放弃社会主义的主张,不放弃为实现社会主义而工作,不放弃为赢得社会主义而作好积蓄力量和组织上的准备。"(见本卷第269—270页)列宁同时又提出,社会民主党不应轻视这些非党的革命民主主义团体的巨大作用,不应轻视加入这些团体的非党工人,应该利用一切手段向所有这些团体的成员,尤其是工人们阐明社会民主党的观点，并且证明，如果无产阶级不想在政治上被资产阶级利用，那就恰恰有必要建立党的而且一定是社会民主主义的党的无产阶级组织。

在《列宁全集》第2版中，本卷文献比第1版相应时期的文献增加68篇。俄国社会民主工党第三次代表大会文献70篇中有43篇为新文献。另外，有关这次代表大会的9篇材料也属新文献，编入了《附录》。《附录》共收载21篇文献，其中只有一篇不是新文献。

弗・伊・列宁

(1900 年)

社会民主党和临时革命政府¹

(1905 年 3 月 23 日和 30 日〔4 月 5 日和 12 日〕)

一

仅仅在五年以前,许多社会民主党人还认为"打倒专制制度!"这个口号提早了,工人群众不理解。这些人被归入机会主义者之列是公正的。曾经对他们讲了又讲,他们落在运动的后面了,他们不了解党的任务,不了解党是阶级的先进部队,是阶级的领导者和组织者,是整个运动及其根本和主要目的的代表。这些目的可能被每天的日常工作暂时遮盖起来,但是,任何时候都不应失掉作为斗争着的无产阶级的指路明灯的意义。

现在,革命烈火燃遍了全国,连最不相信的人也都相信最近的将来专制制度必然会被推翻。可是,好像有点历史的讽刺似的,社会民主党又要同企图把运动拉向后退、企图贬低运动任务、模糊运动口号这样的反动机会主义者打交道。同这些企图的代表者论战成了当务之急,具有(不管许许多多不大喜欢党内论战的人的意见如何)巨大的**实际**意义。因为我们愈接近于直接实现我们的最近政治任务,就愈有必要十分明确地了解这些任务,在这个问题上的任何模棱两可、暧昧不明或考虑不周就愈有害。

但是,在社会民主党的新火星派[2]或(几乎同他们一样的)工人事业派[3]中间,考虑不周的情况却屡见不鲜。打倒专制制度!——这个口号大家都同意,不仅所有的社会民主党人,而且所有的民主派,甚至所有的自由派(如果相信他们现在的声明)都同意。然而这个口号是什么意思呢?这种推翻现政府的工作究竟应当怎样进行呢?现在连解放派[4]也准备当做自己的口号(见《解放》杂志第67期)提出来的立宪会议(承认普遍……选举权),应该由谁召集呢?使这个会议的选举是自由的,是代表全体人民的利益的,究竟应有什么实际保证呢?

对于这些问题,谁提不出明确的回答,谁就不懂得"打倒专制制度!"这个口号。可是,这些问题必然给我们提出临时革命政府问题;不难了解,在专制制度下,要完全保证用真正普遍、平等、直接和无记名投票方式来实行真正自由的全民的立宪会议选举,不但是不可想象的,而且简直是不可能的。假如我们不是白白提出立刻推翻专制政府这一实际要求,那么我们就要弄清楚,我们**究竟想用什么别的政府**来代替这个被推翻的政府?换句话说:我们应该如何看待社会民主党对临时革命政府的态度?

在这个问题上,现代社会民主党的机会主义者即新火星派,极力把党拉向后退,就像五年前工人事业派在一般政治斗争问题上的做法一样。他们在这一点上的反动观点,在马尔丁诺夫的《两种专政》这本小册子里得到了最详尽的发挥。《火星报》(第84号)专门刊登了一篇短评赞扬并推荐这本小册子,我们也已经不止一次地提醒我们的读者注意这本小册子。

马尔丁诺夫在自己的小册子里一开头就用这样一种可怕的前景吓唬我们:假如坚强的革命社会民主党组织能够"规定并举行全

民武装起义"来反对专制制度,像列宁所幻想的那样,那么"全民意志马上就会在革命后规定这个政党为临时政府,不是很明显吗?人民会把革命的最近命运交给这个政党而不交给任何别的政党,不是很明显吗?"

这是难于置信的,然而这是事实。将来写俄国社会民主党的历史的人会惊奇地发现:在俄国革命刚刚开始时,社会民主党的吉伦特派⁵曾经用这种前景**吓唬**革命无产阶级!马尔丁诺夫的这本小册子(以及新《火星报》上的一系列文章和文章中的某些段落)的全部内容无非就是渲染这种前景"可怕"。新火星派的思想领袖在这里对"夺取政权"感到惊讶,仿佛看见了"雅各宾主义"⁶、巴枯宁主义⁷、特卡乔夫主义⁸和其他可怕的主义这些魔怪,而形形色色的革命保姆又是如此喜欢用这些主义来吓唬政治幼儿①。不言而喻,这里少不了"摘录"马克思和恩格斯的一些话。不幸的马克思和恩格斯,他们的著作被引用得多么荒唐啊!"一切阶级斗争都是政治斗争"这个真理就曾经被用来**替我们的**政治任务以及政治鼓动和斗争方法的狭隘性和落后性**作辩护**⁹,这一点你们记得吗?如今,为了替尾巴主义说话,恩格斯竟被搬出来当伪证人了。恩格斯曾在《德国农民战争》一书中写道:"对于激进派的领袖来说,最糟糕的事情莫过于在运动还没有达到成熟的地步,还没有使他所代表的阶级具备进行统治的条件,而且也不可能去实行为维持这个阶级的统治所必须贯彻的各项措施的时候,就被迫出来掌握政权。"②只要细心读一读马尔丁诺夫摘录的一大段话的开头这几

---

① 手稿上是:"……而坐在革命旁边的老太婆又是如此喜欢用这些主义来吓唬政治幼儿。"——俄文版编者注

② 见《马克思恩格斯文集》第2卷第303—304页。——编者注

句,就足以相信,我们的尾巴主义者是怎样曲解作者原意的。恩格斯说的是**为了保证阶级的统治的政权**。这难道不明白吗?因此,对无产阶级说来,这就是**为了保证无产阶级的统治的政权**,即为实现社会主义变革的无产阶级专政。马尔丁诺夫不懂得这一点,他把推翻专制制度时的临时革命政府同推翻资产阶级时的必不可少的无产阶级统治混为一谈,他把无产阶级和农民的民主专政同工人阶级的社会主义专政混为一谈。其实,再往下看一看恩格斯的话,他的意思就更加明白了。他说,激进派的领袖将要"维护一个异己阶级的利益,不得不以**空话和诺言**来对自己的阶级进行搪塞,**声称那个异己阶级的利益就是本阶级的利益**。谁要是陷入这种**窘境**,那就无可挽回地要遭到失败"①。

上面加上着重标记的地方显然表明:恩格斯正是警告要提防陷入这样的窘境,而陷入这样的窘境是由于领袖不了解"自己的"阶级的真正利益和不了解变革的真正阶级内容造成的。为了让我们深思熟虑的马尔丁诺夫更加清楚地明白这一点,我们不妨举一个简单的例子来加以说明。民意党人**10**想代表"劳动"的利益,硬要自己和别人相信,在将来的俄国立宪会议中,百分之九十的农民将是社会主义者,他们这样就陷入了窘境,势必遭到无可救药的政治上的灭亡,因为这些"诺言和断言"不符合客观现实。实际上他们实现的是资产阶级民主派的利益,"另一个阶级的利益"。最尊敬的马尔丁诺夫,你还没有开始懂得点什么吗?社会革命党人**11**把俄国必然到来的土地改革看做是"社会化",是"土地转交给人民",是"平均使用"的开始,于是他们使自己陷入窘境,势必遭到无

---

① 见《马克思恩格斯文集》第2卷第304页。——编者注

可救药的政治上的灭亡，因为实际上他们力求达到的改革，恰恰是**为了另一个阶级**——农民资产阶级的统治，所以革命的发展愈迅速，他们的空话、诺言和断言也就被现实驳倒得愈快。最尊敬的马尔丁诺夫，你还不懂得这是怎么一回事吗？你还不懂得恩格斯思想的**实质**就在于指出**不理解**变革的真正历史任务会遭到灭亡吗？你还不懂得恩格斯的话对民意党人和"社会革命党人"正好都适用吗？

二

恩格斯指出，无产阶级领袖们不了解变革的**非无产阶级**性质是危险的，而聪明的马尔丁诺夫却由此得出结论说：无产阶级领袖们在纲领、策略（即一切宣传和鼓动）以及组织上同革命民主派划清了界限，在建立民主共和国时起领导作用是危险的。恩格斯认为，领袖把变革的假社会主义内容与真民主主义内容混为一谈是危险的，而聪明的马尔丁诺夫却由此得出结论说：在建立民主共和国这个资产阶级统治的最后形式也是无产阶级同资产阶级作阶级斗争的最好形式时，无产阶级和农民一起自觉地担负起专政的任务是危险的。恩格斯认为，如果陷入虚伪的窘境，即说的是一套，做的是另一套，答应一个阶级的统治，实际上则是保证另一个阶级的统治，是危险的；恩格斯认为陷入这种虚伪的窘境必然遭到不可救药的政治上的灭亡，而聪明的马尔丁诺夫却由此得出结论说：灭亡的危险是由于资产阶级民主派不让无产阶级和农民得到真正的民主共和国而造成的。聪明的马尔丁诺夫根本无法懂得，在争取真正的民主共和国的斗争中，无产阶级领袖的灭亡，成千上万无产者的灭亡,也只是肉体上的灭亡,而**这种**灭亡,不仅不是政治上的灭亡,反而是无产阶级在政治上的伟大收获,是无产阶级的领导权在争取自由的斗争中的伟大实现。恩格斯说的是从自己阶级的道路不自觉地误入异己阶级的道路的人政治上的灭亡,而聪明的马尔丁诺夫虽然恭恭敬敬地引证了恩格斯的话,说的却是沿着正确的阶级的道路不断前进的人的灭亡。

　　革命的社会民主党的观点和尾巴主义的观点的区别,在这里是非常明显的。马尔丁诺夫和新《火星报》从无产阶级和农民一起承担的最激进的民主主义变革的任务向后倒退了,从社会民主党对这个变革的领导向后倒退了。这样一来,他们就把无产阶级的利益交到哪怕是不自觉地交到了资产阶级民主派手里。马克思认为我们应准备的不是**将来的**执政党,而是**将来的**反对党。马尔丁诺夫从这个正确的思想中得出结论说:我们应当对**目前的**革命采取尾巴主义的反对派立场。这就是马尔丁诺夫的政治才智。下面是他的议论,我们建议读者好好思考一下:

　　"在无产阶级没有实行社会主义革命以前,国家政权,整个的也好,部分的也好,它都不能得到。这是一个无可争辩的原理,这个原理把我们同机会主义的饶勒斯主义区别开来……"(马尔丁诺夫的书第58页)我们可以补充一句,这个原理也无可争辩地证明尊敬的马尔丁诺夫没有能力弄懂问题的实质是什么。把无产阶级参加反抗社会主义变革的政权与无产阶级参加民主主义革命混为一谈,就是根本不懂得问题的实质。这正如把米勒兰参加刽子手加利费内阁同瓦尔兰参加始终保卫共和国的公社混为一谈一样。

　　但是,再往下读就可以看出我们的作者是多么糊涂了:"……不过,既然如此,那就很明显,即将来临的革命不可能实现任何**违**

背整个资产阶级的**意志**的政治形式〈黑体是马尔丁诺夫用的〉,因为资产阶级将是明天的主人……" 第一,上文是泛指无产阶级政权,直到社会主义革命,为什么这里却只谈政治形式呢?为什么作者不说实现经济形式呢?因为他自己已经不知不觉从社会主义变革跳到民主主义变革了。既然如此(这是第二),那么我们的作者仅仅(tout court)谈"整个资产阶级的意志"是完全错误的,因为民主主义变革时代的特点,正好就是从专制制度下刚刚解放出来的资产阶级的不同阶层具有不同的意志。谈民主主义变革时局限于把无产阶级和资产阶级赤裸裸地简单对立起来,是完全没有道理的①,因为**这种**变革恰好标志着社会发展的一个时期,在这个时期,社会中的大批人其实是站在无产阶级和资产阶级之间,构成最广泛的小资产阶级和农民的阶层。正因为民主主义变革还没有完成,所以在实现政治形式的问题上,这个巨大的阶层同无产阶级的共同利益,要比狭义上的真正"资产阶级"同无产阶级的共同利益多得多。马尔丁诺夫不懂得这个简单的道理,这就是他的糊涂观念的主要根源之一。

再往下看:"……既然如此,无产阶级的革命斗争用单纯恐吓大多数资产阶级分子的办法就只能导致一种结果:恢复专制制度的原始形式。当然,无产阶级不会因为出现这个可能的结果而停止不前。在最坏的情况下,就是将来肯定要出现用虚假的立宪让步来复活并巩固日益腐化的专制政权的局面,无产阶级是不会放弃恐吓资产阶级的。但是,无产阶级在进行斗争的时候所注意的,显然不是这种最坏的情况。"

---

① 手稿上不是"完全没有道理的",而是"再愚蠢不过的"。——俄文版编者注

　　读者,你明白一点了吧？在将来实行虚假的立宪让步的情况下,无产阶级是不会因为进行恐吓将导致恢复专制制度而放弃恐吓的！这等于我说:大灾难临头了,我要同马尔丁诺夫一个人进行一天的谈话;因此在最坏的情况下,我要采用恐吓手段,结果只得同马尔丁诺夫和马尔托夫两个人进行两天的谈话。这简直是胡说八道,最尊敬的！

　　马尔丁诺夫在写上述谬论的时候,念念不忘的是:如果在民主主义变革时代无产阶级用社会主义革命恐吓资产阶级,那么这只会导致连民主主义成果也被削弱的反动。只能是这样。恢复专制制度的原始形式也好,无产阶级在最坏的情况下准备做最坏的蠢事也好,显然都谈不上。整个问题仍然无非是马尔丁诺夫忘记了民主主义变革同社会主义变革之间的区别,无非是存在着人口众多的农民和小资产阶级,他们能够支持民主主义变革,而在目前还不能支持社会主义变革。

　　让我们再听听我们聪明的马尔丁诺夫的话吧:"……很明显,资产阶级革命前夜无产阶级和资产阶级之间的斗争,同这个斗争的最后阶段——社会主义革命前夜所进行的斗争,应当在某些方面有所不同……" 是的,这是很明显的,但是,假如马尔丁诺夫想一想这种不同究竟何在,那么,他就未必会写出上面那些荒唐话以至自己的整本小册子来。

　　"……为影响资产阶级革命的进程和结局而进行的斗争,只能是无产阶级对自由派资产阶级和激进派资产阶级的意志施加革命压力,只能是较民主的社会'下层'迫使社会'上层'同意把资产阶级革命进行到它的逻辑终点。这个斗争表现为:无产阶级在每个场合都要求资产阶级作出抉择:要么倒退,受专制制度钳制,要么前进，同人民在一起。"

这一大段高论是马尔丁诺夫的小册子的中心点。这本小册子的全部要点，全部基本"思想"就在这里。那么这些聪明的思想究竟是什么呢？请看一看这些社会"下层"，我们的才子毕竟还提到了的这个"人民"是什么呢？这就是为数众多的、完全能够成为革命民主主义者的城市小资产阶级和农民阶层。那么这种无产阶级和农民对社会上层的**压力**是什么呢？这种无产阶级和人民不顾社会上层的意愿而一道前进的运动是什么呢？这也就是我们的尾巴主义者拼命加以反对的**无产阶级和农民的革命民主专政**！这个尾巴主义者就是不敢想到底，不敢直言不讳。因此他就说出一些自己也不懂得是什么意思的话来，他用可笑而愚蠢的怪腔怪调①羞羞答答地重复那些被他忽视了原意的口号。因此只有尾巴主义者才会在他的最后结论的最"有意思的"部分说出这种可笑的话来：无产阶级和"人民"对社会上层施加革命压力，但不要无产阶级和农民的革命民主专政，——只有马尔丁诺夫才会这么说！马尔丁诺夫要无产阶级表示它要同人民一起前进来威胁社会上层，但同时又要无产阶级断然决定同它的新火星派领袖们一起**不走**民主主义道路，因为这是革命民主专政的道路。马尔丁诺夫要无产阶级用表现自己缺乏意志的方式来对上层的意志施加压力。马尔丁诺夫要无产阶级促使上层"同意"把资产阶级革命进行到它的民主共和国的逻辑终点，而促使的办法就是表示自己不敢同人民一起**承担**把革命进行到底的任务，不敢掌握政权并实行民主专政。马尔丁诺夫要无产阶级成为民主主义变革的先锋队，**因此**聪明的马尔

---

① 我们已经指出，这种认为无产阶级即使在坏而又坏的情况下也可能推动资产阶级后退的思想是荒谬的。

丁诺夫用一旦起义胜利就要参加临时革命政府的前景**恐吓**无产阶级！

反动的尾巴主义达到了极点。马尔丁诺夫这位圣人，应当受到顶礼膜拜，因为他彻底推行了新《火星报》的尾巴主义倾向，并且在最迫切的根本政治问题上突出而系统地表现了尾巴主义倾向。①

三

马尔丁诺夫的糊涂观念的根源何在呢？根源就在于他把民主主义变革同社会主义变革混为一谈了，他把处于"资产阶级"和"无产阶级"之间的中间人民阶层（城乡贫苦的小资产阶级群众、"半无产者"、半有产者）的作用忘记了，他不懂得我们的最低纲领的真正意义。马尔丁诺夫听人说，社会主义者参加资产阶级内阁（在无产阶级为社会主义变革进行斗争时）是不体面的，于是他匆忙地把这种说法的意思"理解"为：不应该同革命的资产阶级民主派一起参加革命民主主义变革，不应该参加为彻底实现这种变革所必需的专政。马尔丁诺夫读过我们的最低纲领，但是他没有看到，最低纲领指出，在资产阶级社会基础上实现的改造不同于社会主义改造，这种严格划分不是只有书本上的意义，而是具有最生动的实际意义②；他没有看到，最低纲领在革命时期是要立即受到检验和付诸实行

---

①　当我们接到《火星报》第93号的时候，本文已经付排。对于这一号《火星报》我们以后还要谈到**12**。

②　手稿上是："……不同于社会主义改造，不是只有书本上的意义，即不是马克思主义书呆子们喜欢赋予它的教条式的意义，而是具有最生动的实际意义……"——俄文版编者注

的。马尔丁诺夫没有想到,在专制制度崩溃时放弃革命民主专政的思想,就等于放弃实现我们的最低纲领。真的,请你们回想一下这个纲领中提出的各种经济改造和政治改造,如建立共和国、人民武装、教会同国家分离、完全的民主自由、坚决的经济改革这些要求吧。如果没有下层阶级的革命民主专政,要在资产阶级制度基础上实行这些改造是不可思议的,难道这还不清楚吗?这里所讲的不只是不同于"资产阶级"①的无产阶级,而是作为一切民主主义变革的积极推动者的"下层阶级",难道这还不清楚吗?这些阶级就是无产阶级**加上**千百万过着小资产阶级生活的城乡贫民。这些人中有许多都属于资产阶级,这是无疑的。但是更加无疑的是,充分实现民主主义是以这些人的利益为基础的,这些人愈开化,他们为争取充分实现民主主义的斗争就愈不可避免。当然,社会民主党人永远不会忘记,城乡小资产阶级群众具有政治上和经济上的两重性;永远不会忘记,为社会主义而斗争的无产阶级必须有单独的独立的阶级组织。但是社会民主党人同样不会忘记,这些群众"除了过去,还有未来,除了偏见,还有理智"②,这种理智推动他们向革命民主专政前进;社会民主党人不会忘记,开化不只是靠书本,而且甚至与其说靠书本,还不如说靠革命进程本身,革命使人打开眼界,使人受到政治锻炼。在这种情况下,放弃革命民主专政思想的理论,只能被看成是从哲学上来替政治落后辩护③。

---

① 手稿上"不同于'资产阶级'"一语之后是:"(正如把资产阶级制度的十分完备而纯粹的范畴运用得不恰当的书呆子在资产阶级制度崩溃前夕所议论的那样)"。——俄文版编者注
② 参看《马克思恩格斯文集》第2卷第568页。——编者注
③ 手稿上是:"……从哲学上来看待俄国无产阶级的'后背'。"——俄文版编者注

　　革命的社会民主党人要鄙弃这种理论。在革命前夜他将不只是指出革命的"最坏的情况"①。不,他也要指出最好的情况的可能性。如果他不是十足的庸人,他就要向往,而且应该向往:在有了欧洲的丰富经验以后,在俄国工人阶级的热情空前激发出来以后,我们一定能在愚昧闭塞的群众面前点燃前所未有的革命灯火;我们一定能(由于我们具有许多欧洲革命前辈的经验)空前完满地实现一切民主改革,实现我们的全部最低纲领,我们一定能使俄国革命成为许多年的运动,而不是几个月的运动,使这个革命不是只从掌权者那里得到一点小小的让步,而是彻底推翻这些掌权者。如果能做到这一点,那时候……那时候革命的火焰将燃遍欧洲;在资产阶级反动势力下备受折磨的欧洲工人也将奋起,并且向我们表明"该怎么办";那时候欧洲的革命高潮就会反过来影响俄国,使几个年头的革命时代变成几十个年头的革命时代;那时候……不过我们还来得及不止一次地谈我们"那时候"要干些什么,不是从该死的日内瓦远方,而是在莫斯科和彼得堡街头数以千计的工人大会上,在俄国"农夫"的自由集会上来谈了。

四

　　这些向往,对新《火星报》的庸人们及其"思想上的主宰

---

① 手稿上"革命的最坏的情况"一词之后是:"(并且永远也不会认为这种最坏的情况就是'恢复'**原始形式的**专制制度,因为这是不可能的和办不到的)"。——俄文版编者注

者"——我们十足的书呆子马尔丁诺夫来说，自然是格格不入的和奇怪的。他们害怕用平民百姓的革命专政来彻底实现我们的最低纲领。他们担心自己的觉悟不够，担心失掉背熟了的(但没有经过深思熟虑的)书本教条的指引，担心不能把民主改革的正确而大胆的步骤同非阶级的民粹派社会主义或无政府主义的冒险主义盲动区别开来。他们的庸俗灵魂公正地提示他们，在迅速前进的进程中区别正确的道路并迅速解决复杂的新问题，比在墨守成规的日常细小工作的情况下更难；因此他们本能地嘟囔着：别碰我！别碰我！革命民主专政这个灾难可别落到我头上！可别送命啊！先生们！你们最好"慢慢地走，小心翼翼地曲折前进"！……

帕尔乌斯在主要涉及增补最老最有功劳的成员这个问题上，曾慷慨支持新火星派，现在终于感到置身于这个龌龊的集团很不好受，这是不足为奇的。他在这个集团中愈来愈感到生之烦恼(taedium vitae)，这是不足为奇的。他终于造反了。他不只限于拥护使新火星派害怕得要死的"组织革命"这个口号，不只限于发表宣言——《火星报》把这些宣言印成了传单，居然因"雅各宾派的"恐怖而不敢提社会民主工党。① 不，帕尔乌斯从阿克雪里罗得的(还是卢森堡的?)深奥的组织-过程论[13]这个噩梦中惊醒过来了，终于能够前进，不像虾那样倒退了。他不愿意干"息息法斯式的工作"[14]，对马尔丁诺夫和马尔托夫的蠢话改个没完。他直截了当地声明(很遗憾，是同托洛茨基一起)拥护革命民主专政的

----

① 不知道我们的读者是否注意到了一个突出的事实：在新《火星报》印发的一大堆破烂传单中，帕尔乌斯署名的传单是很好的。《火星报》编辑部恰恰对这些传单置之不理，既不愿提我们党，也不愿提自己的出版处。

思想①，即拥护在推翻专制制度后社会民主党必须参加临时革命政府的思想。帕尔乌斯说，社会民主党不应该害怕勇往直前，不应该害怕同革命的资产阶级民主派手携手共同"打击"敌人，条件只有一个（提得很适时）：不混淆组织；分进，合击；不掩盖利益的不同；像监视自己的敌人一样监视自己的同盟者，等等，他说得对极了。

但是，我们对于这位脱离了尾巴主义者的革命社会民主党人的口号同情得愈热烈②，帕尔乌斯发出的某些不正确调子就使我们愈不愉快。我们指出这些小错误并不是出于好挑剔，而是因为多给谁，就向谁多取。如果帕尔乌斯的正确立场由于自己的不谨慎而受到损害，那在现在就是最危险的了。帕尔乌斯为托洛茨基的小册子所写的序言中的下面这句话，恰恰属于这样的至少是不谨慎的话："如果我们想使革命无产阶级同其他政治派别分开，我们就应当善于从思想上领导革命运动"（这是对的），"比一切人都更革命"。这不对。就是说，如果是就帕尔乌斯的这句话赋予这个论点的一般意义而言，这种说法是不对的，如果从读者把这个序言看成某种与马尔丁诺夫以及帕尔乌斯没有提到的新火星派完全无

---

① 手稿上是："他直截了当地声明（很遗憾，是同夸夸其谈的托洛茨基一起，在为托洛茨基的夸夸其谈的小册子《1月9日以前》写的序言中声明）拥护革命民主专政的思想……"——俄文版编者注

② 手稿上有一个脚注："关于由帕尔乌斯作序、党的印刷所出版的托洛茨基的小册子，《火星报》对所提出的问题的实质谨慎地保持沉默。不言而喻，弄清楚糊涂观念对它没有好处：马尔丁诺夫和帕尔乌斯各唱各的调，而在普列汉诺夫拧住马尔托夫的耳朵把他拖出来以前我们最好保持沉默！在我们这里，这就叫做'党的思想领导'！真是一个'形式主义的'笑话。我们总委员会的那些所罗门作出决定：党的名称只准许用于受党组织委托出版的小册子。如果向这些所罗门了解了解，是什么组织委托出版纳杰日丁、托洛茨基等人的小册子的，那倒是颇有意思的吧？也许那些宣布上述'决定'是反对列宁的出版社的恶劣的小集团越轨行为的人是正确的吧？"——俄文版编者注

关的独自存在的东西的角度来看,这是不对的。如果辩证地即相对地、具体地、全面地来看这个论点,不仿效那些即使过了许多年以后还从一部完整的作品中抽出片言只语加以歪曲的浅薄文人,那么很清楚,帕尔乌斯恰恰是针对尾巴主义说的,**就这一点而言**,这是正确的(尤其要和帕尔乌斯下面这句话加以比较:"如果我们**落后**于革命的发展"等等)。但是,读者不会只看到尾巴主义者;在革命者阵营中,革命的危险朋友除了尾巴主义者外,还有完全另外的一些人,有"社会革命党人",有被事变的浪潮卷进来、对革命空谈束手无策的人,如纳杰日丁之流,以及用本能代替革命世界观的人(如加邦)。这些人,帕尔乌斯忘记了,之所以忘记了,是因为他对自己思想的叙述和发挥并不自由,而是被他现在竭力让读者提防的那个马尔丁诺夫主义的美好回忆束缚住了。帕尔乌斯的论述不够具体,因为他没有考虑到俄国现有的各种不同的革命派别,它们在民主主义变革时代是不可避免的,是这个时代社会阶级分化不明的自然反映。在这种时候,革命民主主义的纲领很自然地会反映出用革命词句作掩饰的不明朗的、有时甚至反动的社会主义思想(请回想一下社会革命党人与纳杰日丁。纳杰日丁由"革命社会党"转向新火星派,好像只是换了一个名称)。而在这种情况下,我们社会民主党人永远不能也不会提出"比一切人都更革命"这个口号。脱离了阶级基础的民主派,好讲漂亮话,爱提流行的廉价的(尤其在土地问题上)口号,这种民主派的革命性,我们根本不想紧跟;恰恰相反,对于这种革命性,我们将永远持批判态度,把词句的真正意义,把被理想化了的伟大事件的真正内容揭示出来,同时教导人们在革命最紧张的关头要清醒地估计各个阶级和各个阶级内部的细微差别。

　　根据同样的理由,帕尔乌斯的下述论点也是不对的:"俄国临时革命政府将是工人民主派的政府","如果社会民主党领导俄国无产阶级的革命运动,那么这个政府将是社会民主主义的政府";社会民主主义的临时政府"将是社会民主党人占多数的完整的政府"。如果讲的不是瞬息即逝的偶然事件,而是在历史上多少能留下点痕迹的时间比较长的革命专政,那么,这种情况**是不可能有的**。这种情况之所以不可能有,是因为只有依靠绝大多数人民的革命专政才可能是比较巩固(当然不是绝对巩固,而是相对巩固)的专政。而俄国无产阶级目前在俄国人口中占少数。它只有和半无产者、半有产者群众,即和城乡小资产阶级贫民群众联合起来,才能成为绝大多数。可能的和所希望的革命民主专政的社会基础的这种构成,当然要反映到革命政府的构成上,革命民主派中形形色色的代表必然要参加这个政府,或者甚至在这个政府中占优势。在这个问题上抱任何幻想都是十分有害的。空谈家托洛茨基现在说(可惜是和帕尔乌斯一道),"加邦神父只能出现一次","第二个加邦没有立足之地",这只是因为他是一个空谈家。如果俄国没有第二个加邦的立足之地,那么,在我们这里,真正"伟大的"、彻底的民主主义革命的立足之地也就不会有了。革命要成为伟大的革命,要像1789—1793年,而不是像1848—1850年,并且要超过它们,就必须唤起广大群众投入积极的生活,英勇奋斗,进行"扎扎实实的历史性创造",从可怕的无知状态,从空前的闭塞状态,从难以想象的野蛮状态和暗无天日的愚昧状态觉醒起来。革命已经开始唤起群众,它一定会唤起群众,——政府本身正在以自己痉挛性的反抗促进这项工作,但是,不言而喻,要说这些群众和他们的为数众多的"土生土长的"民众首领、甚至农民首领已经有成熟的政治觉悟,有社会民主主义觉悟,那还根本谈不上。他们没有经过一系列的革命考验,现在还不能成为社会民主党人,这不仅因为他们无知(再说一遍,革命正在神速地进行开化工作),而且因为他们的阶级状况不是无产阶级的,因为历史发展的客观逻辑现在向他们提出的任务根本不是社会主义变革,而是民主主义变革。

革命无产阶级将以全力参加这个变革,把一些人的可怜的尾巴主义和另一些人的空洞的革命词句清除干净,使令人晕头转向的旋风式的事变具有阶级的明确性和觉悟性,他们将勇往直前,不是害怕革命的民主专政,而是寄厚望于这种专政,为共和国和完全的共和自由而斗争,为认真的经济改革而斗争,以便给自己建立一个真正广阔和真正无愧于20世纪的为社会主义而斗争的舞台。

载于1905年3月23日和30日
(4月5日和12日)《前进报》
第13号和第14号

译自《列宁全集》俄文第5版
第10卷第1—19页

无产阶级和农民的革命民主专政[15]

(1905 年 3 月 30 日〔4 月 12 日〕)

社会民主党参加临时革命政府的问题,与其说是由事变的进程提出来的,不如说是由一派社会民主党人从理论的推断提出来的。我们在两篇小品文(第 13 号和 14 号)中分析了首先提出这个问题的马尔丁诺夫的论点①。但是,看来,这个问题引起的兴趣之大,而上述论点(请特别参看《火星报》第 93 号)产生的误会之深,使得有必要再来谈一谈这个问题。不管社会民主党人对不久的将来我们势必不只是要从理论上解决这个问题的可能性是怎样估计的,但是弄清楚最近的目标,无论如何对党来说是必要的。不对这个问题作出明确的回答,现在就已经不可能坚持不懈地进行毫不动摇毫不含糊的宣传和鼓动。

我们再谈谈这个争论问题的实质。如果我们所要求的不仅仅是专制制度的让步,而是真正推翻它,那么我们就必须用临时革命政府取代沙皇政府,这个临时革命政府一方面要在真正普遍、直接、平等和无记名投票的选举制基础上召开立宪会议[16],另一方面又要能使选举实际上完全自由地进行。试问,社会民主工党可否参加这样的临时革命政府呢? 这个问题是我们党的机会主义一翼的代表,也就是马尔丁诺夫,早在 1 月 9 日以前就首先提出来的,

---

① 见本卷第 1—17 页。——编者注

КАВКАЗСКІЙ СОЮЗЪ РОС. СОЦ.-ДЕМ. РАБОЧЕЙ ПАРТІИ.

Пролетаріи всѣхъ странъ, соединяйтесь!

Брошюры по партійнымъ вопросамъ № 3.

РЕВОЛЮЦІОННАЯ ДЕМОКРАТИЧЕСКАЯ ДИКТА- ТУРА ПРОЛЕТАРІАТА И КРЕСТЬЯНСТВА.

(Перепеч. изъ № 14 „Впередъ“)·

Изданіе Союзнаго Комитета.

Типографія Союза.
1905.

1905 年列宁《无产阶级和农民的革命民主专政》小册子封面

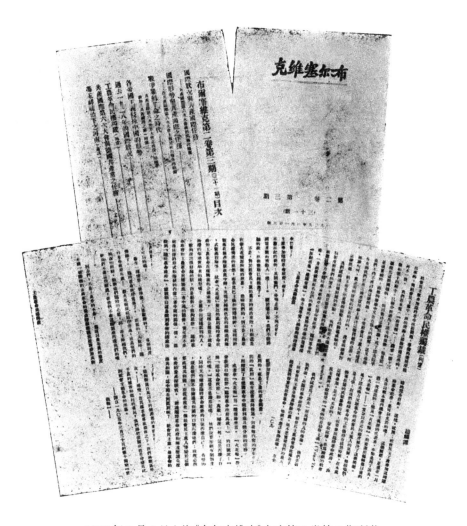

1929 年 1 月 1 日上海《布尔塞维克》杂志第 2 卷第 3 期所载
列宁《无产阶级和农民的革命民主专政》一文的中译文
（当时译《工农革命民权独裁》）

而且,他和步他后尘的《火星报》,都给这个问题以否定的回答。马尔丁诺夫力图把革命社会民主党人的观点引到荒谬的地步,他**吓唬**他们说,一旦组织革命的工作取得成功,一旦我们党领导了人民武装起义,我们**势必**参加临时革命政府。而这种参加就是不能允许的"夺取政权",就是对阶级的社会民主党来说不能容许的"庸俗饶勒斯主义"**17**。

我们现在来谈谈拥护这种观点的人的论调。他们告诉我们,社会民主党参加临时政府,就要掌握政权;而社会民主党作为无产阶级的政党,如果不打算实现我们的最高纲领,也就是说,不打算实现社会主义变革,是不能掌握政权的。而这么干,它必然在现在遭到失败,并且只会使自己丢脸,只会对反动派有利。因此,社会民主党参加临时革命政府是不能允许的。

这种论调的基础就是把民主主义变革同社会主义变革混为一谈,——把争取共和国的斗争(这里也包括我们的全部最低纲领)同争取社会主义的斗争混为一谈。如果社会民主党打算立刻把社会主义变革作为自己的目标,那的确只会使自己丢脸。然而,社会民主党一向反对的,恰恰就是我们的"社会革命党人"诸如此类的糊涂观念。正因为如此,它才始终坚持俄国面临的革命是资产阶级性质的革命,正因为如此,它才严格要求把民主主义的最低纲领同社会主义的最高纲领区别开来。在变革时期,忘掉这一切的,可能是有意屈服于自发性的个别社会民主党人,但不是整个党。拥护这种错误见解的人之所以陷入崇拜自发性的境地,是因为他们觉得,事件的进程将迫使社会民主党在这种情况下违背自己的意志而去实行社会主义变革。如果真会这样,那就意味着我们的纲领是不正确的,我们的纲领是不符合"事件进程"的。崇拜自发性的人们担心的恰恰是这一点,他们担心我们的纲领是不是正确。但是,他们的担心(我们曾力求在我们的小品文中指出这种担心的心理原因)是毫无根据的。我们的纲领是正确的。正是事件的进程必定会证实这一点,而且愈是往后愈是如此。正是事件的进程"将迫使"我们认识到为共和国进行殊死斗争的绝对必要性,正是事件的进程实际上将把我们的力量,即把政治上积极的无产阶级的力量,恰恰引导到这方面来。正是事件的进程将必然使我们在民主主义变革时期从小资产阶级和农民中得到大批同盟者,而这些同盟者的现实要求恰恰是实行最低纲领。因此,担心会向最高纲领过渡得太快,简直是可笑的。

但是,从另一方面讲,正是这些来自小资产阶级民主派的同盟者,在某一派社会民主党人中间引起新的忧虑,这就是关于"庸俗饶勒斯主义"的忧虑。同资产阶级民主派一起参加政府,是阿姆斯特丹代表大会[18]的决议所禁止的,是饶勒斯主义,也就是说,是对无产阶级利益的不自觉的背叛,是把无产阶级变为资产阶级的走狗,是用资产阶级社会中事实上根本无法获得的统治权这个虚幻的东西来腐蚀无产阶级。

这种论调同样是错误的。它表明:持这种论调的人把一些好的决议背得烂熟而不懂得这些决议的意义;他们死记硬背反饶勒斯主义词句,而不加以深思,因此用得完全不恰当;他们领会的是字面意义而不是国际革命社会民主党的最近教训的精神。谁要想从辩证唯物主义的观点来评价饶勒斯主义,他就应当把主观动机和客观历史条件严格区别开来。从主观上讲,饶勒斯是想拯救共和国,为此才同资产阶级民主派结成联盟[19]。这种"尝试"的客观条件是:共和国在法国已经是事实,没有任何严重危险威胁它,而工人阶级有发展独立的阶级的政治组织这种充分的可能性,但是,在某种程度上,正是由于受它的领导者们玩弄的许多议会假把戏的影响,这种可能性没有充分利用;实际上历史已经向工人阶级客观地提出社会主义变革的任务,而米勒兰之流却用小小社会改良的诺言来**诱骗**无产阶级放弃社会主义变革。

现在我们来看看俄国。从主观上讲,像前进派[20]或帕尔乌斯这样的革命社会民主党人,他们想保卫共和国,为此也同革命资产阶级民主派结成联盟。但客观条件同法国有天壤之别。从客观上讲,事变的历史进程现在恰好向俄国无产阶级提出了资产阶级民主主义变革的任务(为简明起见,我们用共和国一词来表示它的全部内容);这也是全体人民,即全体小资产阶级和农民群众的任务;不进行这种变革,要比较广泛地发展独立的阶级组织来实行社会主义变革,就是不可思议的。

请具体设想一下客观条件的全部差别,再说一说:对那些迷恋于某些字眼相像,某些词意近似以及主观动机雷同,因而忘却这种差别的人,又该作何感想呢?

既然法国的饶勒斯拜倒在资产阶级的社会改良之前,以争取共和国这个主观目的给自己打掩护是错误的,那么,我们俄国社会民主党人就应当放弃争取共和国的严重斗争!聪明透顶的新火星派所得出的无非就是这个结论。

实际上,无产阶级不同小资产阶级人民群众结成联盟,对于无产阶级来说,争取共和国的斗争就是不可思议的,这还不明白吗?没有无产阶级和农民的革命专政,要取得这一斗争的胜利是毫无希望的,这还不明白吗?我们所分析的这种观点的主要缺点之一,就在于它死板,墨守成规,就在于忽略了革命时期的条件。争取共和国而又拒绝革命民主专政,这正像大山岩决定同库罗帕特金在沈阳会战,自己事先却不打算进驻沈阳一样。要知道,如果我们革命人民,即无产阶级和农民想"合击"专制制度,那么我们也应当一起打碎它,一起打死它,一起打退一切不可避免的复辟专制制度的企图!(为了避免可能发生的误会,我再一次预先声明:我们所了解的共和国一词,不仅仅是指政体,甚至与其说是指政体,不如说是指我们最低纲领中民主改革的全部总和。)只有像小学生那样了解历史的人,才会把事情想象成缓慢而均匀上升的没有"飞跃"的直线:先是自由派大资产阶级争取专制制度让步,然后是革命小资产阶级争取民主共和国,最后是无产阶级争取社会主义变革。这幅图景一般说来是正确的,像法国人所说的那样,"从长时期看来",从一个世纪左右的时期看来(例如,法国从 1789 年到 1905 年),那是正确的,但是,只有超级庸人才会按照这幅图景制定自己在革命时期的活动计划。如果俄国专制制度甚至在目前用残缺不全的宪法来敷衍一下也不能脱身,如果它不只是被动摇,而是真正**被推翻**,那时候,一切先进阶级为了保卫这个成果,显然需要高度发挥革命干劲。而这种"保卫"恰恰就是无产阶级和农民的革命专政!我们现在争得的东西愈多,我们保卫成果的劲头愈大,以后必然要进行反扑的反动势力夺走这种成果的可能性就愈少,这种反动势力反扑的时间就愈短,跟着我们前进的无产阶级战士的任务就愈容易。

可是有这样一些人,他们早在斗争之前,就预先想"按伊洛瓦伊斯基方式"用尺子精确地量出一小块未来的胜利果实,他们在专制制度倒台前,甚至早在 1 月 9 日以前,就打算用可怕的革命民主专政这个稻草人来吓唬俄国工人阶级!而这些奸商还妄想取得革命社会民主党的称号……

他们哭丧着脸说:同资产阶级革命民主派一道参加临时政府,这无异于推崇资产阶级制度,无异于推崇保存监狱和警察、失业和贫困、私有制和卖淫。说得出这种话来的人,不是无政府主义者,就是民粹派分子。社会民主党并不以政治自由是资产阶级的政治自由为理由而放弃争取政治自由的斗争。社会民主党是从历史观点来看待"推崇"资产阶级制度的。有人问费尔巴哈是不是推崇毕希纳、福格特和摩莱肖特的唯物主义,他回答说:我推崇唯物主义是就其对过去的关系而言,而不是就其对未来的关系而言。社会民主党也正是从这个角度来推崇资产阶级制度的。它从来不讳言,而且永远不会讳言,它推崇民主共和制的资产阶级制度,是同专制农奴制的资产阶级制度相比较而言。不过,它是把资产阶级共和国仅仅当做阶级统治的最后形式来"推崇"的,把它当做无产阶级同资产阶级斗争的最方便的舞台来推崇的,它推崇的不是资产阶级的监狱和警察、私有制和卖淫,而是为了对这些可爱的设施进行广泛的和自由的斗争。

当然,我们决不想断言,我们参加临时革命政府不会给社会民主党带来任何危险。没有也不可能有那种不会带来危险的斗争形式,政治形势。如果没有革命的阶级本能,如果没有建立在科学水平上的完整世界观,如果没有(请新火星派同志们别生气)头脑,那么参加罢工也是危险的——可能导致"经济主义",参加议会斗争也是危险的——可能以议会迷[21]告终,支持地方自治自由主义民主派也是危险的——可能促成"地方自治运动计划"。这么说,甚至读饶勒斯和奥拉尔有关法国革命史的极有教益的著作也是危险的——可能产生马尔丁诺夫关于两种专政的小册子。

不言而喻,如果社会民主党哪怕有一分钟忘记无产阶级不同于小资产阶级的阶级特点,如果它在不适当的时候同这个或那个不值得信任的小资产阶级知识分子政党结成对自己不利的联盟,如果社会民主党哪怕有一分钟忽视自己的独立目标,忽视有必要(在所有一切政治形势下,在所有一切政治转变关头)把提高无产阶级的阶级自觉和发展无产阶级的独立政治组织放在首位,那么参加临时革命政府就会是极端危险的。但是在这种条件下,再说一遍,采取任何政治步骤都是同样危险的。认为这些可能的忧虑是革命的社会民主党现在提出的最近任务造成的,其没有根据到何种程度,稍加调查就可以使大家一清二楚。我们不打算谈自己,也不打算重述《前进报》上就我们考察的这个问题发表的无数声明、警告和指示,——我们就来引证一下帕尔乌斯的话。他在主张社会民主党参加临时革命政府时,竭力强调我们任何时候都不应该忘记的条件:合击,分进,不混淆组织,像监视敌人一样监视同盟者,等等。关于这一方面的问题,我们已经在那篇小品文中谈到过,这里就不再细述了。

不,社会民主党的真正政治危险,目前根本不在新火星派正在探索的那个地方。威胁我们的不应该是无产阶级和农民的革命民主专政这种思想,而是通过组织-过程、武装-过程等等各种各样的理论表现出来的瓦解无产阶级政党的尾巴主义和墨守成规这种精神①。例如,《火星报》最近试图把临时革命政府同无产阶级和农

---

① 手稿上是:"……尾巴主义、庸俗作风、咬文嚼字、公式主义和墨守成规这种精神"。

这里和下面的脚注中,按手稿恢复了在报上发表时经米·斯·奥里明斯基改动过的最重要的地方。——俄文版编者注

民的革命民主专政区别开来。这难道不是墨守成规的经院哲学的典型吗？杜撰这种区别的人们虽然有玩弄漂亮辞藻的本领，却完全没有思考的能力。其实上面两个概念之间的关系，大致相当于法律形式和阶级内容之间的关系。谁讲"临时革命政府"，谁强调的就是事情的国家法律方面，政府不是来自法律，而是来自革命，受未来立宪会议约束的政府具有临时性质。但是，不管形式如何，来源怎样，条件怎样，临时革命政府却不能不依靠一定的阶级，这无论如何是显而易见的。只要想一想这个起码的常识，就会看到，临时革命政府只能是无产阶级和农民的革命专政。因此，《火星报》划定的区别，只会使党倒退到徒劳无益的争论上去，脱离具体分析俄国革命中阶级利益的任务。

　　或者也还可以看看《火星报》的另一种议论。《火星报》以教训的口吻谈到"临时革命政府万岁！"这个口号："'万岁'和'政府'这两个词放在一起喊会玷污嘴巴。"这岂不是废话？① 他们说推翻专制政府，同时又怕欢呼革命政府而玷污自己！确实令人吃惊的是，他们并不怕因欢呼共和国而玷污自己。要知道，共和国必须以政府为前提，而任何一个社会民主党人从来都不怀疑，这个政府恰恰是资产阶级政府。欢呼临时革命政府和欢呼民主共和国之间究竟有什么区别呢？难道说社会民主党这个最革命阶级的政治领导者，一定要像患贫血症和歇斯底里症的老处女那样，扭扭捏捏坚持必须有一块遮羞布：对资产阶级民主政府所暗示的东西欢呼则可，

---

　　① 手稿上在"废话"一词之后是："难道这句废话还不足以说明在某一部分社会民主党人中思想腐烂的某种过程吗？要知道这不是无产阶级先锋队的观点，而是无产阶级尾巴的观点，这不是政治领导者，而是政治清谈家，这不是革命者，而是庸人。"——俄文版编者注

而直接欢呼临时革命民主政府则不可吗?

请看这样一幅图景:彼得堡工人起义胜利了。专制制度推翻了。临时革命政府成立了。武装的工人放声高呼:临时革命政府万岁!而新火星派分子却站在一旁,虔诚地举目望天,悲天悯人地捶着自己的心口,庄重地说:感谢上帝,我们不像这些税吏,我们没有把这样的词组合在一起玷污自己的嘴巴……[22]

不,一千个不,同志们!不要怕同革命资产阶级民主派一道最坚毅果断地参加共和变革会玷污自己。不要夸大这种参加的危险,我们有组织的无产阶级完全能够应付这种危险。无产阶级和农民的革命专政几个月,胜过政治停滞的麻木不仁的和平气氛下的几十年。既然俄国工人阶级1月9日之后能够在政治奴役的条件下动员100多万无产者进行坚韧不拔的集体行动,那么,在革命民主专政的条件下,我们就能够动员千百万城乡贫民,我们就能够使俄国的政治革命成为欧洲社会主义变革的序幕。

载于1905年3月30日(4月12日)　　　译自《列宁全集》俄文第5版
《前进报》第14号　　　　　　　　　第10卷第20—31页

法国和俄国的"贿赂"之风!

(1905 年 3 月 30 日〔4 月 12 日〕)

最近,德国社会民主党的报纸《前进报》[23]以这样的标题刊登了一份非常有价值的文件:巴蒂诺尔大型机器厂(在巴黎市郊)经理茹尔·古安(Jules Gouin)先生写给彼得堡某部一位官员的信的原稿。这家法国工厂通过这位先生得到了 114 台机车订货。订货总值是 300 万法郎(每台机车 27 700 法郎),即大约 120 万卢布。从信中可以看出,首先,某部的这位高贵的官员(我们要补充一句,他的官职可能相当高)由于在提供订货时充当中介而得到百分之二的买价提成。这笔钱大约为 25 000 卢布。从信中(由于篇幅有限,我们就不引该信的全文了)可以看出,这位中介人已经拿到 13 000 法郎,余款分期支付。此外,为适应俄国的铁路而改变机车的普通型号,还要支付专款。巴黎公司驻彼得堡的代表负责把工厂要求的这部分追加费的数额事先通知这位官员。如果这位官员能使俄国政府出的"卖价"高于工厂的定价,按照规定,其差额也交给他这个"中介人"。这封法文信的德译文把这叫做 Vermittlungsgebühr("中介费")。不言而喻,这种说法实际上是用来掩盖一个法国资本家和一个俄国某部的官员串通一气利用合同,进行最无耻的诈骗和盗窃国库的勾当。

《前进报》说得对,这封信一清二楚地说明了俄国的贪污受贿和外国资本是怎样从这种贪污受贿中捞到好处的。这封信确凿地证明，在文明的资本主义国家之间，通常的"事务"关系实际上是怎么回事。欧洲到处都在干着这种勾当，但是任何地方也不像俄国干得这样无耻，任何地方都不像在专制制度的俄国这样给贪污受贿以"政治保险"（保险不被揭发）。德国社会民主党人最后说道，显然，这就是为什么欧洲工业热衷于保护俄国专制制度及其暗中搞鬼的不负责任的官员们的原因！显然，这就是为什么俄国官员们拼命抵制要把行政当局置于公众监督之下的宪法的原因！根据这个例子可以想见，俄国官僚在日俄战争中"赚"了多少钱，——单是在德国把远洋轮船卖给俄国这项交易中，就有多少钱落入了彼得堡各部官员们的腰包！人民的灾难就是军火商人和贪官污吏的金窖。

载于1905年3月30日（4月12日）
《前进报》第14号

译自《列宁全集》俄文第5版
第10卷第32—33页

《前进报》编辑部对圣彼得堡五金工厂工人小组的决议所加的按语[24]

(1905 年 3 月 30 日〔4 月 12 日〕)

编者按：我们现在刊登的工人同志们的这个决议，是这样一种情绪的典型表现，这种情绪在一定条件下能够支配相当一部分斗争着的无产阶级。[①]毫无疑问，党的分裂——特别是秘密分裂——会给工人运动带来数不清的灾难。从上面刊载的哈尔科夫的决议[25]可以看出，俄国国内有一些少数派对待党的职责比国外派诚实得多。中央委员会和多数派委员会常务局共同发表的新的声明[26]也证明了这一点。我们再次祝愿统一的最后这次尝试获得成功。

载于 1905 年 3 月 30 日（4 月 12 日）
《前进报》第 14 号

译自《列宁全集》俄文第 5 版
第 10 卷第 34 页

[①] 第一句话是米·斯·奥里明斯基写的。——俄文版编者注

嫁祸于人①

(1905 年 4 月 7 日〔20 日〕)

《火星报》第 92 号上刊登了《坚定方针的迂回路线》一文，该文力求证明，《前进报》实际上根本没有始终不渝地坚持旧《火星报》[27]的原则和路线，相反地，它正在紧跟新《火星报》迂回行进。其实，这种说法十分可笑，简直不值一驳。这里值得注意的并不是新火星派的论战内容，因为它根本没有内容，而是它的论战手法。这些手法倒值得谈一谈；分析这些手法时我们看出，有各种各样的论战。人们不喜欢旧《火星报》的论战，但是从来没有一个人想要把这种论战说成是非原则性的。人们蔑视新《火星报》的论战，因为广大的实际工作者也好，彻底的工人事业派也好，以普列汉诺夫为首的"调和派"也好，都看出了论战的非原则性。

因此我们打算向读者说明的是这种论战采取了什么手法。

我们就跟着《火星报》一步一步走吧。《火星报》说，《前进报》把党推向分裂。这不合事实。凡是根据文件而不是根据谎言研究过党内危机的人都知道，正是少数派在第二次代表大会[28]之后立即建立了秘密组织[29]，从而秘密地分裂了党。《火星报》正在说假话，装好人。对于公开分裂可以表示憎恨，对于秘密分裂则只能表示蔑视。一句话，《前进报》不愿意秘密分裂。

---

① 限于篇幅，发表迟了。

　　其次,他们想揭露我们在自治制和集中制问题上的矛盾。他们说什么列宁在《进一步,退两步》①中断言自治制是机会主义的原则,而现在多数派委员会常务局自己却主张尽量扩大地方委员会的自治权。列宁断言,官僚主义同民主主义之间的关系就如同革命的社会民主党的组织原则同机会主义者的组织原则之间的关系,而多数派委员会常务局自己却在大谈官僚主义。这就是向我们提出指控的内容。这个内容又是无中生有。列宁在《进一步,退两步》(以及在《进一步,退两步》以前的《给〈火星报〉编辑部的信》②)中,曾几十次几百次地告诫、声明、提醒和强调,反对官僚主义、拥护自治制等等言词是极不明确的,它们的含义极不相同,可以任意改变。列宁曾经说过几百次,这些言词实质上是专门用来掩盖增补的愿望的。列宁的这些话现在已经完完全全、确确凿凿地被证实了。列宁说,如果同意从原则上分析这些话(**如果**同意!),那么我们就会看到如下的情况。一般地说,官僚主义可以指文牍主义、拖拉作风、纸上空谈和官样文章。列宁说,这样的官僚主义是不好的,并且用马尔托夫的著名党章草案来说明自己的话。认真一点的读者都会明白,多数派委员会常务局说的就是这样的官僚主义,指控《前进报》有矛盾则是幼稚可笑的。官僚主义可以指侵犯一切反对派的合法的和"天赋的"(如果可以这样说的话)权利,可以指用不正当的手段同少数派作斗争。列宁说,这样的官僚主义是可能有的,但它不包含任何原则性的东西。应当同这种官僚主义作斗争,应当用宪法上明文规定保障少数派权利的办法同它作斗争。强硬派或者按现在的说法前进派在众所周知的二十二

---

　　①　见本版全集第 8 卷第 197—425 页。——编者注
　　②　同上书,第 91—98 页。——编者注

人宣言³⁰中曾明确地、直接而公开地首先提出了这样的保障,这个宣言是 7 个月以前即在 8 月份发表的,但直到现在,新火星派丝毫无意于就此宣言明确表示自己的态度。

但是,除了对官僚主义、反自治制等等作这样的解释之外,还可能对它们作真正原则性的解释,认为它们不是个别的错误和走极端等等,而是整个组织的总原则。这样的解释是孟什维克违反我们的意志,不顾我们的反抗强加给我们的。列宁在《给〈火星报〉编辑部的信》里也好,在《进一步,退两步》里也好,都曾几百次地提出要防止这种模糊具体而实际的危机和分裂进程的解释。列宁在《给〈火星报〉编辑部的信》中公开号召:先生们,不要再胡说八道了,这里十分之九都是无谓的争吵!列宁因此遭到猛烈的抨击,中央机关报并且开始证明,这里存在着原则。好吧,如果是这样,那么自治制的**原则**就是社会民主党组织的真正机会主义的原则了,——列宁是这样回答的,而且前进派也会总是这样回答的。如果是这样,那么你们的反官僚主义叫喊原则上就同法国的饶勒斯派³¹、德国的伯恩施坦派³²、意大利的改良派³³的叫喊完全一模一样了。实际情况就是这样;只要根据文件而不是根据朋友的保证来研究一下党内危机,就会相信这一点了。列宁早在第二次代表大会上就对崩得分子李伯尔说过(见记录),他将维护"某个"图拉委员会的自治①,反对小事情上的集中制;列宁对我们党章第 8 条提出的这种自治的保证毫无异议。但是,列宁也好,多数派委员会常务局也好,都从来没有维护过自治制的**原则**,维护过这个原则的是阿基莫夫、李伯尔和新火星派。当然,从不同的地方,把在条件

----

① 参看本版全集第 7 卷第 249 页。——编者注

完全不同的情况下讲的含义完全不同的话抽出来,摆到不明真相的读者面前混淆视听并不困难,但是,人们对待用这种断章取义的方法进行论战的报纸,将像对待《新时报》[34]一样。

请看"一工人"的小册子。被《火星报》搞乱了的问题的实质何在呢？问题的实质在于,无原则的人们连同他们关于自治制原则等等的叫喊一起破产了,因为答案只能是要求实现选举原则。当时,遭到破产的人们吹起了停战号角。而前进派过去和现在都说:拿自治制、民主制这些词句和"原则"来炫耀是不体面的,而如果说需要本着在俄国条件下办得到的民主主义精神对党章进行严肃认真的修改,那么就直截了当地公开讨论这些修改吧。《前进报》向"一工人"提出挑战说:请指出来,在社会民主党的书刊中哪怕是有一个地方像列宁这样明确地谈到吸收工人参加党的委员会的必要性。[①] 被新火星派弄糊涂了的"一工人"在报上回答说,他应战;但是看来,他不懂得应战是什么意思,因为他根本没有指出另外的任何一个地方来,而只是威胁说要"收拾"列宁,或者"制服"列宁。自然,《前进报》没有理睬这种吓人的威胁。

其次,谈谈关于一个中央机关的问题。他们说列宁在《进一步,退两步》中说过,拥护一个中央机关的是机会主义者,而现在多数派委员会常务局却拥护一个中央机关。这又是粗暴的歪曲,企图蒙蔽不明真相或粗心大意的读者。谁要是通读一遍《进一步,退两步》,谁就会看到(在《火星报》的小品文作者极力回避的第28页上),列宁早在布尔什维克发表第一篇反对两个中央机关的文章(《我们之间的争论》一书中的列兵的文章)以前就写道,两个中央

---

① 参看本版全集第9卷第146页。——编者注

机关的思想,"恰恰估计到了俄国社会民主主义工人运动在政治奴役的环境下、在把革命进攻的最初的根据地建立在国外这种条件下的暂时的(请注意!)和特殊的需要"。在《进一步,退两步》中接着又立即谈到集中制的思想:"第一个思想是唯一的(请注意!)原则性思想,应该(按照旧《火星报》的计划)贯穿在整个党章中;第二个思想是由活动地点和活动方式的暂时情况产生的局部性思想,即表面上离开集中制,而成立两个中央机关"(第28页)①。现在我们请读者对我们党的《新时报》的论战手法加以评判!《火星报》就是想欺骗读者,向读者隐瞒:(1)列宁很早就指出两个中央机关的思想具有暂时的和**局部的**意义;(2)因此,列宁从来没有把机会主义者赞成一个中央机关的主张看做一般的原则,而只是看做"活动地点和活动方式的暂时情况",即党内机会主义一翼**事实上**赞成而且一定会赞成一个中央机关时的情况。至于说旧《火星报》曾经是同机会主义作斗争的堡垒,这是事实。至于说在代表大会上正是机会主义一翼形成了少数派,这也是事实。现在,新《火星报》已成为机会主义的报纸,俄国国内表现出原则的稳固性和党的坚定性比国外更多,现在"暂时情况"改变了,这有什么奇怪呢? 如果工人事业派、马尔丁诺夫、"泥潭派"³⁵和新火星派起来(比如说在第三次代表大会上)赞成两个中央机关,而所有(或者几乎所有)的布尔什维克则赞成一个中央机关,对这一点,我们现在一点也不感到吃惊。这不过是根据"暂时情况",把捍卫列宁和布尔什维克过去和现在一贯坚持的革命社会民主党的原则,即旧《火星报》的原则的斗争方法加以改变而已。 只有新时报式的人们才能认为这种转变

---

① 见本版全集第8卷第236页。——编者注

是"怪事"。(我们说过,几乎所有的布尔什维克可能都赞成一个中央机关。第三次代表大会上情况将会怎样,我们还要拭目以待。在我们中间,对"活动地点和活动方式的暂时情况"的意义有各种各样的意见,我们将在代表大会上对所有这些意见加以比较和"总结"。)

看来,新《火星报》的论战手法,上面已经说得够清楚的了。我们现在可以谈得简短些。《火星报》说,多数派委员会常务局不通过总委员会[36]、不按章程召开代表大会,是违犯党纪的。这说得不对,因为总委员会回避代表大会,早就破坏了党章。这一点我们老早就在出版物(奥尔洛夫斯基的书)[37]上公开说明了。在孟什维克通过秘密分裂活动分裂了党并以欺骗手段回避代表大会之后,我们别无摆脱窘境的实际出路,只有不顾各中央机关的意志召开代表大会。《火星报》说,《前进报》第9号的社论——《新的任务和新的力量》①坚决主张必须大大增加各种各样的党组织的数目,这与列宁的党章第1条的思想有矛盾,因为列宁在代表大会上捍卫自己的思想时曾说,必须缩小党的概念。《火星报》的这种反对意见可以广为推荐,当做教育青年学习分析论战的一道中学逻辑习题。布尔什维克过去和现在都说,应当把党缩小到党组织的总和或整体这个范围以内,然后再增加这些组织的数目(见代表大会的记录和《进一步,退两步》第40页及其他各页,特别是第40—41页和第46页)②。新《火星报》把扩大党的**范围**同扩大党的**概念**,扩大**党组织的数目**同超出党组织的范围扩大党混淆起来了!为了解开这个难题,我们举一个浅显的例子。为了简便起见,我们假定整个

---

① 见本版全集第9卷第277—288页。——编者注
② 参看本版全集第8卷第252—256、259—261页。——编者注

军队全部由配备同一类型武器的人组成;军队应当通过测试,实行减员,只留下真正能射击的人,不允许空口保证军事上合格的人员包括在内;然后应当千方百计扩大能够通过射击测试的人的数目。新火星派先生们,你们现在是不是还没有开始多少明白一点这是怎么回事呢?

《火星报》在揭露《前进报》时写道:"从前只要求坚定的、而且必须是公认的坚定的社会民主党人,现在,所有的分子,除了自觉的非社会民主主义分子外,都可以进入至圣所[38]。"请翻开《前进报》第9号读一读吧:"除了自觉的非社会民主主义的小组以外,让所有……小组或者直接加入党,或者**靠近党**(黑体是原作者用的)。在后一种情况下,既不能要求它们接受我们的纲领,也不能要求它们同我们建立必要的组织关系……"① 《火星报》公然进行歪曲,把"从前"对入党者的"要求"同"现在"对靠近党的小组所"许可"的混为一谈,这难道不清楚吗? 布尔什维克过去也说,并且现在在《前进报》上也说,自行列名入党是知识分子的无政府主义,党员应当不只是在口头上承认"必要的组织关系"。只有蓄意制造混乱的人,才不懂得这一点。《前进报》的口号是:为了新的任务,动员新的力量加入党的组织,或者至少是加入靠近党的组织。《火星报》的口号是"把门开得更大些"。一些人说:把新的射手征入自己的团队,把学习射击的人编入预备队。另一些人说:把门开得更大些! 让愿意入伍的人都自行入伍!

《火星报》现在想让人相信,在组织革命和组织武装的问题上,它同《前进报》没有意见分歧。我们首先要问:那么帕尔乌斯是怎

① 见本版全集第9卷第287页。——编者注

么回事呢？既然说凶恶的《前进报》捏造出意见分歧，那为什么你们不同新火星派分子帕尔乌斯这个不能被怀疑为挑剔《火星报》的人开诚布公地解释一下呢？难道不是你们自己应当首先承认你们和帕尔乌斯的意见不一致吗？何必这样捉迷藏呢？就事情的实质而言，新《火星报》现在反对《前进报》，和《工人事业》杂志过去反对旧《火星报》完全一样。奉劝那些对**自己党**的历史感兴趣的同志们好好再读一下《工人事业》杂志，特别是第10期。过去人们向《工人事业》杂志指出，它贬低了政治斗争的任务。《工人事业》杂志反驳说：《火星报》对经济斗争估计不足。现在人们向新《火星报》指出，它贬低了组织革命、举行起义、武装工人的任务，贬低了社会民主党参加临时革命政府的任务。新《火星报》反驳说：《前进报》对革命和起义的自发性、政治对"技术"（武装）的优越性估计不足。同类的尾巴主义立场导致同类的论据。有的人说什么旧任务非常非常重要，用这种强辩来掩饰自己不善于就新任务的问题提出指导性口号。他们抓住只言片语来说明，论敌本人是怎样重视旧任务的意义和社会民主主义基本常识的意义的。当然，新火星派的同志们[①]，我们非常重视社会民主主义基本常识，但是**我们不愿意永远停留在基本常识这一点上**。问题就在这里。帕尔乌斯也好，多数派委员会常务局也好，《前进报》也好，都从来没有打算否认工人离开组织和党也能够武装自己，将会武装自己，必须武装自己这个基本常识。但是，如果《火星报》把自己有名的"**自我武装**"**当做口号**提出来，那么不言而喻，凡是看到这种拜倒在自发性面前的奴才相的人，都会发笑。如果《火星报》在**纠正**帕尔乌斯时，提出无愧

---

① 手稿上不是"同志们"而是"先生们"。——俄文版编者注

于克里切夫斯基和阿基莫夫的深奥著作的新任务,即"用自我武装
的迫切需要武装工人",那么它自然只会被人嘲笑。如果当社会民
主党的旧任务又加上了武装群众、街头斗争等新任务的时候,《火
星报》匆匆忙忙抛出轻蔑的言论,大谈其"技术"和技术的次要作用
来贬低这些任务(这些任务就要着手实现了),如果《火星报》不是
用"技术"的新任务来**补充**党的旧任务,即日常的和经常的政治任
务,而是提出什么**把**新任务和旧任务**分开**的议论,那么不言而喻,
大家都会认为这些议论是尾巴主义的新翻版。

　　最后,作为一个笑话,我们要指出,《火星报》企图把有名的不
引起惊慌论的好名声从自己身上推掉。《火星报》本身现在也把这
个问题叫做"有名的问题",它企图证明,多数派委员会常务局也在
宣扬"不引起惊慌",因为在常务局关于起义的传单**39**中建议,在消
灭小资产者的私有制时要慎重(除非极端需要),不要无缘无故地
吓唬他们。《火星报》欢呼:请看,你们也不愿意吓唬人!

　　真是妙不可言,不是吗? 和平示威时期同地方自治人士达成
不引起惊慌的协议,起义时期防止不必要的财产破坏,两者竟被等
同起来! 还有,一方面是"游行示威的高级形式",另一方面是街头
武装斗争的不屑一顾的低级"技术"……　朋友们①,有一个小问
题:为什么一切社会民主党人②现在同意、而且将来也同意在起义
时如无必要就不去吓唬小资产者这个建议呢? 相反地,为什么你
们的地方自治运动计划在社会民主党人中间成了被你们自己所承

---

①　手稿上不是"朋友们"而是"先生们"。——俄文版编者注

②　只有无政府主义者至今还表示不同意这一点。他们在自己的传单中猛烈地
　　抨击《前进报》,暴露了他们完全不懂得民主主义变革和社会主义变革两者的
　　区别。

认的"有名的"计划呢？为什么你们的队伍中，帕尔乌斯也好，其他许多人也好，都反对这个计划呢？为什么你们自己直到现在还不好意思公布这个有名的计划呢？因为你们那封轰动一时的信提出的建议既不恰当又令人可笑，而常务局的建议则无可争辩并为社会民主党一致公认，不正是这个原因吗？

载于1905年4月7日(20日)
《前进报》第15号

译自《列宁全集》俄文第5版
第10卷第35—43页

自由派的土地纲领[40]

(1905 年 4 月 7 日〔20 日〕)

合法报纸上很久以前发过一条消息,说莫斯科召开了俄国各地地方自治活动家会议[41]。《莫斯科新闻》[42]甚至想就这件事情掀起轩然大波,叫嚷什么政府允许在俄国召开革命代表大会,什么必须召开君主主义政党代表大会,等等,但是谁也没有认真注意这些叫嚷,因为警察当局现在要处理的严重得多的骚乱事件太多了。看来,地方自治人士还没有超出通常立宪要求的范围。然而,他们的会议由于涉及土地问题,所以使人颇感兴趣。我们把根据报纸报道、经代表大会多数表决通过的条文全文援引如下:

"(1)国家干预经济生活也应当扩大到土地关系方面。(2)正确制定土地法,取决于根本性的改革〈??〉。(3)即将实行的土地改革应当建立在下列原则上:一、改善农民阶级的经济状况,办法是:为了各类少地农民的利益,从私有土地中强行赎买必要的地块〈这个问题责成几个人来研究〉。二、承认官地和部分皇族土地为国家土地;通过收买和赎买私有土地的办法增加国家土地并使其经营有利于劳动居民。三、通过国家干预租佃关系的办法调整租佃条件。四、设立国家公共调停委员会,以便根据上述原则实行土地措施。五、正确地统筹安排移民和疏散;为利用各种信贷提供方便;改革农民银行和协助合作企业。六、根本修改地界测定法,便利和加速地界划分并降低费用;消灭私有土地和份地两者之间的土地零散插花现象;交换地段,等等。"

在逐条分析这个非常有教益的纲领之前,让我们谈一谈这个纲领的一般意义。无疑,地主阶级的代表们提出这个纲领,这一事实要比长篇大论更清楚地证明,俄国比起所有业已形成的西欧资本主义国家来,有一个很大的特点。问题在于,这个特点究竟是什么性质呢？像老民粹派社会主义者曾经想过的那样,像部分"社会革命党人"现在正在想的那样,这个特点是在于半社会主义的村社制度和与此相应的我国缺少资产阶级知识分子和资产阶级民主？还是在于农奴制的残余太多,束缚了我们的农村,使资本主义不能广泛而自由地发展,因而恰恰使资产阶级民主主义分子产生了民粹派的情绪？多少有点头脑的社会主义者,都不能用模棱两可的托词,或者借口革命时期似乎不宜谈抽象理论问题,或者指出农民起义的事实足以说明地主已有防备来回避这个问题。恰恰在革命时代对理论问题采取模棱两可或毫无原则的态度,就等于思想上完全破产,因为正是现在需要有深思熟虑过的坚定世界观来使社会主义者控制事件,而不是使事件控制社会主义者。指出农民起义也不能说明什么,因为现在在政治上组织成地方自治机关联合会的土地占有者所通过的纲领,其内容是好几十年来整个自由派报刊和所有自由派活动家所表达的愿望。民粹派的纲领成了地主的纲领,这个事实对我们提出的问题作出了明确的政治性回答。在革命时代,关于社会问题的理论争论,是由各个阶级的公开行动来解决的。

现在我们来进一步考察一下自由派的土地纲领。我们的合法报纸常常吹捧这个纲领。例如,《经济报》[43]"确认地方自治人士提出土地纲领这个事实,并且从通常对目前整个地方自治人士的看法出发,认为这个纲领比所预料的要极端得多"(原来如此!)(这就是说,所谓极端是从地主老爷们的观点来看吧?)。这家报纸继续写道:"这一点证明,政治上的地方自治派既有政治分寸,又对我们周围所发生的现象有深刻的理解……"

地主老爷们的分寸和理解在于，一旦农民自己积极而坚定地开始干预土地关系方面的事情，地主就大谈国家干预的必要性。这是一个老的但又万古常新的故事！国家干预土地关系在俄国是常事：如果这种干预是为了上层阶级的利益，那么，用警察的话来说，这就叫做"秩序"；如果干预是从下面开始的，那么人们就会说，这是"骚乱"。请问，地主们究竟要的是什么样的干预？从他们的纲领可以看出，他们要的仅仅是对土地占有关系和土地使用关系的干预。他们的一切措施，从赎买地块起，到信贷和交换地块止，都是针对那些经营土地的人，即针对各类业主的。而无产业的农业工人呢？据上一世纪90年代统计，在我们俄国，仅仅在50个"内地"省份里，就有**350万**雇农和日工，农业雇佣劳动是这些人的生活资料的最主要来源。无疑，农业雇佣工人的数目现在还要多些，而且绝大多数是完全无产业的，或者几乎是完全无产业的。除了这些无家可归和无产业的人而外，根据我国10年前的统计，在上述那些省份里，近1 000万**农户**中就有300万户以上是无马户。所有这些人都只是名义上的业主。他们最关心的是工资更高一些，劳动日更短一些，劳动条件更有益于健康一些。地主老爷们很聪明，他们只字不提对雇主和工人的关系的干预。而且可以断言，除非农业工人们自己起来干预，否则，谁也不会认真考虑这种干预。

我们，社会民主党人，对于**这种**干预应该给予最严重的注意。运动的直接实际利益和我们的总原则都要求这样做。俄国自由派和俄国民粹派的资产阶级民主主义性质，过去和现在都正是表现在小农经济的利益完全遮盖了农业雇佣劳动的利益。当然，坚定的民粹派,有时还有"社会革命党人",都倾向于把这种现象看成是理所当然的,因为雇佣劳动的作用是"次要的"(在他们的想象中,而不是在农民的生活中),因为在"村社传统"、"劳动观点"和"平均使用"进一步发展的情况下,这种作用也**可能**完全化为乌有。但是,这种倾向不管是通过多么热情真挚而动听的社会主义言词表达出来的,事实上它却证明,小资产阶级目光短浅,如此而已。俄国农民也好,俄国知识分子也好,都有这种幻想,这是小资产阶级的幻想。民粹派这种幻想的花朵,就是那种装饰在束缚劳动人民的一条锁链上的虚幻的花朵,社会民主党的批判应当无情地摘去这种花朵,但"不是要人依旧戴上这些没有幻想没有慰藉的锁链,而是要人扔掉它,采摘新鲜的花朵"①。

我们完全同情农民运动。如果农民能够在我们的帮助下用革命办法夺走地主的**全部**土地,我们就会认为,这无论对俄国的整个社会发展来说,还是对俄国的无产阶级来说,都是巨大的胜利。但是,即使取得这个好结局,**那时**,农业雇佣工人的人数也只可能暂时减少,而决不会绝迹。**那时**,农业雇佣工人的单独利益仍然是单独利益。

土地转到农民手里一点也不会消灭资本主义生产方式在俄国的统治,反而会给这种生产方式的发展以更广泛的基地,会使这种发展从意大利类型[44]转为美国类型。农民之间的财产差别现在已经很大,只是由于专制农奴制度的普遍压迫才不怎么引人注意,但绝不会不再存在了。国内市场扩大,交换和商品经济以新的规模发展,工业和城市迅速壮大,所有这些真正改善农民状况的必然结

---

① 见《马克思恩格斯文集》第1卷第4页。——编者注

果，一定会加深财产差别。这方面的幻想在我们这里传播愈广，社会民主党同这种幻想的斗争就应当愈坚决，如果它真正愿意代表整个工人运动的利益，而不是仅仅代表工人运动的一个阶段的利益的话。①

在进行彻底的社会主义变革之前，任何最激进的和最革命的土地改革措施都消灭不了农业雇佣工人阶级。幻想所有的人都变成小资产者是一种反动的庸俗观念。正因为如此，我们现在就应该努力提高农业雇佣工人的阶级自觉，建立农业雇佣工人的独立的阶级组织。城市罢工的浪潮能够而且应该波及农村，不仅造成农民起义，而且造成真正的工人罢工，特别是在割草和收割季节。纲领中我们的工人部分的要求，在大多数情况下是城市工人对他们的老板提出的，这些要求也应该根据不同的生活条件作相应的改变，成为农业工人提出的要求。俄国暂时还没有什么专门的法律（擅自离开工作岗位的法律除外）把农业工人的地位降低到城市工人之下，这是应当利用的。应当想方设法使无产阶级高涨的浪潮在雇农和日工中间产生独特的无产阶级情绪和无产阶级斗争方法。

在一定的历史时期，农村居民中的小资产阶级阶层，即狭义的名副其实的农民，不能不是革命的。它现在的革命性，不可避免地从"旧秩序"的所有条件中产生出来，我们应当大力加以支持和发展。但是，一部分农村小资产者向"秩序"方面的转化，同样不可避免地会从新秩序即新的自由资本主义的俄国的生活条件中产生出来。而且，农民现在夺取地主的土地愈多，这种转化就愈快。在农

①　参看下面发表的一篇马克思1846年的文章。（见本卷第50—56页。——编者注）

村，也只有农村无产阶级是真正革命的阶级，是在任何条件下彻底革命的阶级。贫穷闭塞的农夫变成自由的、精力充沛的欧洲式农场主，是巨大的民主主义成果，但是我们，社会主义者，一刻也不能忘记，只有当觉悟的、自由的、组织起来的农村无产者与农场主相对抗时，也只有在这种情况下，这种成果才会为人类完全摆脱一切压迫的事业带来实际好处。

　　自由派地主老爷们闭口不提农业工人。至于未来的农场主，他们最关心的是怎样才能尽快地、而且是在自己的腰包受到最小损失的情况下（更确切些说：也许是在自己的腰包得到尽可能多的好处的情况下）把他变成自己的同盟者，变成私有主，变成秩序的支柱。他们梦想施非常可怜的一点小恩小惠就会万事大吉！他们把唯一的革命措施即没收皇族土地局限于没收这些土地的**一部分**，而且不敢把没收叫没收，对教会的土地则只字不提。他们答应给少地的人补分土地，并且坚持赎买，但是只字不提谁将支付这些土地的赎金。显然，他们认为由农夫支付赎金是不言而喻的，正像1861年那次著名的赎买一样。地主高价卖掉自己的坏地，这就是他们答应的补分土地。他们所提出的关于信贷、合作社、交换地块等一切措施，一点也超不出私有者利益的狭小范围。至于地租（这是农民经济中最迫切的问题之一），他们只限于提出“调整”这个最含混的口号。这个口号可以包容一切，直到以规定标准为借口提高租价，——我们上面已经指出，统治阶级的代表人物过去和现在所理解的“秩序”究竟是什么。

　　不过，我们认为自由派纲领中最重要和政治上最危险的一条，是关于“国家-公共调停委员会”这一条。实行土地改革的方法问题意义很大，因为改革的性质的认真程度，恰恰具体而实际地取决于实行的方法。民粹派也在这个问题上（也像在许多别的问题上一样）开导我们，要把主要注意力放在经济利益上，他们忽视或低估问题的政治方面。这种观点对小资产者来说是自然的，对"业主"来说是可以理解的，而对社会民主党人来说却是绝对不相容的。如果业主和私有主阶级或类别内部的变动不能带来政治上的好处，从而有利于无产阶级的阶级斗争，那么这种变动对社会民主党人来说就无所谓了。从小资产阶级幻想的观点来看，任何谈到"平均使用"等等的空洞计划都是重要的；从社会民主党人的观点来看，所有这些空洞计划，都是空洞而有害的空想，因为它使社会意识同实际的民主主义成果的实际条件相脱离。社会民主党人永远不会忘记，统治阶级随时随地都在竭力用经济上的小恩小惠来分化和腐蚀劳动者。在土地改革方面，他们尤其易于也尤其善于推行这种政策。

我们必须更明确更坚定地坚持我们的土地纲领的**根本**要求：成立革命农民委员会，由革命农民委员会自己来实行真正的、根本的（而不是地主所说的"根本的"）土地改革。做不到这一点，任何土地改革不可避免地一定会变成新的骗局，新的圈套，就像1861年有名的"改革"一样。"国家-公共〈?〉调停委员会"就是这个圈套的直接准备！我们懂得，"公共"就是地主，"国家"就是官吏。"国家-公共"无非就是**官吏-地主**而已。

我们在农村的宣传鼓动重心就应当立即转移到这上面来。农民们，你们听见了吗？人们想再一次用官吏的办法向你们施恩，用地主的干预来"调整"你们的生活，按照可诅咒的老的赎买方式为你们"赎买"土地！地主如此好心肠，如此发善心：他们眼看他们的土地有被白白拿走的危险时就宽宏大量地同意**出卖**土地，价格当然是合适的……　你们同意地主和官吏的这种干预吗？或许，你们愿意**自己**干预，自己建设自由的生活？那么你们就和城市无产阶级联合起来，为共和国而斗争，举行起义，起义会给你们带来革命政府和革命农民委员会！

载于1905年4月7日(20日)
《前进报》第15号

译自《列宁全集》俄文第5版
第10卷第44—52页

马克思论美国的"土地平分"

（1905 年 4 月 7 日〔20 日〕）

《前进报》第 12 号上曾经提到马克思就土地问题对克利盖进行的反驳。① 这不是在 1848 年，而是在 1846 年，—ъ 同志的那篇文章说错了。马克思的同事海尔曼·克利盖，当时还很年轻，1845 年迁居美国，并且在那里创办了《人民代言者报》(«Volks-Tribun»)⁴⁵，宣传共产主义。然而海尔曼·克利盖进行的这种宣传，竟然使马克思不得不以德国共产主义者的名义坚决抗议他损害共产主义政党的声誉。马克思对克利盖路线的批判，在 1846 年《威斯特伐利亚汽船》杂志⁴⁶上发表，并且在梅林所编的马克思文集第 2 卷转载，这一批判对现代的俄国社会民主党人来说，意义是很大的。

问题在于，土地问题当时也被美国的社会运动的进程本身提到首位，正像俄国现在一样，而当时谈的恰恰不是发达的资本主义社会，谈的是为资本主义的真正发展创造初步的基本条件。这后一种情况，在把马克思对美国"土地平分"的思想所抱的态度与俄国社会民主党人对现代农民运动所抱的态度两相对比时尤其重要。

克利盖在自己的杂志中没有提出任何材料供人们研究美国制度的具体的社会特点，弄清当时力求废除地租的土地改革运动的

---

① 见本版全集第 9 卷第 343 页。——编者注

真正性质。克利盖(正像我们的"社会革命党人"一样)反而用冠冕堂皇的大话粉饰土地革命问题。克利盖写道:"每一个穷人,一旦给他提供从事生产活动的机会,他立刻就会变成人类社会有用的成员。而一旦社会给他一块土地,使他能养活自己和家庭,那就确保他永远有了这样的机会。假如这片面积巨大的土地(即美国的14亿英亩国有土地)不是用来买卖,而是以一定数量交给人们从事劳动①,那么美国的整个贫困状况就会一举而消灭……"②

马克思反驳这个意见时说:"本来就应该懂得,试图通过某些法令来阻止克利盖所想望的宗法制度向工业制度继续发展,或者使合众国东海岸的工商业各州倒退回宗法的野蛮状态,这种事情是立法者无权办理的。"③

这样,我们看到的就是一套真正的美国土地平分计划:把大量土地从商业周转抽出来,赋予土地所有权,限制土地占有量或土地使用量。马克思从一开始就清醒地批判了空想主义,指出宗法制度转为工业制度是不可避免的,用现代的语言来说,就是资本主义的发展是不可避免的。但是,如果认为运动参加者的空想会使马克思否定整个运动本身,那就大错而特错了。完全不是这样。早在马克思刚刚从事写作时,就善于从运动的表面华丽的思想外衣里抽出运动的实际进步内容。马克思在他的批判的第二部分即题为《〈人民代言者报〉的经济学〈即政治经济学〉及其对"青年美国"的态度》中写道:

---

① 请回想一下,《革命俄国报》⁴⁷自第8号起,关于土地从资本流向劳动、关于俄国国有土地的意义、关于平均使用土地、关于吸收土地加入商业周转的资产阶级思想等等写了些什么吧。和克利盖一模一样!
② 参看《马克思恩格斯全集》第1版第4卷第6页。——编者注
③ 同上。——编者注

　　"我们完全承认美国民族改良派运动的历史合理性。我们知道,虽然这个运动所力求达到的结果在目前或许会促进现代资产阶级社会工业制度的发展,但它既然是无产阶级运动的成果,是对一般土地所有制的攻击,特别是对美国现存条件下土地所有制的攻击,其结果必然会导向共产主义。克利盖曾同侨居纽约的德国共产主义者一起参加过抗租运动(Anti-Rent-Bewegung),他竟以那些激昂慷慨的词句来掩盖这个简单的事实,而不去考察运动的实际内容,这就证明,他完全不清楚青年美国和美国社会境况之间的联系。我们还要举一个例子,说明他如何挥洒激情来粉饰大地主的美国地产析分。

　　《人民代言者报》第 10 号刊登的《我们要求的是什么》一文这样写道:'美国民族改良派称土地是所有人共有的遗产……并要求国民立法机关采取措施,把尚未落入强盗般的投机分子手中的 14 亿英亩土地保留起来,作为全人类不可让渡的公共财产。'为了本着他的集体精神替'全人类保留'这份'不可让渡的公共财产',他接受了民族改良派的计划:'每一个农民,不管来自哪一个国家,都应分给他 160 英亩的美国土地,供其维持生活',或者,正如该报第 14 号上所载的《答孔策》(Konze)一文所述:'任何人均不得在这一尚未动用的国民财产中占有 160 英亩以上的土地,而这 160 英亩也只能限于自耕。'所以,为了把土地留做'不可让渡的公共财产',而且是'全人类的'公共财产,就应该立刻着手分配这些土地。克利盖以为,他能用若干法令来禁止这种分配所导致的必然后果,即集中、工业进步等等。在他看来,160 英亩土地是一个一成不变的量,似乎这片土地的价值不会因其质量而有所不同。'农民'必将相互进行交换或同其他人进行交换,即便不是交换自己的土地,也肯定要交换土地的产品,如果人们走到了这一步,那就很快会出现这种情况:一个'农民'即使没有资本,但他仅凭自己的劳动和他那160英亩土地的较高的天然肥力,就会使另一个农民变成受他压迫的雇工。到那时,不论'落到强盗般的投机分了手中'的是'土地'还是土地的产品,难道不是一样吗?让我们仔细研究一下克利盖送给人类的这份礼物吧。14亿英亩土地应该'保留起来,作为全人类不可让渡的公共财产'。也就是说,应该让每一个'农民'分得160英亩土地。据此可以算出,克利盖的所谓'全人类'数量到底有多大——不多不少,正好是875万'农民',他们每个人作为户主代表一个五口之家,总共代表4375万人。同样,我们还可以算出,'无产阶级以人类的身份,能够占用全部土地'、至少是合众国土地的'永久时期'到底有多长。假如合众国人口保持迄今为止的增长速度(即每25年增加一倍),那么这个'永久时期'就不会满40年;14亿英亩在这个时间段会被占完,而后代也就没有什么可'占'用的了。况且无偿分给土地可能会使移民人数激增,所以克利盖的所谓'永久时期'可能'结束'得更早。更何况这片供4400万人用的土地甚至不可能成为足以疏解现存的欧洲贫困化问题的渠道,因为在欧洲每十个人中就有一个贫民,单是不列颠群岛就有700万贫民。我们在第13号刊登的《告妇女书》一文中也有类似的经济学方面的幼稚见解,克利盖在文中说,如果纽约市无偿地交出长岛的52 000英亩土地,那就可以在'转瞬之间'使纽约永远消除一切贫困化、苦难和犯罪现象。

　　如果克利盖把土地解放运动看做无产阶级运动在一定条件下的必要的初步形式,如果他认为这个运动由于发动它的那个阶级的社会地位必然会发展成为共产主义运动,如果他说明为什么共产主义趋势在美国最初必然会以这种看上去同整个共产主义相矛盾的农业形式出现,那么他的意见也就没什么可反对的了。但克利盖却把某些现实的、特定的人所采取的这种显然只有次要意义的运动形式宣布为人类的事业,并且违心地把这种运动形式说成一切运动的最终、最高的目标,这样一来,他就把运动的特定目的变成了十分荒唐的胡说。然而在同一篇文章(载于第 10 号)中克利盖仍旧无休止地高唱他的凯歌:'这样,欧洲人自古以来的梦想就将最终得以实现,大洋这边会给他们准备好栖居之地,他们只要接收这块地方并用自己双手的劳动使它富庶起来,就可以在世界上一切暴君面前自豪地宣称:这就是**我的**小屋,而你们从来没有建造过,这就是**我的**炉灶,那通红的火苗使你们对我羡慕不已。'

　　克利盖还可以补充一句:这就是**我的**一堆粪便,是我自己、我的老婆、孩子、雇工和牲畜拉出来的。究竟是哪些欧洲人的'梦想'在这里得以实现呢? 决不是共产主义的工人,而是那些希望在美国碰上好运重新成为小资产者和农民的破产小商贩、手工业师傅或遭到毁灭性打击的雇农。这个用 14 亿英亩来实现的'愿望'究竟是什么样的愿望呢? 无非是要把一切人都变成私有者而已,这种愿望就像要把一切人都变成皇帝、国君和教皇一样,既无法实现,也不是共产主义的。"①

　　马克思的批判充满了辛辣和讥讽。他所驳斥的克利盖的那些观点,也正是我们现在在我国"社会革命党人"身上所看到的观点,这就是:空话连篇,把小资产阶级的空想说成是最高的革命理想,不懂得现代经济制度及其发展的真正基础。马克思当时还只是个

---

① 参看《马克思恩格斯全集》第 1 版第 4 卷第 9—12 页。——编者注

未来的经济学家，但他以卓越的洞察力指出交换与商品经济的作用。他说，农民将来要进行交换，如果不是交换土地，就是交换土地的产品，这就什么都说清楚了！这个问题的整个提法，在许许多多方面都适用于俄国的农民运动及其小资产阶级的"社会主义"思想家。

但同时马克思并不是笼统地"否定"这个小资产阶级运动，并不是采取学理主义的态度忽视这个运动，并不像许多书呆子那样害怕接触革命的小资产阶级民主派会弄脏自己的手。马克思虽然对这个运动的思想外衣的荒谬性加以无情的讥笑，但他力求以冷静的唯物主义态度来确定这个运动的**真正的**历史内容，确定那些不以人们的意志和意识、梦想和理论为转移，而是由于客观条件必然会产生的这一运动的结果。所以，马克思对于共产主义者支持这个运动不是进行斥责，而是表示完全赞同。马克思站在辩证的观点上，也就是全面地考察这个运动，既看到过去，也看到将来，指出对土地私有制的攻击有革命的一面。马克思承认小资产阶级运动是无产阶级共产主义运动的特殊的初步形态。马克思对克利盖说，你梦想通过这个运动达到的目的是达不到的，——结果不是友爱，而是小资产阶级的孤立；不是农民的份地不可割让，而是土地卷入商业周转；不是打击投机掠夺者，而是扩大资本主义发展的基地。而你妄想避免的资本主义的恶，却是历史上的善，因为它将惊人地加速社会的发展，使共产主义运动新的高级形态更早地到来。对土地私有制的打击，将促进今后对一般私有制的必然打击；下层阶级要求改革的革命行动，虽然暂时还只能给以远非人人都能享受到的狭隘福利，但是它将促使最下层阶级今后必然会采取要求改革的革命行动，真正能保证一切劳动者都享受到充分的人的幸福。

　　马克思反对克利盖时对问题的提法,应当成为我们俄国社会民主党人的榜样。当前俄国农民运动具有真正的小资产阶级性质,这是用不着怀疑的;我们要用全力来说明这一点,并且要同一切"社会革命党人"或朴素的社会主义者在这个问题上所抱的种种幻想进行无情的、不可调和的斗争。无产阶级要专门组织成一个独立政党,力求经过一切民主主义变革实现完全的社会主义革命,这应当成为我们的经常的、一刻也不容忽视的目的。但是,如果因此而对农民运动不屑一顾,那就是一种最不可救药的庸人习气和学究作风。不,这个运动的革命民主主义性质是毫无疑问的,我们必须用全力来支持这个运动,发展它,使它成为一个具有政治自觉性和明确阶级性的运动,推动它前进,和它齐心协力地一同走到终点,因为我们的路程比任何农民运动的终点远得多,我们的终点是完全结束社会划分为阶级的现象。世界上未必有哪一个国家的农民像俄国农民那样受到如此深重的苦难、压迫和凌辱。这种压迫愈暗无天日,农民现在的觉醒就愈有力量,他们的革命冲击力就愈锐不可挡。觉悟的革命无产阶级就是要全力支持这种冲击,使它彻底摧毁这个古老的、可咒诅的、专制农奴制的奴才似的俄国,使它造就出自由而英勇的一代新人,建立起一个新的共和制的国家,我们无产阶级争取社会主义的斗争将在这里自由地开展起来。

载于 1905 年 4 月 7 日(20 日)　　　译自《列宁全集》俄文第 5 版
《前进报》第 15 号　　　　　　　　第 10 卷第 53—60 页

被揭穿的总委员会

(1905 年 4 月 7 日〔20 日〕)

"党总委员会"1905 年 4 月 7 日在日内瓦市通过的一个决定，刚刚从《火星报》第 95 号抽印成单页出版。这个决定从头到尾"背离真相"。我们指出最主要的。[①]

有人对我们说，总委员会关心的是，党内斗争不要破坏了党的统一。这不对。全体党员应当从那些驳不倒和无法驳倒的文件中了解到，一年多以前，即在 1904 年 1 月，中央委员会委员列宁和瓦西里耶夫曾经在总委员会里建议向全党发出关于停止抵制、停止各小组把全党经费秘密攫为己有的号召[②]。**总委员会否决了他们的建议**。不仅如此，总委员会反而直接参加了**秘密分裂党的活动**，并推崇少数派的秘密组织争取"增补"的斗争。现已确凿证明，这个斗争从第二次代表大会时起，即从 1903 年 8 月起，一直进行到 1904 年 11 月或 12 月。

可见，从 1904 年 1 月起，总委员会就已经不是党的最高机关，

---

① 手稿上是："果然不出所料，这个决定从头到尾极其粗暴地歪曲了真相。凡是愿意独立核对与此有关并且早已公诸于世的文件的人，都很容易相信这种说法。我们只限于扼要地指出我们的'总委员会''背离真相'的最主要之点。"

　　这里和下面的脚注中，按手稿恢复了在报上发表时经奥里明斯基改动过的最重要的地方。——俄文版编者注

② 见本版全集第 8 卷第 115—117 页。——编者注

而是少数派秘密组织的工具了。① 公开在报刊上承认这个组织存在的不仅有调和派的中央委员会,而且有中央委员会转向少数派时期的《火星报》本身。**48**

　　总委员会作为少数派秘密组织的工具,千方百计回避②各委员会要求召开的全党代表大会。整整一年半以来,社会民主党在俄国国内的工作总是受到国外少数派③的阻挠和破坏。整整一年半以来,俄国国内各委员会一直在为召开代表大会进行不屈不挠的英勇斗争,反对日内瓦的总委员会,因为总委员会不是扣压各委员会的决议,就是退回决议,并且还加上最粗暴的谩骂("骗子,庸俗的小丑行为,伪造文件"——这是马尔托夫信中的用语,见奥尔洛夫斯基的小册子《反党的总委员会》)。④ 现在,这个反对秘密分裂行径的恼人的斗争⑤,它的每一个重大步骤都有文献为证。例如,早在 1904 年 10 月,即在**半年以前**,在奥尔洛夫斯基的小册子《反党的总委员会》中就已证明:总委员会没有说明理由就回避了⑥党章所规定的由它召开代表大会的责任。接着,俄国国内许多党的委员会一个接一个地对总委员会和所有中央机关**正式**表示**不信任**。但是,总委员会根本不加理睬,毫无顾忌地奚落党。总委

---

① 　手稿上是:"可见,从 1904 年 1 月起,总委员会就极无耻地欺骗了全党,它实际上已不是党的总委员会,而是少数派秘密组织的工具。"——俄文版编者注

② 　手稿上是:"……用欺骗的办法回避……"——俄文版编者注

③ 　手稿上"少数派"一词的前面是:"向俄国国内派遣自己的爪牙的"。——俄文版编者注

④ 　手稿上是:"……因为总委员会厚颜无耻地扣压了各委员会的决议,并且在这个崇高的事业中一直得到所谓调和派中央委员们的支持。"——俄文版编者注

⑤ 　手稿上是:"……反对搞秘密分裂的英雄们的不体面的肮脏行径……"——俄文版编者注

⑥ 　手稿上是:"……总委员会用欺骗回避了……"——俄文版编者注

员会成了少数派的工具。现在,总委员会在 1905 年 4 月 7 日的决定中公开承认自己是**争论的一方**,但同时它却毫不客气地享用**全党机关的称号**、权利和全权,拒绝向党交出党给它的委托书! 这完全是一种令人发指的背信行为①。

最后,俄国国内党的各委员会看到总委员会回避召开代表大会,便通过他们在三个代表会议上选出的"常务局"**自行召开代表大会**,这时,**连转向少数派的中央委员会**也急忙纠正了自己的错误②。**国内中央委员会**,本来不仅不同情多数派委员会,甚至反对这些委员会,现在**在看到俄国的实际情况**,知道多数派在国内占居真正的优势后,不得不承认多数派委员会常务局召开代表大会是完全公正无私的,并且**起来反对总委员会**。我们已经在报上指出,俄国国内所有的工作人员也从宣言中得知,国内中央委员会在 1905 年 3 月 12 日的告全党书中已**公开起来反对总委员会**,并在这个宣言的第 5 项中声明,"总委员会 3 月 8 日反对召开代表大会的决议(《火星报》第 89 号),不能成为停止筹备代表大会工作的理由"。

我们的总委员会小心翼翼避而不谈的这个声明说明什么呢?它说明:国内中央委员会由于了解国内实际情况,并且显然检验了国外总委员会的主张,才**认为这些主张**是不对的③,认为反对召开代表大会的借口是捏造的,认为能够熟悉实际情况的绝大多数俄国国内委员会要求召开代表大会的事实是**属实**的。

这就是为什么我们的总委员会避而不谈中央委员会的声明第

---

① 手稿上"背信行为"一词的后面是:"和对党的欺骗"。——俄文版编者注
② 手稿上是:"……**中央**看出了自己策略的错误和欺骗性,并且急忙加以纠正。"——俄文版编者注
③ 手稿上是:"……错误的……"——俄文版编者注

5 项的原因！因为这项声明等于在全党面前公开承认总委员会的主张是不对的，认为总委员会伪造党内舆论①！

因此，总委员会试图通过建议争论双方举行会谈或达成协议再一次使党陷入困境的做法是徒劳的。**这样的协议在俄国国内已经达成了。**孟什维克在俄国国内的中央机关是中央委员会——这一点已经由《火星报》自己在关于孟什维克各组织表示接受中央委员会七月宣言这个通知中公开声明了。多数派在俄国国内的中央机关是多数派委员会常务局。争论双方**在俄国国内的中央机关已经就召开统一代表大会达成协议。**由此可见，俄国国内有的孟什维克比起国外的孟什维克来，珍惜党性和党的统一稍微多一点。由此可见，以中央委员会为代表的俄国国内的孟什维克，自己揭穿了国外总委员会并且和它断绝了关系。由此可见，在争论双方的俄国国内的中央机关达成协议之后，根本谈不上再同国外总委员会，即待在日内瓦的先生们达成什么协议了。

因此，我们的总委员会说什么中央委员会将来要推翻它，这是徒劳的。这不是将来的事情，而是过去的事情。中央委员会 1905 年 3 月 12 日告全党书的第 5 项，向所有有阅读能力和理解能力的人表明，总委员会已经被推翻了。以争论双方的联合中央机关为代表的俄国，已经把国外的机关推翻了。党的总委员会现在所代表的不是党，而恰恰是一伙日内瓦人。②

从下面的事实可以特别清楚地看出，这种对党的实际情况的

---

① 手稿上是："……在全党面前认为总委员会的主张是欺骗，认为伪造舆论的论据……"——俄文版编者注

② 手稿上是："以布尔什维克和孟什维克的联合中央机关为代表的俄国，已经把国外的机关推翻了。党的总委员会现在所代表的不是党，而恰恰是日内瓦的三位先生。"——俄文版编者注

描述有多么确切。总委员会声明说,它的 1905 年 4 月 7 日的决定
是一致通过的。党员看到这一点时当然会想到,**总委员会中的两
位中央委员会委员**是同意这个决定的。不过总委员会力图使读者
产生的这种设想,还是一个大问号。①

　　证据:我们在《前进报》第 13 号上已经指出,我们还没有权利
公布多数派委员会常务局和中央委员会之间的协议。但是,我们
同时接到通知说:一旦党总委员会通过反对召开党的第三次代表
大会的决定,至少应该公布这个协议中的一项。

　　现在是公布这一项的时候了。

　　因此,现在我们就来公布这个没有公布的协议的第 1 项:

　　**"多数派委员会常务局和中央委员会于 1905 年 3 月 12 日签
订协议:**

　　第 1 项:由中央委员会代表和多数派委员会常务局代表组成
的组织委员会,应立即筹备党的第三次代表大会,不管总委员会就
召开党代表大会通过什么决议。"

　　想必清楚了吧?

　　中央委员会特别预先声明②,它将不服从总委员会**将来作出
的决议**,但如果总委员会破例采取诚恳的行动,则暂时不公布这一
点。这就是说,俄国国内的孟什维克还相信总委员会有可能采取
善意的行动,哪怕是破例。

　　现在,以俄国国内的中央机关为代表的俄国国内的孟什维克,

---

　　①　手稿上是:"……总委员会力图使读者产生的设想**是错误的**。总委员会在这
　　　　里也力图欺骗党。在 1905 年 3 月 12 日签订协定以后,中央委员会在总委员
　　　　会中的代表**不是根本没有出席,就是由总委员会冒充。**"——俄文版编者注
　　②　手稿上是:"中央委员会已经预先想到,总委员会将再一次欺骗党。因此,中
　　　　央委员会特别预先声明……"　　　——俄文版编者注

已经大失所望了。

可见,现在已经完全证实,一心支持总委员会的中央委员会一定要彻底揭露自己的国外同事。

现在我们只向读者提出最后一个小问题:在这以后,待在日内瓦的总委员会的委员们却在报刊上公开声称①,总委员会1905年4月7日的决定是在日内瓦一致通过的,对此应该作何感想呢?

载于1905年4月7日(20日)   译自《列宁全集》俄文第5版
《前进报》第15号   第10卷第61—66页

---

① 手稿上是:"……普列汉诺夫、阿克雪里罗得和马尔托夫这三位待在日内瓦的总委员会委员却在报刊上公开声称……"——俄文版编者注

俄国社会民主工党 　　　　　　全世界无产者，联合起来！

五 一 节[49]

（1905 年 4 月 12 日〔25 日〕以前）

　　工人同志们！全世界工人的伟大节日来到了。在五一这一天，全世界的工人要庆祝自己渴求光明和知识的觉醒，庆祝自己为反对一切压迫、一切专横、一切剥削，为建立社会主义的社会制度而结成一个兄弟联盟。凡是从事劳动的人，凡是用自己的劳动养活富翁和显贵的人，凡是为了得到微薄的工资而在过度繁重的劳动中过活的人，凡是从来没有享受到自己的劳动果实的人，凡是在我们的文明带来的奢侈和豪华中过着牛马生活的人，都在伸出手来为工人的解放和幸福而斗争。丢掉不同民族或不同宗教信仰的工人之间的相互仇视吧！这种仇视只会对那些靠无产阶级的无知和分散过活的掠夺者和暴君有利。犹太人和基督教徒、亚美尼亚人和鞑靼人、波兰人和俄国人、芬兰人和瑞典人、拉脱维亚人和德国人——都正在争取社会主义这面共同旗帜下并肩前进。全体工人是兄弟，他们的坚固联盟，是全体劳动人民和被压迫的人类争取幸福和美好生活的唯一保障。在五一这一天，国际社会民主党这个全世界工人的联盟，要检阅自己的力量，并且团结起来继续为自由、平等和博爱进行不倦的、不屈不挠的斗争。

　　同志们！我们现在正处在俄国伟大事件的前夕。我们已经开始同专制的沙皇政府进行最后的决死战斗,我们必须把这一战斗进行到底并取得胜利。大家看看,这个恶魔和暴君的政府,这个贪官污吏和资本的走狗的政府使全俄国人民遭到怎样的不幸啊!沙皇政府把俄国人民抛进疯狂的对日战争。人民中有几十万青年丧失生命,葬身远东。这场战争带来的种种灾难是无法用言语形容的。为什么要进行这场战争呢?为了我国掠夺成性的沙皇政府从中国夺来的满洲!为了争夺别国的土地而使俄国人流血,使我们的国家遭到破产。工人和农民的生活愈来愈苦,资本家和官吏套在他们身上的绳索愈拉愈紧,而沙皇政府却驱使人民去掠夺别国土地。昏庸的沙皇将军和贪官污吏葬送了俄国海军,糟蹋了几亿几十亿的人民财富,丧失了整批军队,而战争还在继续进行并带来更多的牺牲。人民破产,工商业停滞,饥荒蔓延,霍乱流行,而专制的沙皇政府却执迷不悟,一意孤行;只要能拯救一小撮恶魔和暴君,它打算葬送俄国;除了对日作战外,它还发动了另一场战争——对全俄国人民作战。

俄国现在已从沉睡、闭塞和奴隶状态苏醒过来,这是从来没有过的。社会各阶级,从工人和农民到地主和资本家,都动起来了,彼得堡和高加索、波兰和西伯利亚,到处都响起了一片愤怒声。人民到处要求停止战争,人民要求建立自由的人民管理机构,召开全体公民(无一例外)派代表参加的立宪会议来任命人民政府,把被沙皇专制制度推进深渊的人民拯救出来。为数多达 20 万人的彼得堡工人,1 月 9 日星期日和格奥尔吉·加邦神父一起去见沙皇,陈述人民的这些要求。沙皇把工人当敌人,沙皇在彼得堡大街上枪杀了数以千计的手无寸铁的工人。斗争现在在全俄国沸腾,工人罢工,要求自由和改善生活,里加和波兰,伏尔加河流域和南方,在流血,农民到处揭竿而起。争取自由的斗争变成了全民斗争。

　　沙皇政府疯狂了。它想借债继续打仗,但是它已失去贷款信用。它答应召集人民代表会议,但实际上一切照旧。迫害仍在进行,官吏照样横行霸道。没有人民的自由集会,没有人民的自由报刊,更没有释放在监狱中受尽折磨的为工人事业而斗争的战士。沙皇政府百般唆使一个民族去反对另一个民族,它在鞑靼人中间诽谤亚美尼亚人,在巴库酿成一场流血事件[50]。它现在又在策划一场反对犹太人的流血事件,煽动无知的人仇恨犹太人。

　　工人同志们! 我们再也不能容忍对俄国人民的这种侮辱了。我们要奋起保卫自由,我们要反击那些想转移人民对我们真正敌人的愤怒的人。我们要拿起武器发动起义,推翻沙皇政府,为全体人民争得自由。工人和农民们,拿起武器吧! 举行秘密集会,组织义勇队,想方设法搞到武器,派信得过的人去同俄国社会民主工党商谈! 让今年的 5 月 1 日成为我们的人民起义的节日,我们大家作好准备,等待向暴君进行坚决进攻的信号。打倒沙皇政府! 我们要推翻它并成立临时革命政府,召开人民立宪会议。让人民用普遍、直接、平等和无记名投票的方式选举自己的代表。让所有争取自由的战士走出监狱,从流放地返回家园。让人民公开举行集会,让人民的报纸的出版不受万恶的官吏的监视。让全体人民武装起来,给每个工人发一支枪,让人民自己、而不是让一小撮掠夺者决定人民的命运。各村都要召集自由的农民委员会,推翻农奴制的地主权力,使人民摆脱官吏的侮辱,把被夺走的农民土地归还给农民。

　　这就是社会民主党人要办的事情,这就是社会民主党人号召拿起武器进行斗争的目的:争取完全的自由,争取成立民主共和国,争取八小时工作制,争取成立农民委员会。准备投身到伟大的战斗中来吧,工人同志们,五一这一天你们要让工厂停工,或者根据社会民主工党委员会的意见拿起武器。起义的钟声还没有敲响,但是就要敲响了。现在,全世界的工人正聚精会神地注视着为自由事业作出无数牺牲的英雄的俄国无产阶级。彼得堡工人已经在著名的1月9日这一天宣布:不自由毋宁死! 全俄国的工人们,让我们再一次宣布这个伟大的战斗口号,我们不惜任何牺牲,我们要通过起义走向自由,通过自由走向社会主义!

　　五一节万岁! 国际革命社会民主党万岁!

　　工人和农民的自由万岁! 民主共和国万岁! 打倒沙皇专制制度!

多数派委员会常务局

《前进报》编辑部

1905 年

1905 年印成传单

译自《列宁全集》俄文第 5 版
第 10 卷第 81—84 页

宪 法 交 易

(1905 年 4 月 17 日〔30 日〕)

彼得堡的贵族说得对,现在,布里根正在争取赢得时间。他尽可能把沙皇答应了的改革拖延下来,把这些改革归结为无足轻重的小事,丝毫也不削弱专制沙皇和专制官吏的权力。我们曾经在《前进报》上指出,他不是在制定宪法,而是在制造一个没有任何权力的咨议性议院。① 我们的话现在应验了:这就是德国自由派报纸《福斯报》[51]上所发表的布里根草案全文。根据这家报纸的报道,草案起草人是布里根、叶尔莫洛夫、舍尔巴托夫、美舍尔斯基、舍列梅捷夫伯爵和乌鲁索夫公爵。草案内容如下:

为了讨论(如此而已!)和拟定一切法律草案,现成立两个机构:(1)国务会议和(2)国民议会。任何一个国务会议成员和不少于 20 名的国民议会成员均有权提出法律草案。法律草案由国民议会讨论通过,然后提交国务会议,最后**上报沙皇批准**。沙皇决定草案应该以何种形式成为法律,或者完全予以拒绝。

这样说来,布里根"宪法"根本没有限制专制制度,只是建立了纯粹咨议性议院:参议院和众议院! 参议院或国务会议由 60 个省(包括波兰各省在内)的贵族会议选举出来的 60 个议员和沙皇任命的文武官员共同组成。议员总数不超过 120 人。议员任期为 3

---

① 参看本版全集第 9 卷第 360—361 页。——编者注

年。国务会议的会议公开与否,由国务会议自行决定。

众议院或国民议会的成员完全由被选出的人组成(各部大臣和主管人有权列席两院会议),即:34 个地方自治省各选出 10 名(共 340 名);有地方自治机关而没有贵族机关的 3 个省各选出 8 名(共 24 名);西北部的 9 个省各 8 名(共 72 名);10 个波兰省各 5 名(共 50 名);波罗的海沿岸 3 个省各 5 名(共 15 名);西伯利亚 30 名;高加索 30 名;中亚细亚和外里海州 15 名;芬兰 32 名;各大城市 20 名(圣彼得堡 6 名,莫斯科 5 名,华沙 3 名,敖德萨 2 名,罗兹、基辅、里加和哈尔科夫各 1 名);正教神职人员 10 名;天主教徒、路德教徒、亚美尼亚教徒、伊斯兰教徒和犹太教徒各 1 名,总计 643 名。这个议会选出一个由主席 1 人、副主席 2 人和委员 15 人组成的执行委员会,任期 3 年。执行委员会是常设机构。国民议会一年只举行两次会议,一次在 2—3 月,一次在 10—11 月。会议公开与否,由国民议会决定。议员在任期内不受侵犯。只有年满 25 岁会用俄语讲话和书写的俄国臣民才能被选举。议员的年薪为 3 000 卢布。

选举是这样组织的:34 个地方自治省的贵族会议各选 2 名,省地方自治会议各选 3 名,各城市通过特别复选人选出 1 名,农民通过特别复选人选出 3 名,商人也通过复选人选出 1 名。非地方自治省的议员也按同样原则选举,我们不想一一列举这些荒谬的警察事务。为了说明间接选举的组织情况,我们只介绍各地方自治省选举农民议员的程序。

每一个乡选出 3 名复选人。复选人集中到县城,**在贵族代表的主持下**(!)再选举 3 名第二级复选人。这些复选人再集中到省城,在省的贵族代表的主持下专从农民当中选出 3 名农民议员。

这样,选举就是三级了!

布里根先生干得不错。他没有白拿沙皇的薪俸。正如读者所看到的,他的宪法完全是对人民代表机关的嘲弄。我们已经指出,专制政权丝毫没有受到限制。两个议院仅仅具有咨询的性质,决定权则完全由沙皇独揽。这就是说,引诱引诱,但什么也不给。第一,"代表机关"的性质纯粹是**贵族的、地主的**。贵族在参议院有半数选票,而在众议院接近半数(在各地方自治省里,由省选出的10名议员当中有2名是贵族直接选出来的,3名是由实质上的贵族地方自治会议选出来的)。农民几乎完全被排除在选举之外。庶民在进入国民议会之前,要经过三级选举的严格筛选。

第二,最引人注意的是**完全排除了工人**。这个驯如绵羊的议会,选举代表的全部程序是建立在等级原则上的。工人没有而且也不可能有"等级"。在城市和商人的选举中,通过各级复选人筛选出来的只有工商业资产阶级,不过特别耐人寻味的是,这个资产阶级甚至同贵族比较起来,完全被排挤到无足轻重的地位了。看来,沙皇的奴仆们并不怎么怕地主自由派,因为他们相当有眼力,他们在这些表面上的自由派背后看清了"野蛮地主"[52]的极端保守的社会本性。

让工人和农民广泛地了解布里根宪法,是非常有益的。很难找到别的方法能更具体地说明似乎是超阶级的沙皇政权的真正意图和阶级基础。很难拿出更好的材料来作为普遍、直接、平等和无记名投票的选举权的实物教材。

把最近关于俄国各政党的报道和这个地主官僚的残缺不全的"宪法"对比一下,也很有意思。一个英国记者(很明显,这个记者出入于"上流社会",因而看不到像工人这样的庶民)计算,除了极端派政党即恐怖派和反动派而外,只有 3 个政党:(1)保守的或者泛斯拉夫主义的政党("斯拉夫派"体系:给沙皇以政权力量,给臣民以发表意见的力量,即只有发言权的代表会议);(2)自由主义的或者"机会主义的"政党(领袖是希波夫,纲领像一切机会主义者的纲领一样,是"脚踏两只船");(3)激进的**或者**(好一个"或者"!)立宪主义的政党,它包括大多数地方自治人士、教授"和大学生"(?)。纲领就是普选权和选举实行无记名投票。

保守派现在似乎正在彼得堡集会,自由派 5 月初将在莫斯科集会,激进派那时也在彼得堡。据说,官方人士认为,实行无记名投票的普选权就等于"**宣布共和国**"。在各个政党中,"激进派"倒是大有人在。

看来,布里根草案就是保守派的草案。解放派的草案倒很像"激进派或立宪派"(实际上根本不是激进派而是糟糕的立宪派)的纲领。最后,"自由派",即希波夫派所希望的或许比布里根所提出的要多一些,而比立宪主义者所要求的要少一些。

市场繁荣,买卖兴隆。上流社会的正派老爷们漫天要价,宫廷里老奸巨猾的老爷们也漫天要价。而形势却要求双方都压价,然后,**趁工人和农民没有起来干预的时候**……成交。

政府玩弄花招:它用自由派吓唬保守派,用"激进的"解放派吓唬自由派,又用共和国吓唬解放派。假如把各种利益和主要的利益——资产阶级剥削工人——翻译成阶级语言,这种花招的意思就是:地主和商人老爷们,让我们讲好价钱吧,让我们趁真正的人民革命还没有爆发之前,趁残缺不全的宪法、间接选举和其他官场废话都哄骗不了的整个无产阶级和农民还没有闹起来之前,和和气气、亲亲密密地及时分掌政权吧。

　　觉悟的无产阶级不应当抱任何幻想。只有无产阶级,只有农民支持的无产阶级,只有无产阶级和农民的武装起义,只有他们在"不自由毋宁死"的口号下进行的殊死斗争,才能保证俄国从整个农奴专制制度下真正解放出来。

载于 1905 年 4 月 17 日(30 日)
《前进报》第 16 号

译自《列宁全集》俄文第 5 版
第 10 卷第 67—71 页

给俄国社会民主工党总委员会主席
普列汉诺夫同志的公开信[53]

(1905 年 4 月 17 日〔30 日〕)

尊敬的同志：

4 月 4 日（17 日）中央委员会通知党总委员会：它委派约翰森同志和瓦列里扬同志代表中央委员会参加总委员会，并且请求尽可能在最近期间召开按照党章组成的总委员会会议。

由于这个请求没有得到答复，我们曾不揣冒昧地再次向您提出这个请求，4 月 22 日（9 日）得到了答复。您在答复中表示，只要我们"继续作为党章的破坏者和总委员会职权的篡夺者"，您就拒绝召开总委员会会议。

由于拒绝召开总委员会的正式会议所造成的情况，我们不可能再向党总委员会发出一系列通知，而既然我们认为这些通知不能久待不发，那么我们不得不在全党面前把我们本拟在最近一次总委员会会议上要作的几项最主要声明，以书面形式通知您。

（1）中央委员会向党总委员会声明：在 4 月 4 日（17 日）前，赞成召开党的第三次代表大会的有下列享有全权的党组织：彼得堡委员会、莫斯科委员会、北方协会、下诺夫哥罗德委员会、特维尔委员会、图拉委员会、里加委员会、西伯利亚联合会、沃罗涅日委员会、萨拉托夫委员会、敖德萨委员会、高加索联合会（8 票）、尼古拉耶夫委员会、乌拉尔委员会、奥廖尔-布良斯克委员会、库尔斯克委员会、斯摩棱斯克委员会、波列斯克委员会、西北委员会、哈尔科夫委员会、萨马拉委员会，共 21 个组织，有 48 票表决权。中央委员会也赞成召开代表大会，并且决定派一名代表和自己在党总委员会中的代表出席代表大会。

阿斯特拉罕委员会、喀山委员会、库班委员会、顿河区委员会、矿区联合会、叶卡捷琳诺斯拉夫委员会、克里木联合会、同盟、中央机关报编辑部和总委员会 3 名国外委员，要么没有收到他们的决议，要么收到了他们的决议，不赞成召开代表大会。

基辅委员会虽然在 3 月 25 日通过了反对召开代表大会的决议，但随后终于选举了出席代表大会的代表，并把他派往国外。

这样一来，在代表大会上代表全党的 75 票①中，有 52 票（基辅委员会除外）赞成召开党的第三次代表大会。

在这种情况下，中央委员会认为，必须通过它在党总委员会中的代表坚决要求总委员会立即履行党章第 2 条所规定的在有占代表大会一半票数的党组织提出这种要求时召开代表大会的正式义务。

根据中央委员会现有的材料，表示赞成召开代表大会的票数既然已大大超过党章所规定的票数（75 票中有 52 票），那么总委员会就应当立即无条件地宣布召开代表大会，不应当提出党章上没有规定的任何先决条件或要求。

（2）中央委员会深信，在党和整个俄国目前所处的时期召开党代表大会这样一个极端重要的问题，即使党总委员会全体委员都

---

① 　参看《火星报》第 89 号公布的享有全权的组织名单。

抱着真诚的愿望,也不能专靠纯粹形式主义的办法来解决。我们的党章对这一点说得不够清楚,例如,关于总委员会在赞成召开代表大会的票数达到法定票数的情况下**必须**召开代表大会的期限问题,就没有作出任何回答。党的各中央机关不得不就这个问题或其他问题对党章加以**解释**,并且不仅要适应正式表达出来的党的意志(从第一点中可以看出,党赞成召开代表大会),而且要适应党和整个俄国的实际情况。

中央委员会认为有责任通知党总委员会:党内危机在俄国已经严重到几乎使整个党的工作陷于停顿的地步。各委员会的情况混乱到了极点。几乎没有一个策略问题或组织问题不在各地派别之间引起极其尖锐的意见分歧,而这些意见分歧与其说往往是实质上的分歧,不如说是由于争论双方属于党的不同部分所引起的。党总委员会也好,中央机关报也好,中央委员会也好,在党的大多数工作者中都没有应有的威信,到处出现双重组织,彼此在工作上互相牵制,使党在无产阶级心目中威信扫地。那些主要从事写作的同志们,对目前整个党的事业所处的进退维谷的困境,可能不像从事实际工作的中央机关的工作人员了解得那样清楚,因为写作工作甚至在党的大部分党员不信任的气氛下也能够不间断地进行,而中央机关的工作人员,在俄国每天都要在自己的活动中碰到愈来愈大的困难。我们党的生活的内部矛盾的发展,正在冲击着党的第二次代表大会给我们定下的狭小的、正如现在我们大家清楚地看到的、远不完善的章程的框框。必须有新的形式,或者至少也要改变旧的形式,而能够做到这一点的是社会民主党的唯一立法者——党的代表大会;因为它,而且只有它有权颁布**人人必须遵守的**准则,任何代表会议、任何局部协议都不能够规定这样的准则。俄国国内大部分委员会认识到通过召开代表大会尽快处理党内危机的重要性，它们已经采取了尽快召开代表大会的一切措施，包括选派代表在内；而且这样做的不仅有最先表示赞成召开代表大会的多数派委员会，而且有大部分少数派委员会、团体和外层组织。党赞成召开代表大会并为它的准备工作花费了大量的物力和人力。现在，召开代表大会无疑是责无旁贷的事，党的各中央机关没有任何正式权利拖延宣布代表大会的召开，它们在道义上有责任尽自己的一切努力使党在这方面所花费的力量不致白费。几十位目前俄国国内如此需要的最积极的代表同志无限期地滞留国外，并且仅仅是因为中央机关报的同志不愿违背党章字面上的意思而去贯彻党章精神、维护党的统一的最高利益以致使代表大会没有开成的情况下他们就返回俄国，这意味着党的力量的不可容忍的浪费，意味着党的领导者没有能力担负起党的生活向他们提出的任务。当某些形式已经过时，当日益发展壮大的党受到这些形式的束缚的时候，仅仅成百次地强调法律字面上的神圣性是无济于事的。这不是摆脱危机的出路，而唯一的出路只能是召开党的代表大会。

（3）根据党章第6条规定：中央委员会受权组织和管理具有全党意义的一切工作，中央委员会有权为筹备党的代表大会采取各种准备措施并完成一切实际工作，它坚决捍卫自己的这一不可剥夺和不受限制的权利。中央委员会，作为党的唯一的从事实际工作的中央机关，认为，党的其他机关对这项工作的任何干涉企图都是违反党章的，并且把这种行为当做对自己权利的侵犯而加以拒绝。至于谈到章程第2条授予党总委员会召开党的代表大会的各项权利，中央委员会对这些权利的理解是：总委员会宣布召开代表大会,并对中央委员会所进行的实际工作加以监督。

综上所述,中央委员会认为自己同多数派委员会常务局就召开党的第三次代表大会达成的协议,其中只有一点与党章有抵触,那就是协议中表明了这样的意图:即使党总委员会事先并未正式宣布,也将召开代表大会(见协议第 1 条)。

(4)3 月 12 日,中央委员会在接到 18 个享有全权的党组织(中央委员会本身除外)关于赞成召开第三次代表大会的决议的通知之后,决定把这件事通知总委员会,并向总委员会发出如下声明:"中央委员会通知党总委员会,现在(3 月 12 日),有 18 个享有全权的党的委员会(中央委员会除外),即拥有党章规定出席第三次代表大会的有表决权的票数的过半票数,赞成召开党的第三次代表大会。最近可望还有一些委员会作出同样的决议。在这种情况下,中央委员会认为必须立即召开代表大会,它请求党总委员会作出相应的决定并宣布召开代表大会。中央委员会现有的关于这个问题的全部文件,最近即将寄给党总委员会。"与此同时,中央委员会还在 3 月 10 日责成自己的代办员瓦季姆同志立即动身出国,把实际情况告知党总委员会,瓦季姆同志受权代表中央委员会出席总委员会会议。很不凑巧,瓦季姆同志还没有到达国外就被捕了。至于上述文件,即中央委员会肯定确有责成总委员会立即通知召开代表大会的决议的这个文件,根据中央委员约翰森同志和瓦列里扬同志 4 月 4 日(17 日)从捷依奇同志那里得到的私人消息说,这个文件根本没有收到。后来捷依奇同志又订正说,在洛迦诺收到了这个文件,不过已经是在 4 月 7 日的总委员会会议之后了。由于不准许我们即中央委员会的代表出席总委员会会议,使我们没有可能弄清楚为什么总委员会的委员们这样晚才接到中央委员会的这个声明。然而，即使这个声明是在总委员会 3 个委员的洛迦诺会议之后接到的，由于这个文件是证实确有关于召开代表大会的材料的重要文件，中央机关报的同志们和总委员会的第 5 名委员也应当立即召开会议并根据党章作出决定，或者至少应该考虑到中央委员会的代表因出国受阻没有来到的情况，推迟发表 4 月 7 日的决定。

（5）中央委员会对党总委员会 1905 年 2 月以来作出的各项决定的合法性表示异议，因为自从别姆同志和弗托罗夫同志 1 月底从国外动身后，中央委员会没有授予任何人以参加党总委员会的代表权。早在中央委员会同总委员会的国外委员发生真正冲突以前，即在 1904 年 2 月 14 日，中央委员会全体会议就通过了一项决定，对党章第 4 条关于中央委员会在总委员会的代表权的规定作了如下说明：代表中央委员会参加总委员会的委员，是从整个中央委员会取得全权的，即使因某种原因居留国外的中央委员，也无权参加总委员会会议，如果中央委员会全体会议没有作出这种决定的话。

中央委员会这项解释性的决定，成为中央委员会在国外的代表权的基础，而且从 1904 年 2 月起，中央委员会参加总委员会的所有代表，都是毫无例外地经过中央委员会全体会议预先批准的。格列博夫同志和列宁（格列博夫同志是第二次出国），回俄国以前曾任中央委员会驻总委员会代表的别姆同志，1 月份动身出国受权就某些问题同中央机关报编辑部进行谈判并参加总委员会会议的弗托罗夫同志，他们的全权都不是从中央委员会的某个委员或党总委员会中他们的前任代表那里取得的，而是从中央委员会全体会议那里取得的。中央委员会所以要通过 1904 年 2 月 14 日的上述决定并在以后的全部实践中始终遵循这项决定,原因就在于,唯有用这种办法来处理中央委员会在总委员会中的代表权,才能防止那些同中央委员会联系不很密切、并且对中央委员会在党内生活的各种问题上的政策不甚了解的同志以中央委员会的名义参加党总委员会。我们再说几句:两名总委员会委员**只能由中央委员会全体会议**任命,否则就无法保证在俄国国内工作的中央机关在党总委员会中的影响,哪怕是多少接近于中央机关报的同志们所享有的影响。中央机关报的同志在总委员会中不仅人数多,而且威信高,他们中间一些人在漫长岁月的光荣斗争中不仅站在俄国社会民主党的最前列,而且站在国际社会民主党的最前列。中央委员会一向给予这些同志,即总委员会的委员们以应有的尊敬,然而,如果它准许,哪怕是暂时准许改变党总委员会的构成,它就会背弃自己对全党所负的义务,因为总委员会的构成一经改变,解决问题的委员会的成员虽然都是有功劳受尊敬的同志,但是实际情况却使他们不能担负起俄国国内正在进行的直接的实际工作。既然我们提出的确定召开总委员会会议的日期这个要求遭到拒绝,我们就不能信服,由弗托罗夫同志指定为中央委员会临时代表参加国外"技术委员会"的捷依奇同志,凭什么认为自己可以代表中央委员会参加党总委员会,因为他和中央委员会在俄国国内的工作从来没有任何关系。中央委员会宣布捷依奇同志的这种做法无效,因为这种做法事先未经中央委员会批准,而且,即使假定弗托罗夫同志(当时他还只是中央委员会的代办员)或者甚至某一位中央委员曾经请求捷依奇同志代表中央委员会参加党总委员会,那么这也消除不了捷依奇同志所持立场的非法性,因为只有中央委员会全体会议才能授予上述全权,而捷依奇同志参加总委员会的代表权，中央委员会全体会议并未授予。根据以上所述，中央委员会认为党总委员会在别姆同志和弗托罗夫同志离开国外之后通过的一切决定，都是在完全没有中央委员会参加的情况下作出的，它要求召开新的会议，邀请中央委员会的合法代表参加，重新审查所有的问题。

（6）中央委员会否定党总委员会有权责难任何一个中央机关和要求各中央机关无条件服从总委员会的一切决定。按照党章规定，总委员会的任务是协调和统一中央委员会和中央机关报编辑部的活动，如果某一中央机关与总委员会发生冲突，显然只有党的紧急代表大会才能解决这种冲突。党总委员会在它本身同某一中央机关发生意见分歧时不能由总委员会来裁决，因为在这种情况下，总委员会既是仲裁人同时又是当事人。然而，拒绝召开有中央委员会的代表参加的党总委员会会议一事，实际上不仅使中央委员会受到总委员会3个委员（中央机关报编辑部委员）的谴责，而且已经受到惩罚，它在不违反党章的条件下，在党总委员会中不可剥夺的代表权被剥夺了。

还采取了一些其他措施，迫使中央委员会无论如何要服从总委员会3个委员（中央机关报编辑部成员）的各项决定。例如，中央委员会曾合法地要求它在国外的代办员捷依奇同志把中央委员会的一切技术工作和财务工作移交给指定管理这些工作的中央委员会委员瓦列里扬同志，捷依奇同志借口中央委员会和总委员会发生冲突，对这一要求表示拒绝。

在这种情况下，如果说中央委员会在它同多数派委员会常务局达成的协议的第1项中曾表示即使在总委员会拒绝的情况下也要召开代表大会的决心因而与党章相抵触，那么总委员会3个委员同样曾两次违反党章,因为它既剥夺了中央委员会参加总委员会的权利,又剥夺了中央委员会管理和监督它在国外的技术工作和财务工作的权利(即违反了党章的第 2 条和第 6 条)。

中央委员会向全党确认,在党总委员会(仅由中央机关报的两个成员和总委员会的第 5 名委员所代表)和中央委员会之间存在着从党章的观点来看尚未解决的上述冲突,鉴于党总委员会主席拒绝召开总委员会会议,中央委员会声明,总委员会主席普列汉诺夫同志的这种严重违反党章的行为已使党总委员会丧失履行职责的可能性,从而实际上擅自取消了党总委员会。

同志,您坚持要中央委员会无条件服从党总委员会,而且认为没有这个必不可少的条件总委员会就不可能召开,这实际上就是无限期地拖延代表大会的召开,违背明确表明的党的意志。

中央委员会认为它对党的忠诚应高于对总委员会 3 个国外委员的忠诚,因此它要把整个这次冲突交给党本身来裁判。

俄国社会民主工党中央委员会

1905 年 4 月 23 日(10 日)

载于 1905 年 4 月 17 日(30 日)
《前进报》第 16 号

译自《列宁全集》俄文第 5 版
第 10 卷第 72—80 页

关于第三次代表大会问题

(1905 年 4 月)

对于中央委员会协同多数派委员会常务局召开全党代表大会一事,《火星报》(第 94 号)歇斯底里地大肆叫骂,又散布个人猜疑,侈谈少数派集团强大等等。[54] 对于所有这些与著名的同盟代表大会[55]相吻合的狂妄言论,我们当然置之不理。实际上值得指出的只有两点。《火星报》说,如果代表大会召开了,那它也只是**分立出去的派别的代表会议**。换句话说:新火星派承认自己是从党内分立出去的派别,承认分裂是既成事实。我们一向认为,公开承认这一点,比搞卑鄙的秘密分裂活动好。不过,先生们,你们承认自己是跟党的另一部分断绝了关系的一部分,同时却羞羞答答把持着全党的称呼和名称("中央机关报","总委员会"),同时却把持着国外同志们为全党募集的经费,把持着属于全党的印刷所①,这是怎么回事呢? 这样做正直吗?

第二,《火星报》通常在谈到各中央机关向党报告工作的时候,承认党已分裂,而在谈到各中央机关有权支配党的时候,又承认党是统一的。现在也是这样。一方面说是"分立出去的派别",另一方面又说是"代表大会只能由总委员会召开"。先生们,很好! 但

---

① 手稿上从"同时却把持着"到"全党的印刷所"这些文字已被勾掉了。——俄文版编者注

是，你们的"总委员会"为什么默不作声呢？它对中央委员会1905年3月4日的声明为什么没有反应呢？《火星报》第94号为什么只字不提总委员会呢？党员就不能问一声：他们的总委员会究竟存在不存在呢？总委员会能不能开个会并通过一些决定呢？

载于1931年《列宁文集》俄文版　　　　　译自《列宁全集》俄文第5版第16卷　　　　　　　　　　　　第10卷第85—86页

俄国社会民主工党
第三次代表大会文献[56]

（1905 年 4 月）

1

筹备召开第三次代表大会的
组织委员会关于某些
组织的代表资格的几项决定草案[57]

（不晚于 4 月 11 日〔24 日〕）

高加索。

组织委员会根据文献材料和见证人高加索的同志们提供的证词,研究了关于高加索代表团的问题,一致通过如下决定:

1. 把高加索代表团的八票算在代表大会有表决权的票数之内是必要的和唯一正确的,因为早在 1903 年秋天,中央委员会就已经批准高加索联合会委员会的章程,根据这个章程,作为一个联合会的委员会,高加索联合会委员会在代表大会上享有八票表决权。

2. 至于格列博夫同志在总委员会发表的与此相抵触的声明和 1904 年 5 月总委员会的决定,即在问题弄清楚之前,暂时将四个单独的高加索委员会(巴库委员会、巴统委员会、梯弗利斯委员会、依梅列季亚-明格列利亚委员会)拥有的票数算做有表决权的票数,组织委员会认为,不能由于有了格列博夫的声明和总委员会的决定,就不应通过上述第1条中所指出的结论,因为格列博夫同志显然不了解情况,所以也就不自觉地使总委员会产生误解。

3.组委会认为现在到会的三位高加索代表享有六票表决权是毫无疑问的,同时指出,高加索联合会委员会委员列昂诺夫同志已就享有两票表决权的第四名代表的问题发表如下声明:高加索联合会委员会本来打算让巴统委员会确定这位第四名代表。当巴统委员会就此事作出含糊搪塞的答复之后,高加索联合会委员会才在一次有列昂诺夫出席的会议上表示,如果巴统没有专门代表出席代表大会,它希望第四名代表的表决权交由加米涅夫(尤里)同志行使。

4.有鉴于此,组委会将高加索联合会委员会第四名代表的问题提交代表大会本身决定。

克列缅丘格。

关于克列缅丘格委员会是否有权利能力的问题,组织委员会查明:

(1)据中央委员马尔克同志说,克列缅丘格委员会是直到1904年8月才被中央委员会批准的,他曾经参加中央委员会批准该委员会的那次会议。

(2)在《火星报》第89号公布的党总委员会的名单里,33个有权利能力的组织中没有克列缅丘格委员会。

根据上述情况,组委会决定:不把克列缅丘格委员会计算在本

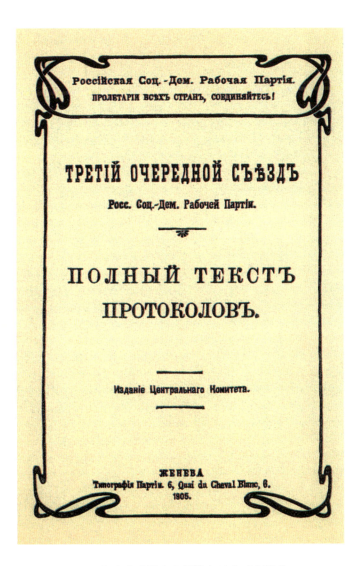

1905 年中央委员会出版社在日内瓦出版的
《俄国社会民主工党第三次（例行）代表大会记录全文》一书封面
（按原版缩小）

届代表大会上拥有表决权的享有全权的组织之列。

叶卡捷琳诺斯拉夫。

组织委员会听取了叶卡捷琳诺斯拉夫多数派委员会代表莫罗佐夫同志的报告和叶卡捷琳诺斯拉夫原委员会委员叶夫根尼同志的书面报告后,一致通过决定:

无论从形式方面来讲,还是从继承性以及同当地工人的联系方面来讲,组织委员会都认为没有任何理由说现在的叶卡捷琳诺斯拉夫多数派委员会不如少数派委员会合法。

但鉴于组委会无法听取另一方的申述,因此它对叶卡捷琳诺斯拉夫多数派委员会代表的表决权问题不作决定,而将问题提交代表大会本身解决。

关于喀山委员会和库班委员会是否有权利能力的问题,组委会没有作出任何决定,因为中央委员会和多数派委员会常务局有分歧。

多数派委员会常务局认为,不能承认这两个委员会是有权利能力的,因为在1904年总委员会五月会议上(中央委员会的代表是列宁和格列博夫),这两个委员会未列入1905年4月1日以前被批准的委员会名单中。即使喀山委员会和库班委员会是由中央委员会在1904年5月以后批准的,它们无论如何也只有在一年以后才能获得代表权。此外,在1904年中央委员会七月全体会议上这两个委员会不可能被批准,因为这次会议的记录已由格列博夫全部交给了在国外的列宁,在这些记录中,没有关于批准喀山委员会和库班委员会的记载。最后,在有中央委员马尔克同志出席的中央委员会八月会议或九月会议上，同样根本没有提到关于批准喀山委员会和库班委员会的事。

　　中央委员会认为，既然这两个委员会已列入显然是以党总委员会的名义发表的《火星报》的名单里，那么我们就没有理由认为这两个委员会是没有权利能力的。

载于 1905 年中央委员会出版社
在日内瓦出版的《俄国社会民主
工党第三次（例行）代表大会记录
全文》一书

译自《列宁全集》俄文第 5 版
第 10 卷第 89—91 页

2

组委会关于代表大会的
组成的决议草案[58]

（不晚于 4 月 11 日〔24 日〕）

就中央委员会和多数派委员会常务局之间的协议中关于代表大会的召开应有四分之三的俄国各委员会代表出席的这一项规定，组委会决定如下：

组成组委会的双方都认为，这项规定的意思是说，中央委员会和多数派委员会常务局都必须采取最有力的措施，使代表大会有充分的代表性并向党保证：中央委员会和多数派委员会常务局旨在组织全党的代表大会，而不是派别性的代表大会。协议上作这项规定，决不是说党章上关于代表大会在有表决权的代表有半数出席时即为有效的那一条无效。至于代表大会的充分代表性问题，在这方面已经采取了一切措施。目前只有阿斯特拉罕委员会和克里木委员会尚无消息。已经选出代表并派代表到国外的有顿河区委员会、矿区委员会、基辅委员会、库班委员会、特维尔委员会、哈尔科夫委员会、斯摩棱斯克委员会、西伯利亚委员会和叶卡捷琳诺斯拉夫委员会（有两个委员会将代表委托书转交给了在国外的同志，即帕尔乌斯和由《火星报》编辑部指定的一名代表库班委员会的人员）。业已到会的有 19 个委员会的代表，加上上述 9

个委员会，我们总共就有 28 个委员会，即已超过 34 个委员会的¾（34 个委员会是最初列入组委会名单中的有权利能力的组织的最高数）。

如果说代表上述各委员会的 9 个代表尽管已从各委员会得到相应的代表委托书并已到国外但没有出席代表大会的话，那么，他们在代表大会上缺席并非由于组委会的过失，而是由于党总委员会的 3 个委员的非法阻挠，使组委会为代表大会的充分代表性所作的一切努力落了空。

载于 1905 年中央委员会出版社在日内瓦出版的《俄国社会民主工党第三次（例行）代表大会记录全文》一书

译自《列宁全集》俄文第 5 版第 10 卷第 92—93 页

3

就代表资格审查委员会关于
喀山委员会出席代表大会代表资格
问题的报告所作的发言[59]

（4月13日〔26日〕）

有人引用我的声明①。来到这里的那位喀山人说他很可能当选。最好把他作为委员会委员加以邀请。我觉得委员会的决议的结尾是奇怪的,建议加以修改。

载于1937年《俄国社会民主工党第三次代表大会。记录》一书

译自《列宁全集》俄文第5版第10卷第94页

---

① 见本卷第100页。——编者注

4

对代表资格审查委员会关于
喀山委员会出席代表大会代表资格
问题提案的修改意见

（4 月 13 日〔26 日〕）

　　建议作如下修改："不是作为代表，而是作为没有代表出席代
表大会、但表示赞成代表大会的委员会的委员。"

载于 1931 年《列宁文集》俄文版　　　　译自《列宁全集》俄文第 5 版
第 16 卷　　　　　　　　　　　　　　　　第 10 卷第 95 页

5

就讨论组委会报告的问题所作的发言

（4 月 13 日〔26 日〕）

我建议考虑索斯诺夫斯基等同志关于希望只限于从形式方面来讨论组委会的报告的声明。安德列耶夫同志的决议案[60]是行不通的。同志们希望只从召开代表大会的合法性的角度而不是从实际方面来进行讨论。从实际方面来讨论报告，这就意味着要讨论党内危机。主席团将把发言人的发言限制在讨论召开代表大会的合法性的范围之内。

载于 1905 年中央委员会出版社在日内瓦出版的《俄国社会民主工党第三次（例行）代表大会记录全文》一书

译自《列宁全集》俄文第 5 版第 10 卷第 96 页

6

关于讨论组委会报告的决议草案

（4 月 13 日〔26 日〕）

代表大会现在只从代表大会的合法性的角度①来讨论组委会的报告。

载于 1905 年中央委员会出版社
在日内瓦出版的《俄国社会民主
工党第三次（例行）代表大会记录
全文》一书

译自《列宁全集》俄文第 5 版
第 10 卷第 97 页

---

① 在记录委员会的记录里，决议草案的结尾部分措辞如下："……从代表大会的
　合法性和代表大会的最后组成的角度，而不是从党内危机的角度……"——
　俄文版编者注

7

就代表大会的合法性所作的发言

（4 月 13 日〔26 日〕）

我想对召开代表大会是否合法的意见作一回答。中央委员会认为代表大会是不合法的。中央委员会本身把它给党总委员会的信叫做"忏悔书"。但是中央委员会有什么可忏悔的呢？代表大会是完全合法的。固然，从党章的**字面**来看，可以认为它是不合法的；但是如果我们这样来理解党章，我们就会陷入可笑的形式主义。然而从党章的内容来看，代表大会是完全合法的。不是党属于党总委员会，而是党总委员会属于党。早在第二次代表大会上，在谈到组织委员会事件[61]时，普列汉诺夫同志本人就已指出，服从下级组织这条纪律应给服从上级组织这条纪律让路。中央委员会指出，如果党总委员会服从党，即代表大会，那么中央委员会就准备服从党总委员会。这个要求是完全合理的。但是党总委员会拒绝了这个要求。而有人却说，中央委员会怀疑党总委员会的忠诚，并对它表示不信任。不过，大家知道，在所有立宪制国家，公民都有权对这个或那个公职人员或机关表示不信任。他们的这种权利是不能剥夺的。而且，即使中央委员会的活动是不合法的，难道党总委员会因此也就有权进行不合法的活动吗？党章有一条规定，如果有享有全权组织的票数的半数赞成召开代表大会，党总委会就召开代表大会；这一条的保证是什么呢？ 德国社会民主党的党章中有一条规定，如果执行委员会拒绝召开代表大会，则由监察委员会召开代表大会。我们没有这一条，因此，召开代表大会的保证完全取决于党本身。从党章的精神来看，甚至从党章的字面来看，如果把党章当做一个整体，很明显，党总委员会是党的各委员会的受托者。各委员会的受托者拒绝执行自己的委托者的意志。如果受托者不执行党的意志，党就只好自己来实现这个意志。因此，我们党的各委员会不仅有权利，而且有义务自行召开代表大会。我肯定地说，代表大会的召开是完全合法的。谁是审理党总委员会和各委员会之间的这场争端的评判人呢？ 就是这些委员会，就是党。党的意志早已表达了。国外中央机关的耽搁和拖延是不能改变这个意志的。各委员会有义务自行召开代表大会，因而代表大会的召开是合法的。

我现在就来答复提格罗夫同志。提格罗夫同志说，不应当审判党总委员会。组织委员会的报告就是在审判党总委员会。提格罗夫同志说不能进行缺席审判，我认为这样说是错误的。在政治上经常都要进行缺席审判。难道我们不是在我们的政论中，在我们的会议上以及在各种场合经常审判社会革命党人、崩得分子和另外一些人吗？ 如果不进行缺席审判，又怎么办呢？ 要知道，党总委员会是不愿出席代表大会的，这样一来，只好任何时候都不对任何人进行审判了。甚至官方法庭也要进行缺席审判的，如果被告不愿出庭的话。

载于1905年中央委员会出版社在日内瓦出版的《俄国社会民主工党第三次（例行）代表大会记录全文》一书

译自《列宁全集》俄文第5版第10卷第98—99页

8

第三次党代表大会议程草案⁶²

（4 月 13 日〔26 日〕）

（一）策略问题。

1. 武装起义。

[2. 社会民主党参加临时革命政府。]^①

2. 社会民主党进行公开政治活动的准备。

3. 社会民主党在革命前夕、在革命期间、在革命之后对政府政策的态度。

4. 对农民运动的态度。

（二）对其他政党和派别的态度。

5. 对俄国社会民主工党分裂出去的部分的态度。

6. 对俄国各民族的社会民主党和组织的态度。

7. 对自由派的态度。

8. 对社会革命党人的态度。

（三）党的组织。

9. 党章。

10. 党组织内工人和知识分子的关系。

---

① 用小号字排在方括号内的文字，在手稿上已被勾掉了。——俄文版编者注

（四）党的内部工作。

11. 代表们的报告。

12. 改进宣传和鼓动工作。

［13. 五一节。］①

14. 选举负责人员。

15. 宣布记录和新机构行使职能的程序。

载于1934年《列宁文集》俄文版
第26卷

译自《列宁全集》俄文第5版
第10卷第100—101页

---

①　用小号字排在方括号内的文字,在手稿上已被勾掉了。——俄文版编者注

9

在讨论代表大会议程时的发言

（4月13日〔26日〕）

我对米哈伊洛夫、沃伊诺夫和季明三位同志的提案[63]没有什么不同意见。但代表大会面临着热衷于讨论议程的危险。在德国社会民主党的历次代表大会上，议程只有5—6项，在我们的第二次代表大会上则有25项之多。我们的讨论已经有扩大的危险。我建议把一份最详细的议程作为基础。

载于1905年中央委员会出版社在日内瓦出版的《俄国社会民主工党第三次（例行）代表大会记录全文》一书

译自《列宁全集》俄文第5版第10卷第102页

10

在讨论代表大会工作程序时的发言

（4 月 13 日〔26 日〕）

用各种委员会来代替代表大会的会议是危险的。各委员会所讨论的有意思的问题很不少，但不写进记录，过后也就不了了之。各委员会进行认真的工作时间很少，增加时间而削弱代表大会的工作是不合适的。为了对各项工作的进程有所调整，现在就选出一个决议起草委员会是有益的。报告审查委员会同样也是必要的。组织委员会、土地委员会和武装起义委员会是否需要，我表示怀疑。我们有旧章程，有伊万诺夫的草案，有恩·弗·同志的意见，材料是足够的。[64]

载于 1905 年中央委员会出版社在日内瓦出版的《俄国社会民主工党第三次（例行）代表大会记录全文》一书

译自《列宁全集》俄文第 5 版第 10 卷第 103 页

11

在提出关于选举代表报告
审查委员会和决议起草委员会的
决议草案时的发言

（4 月 13 日〔26 日〕）

　　我提出如下决议案："代表大会选出：(1)审查代表报告并准备将代表报告提交代表大会的委员会；(2)指定报告人并就议程上各项重大问题拟定决议草案的委员会。"

　　代表们的发言使我确信，只有这么办，我们才能卓有成效地工作。如果采取先进行一般性辩论再由委员会讨论的方法，又会出现第二次代表大会那样的情况。必须注意尽可能完整地公布代表大会的工作情况，以便更好地通报全党。鉴于我们代表大会周围的怀疑气氛，尤其有必要尽可能更加公开地进行讨论并记录在案。

载于 1905 年中央委员会出版社在日内瓦出版的《俄国社会民主工党第三次（例行）代表大会记录全文》一书

译自《列宁全集》俄文第 5 版第 10 卷第 104 页

12

致代表大会代表资格
审查委员会的两项声明

(4月13日和14日〔26日和27日〕)

(1)
致代表大会代表资格审查委员会

在1905年4月24日组委会的会议上,我忘记提出关于邀请喀山委员会委员阿尔纳茨基同志[65](真(注意)姓)出席代表大会并享有发言权的建议。请委员会审查这一建议。

阿尔纳茨基同志正在国外,在法国,他曾向我表示同意自费参加代表大会。他很快就要回俄国去,并且能迅速向自己的委员会报告代表大会的情况。至于喀山委员会方面,组织委员会尽管作了一切努力,仍未能得到喀山的答复。因此,现在对于喀山委员会参加代表大会一事几乎毫无希望。我们试图从国外这里同喀山取得联系,也没有成功,我们多次去信都没有得到答复。阿尔纳茨基在这里也没有同喀山联系上。在不可能有喀山委员会**代表**参加代表大会的情况下,应否对阿尔纳茨基同志作为委员会**委员**加以邀请并让他享有**发言**权?

列 宁

（2）
致代表资格审查委员会

　　在组委会会议上，我转达了菲拉托大（真姓）同志要求准许他参加代表大会并享有发言权的书面申请。菲拉托夫同志是《前进报》上署名**弗·谢·**的关于起义的几篇文章的作者。他向代表大会提交了一封信和一份报告小册子《战术和筑城术在人民起义中的运用》（搁在手提箱里，手提箱放在布隆）。有关菲拉托夫同志的情况，请问问和他一起在巴黎工作过的别利斯基同志和沃伊诺夫同志。[66]

列　宁

载于1931年《列宁文集》俄文版　　　　　　译自《列宁全集》俄文第5版
第16卷　　　　　　　　　　　　　　　　第10卷第105—106页

13

在讨论代表资格审查委员会的
报告时的两次发言⁶⁷

（4 月 14 日〔27 日〕）

（1）

我认为，立即由代表大会批准这些组织是没有道理的。我反对给予表决权。关于**政变**的问题，我不同意卡姆斯基同志的意见。

（2）

从代表资格审查委员会的结论中可以看出，我们党内总共有75 票表决权，因此，从现有的构成来看，无疑应当承认我们的代表大会是合法的。鉴于目前有人对我们的代表大会抱怀疑态度，因此，为了增加代表大会所要求的合法多数，代表资格审查委员会想尽量多批准一些委员会，应当承认这种"自由主义的"愿望是值得嘉奖的。从这方面来说，我甚至要对这种"自由主义"表示赞赏，但从另一方面来说，又必须小心谨慎和一视同仁。有鉴于此，我不能不对代表资格审查委员会批准喀山委员会和库班委员会一事表示异议。《火星报》第 89 号把它们公布在享有全权的委员会的名单里,而在党总委员会记录的享有全权的组织名单里却没有它们。在党总委员会的会议上,马尔托夫同志列举的是 1904 年 9 月 1 日前的享有全权的委员会的名单。

（宣读党总委员会记录摘要：）

　　"马尔托夫宣读他的决议案：

　　'一、党章第 2 条规定,如果有占代表大会一半票数的党组织要求召开代表大会,党总委员会就应当召开代表大会。按照党章第 3 条的附注 1,只有不迟于代表大会召开前一年被批准的党组织,才有权派代表参加代表大会。

　　总委员会决定,凡批准时间符合这一规定的组织,在计算主张召开代表大会的组织的数目时才在计算之列。凡出席第二次代表大会并被代表大会选出的组织,都是享有全权的组织,批准时间从党章通过之日算起。至于没有出席第二次代表大会的组织,批准时间则从中央委员会批准之日算起。

　　二、因此,截至 1904 年 9 月,有权决定召开代表大会这个问题的组织只有：(1)中央委员会,(2)中央机关报,(3)国外同盟,(4)—(20)彼得堡委员会、莫斯科委员会、哈尔科夫委员会、基辅委员会、敖德萨委员会、尼古拉耶夫委员会、顿河区委员会、叶卡捷琳诺斯拉夫委员会、萨拉托夫委员会、乌法(现在的乌拉尔)委员会、北方委员会、图拉委员会、特维尔委员会、下诺夫哥罗德委员会、巴库委员会、巴统委员会、梯弗利斯委员会(从高加索联合会被批准之日起时间已满一年),(21)—(23)矿区(顿涅茨)联合会、西伯利亚联合会和克里木联合会。

　　如果这些组织都是享有全权的,则这些有权参加代表大会的组织共拥有 46 票。总委员会委员拥有 5 票,加在一起,代表大会的总票数是 51 票,因而,召开代表大会要求有 26 票,就是说,要求有这里列举的享有全权组织中的 13 个组织的票数。建议中央委员会向党总委员会提供它对代表大会以后出现的新的委员会的批准日期。'"

决议案的第一部分一致通过了。

接着,格列博夫同志在这次会议上发言时列举了新成立的委员会的名单。

（格列博夫同志的发言,引自党总委员会记录：）

"我同意马尔托夫同志的意见,我只能说出下面这些新成立的委员会:斯摩棱斯克委员会和阿斯特拉罕委员会被批准的日期是 1903 年 9 月;沃罗涅日委员会(斗争基金会)是 1904 年 1 月;里加委员会是 1 月;波列斯克委员会是 4 月;西北委员会是 4 月;库尔斯克委员会是 1 月;奥廖尔-布良斯克委员会是 1903 年 9 月;萨马拉委员会是 1903 年 9 月;乌拉尔(乌法)委员会是 4 月。"

这些事实都写进了奥尔洛夫斯基的小册子《反党的总委员会》,直到今天,党总委员会还没有推翻它们,也没有公布那些有争议的委员会被批准的日期,这说明,这种批准显然是没有证据的。在党总委员会的这次会议上,马尔托夫同志在一次发言中指出,他认为 8 月份还应当批准两个委员会,即克列缅丘格委员会和波尔塔瓦委员会,但是仍然一个字也没有提到喀山委员会和库班委员会。

后来,在七月宣言[68]发表以后,格列博夫同志给我寄来了中央委员会各次会议的全部记录,这些记录中既没有喀山委员会也没有库班委员会被批准的记载,此后,在中央委员会的各次会议上,正如中央委员列特尼奥夫同志所证明的,也没有谈到过关于批准它们的事;不错,中央委员季明同志似乎有点记得,批准过喀山委员会和库班委员会,但是不能肯定。

代表资格审查委员会根据实际上已查明这些委员会工作了一年以上,决定承认它们是享有全权的。这个决定是不正确的,因此我建议把这些委员会算做没有权利能力的。

载于 1905 年中央委员会出版社在日内瓦出版的《俄国社会民主工党第三次(例行)代表大会记录全文》一书　　　　　　译自《列宁全集》俄文第 5 版第 10 卷第 107—109 页

14

关于批准喀山委员会和
库班委员会的决议草案[69]

（4 月 14 日〔27 日〕）

代表大会决定，在确定代表大会的组成时，不算喀山委员会和库班委员会，但批准这两个委员会为将来的享有全权的委员会。

载于 1905 年中央委员会出版社
在日内瓦出版的《俄国社会民主
工党第三次（例行）代表大会记录
全文》一书

译自《列宁全集》俄文第 5 版
第 10 卷第 110 页

15

关于在代表大会上表决问题的
程序的决议草案⁷⁰

（4 月 14 日〔27 日〕）

从现在起,代表大会按议事规程第 7 条规定进行各项表决,将表决权和发言权分开。

载于 1905 年中央委员会出版社
在日内瓦出版的《俄国社会民主
工党第三次（例行）代表大会记录
全文》一书

译自《列宁全集》俄文第 5 版
第 10 卷第 111 页

16

关于俄国社会民主工党
对武装起义的态度的决议草案⁷¹

（4 月 14 日〔27 日〕）

鉴于：

（1）无产阶级，就其本身的地位而言，是最先进和最彻底的革命阶级，因而担负着在俄国一般民主主义革命运动中起领袖和领导者作用的使命，

（2）只有在革命时期实现这个作用，才能保证无产阶级占有最有利的地位，去继续进行斗争，反对即将诞生的资产阶级民主俄国的有产阶级，争取社会主义，

（3）无产阶级只有在社会民主党的旗帜下组织起来，成为独立的政治力量，并且尽可能协调一致地参加罢工和游行示威的时候，才能实现这一作用，

俄国社会民主工党第三次代表大会决定，组织无产阶级的力量举行群众性的政治罢工和武装起义来直接同专制制度斗争，并且为此目的建立情报和领导机构，是当前革命时期党的主要任务之一，因此，代表大会责成中央委员会和各地方委员会与联合会着手酝酿群众性的政治罢工，并组织各种专门小组获取和分发武器，制定武装起义和直接领导武装起义的计划。完成这一任务能够做

到而且应当做到不仅丝毫无损于激发无产阶级的阶级自觉的总的
工作,反而可以使这一工作更加深入和更加富有成效。

载于 1905 年中央委员会出版社　　　　　　译自《列宁全集》俄文第 5 版
在日内瓦出版的《俄国社会民主　　　　　　第 10 卷第 112—113 页
工党第三次(例行)代表大会记录
全文》一书

17

就武装起义问题所作的发言

(4月15日〔28日〕)

有人说,原则上问题很清楚。但是,在社会民主党的书刊中却有一些说法(见《火星报》第62号和阿克雪里罗得同志给一本署名"一工人"的小册子写的序言),表明问题并不那么清楚。《火星报》和阿克雪里罗得都议论过密谋活动,他们都担心今后对武装起义会考虑得太多。不过,看来,过去是考虑得太少了…… 阿克雪里罗得同志在给一本署名"一工人"的小册子写的序言中说,问题涉及的只能是"粗野的人民群众"的起义。实际生活表明,问题涉及的不是"粗野的群众"的起义,而是有能力进行有组织的斗争的觉悟群众的起义。最近一年的全部历史表明,我们对起义的意义和必然性估计不足。应当注意事情的实践方面。这里,特别重要的是彼得堡、里加、高加索的实际工作者和工人的经验。因此,我主张同志们互相交流经验,这会使我们的讨论具有实际意义,而不致流于空谈。应当弄清楚,无产阶级的情绪怎样,工人是否意识到自己有能力进行斗争并领导斗争。有必要对至今没有加以概括的集体经验进行总结。

载于1905年中央委员会出版社在日内瓦出版的《俄国社会民主工党第三次(例行)代表大会记录全文》一书

译自《列宁全集》俄文第5版第10卷第114页

18

关于武装起义的补充决议草案[72]

（不晚于 4 月 16 日〔29 日〕）

代表大会确定，根据实际工作者的经验和工人群众的情绪，所谓准备起义应当理解为不单单是准备武器和建立小组等等，而且应当理解为通过个别武装起义的实际尝试，例如，以武装队伍在某些公开的民众大会开会的时候袭击警察和军队，或者以武装队伍袭击监狱、政府机关等等行动来积累经验。代表大会完全授权党的地方核心和中央委员会确定采取这些行动的范围和最适宜的时机，代表大会完全信赖同志们的机智，认为他们有能力防止把力量白白耗费在个别毫无意义的恐怖活动上，同时代表大会要求所有党组织必须重视上述经验。

载于 1931 年《列宁文集》俄文版
第 16 卷

译自《列宁全集》俄文第 5 版
第 10 卷第 115 页

19
就武装起义问题所作的发言

(4月16日〔29日〕)

在辩论中,问题已经接触到了实际——群众的情绪。列斯科夫同志说得对,情绪是各种各样的。不过扎尔科夫同志也说得对,我们必须考虑,不管我们怎样对待起义,起义无疑是要举行的。现在有一个问题:在所提出的决议案之间是不是存在原则分歧。我根本没有看出有原则分歧。虽然我算得上一个最不易调和的人,但我仍然打算调和两个决议案并使它们一致起来,我就来进行调和两个决议案的工作。我丝毫也不反对修改沃伊诺夫同志的决议案。在补充中我也没有看出原则分歧。最积极的参加还没有产生出领导权。依我看,米哈伊洛夫同志提得比较积极,他着重提出了领导权问题,并且提得很具体。英国无产阶级负有实现社会主义革命的使命,这是无疑的;但是,由于它缺乏社会主义的组织性,由于它受到资产阶级的腐蚀,目前它还没有能力进行这个革命,这也是无疑的。沃伊诺夫同志也有同样的看法;最积极的参加无疑是最有决定性的。革命的结局是否由无产阶级来决定——这不能绝对肯定。关于领袖的作用也是如此。沃伊诺夫同志的决议案中的说法比较慎重。社会民主党能够组织起义,甚至能够决定起义,但它是否能起领导作用,这不能预先决定,这将取决于无产阶级的力量和组织程度。小资产阶级可能组织得更好，它的外交家也可能更高明更干练。沃伊诺夫同志比较慎重，他说："你可能实现"；米哈伊洛夫同志说："你一定能实现"。也许，革命的结局将由无产阶级来决定，但是这不能绝对肯定。米哈伊洛夫同志和索斯诺夫斯基同志犯了他们曾经认为沃伊诺夫同志所犯的那种错误："上战场别吹牛。"——沃伊诺夫说："为了有保证，是必要的"，而他们却说："是必要的，而且是足够的。"关于成立专门的战斗小组问题，我可以说，我认为它们是必要的。我们一点也不怕成立专门的小组。

载于1905年中央委员会出版社在日内瓦出版的《俄国社会民主工党第三次(例行)代表大会记录全文》一书

译自《列宁全集》俄文第5版第10卷第116—117页

20

关于武装起义的决议

(4 月 16 日〔29 日〕)

鉴于：

(1)无产阶级，就其本身的地位而言，是最先进和唯一彻底革命的阶级，因而担负着在俄国一般民主主义革命运动中起领导作用的使命；

(2)目前这个运动已经发展到必须举行武装起义；

(3)无产阶级必然会最积极地参加这一起义，这将决定俄国革命的命运；

(4)社会民主工党不仅在思想上而且在实践中领导无产阶级的斗争，无产阶级只有在社会民主工党的旗帜下团结成统一的和独立的政治力量，才能在这个革命中起领导作用；

(5)只有实现这一作用，才能保证无产阶级获得最有利的条件去反对资产阶级民主俄国的有产阶级，争取社会主义；

俄国社会民主工党第三次代表大会认为，组织无产阶级举行武装起义来直接同专制制度斗争是党在目前革命时期最主要最迫切的任务之一。

因此代表大会责成各级党组织：

(一)通过宣传和鼓动给无产阶级不仅讲清楚即将来临的武装

起义的政治意义,而且讲清楚这一起义的组织实践方面的问题;

（二）在宣传鼓动时要说明群众性政治罢工的作用,这种罢工在起义开始时和起义进程中都具有重要意义;

（三）要采取最有力的措施来武装无产阶级以及制定武装起义和直接领导武装起义的计划,必要时应设立由党的工作者组成的专门小组来进行这项工作。

载于1905年中央委员会出版社在日内瓦出版的《俄国社会民主工党第三次（例行）代表大会记录全文》一书

译自《列宁全集》俄文第5版第10卷第118—121页

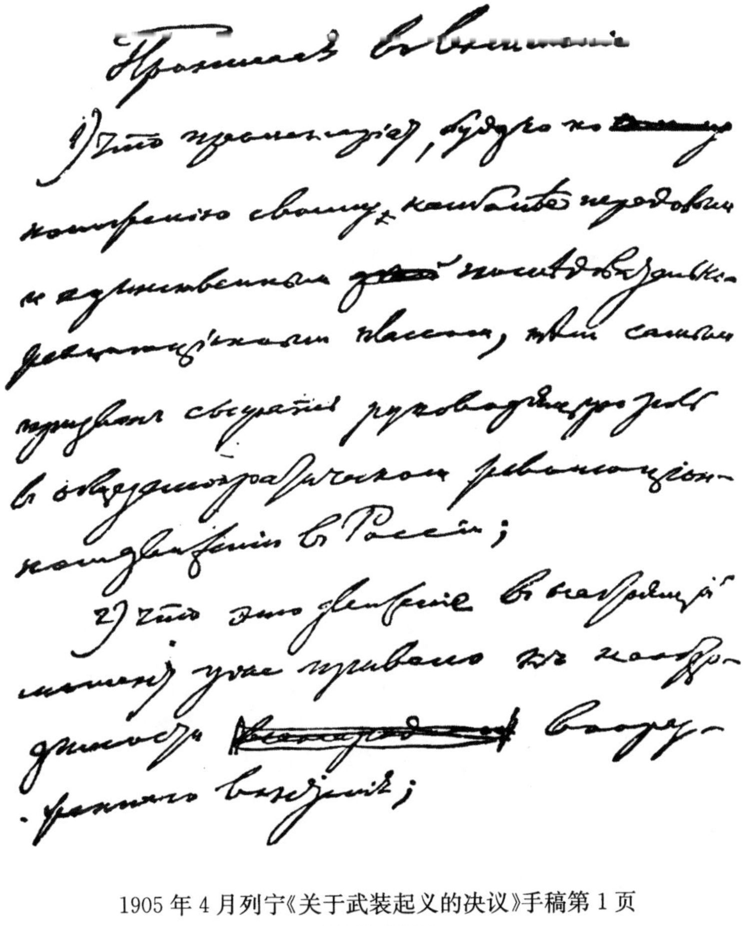

1905 年 4 月列宁《关于武装起义的决议》手稿第 1 页

（按原稿缩小）

21

对关于在革命前夕和革命时期
对待政府政策的决议案的补充[73]

(4 月 16 日〔29 日〕)

对施米特决议案作如下修改(大意),是否能使亚历山德罗夫同志满意:

(1)把(代表大会)"决定"改为:代表大会**确认**第二次代表大会上制定的社会民主党的旧策略,同时详加说明以适应当前时机(或作类似的修改);

(2)在决议案中再增加一项大致如下的内容:

至于摇摇欲坠的专制制度现在对整个民主派,特别是对工人阶级作出的那些实际的和虚假的让步,社会民主工党应当**加以利用**,一方面为了使经济状况的每一步改善和自由的每一点扩大都**为人民所享有**,以便加强斗争,另一方面为了在无产阶级面前不断揭露政府力图分裂、腐蚀工人阶级并使工人阶级在革命时期忽视自己的迫切利益等反动目的。

载于 1931 年《列宁文集》俄文版
第 16 卷

译自《列宁全集》俄文第 5 版
第 10 卷第 122 页

22

就革命前夕对待
政府的策略所作的发言

（4月18日〔5月1日〕）

我们的处境困难。我们有3个决议案和3个修正案。决议案不断增加，愈来愈多，而这个过程根本没有受到控制。题目要比报告人设想的广泛得多。必须将决议案交回委员会，虽然谢尔盖耶夫同志可能会嘲笑这一建议。所有的发言人都涉及公开行动的问题。报告是切题的，但是必须加以补充。关于参加各种协会的问题，两种意见针锋相对。代表大会不能就参加各种协会的问题给以肯定的指示。应当利用一切宣传鼓动手段。从跟施德洛夫斯基委员会[74]打交道的经验中不能得出完全否定的结论。有人说，决议案没有提出任何新东西。好事情就是要说了又说。季明同志的意见有点偏。应不应当参加国民代表会议，还不能作出肯定的回答。一切将取决于政治形势、选举制度和其他无法预料的具体情况。有人说，国民代表会议是个骗局。这是对的。但有时为了戳穿骗局，应当参加选举。除了总的指示以外，不能提出别的东西了。再说一遍，我认为应当把一切决议案交回委员会，并扩大委员会的构成。

载于1905年中央委员会出版社在日内瓦出版的《俄国社会民主工党第三次（例行）代表大会记录全文》一书

译自《列宁全集》俄文第5版第10卷第123页

23

关于社会民主党参加
临时革命政府的决议草案[75]

（4月18日〔5月1日〕以前）

鉴于：

（1）无产阶级为了同资产阶级进行真正群众性的、自由的和公开的斗争，必须有尽可能广泛的政治自由，因此必须尽可能彻底地实现共和制度；

（2）目前愈来愈多的各种资产阶级和小资产阶级居民阶层以及农民等等的代表人物都提出了革命民主主义的口号，这些口号是从人民群众的基本需要中自然地不可避免地产生出来的，而满足这些需要在专制制度下是办不到的，由于俄国整个社会经济生活客观发展的要求，满足这些需要又是绝对必要的；

（3）国际革命社会民主党一向认为，无产阶级必须最积极地支持革命资产阶级同一切反动阶级和反动制度的斗争，但是无产阶级的党必须保持完全的独立性，并且以严格批判的态度对待它的临时同盟者；

（4）在俄国，不以临时革命政府代替专制政府，就不可能推翻专制政府；只有这种代替才能在俄国建立新的政治制度的情况下保证真正自由地和正确地表达全体人民的意志，保证实现我们最近的直接的政治改造和经济改造的纲领；

（5）不以俄国一切革命民主阶级和各阶级的革命民主分子所支持的临时革命政府来代替专制政府，就不可能赢得共和国，就不可能把无产阶级中落后的和不开展的阶层，尤其是农民阶层吸引到革命方面来；这些阶层的利益同专制农奴制度是根本对立的，在很大程度上仅仅是由于受到令人麻木不仁的政治环境的压迫，他们才紧紧依靠专制制度或对反对专制制度的斗争袖手旁观；

（6）俄国有了虽然是刚刚开始发展，但已经是有组织的社会民主工党，它能够尤其在政治自由的条件下监督和指导它在临时革命政府中的代表的行动，因此，这些代表偏离正确阶级路线的危险性并不是不可排除的；

俄国社会民主工党第三次代表大会认为，党的全权代表可以参加临时革命政府，以便同革命的资产阶级民主派一起，向一切反革命尝试进行无情斗争，以便捍卫无产阶级独立的阶级利益，不过参加的条件是：党必须对它的全权代表进行严格的监督，必须坚定不移地维护社会民主工党的独立性，因为社会民主工党力求实现彻底的社会主义变革，在这方面它与一切资产阶级民主主义政党和阶级都是势不两立的。

载于1926年《列宁文集》俄文版　　　　　　译自《列宁全集》俄文第5版
第5卷　　　　　　　　　　　　　　　　　第10卷第124—125页

24

关于社会民主党
参加临时革命政府的报告

（4 月 18 日〔5 月 1 日〕）

我的任务是说明社会民主党参加临时革命政府这个问题是怎么提出来的。乍看起来会觉得奇怪，怎么会产生这样的问题。可能以为，社会民主党的情况很好，它参加临时革命政府的可能性也很大。实际上并不是这样。如果从最近就要实现的角度来讨论这个问题，那是唐·吉诃德精神[76]。但是，我们所以要非谈这个问题不可，与其说是迫于实际形势，不如说是迫于笔战。始终必须注意到，这个问题是早在 **1 月 9 日以前**由马尔丁诺夫首先提出来的。请看，他在他的小册子《两种专政》中写道（第 10—11 页）：

> "读者，请设想一下列宁的空想付诸实现的情景吧。请设想一下这个只限于职业革命家才能加入成为其党员的政党所'准备、**规定**和举行的全民武装起义'吧。全民的意志在革命后马上**就会指定**这个党为临时政府，这不是很明显吗？人民就会把革命的最近命运交给这个党，而不是交给别的什么党，这不是很明显吗？由于这个党不愿辜负人民从前对它的信任，就必须而且**应当**掌握政权并保持住政权，直到采取革命措施使革命的胜利得到巩固，这不是很明显吗？"

这样来提问题是不可思议的，但事实上就是这么提的：马尔丁诺夫认为，如果我们很好地准备并推动了起义，我们就会陷入绝境。如果我们把我们的争论讲给一个外国人听，那么他永远也不会相信竟能这样提出问题，并且永远也不会理解我们。只有了解俄国社会民主党的观点的来龙去脉，只有了解《工人事业》杂志的"尾巴主义"观点的性质，才能理解我们的争论。这个问题成了必须加以说明的迫切理论问题。这是一个关于我们的目的是否明确的问题。我特别请求同志们在向俄国国内的实际工作者说明我们的争论时，要极力强调马尔丁诺夫对这个问题的提法。

《火星报》第96号上发表了普列汉诺夫的一篇文章。我们过去和现在对普列汉诺夫的评价都很高，因为他使机会主义者受到"委屈"，并因此而光荣地遭到许多人的仇恨。但是我们不能称赞他为马尔丁诺夫辩护的行为。现在我们看到的已不再是过去的普列汉诺夫了。他给文章加了这样一个标题：《论夺取政权问题》。这是有意缩小问题。我们从来也不这样提问题。普列汉诺夫把事情描绘成这样，好像《前进报》把马克思和恩格斯叫做"超级庸人"。但是实际上并不是这样，这是在搞小小的掉包把戏。《前进报》曾特别指出，马克思在这个问题上的总的观点是正确的。关于庸俗的一番话是针对马尔丁诺夫或尔·马尔托夫说的。尽管我们很想对所有同普列汉诺夫一起工作的人都给以高度的评价，但马尔丁诺夫毕竟不是马克思。普列汉诺夫要给马尔丁诺夫主义打掩护是徒劳的。

马尔丁诺夫硬说，如果我们坚决参加起义，那么我们就会遭到很大的危险，无产阶级会迫使我们去夺取政权。在这种论断里有一种奇特的，诚然是开倒车的逻辑。对于这种认为战胜了专制制度就会有危险的奇特的说法，《前进报》要问问马尔丁诺夫和尔·马尔托夫：这里所指的是社会主义专政，还是民主主义专政？有人给我们引证恩格斯的一句名言:如果一个领袖是以还未成熟到能进行完全统治的阶级的名义获得了政权,那么他的处境是危险的[1]。我们曾在《前进报》上解释过,恩格斯说的是,一个领袖如果**事后**才发现原则和实际间的脱节,言论和事实间的脱节,那么他的处境是危险的。这种脱节会导致失败,即政治上的破产,而不是肉体的毁灭[2]。你们必定(恩格斯的意思是这样)认为变革是社会主义的,而事实上它只是民主主义的。如果我们现在就向俄国的无产阶级许愿说,现在就能保证完全统治,那么我们就会犯社会革命党所犯的错误。社会革命党说什么革命将"不是资产阶级的,而是民主主义的",我们社会民主党人总是嘲笑的,正是他们的这一错误。我们总是说,革命不是削弱,而是加强了资产阶级,但它将给无产阶级提供为争取社会主义进行胜利斗争的必要条件。

不过,既然这里谈的是民主主义变革,那么我们面前就有两种力量:专制制度和革命的人民,即作为主要斗争力量的无产阶级,以及农民和一切小资产阶级分子。无产阶级的利益同农民和小资产阶级的利益并不一致。社会民主党一再强调指出,革命人民内部有这种阶级差别是不可避免的。在激烈的斗争中,争夺的目标可能易手。革命人民力求建立人民的专制制度,而一切反动分子则捍卫沙皇的专制制度。因此,成功的变革不可能不是无产阶级和农民的民主专政,因为他们在**反对沙皇专制制度**方面利益是一致的。《火星报》和《前进报》都同意"分进,合击"的口号,但《前进报》又补充说,如果合击,那么就要一起打碎和一起打退敌人企图夺回失去的东西的尝试。推翻专制制度以后,斗争不会停止,而会

---

① 参看《马克思恩格斯文集》第 2 卷第 303—304 页。——编者注
② 参看本卷第 3—6 页。——编者注

更加尖锐。反动力量恰恰会在这个时候组织起来进行真正的斗争。既然我们使用起义的口号，那么我们就不应该用起义可能胜利来吓唬社会民主党。在赢得了人民专制以后，我们就应当捍卫它，而这也就是革命民主专政。害怕它是毫无道理的。赢得共和国是无产阶级的大胜利，虽然对于社会民主党人来说，共和国并不像对资产阶级革命家来说那样是"绝对理想"，共和国只是保证为社会主义进行广泛斗争的自由。帕尔乌斯说，没有任何一个国家为赢得自由曾付出这样巨大的牺牲。这是对的。从旁密切注视着俄国事变的欧洲资产阶级报刊也确认这一点。专制制度连最起码的改良也异乎寻常地大加反对，但是作用愈大，反作用也愈大。这就是专制制度很可能彻底崩溃的原因。只有在彻底推翻专制制度的条件下，整个革命民主专政的问题才有意义。可能1848—1850年的事变会在我国重演，就是说，专制制度将不是被推翻，而是被限制，并且变成立宪君主制度。那时就根本谈不上什么民主专政了。但是，如果专制政府真的被推翻了，那么它就应当由别的政府取而代之。而这个别的政府只能是临时革命政府。它的支柱只能是革命人民，即无产阶级和农民。这种政府只能是专政，就是说，它不是组织"秩序"，而是组织战争。攻打碉堡的人不可能在占领碉堡之后不再继续作战。二者必居其一：要么占领碉堡并加以固守，要么不去攻打并声明说，我们只想要碉堡附近的一小块地盘。

现在来谈谈普列汉诺夫。他使用的手法是非常错误的。他避开了重要的原则问题，专门挑剔小毛病，玩弄一些掉包把戏。（巴尔索夫同志喊道："对！"）《前进报》断言，马克思的方案（先由资产阶级君主制度来取代专制制度，然后由小资产阶级民主共和制来

取代资产阶级君主制度)总的说来是正确的,但是,如果我们事先
按照这个方案来限制我们将达到的范围,那么我们就是庸人了。
因此,普列汉诺夫为马克思辩护是"*verlorene Liebesmühe*"(白费
劲儿)。普列汉诺夫在为马尔丁诺夫辩护时,引证了共产主义者同
盟中央委员会的《告同盟书》[77]。普列汉诺夫对这个《告同盟书》又
作了不正确的解释。尽管无产阶级 1848 年在柏林举行了胜利的
起义,但这个《告同盟书》是在人民已经不可能取得彻底胜利的时
候写的,普列汉诺夫对这一点却避而不谈。当时资产阶级立宪君
主制度已经取代了专制制度,从而以全体革命人民为靠山的临时
政府也就谈不上了。《告同盟书》的全部意义在于:在人民起义失
败后,马克思忠告无产阶级要组织起来并作好准备。难道这些忠
告能用来说明俄国在起义开始前的状况吗? 难道这些忠告能解决
我们设想无产阶级起义将获得胜利这个有争议的问题吗?《告同
盟书》开头这样说:"……在 1848—1849 年这两个革命的年头中,
同盟经受了双重的考验。第一重考验是,它的成员在各地积极参
加了运动……它关于运动的观点〈在《共产党宣言》中阐述的〉,都
已被证明是唯一正确的观点……" "可是在同一个时候,同盟以
前的坚强的组织却大大地涣散了。大部分直接参加过革命运动的
成员,都认为秘密结社的时代已经过去,现在单靠公开活动就够
了。个别的区部和支部开始放松了,甚至渐渐地完全中止了自己
跟中央委员会〈中央管理机关——*Zentralbehörde*〉的联系。**结
果,当德国民主派即小资产阶级的党派日益组织起来的时候,工人
的政党却丧失了自己唯一巩固的支柱**,至多也只是在某些地方为
了当地的目的还保存着组织的形式,因此**在一般的运动中**(*in der
allgemeinen Beweöung*)就落到了完全受小资产阶级民主派控制

和领导的地位。"(《**告同盟书**》第 75 页)①

　　因此,马克思在 1850 年认定,小资产阶级民主派在已经过去的 1848 年革命中,在组织性上占了上风,而工人政党则吃了亏。自然,马克思全神贯注的是,工人政党再不要被资产阶级支配。"……新的革命即将爆发,工人政党必须尽量有组织地、尽量一致地和尽量独立地行动起来,才不会再像 1848 年那样被资产阶级利用和支配。"(《**告同盟书**》第 76 页)②

　　正是由于资产阶级民主派具有较强的组织性,马克思毫不怀疑,如果立即发生新的变革,资产阶级民主派一定会获得绝对优势。"德国小资产阶级民主派在革命进一步的发展过程中,将保持一段时期(für einen Augenblick)的优势,这是毫无疑义的。"(《**告同盟书**》第 78 页)③考虑到上述情况,我们就会明白,为什么马克思在《**告同盟书**》中只字未提无产阶级参加临时革命政府的问题。因此,普列汉诺夫下面的说法也是完全错误的。他说,似乎马克思"根本不认为无产阶级的政治代表可以同小资产阶级的代表共同致力于创建新的社会制度"(《火星报》第 96 号)。这是不对的。马克思**并没有提出**社会民主党参加临时革命政府的问题,而普列汉诺夫却把事情描绘成这样,好像**马克思对这个问题的回答是否定的**。马克思说:我们社会民主党人过去总是被人支配,我们组织得较差,我们应当独立地组织起来,以防小资产阶级民主派在发生新的变革后执政。马尔丁诺夫从马克思的这些前提中作出了这样的结论:我们社会民主党人现在比小资产阶级民主派组织得更好,并

①　见《马克思恩格斯文集》第 2 卷第 188—189 页。——编者注
②　同上书,第 189 页。——编者注
③　同上书,第 192 页。——编者注

已组成一个完全独立的政党，我们应当提防的是，一旦起义成功，我们就**势必**参加临时革命政府。不错！普列汉诺夫同志，马克思主义是一回事，马尔丁诺夫主义又是一回事。为了更清楚地说明1905年俄国的情况和1850年德国的情况的种种差别，我们再来看看《告同盟书》中几个有意思的地方。马克思根本没有提到无产阶级的民主专政，因为他相信，小资产阶级的变革之后马上就会出现无产阶级的直接的社会主义专政。例如，在谈到土地问题时他说，民主派想造成一个农民小资产阶级，而工人为了农村无产阶级的利益和自己本身的利益，一定要反对这种意图。他们必须要求把没收下来的封建地产变为国家所有，变成工人农场，在那里，联合起来的农村无产阶级应当利用大规模农业的一切耕作方法。显然，在这样的计划里，马克思**不可能**谈到民主专政问题。他不是在革命前夕作为组织起来的无产阶级的代表写的，而是在革命以后作为正在组织起来的工人的代表写的。马克思强调指出，"革命爆发后，中央委员会就要迁往德国，立刻召开党代表大会，并建议代表大会采取措施把各个工人俱乐部集中起来"[1]，这是首要的任务。由此可见，关于独立的工人政党的思想，对我们来说，已经深入血肉之中了，而那时还是一个新问题。不应当忘记，当1848年马克思主编自由的和极端革命的报纸（《新莱茵报》[78]）的时候，他根本没有依靠什么工人组织。他的报纸得到激进资产者的支持，但是，当六月事件后马克思在报纸上痛斥巴黎资产阶级的时候，这些激进资产者差点断送了这份报纸。因此，在这个《告同盟书》中，关于独立的工人组织的问题谈得很多。那里谈到要成立各种工人

---

① 参看《马克思恩格斯文集》第2卷第195页。——编者注

革命政府,也就是工人俱乐部和工人委员会,乡镇议会和公共管理机构,以与正式的新政府并立。那里谈到工人应该武装起来,并成立独立的工人近卫军。纲领的第 2 条指出:在国民代表会议里,应当尽可能从同盟成员中提出工人的候选人来与资产阶级的候选人相并列。马克思不得不对提出自己的候选人的必要性加以论证,这一点就表明当时这个同盟是多么软弱。由这一切所得出的结论是:马克思并没有提到,也无意于解决参加临时革命政府的问题,因为这个问题在当时不可能有任何实际意义,当时的全部注意力都集中在组织独立的工人政党上。

普列汉诺夫在《火星报》上又说,《前进报》根本没有提出任何实质性的证据,只是重复那几句老话,说什么《前进报》似乎想批判马克思。是这样吗？恰恰相反,我们看到,《前进报》是从具体情况提出问题,估计了俄国参加民主主义变革斗争的实在的社会力量。而普列汉诺夫却只字不提俄国的具体情况。他的全部学问就是会搬弄几句不相干的引文。这种做法令人吃惊,但这是事实。俄国的情况和西欧的情况大不相同,连帕尔乌斯也能提出我们的革命民主在哪里这样的问题。普列汉诺夫无法证明《前进报》要"批判"马克思,于是把马赫和阿芬那留斯拖出来[79]。我怎么也弄不懂,这些著作家,这些不曾引起过我好感的著作家,跟社会革命有什么关系。他们谈过个人和社会的组织经验,或诸如此类的东西,但确实没有考虑过民主专政问题。难道普列汉诺夫真不知道帕尔乌斯已经成为马赫和阿芬那留斯的信徒了吗？（笑声）或者,也许普列汉诺夫已经把事情弄到这种地步,以致不得不牛头不对马嘴地把马赫和阿芬那留斯当做靶子。普列汉诺夫接着说,马克思和恩格斯很快就对社会革命即将来临失去了信心。共产主义者同盟解散了。流亡者之间发生了争吵，马克思和恩格斯解释说，这是因为有革命家而没有革命。普列汉诺夫在《火星报》上写道："他们〈对社会革命即将来临失去信心的马克思和恩格斯〉已经根据民主制度在相当长的时期内仍将占统治地位这个设想，来确定出无产阶级的政治任务。然而止因为如此，他们将会更加坚决地谴责社会主义者参加小资产阶级政府。"(《火星报》第96号)为什么？没有回答。普列汉诺夫又是用社会主义专政偷换了民主主义专政，也就是陷入《前进报》多次谆谆告诫要避免的马尔丁诺夫的错误中去了。没有无产阶级和农民的民主专政，共和国就不可能在俄国实现。《前进报》提出这个论断是根据对实际形势的分析。可惜，马克思不知道这一形势，也没有谈到这一形势。因此，单靠摘录马克思的几句话，既不能肯定也不能推翻对这一形势所作的分析。而关于具体情况，普列汉诺夫却一个字也没有提到。

第二句恩格斯的话引得更不恰当。第一，非常奇怪，普列汉诺夫引证的是私人信件，却不指明信件发表的地点和时间[80]。我们很感谢他发表恩格斯的信，但希望看到信的全文。不过，从我们现有的一些材料中也可以判断恩格斯那封信的真实含义。

我们确切地知道——这是第二——90年代意大利的情况和俄国的情况毫无相似之处。意大利享有自由已40多年了。在俄国，不进行资产阶级革命，工人阶级连幻想自由也不可能。可见，在意大利，工人阶级早就能够发展进行社会主义变革的独立组织了。屠拉梯是意大利的米勒兰。因此，很可能屠拉梯当时便提出了米勒兰的思想，下面这一点完全证实了这种推测：据普列汉诺夫自己说，恩格斯曾对屠拉梯说明资产阶级民主主义变革和社会主义变革的区别。也就是说，恩格斯恰恰是担心屠拉梯会陷入领袖的窘境，担心他不懂得自己所参加的变革的社会意义。至于普列汉诺夫，当然，我们要再说一遍：他是把民主主义变革同社会主义变革混为一谈了。

不过，也许能在马克思和恩格斯那里找到关于无产阶级革命斗争的一般原则问题的答案，而不是关于俄国的具体情况问题的答案吧？至少《火星报》提出了这样一个总问题。

《火星报》第93号写道："把无产阶级组成资产阶级民主国家的反对党的最好途径，是通过无产阶级**从下面**对执政的民主派施加压力来发展资产阶级革命。"《火星报》说："《前进报》想使无产阶级不仅从下面，不仅从街头，而且从上面，从临时政府的宫殿里对革命〈?〉施加压力。"这个说法是对的；《前进报》的确想这样做。这里，我们的确面临着一个总的原则问题：是否允许从下面或者也从上面来进行革命活动。这个总问题的答案可以在马克思和恩格斯那里找到。

我指的是恩格斯的一篇有意思的文章：《行动中的巴枯宁主义者》[81]（1873年）。恩格斯简略地描述了1873年的西班牙革命，当时不妥协派即极端共和派的起义席卷了全国。恩格斯强调指出，那时根本谈不上工人阶级的立即解放。当时的任务是：使无产阶级迅速通过准备社会革命的预备阶段；清除革命前进道路上的障碍物。共和国提供了达到这一目的的可能性。西班牙工人阶级只有积极参加革命，才能利用这种可能性。当时巴枯宁派的影响以及受到恩格斯非常中肯批评的他们关于总罢工的思想，妨碍了工人阶级积极参加革命。恩格斯描述了有3万工厂工人的阿尔科伊城发生的事件。无产阶级在那里成了局势的支配者。它当时干了些什么事呢？它不顾巴枯宁主义的原则，参加了临时革命政府。

恩格斯说:"巴枯宁主义者多年来一直都在鼓吹,任何自上而下的革命行动都是有害的,一切都应当自下而上地组织和进行。"①

这就是恩格斯对《火星报》提出的关于"从上面和从下面"这个总问题的答案。《火星报》的"只能从下面,无论如何不能从上面"的原则,是无政府主义的原则。恩格斯从西班牙革命事件中作出结论说:"巴枯宁主义者在行动中必然要违背自己的各项原则,也违背了下面的这一原则:成立革命政府无非是对工人阶级的一种新的欺骗和新的背叛"(普列汉诺夫现在硬要我们相信这点)。"巴枯宁主义者曾不顾这些原则,作为被资产者压制、在政治上被利用的软弱无能的少数派出席各城市的政府委员会的会议。"由此可见,恩格斯所不喜欢的只是巴枯宁派成为少数派,而不是他们在那里出席了会议。在小册子的结尾,恩格斯说,巴枯宁主义者的例子"告诉我们,不应当如何进行革命"。②

如果马尔托夫把自己的革命工作局限于从下面的活动,他就会重犯巴枯宁主义者的错误。

但是,《火星报》编造了它同《前进报》之间的原则分歧,自己反而又转向我们的观点。例如,马尔丁诺夫说,无产阶级应当和人民一起,迫使资产阶级把革命进行到底。不过这不是别的,这是"人民的"即无产阶级和农民的革命专政。资产阶级根本不想把革命进行到底。而人民由于它的生活的社会条件必须要这样做。革命专政将开导它,把它吸引到政治生活中来。

《火星报》第95号写道:

---

① 参看《马克思恩格斯全集》第1版第18卷第531页。——编者注
② 同上书,第539—540页。——编者注

"但是,如果实现社会主义的民族条件尚未成熟,而革命的内在辩证法不管我们的意志如何终究还是把我们推向政权,那么我们也是不会后退的。我们的目的就是要打破革命的狭窄的民族范围,把西方推上革命的道路,就像一百年以前法国把东方推上了这条道路一样。"

由此可见,《火星报》自己承认说:如果不幸我们取得胜利,那么我们就应当像《前进报》所说的那样去做。**可见,《火星报》在实践问题上追随了《前进报》**,并且破坏了自己本来的立足点。我只是不明白,怎么能不顾马尔托夫和马尔丁诺夫的意志把他们拉去执掌政权呢?这简直荒唐极了。

《火星报》举了法国的例子。但这是雅各宾党人的法国。在革命时期用雅各宾党人来吓唬人是最无聊的行为。我已经说过,民主专政不是组织"秩序"而是组织战争。如果我们占了彼得堡并且绞死了尼古拉,那么在我们面前就会出现好几个旺代[82]。1848年马克思在《新莱茵报》上提到雅各宾党人的时候,对这一点就已经很清楚了。他说:"1793年的恐怖主义,无非是用来对付专制制度和反革命的一种平民方式而已。"①我们也宁愿用"平民"方式来消灭俄国专制制度,而让《火星报》去采取吉伦特派的方式好了。俄国革命面临着空前的有利形势(反人民的战争、亚洲式的专制保守主义等等)。这种形势使我们寄希望于起义的胜利结局。无产阶级革命情绪的高涨不是与日俱增,而是与时俱增。因此在这样的时刻,马尔丁诺夫主义不仅是一种蠢举,而且是一种犯罪,因为它有损于无产阶级革命能量的发挥,挫伤了无产阶级的革命热情。(利亚多夫说:"完全正确!")这就是德国党内的伯恩施坦在社会主义专政问题上,而不是在民主主义专政问题上所犯的错误在另一

---

①   参看《马克思恩格斯文集》第2卷第74页。——编者注

种情况下的重演。

　　为了使你们具体了解临时革命政府的这些所谓的"宫殿"实际上究竟是怎么回事，我再引一个根据。恩格斯在他的文章《德国维护帝国宪法的运动》中描写了他在这些"宫殿"附近参加革命的情况①。例如，他描写了德国最大的工业中心之一莱茵普鲁士的起义。他说，在这里，民主党有获得胜利的机会是非常有利的。当时的任务是：把一切可以调动的力量投向莱茵河右岸，使起义更加扩大，并设法在这些地方通过后备军来建立革命军的核心。当恩格斯为了用一切办法实现他的计划而前往爱北斐特的时候，他就提出了这样的建议。而恩格斯之所以抨击小资产阶级的领导者，是因为他们不善于组织起义，没有储备维持工人进行街垒战的费用等等。恩格斯说，必须更积极地行动起来。第一步就应该解除爱北斐特市民军队的武装，把他们的武器分发给工人，然后强制课以赋税作为这样武装起来的工人的给养。恩格斯说，不过这种建议完全是由我个人单独提出来的。可尊敬的社会安全委员会却根本无意采取这种"恐怖措施"。

　　由此可见，当我们的马克思和恩格斯（不，是马尔丁诺夫和马尔托夫）（哄堂大笑）用雅各宾主义来吓唬我们的时候，恩格斯却对革命小资产阶级蔑视"雅各宾式的"行动的态度加以抨击。恩格斯明白，既准备作战又拒绝夺取国库和国家政权——在作战时期——这是一种不体面的文字游戏。新火星派先生们，如果起义成了全民性的，那么你们从哪里取得起义的费用呢？难道不是从国库中吗？这是资产阶级的行为！这是雅各宾主义！

----

　　①　参看《马克思恩格斯全集》第1版第7卷第127—235页。——编者注

　　关于巴登起义,恩格斯写道:"武装起义的政府有着取得胜利的一切条件:现成的军队、充盈的军械库、充实的国库、万众一心的居民。"每个人事后都明白,在这种情况下应当做些什么。应当组织军队保卫国民议会,赶走奥地利人和普鲁士人,把起义扩展到邻国并且"使德国的软弱无能的所谓国民议会在起义军民面前感到肉跳心惊;其次,应当把起义的力量组织起来,为起义提供大量的款项,通过立即废除全部封建义务来使农业居民愿意参加起义。而这一切必须立即进行,以便使起义强大起来。在巴登委员会成立一个星期以后就太晚了"。

　　我们相信,在俄国起义的时刻,革命的社会民主党人将以恩格斯为榜样,报名加入革命士兵的行列,提出同样的"雅各宾式的"忠告。我们的《火星报》却宁愿大谈其选票封面的颜色,而把临时革命政府问题和立宪会议的革命警卫队问题推到次要地位。我们的《火星报》无论怎样也不打算"从上面"行动起来。

　　恩格斯从卡尔斯鲁厄到了普法尔茨。他的朋友德斯特尔(有一次他曾解救恩格斯免遭监禁)参加了临时政府的会议。恩格斯说:"谈不上什么正式参加对于我们党是异己的这个运动。在运动中我应当占据《新莱茵报》的工作人员唯一能占据的地位——士兵的地位。"共产主义者同盟的解体使恩格斯几乎失去了同工人组织的一切联系,这一点我们已经谈过了。因此,我们下面这段引文也就是可以理解的了:"曾经有人建议我去担任这个或那个文职和武职,——恩格斯写道——如果在无产阶级的运动中,我会毫不犹豫地接受,但在当时的条件下,我都一概拒绝了。"

　　可见,恩格斯并不害怕从上面来行动,并不害怕无产阶级过高的组织性和强大有力会使他参加临时政府。相反,恩格斯感到遗憾的是，工人毫无组织，因此运动进行得不够顺利，不够无产阶级化。然而，就是在这种情况下恩格斯也还接受了一个职位：他在军队里给维利希当副官，负责供应军需品，在难以想象的困难条件下运送弹药等等。恩格斯写道："为共和国捐躯，这就是我当时的目的。"

同志们，请你们判断一下，恩格斯所描绘的临时政府，与新《火星报》力图用来把工人从我们这里吓跑的那些"宫殿"有什么相同之点。（鼓掌）（发言人宣读他的决议草案，并作了解释）

载于1905年中央委员会出版社在日内瓦出版的《俄国社会民主工党第三次（例行）代表大会记录全文》一书

译自《列宁全集》俄文第5版第10卷第126—141页

25

关于临时革命政府的决议草案

(4 月 18 日〔5 月 1 日〕)

鉴于：

(1)无论是俄国无产阶级的直接利益,或者是无产阶级为社会主义的最终目的而斗争的利益,都要求有尽可能充分的政治自由,因而也就要求用民主共和制来代替专制的管理形式;

(2)在人民的武装起义取得彻底胜利,也就是推翻了专制制度以后,势必成立临时革命政府,只有这个政府才能保证充分的鼓动自由,并且按普遍、平等、直接和无记名投票的选举制来召集真正代表人民的最高意志的立宪会议;

(3)这个民主革命在俄国不会削弱,而会加强资产阶级的统治,资产阶级在一定时期必然会采取一切手段来尽量夺取俄国无产阶级在革命时期获得的成果;

俄国社会民主工党第三次代表大会决定：

(一)应当使工人阶级普遍树立必须成立临时革命政府的信念,并在工人会议上讨论立即完全实现我们党纲所提出的当前的一切政治要求和经济要求的条件;

(二)一旦人民起义取得胜利和推翻了专制制度,我们党可以派全权代表参加临时革命政府,以便同一切反革命企图作无情的

斗争,捍卫工人阶级的独立利益;

（三）参加临时革命政府的必要条件是:党对自己的全权代表进行严格的监督,并坚定不移地保持社会民主党的独立性,因为社会民主党力求实现彻底的社会主义革命,就这一点说,它同一切资产阶级政党是不可调和地敌对的;

（四)不管社会民主党是否有可能参加临时革命政府,都必须向最广泛的无产阶级群众宣传这样一种思想:即由社会民主党领导的武装起来的无产阶级为了保卫、巩固和扩大革命的成果,必须经常对临时政府施加压力。

载于1905年中央委员会出版社在日内瓦出版的《俄国社会民主工党第三次(例行)代表大会记录全文》一书

译自《列宁全集》俄文第5版第10卷第142—143页

26

对关于临时革命政府的决议案的补充

（不晚于4月19日〔5月2日〕）

　　还有一点主张参加临时革命政府的理由：

　　我们党的右翼现在又建议根本不要参加临时革命政府，照此办理，革命无产阶级准备、组织和举行武装起义必然会犹豫不决、半途而废并四分五裂；——

载于1931年《列宁文集》俄文版
第16卷

译自《列宁全集》俄文第5版
第10卷第144页

27

就关于临时革命政府决议案的
修改意见所作的发言

(4月19日〔5月2日〕)

总的说来,我同意季明同志的意见。我是写文章的,自然注意问题的写法。季明同志非常正确地指出了斗争目的的重要性,我完全同意他的意见。不指望占领为之而战的据点就不能作战……

季明同志对第(2)项的修改:"实现……等等……只有临时政府"等等,是完全适当的,我愿意接受。对第(3)项的修改也是这样,在这里指出,在目前的社会经济条件下,资产阶级必然会加强起来,真是恰到好处。在(一)项的结论部分"无产阶级要求"的提法比我的表述更好,因为重点是无产阶级。在(二)项中指出要以力量的对比关系为转移这一点是完全恰当的。作了这样的修改,我以为安德列耶夫同志的修改意见就可不要了。我还想知道国内同志们的意见,"最近的要求"这句话的意思是不是清楚,需不需要在括弧里加上"最低纲领"? 在(三)项中我用了"是"字,季明同志用的是"应当定为",显然,这里需要作文字上的修改。谈到党的监督的地方,我认为我原来的表述:"维护社会民主党的独立性"比季明同志提出的"保持"一词更好些。我们的任务不仅是"保持"社会民主党的独立性,而且要经常"维护"它。索斯诺夫斯基同志对这一项的修改不妥,反而改坏了,更加含糊不清了。安德列耶夫同志的修改意见可以分别吸收到我和季明同志的决议案的各项之中。不过安德列耶夫同志提出把"临时政府"一词用复数表达,未必恰当。当然,我国可能出现许多临时政府,但是用不着指出这一点,因为我们根本不希望出现这种分散局面。我们始终主张成立统一的俄国临时政府,并且力求建立"统一的中央,而且是俄国的中央"。(笑声)

载于1905年中央委员会出版社在日内瓦出版的《俄国社会民主工党第三次(例行)代表大会记录全文》一书

译自《列宁全集》俄文第5版第10卷第145—146页

28

关于俄国社会民主工党的
公开政治活动问题的决议草案

(4月19日〔5月2日〕)

鉴于:

(1)俄国的革命运动已经在某种程度上动摇并打乱了专制政府,使它不得不允许同它敌对的阶级在比较大的范围内享有政治活动的自由;

(2)这种政治活动的自由首先而且几乎完全为资产阶级所享有,这就更加加强了它原先在经济上和政治上对工人阶级的优势,并增大了无产阶级变成资产阶级民主派的简单附属品的危险性;

(3)在工人群众中争取独立地公开地登上政治舞台(即使是不大重要的场合)的愿望,即使根本没有社会民主党参加,也愈来愈普遍地强烈起来(迸发出来,外露出来);

俄国社会民主工党第三次代表大会要求所有党组织注意,必须:

(一)利用社团和民众在报刊上、在联合会里和在集会时进行公开政治活动的种种机会,把无产阶级的独立阶级要求同一般民主主义要求加以对比,借以提高无产阶级的自觉,把无产阶级在这些活动的进程中组织成独立的社会主义力量;

（二）利用一切合法途径或半合法途径建立工人协会、工人联合会和工人组织，并且应当力求保证（通过这种或那种途径）社会民主党对这些联合会的影响占优势，力求使它们变成俄国未来的公开的社会民主工党的基地；

（三）采取措施，使我们的党组织在保持和发展它们的秘密机关的同时，利用一切可能的时机，立即着手准备社会民主党转向公开活动的适当过渡形式，即使同政府的武装力量发生冲突也在所不惜。

载于1926年《列宁文集》俄文版第5卷

译自《列宁全集》俄文第5版第10卷第147—148页

29

在讨论关于俄国社会民主工党的
公开政治活动问题的决议案时的发言[83]

(4月19日〔5月2日〕)

谢尔盖耶夫同志不对。我们面临的是改变社会民主党的活动性质的整个问题,这也是决议案所确定的。

载于1905年中央委员会出版社
在日内瓦出版的《俄国社会民主
工党第三次(例行)代表大会记录
全文》一书

译自《列宁全集》俄文第5版
第10卷第149页

30

在讨论关于革命前时期对待
政府的策略的决议草案时的两次发言

（4月19日〔5月2日〕）

（1）

我同意别利斯基同志的意见[84]。如果我们认为革命一词是指仅仅夺取某些微不足道的权利而言，我们就贬低了革命这个概念。

（2）

我同意"革命的方法"一语是表示要更坚决地进行斗争，但这样就贬低了革命这个概念。建议或者改为"不顾法律"，或者在"用革命的方法"一语之后删掉"最低纲领"这几个字，因为这样可以理解为，整个革命我们都要用这种方法来进行。

载于1905年中央委员会出版社在日内瓦出版的《俄国社会民主工党第三次（例行）代表大会记录全文》一书

译自《列宁全集》俄文第5版第10卷第150页

31

关于支持农民运动的决议案的报告[85]

（4月19日〔5月2日〕）

由于十七个同志的声明[86]指出了加快代表大会工作的极端必要性，因此，我尽量谈得简短些。其实，在我们讨论的这个问题上并没有原则争议；甚至在充满"原则"分歧的党内危机时期也没有提出过这些争议。

此外，决议草案早就在《前进报》上发表了，我现在只对这个决议案略加说明。

支持农民运动的问题实际上有两个方面：（1）理论根据和（2）党的实际经验。后面这个问题将由第二个报告人，非常熟悉古里亚的最先进的农民运动的巴尔索夫同志来回答。至于问题的理论根据，那么现在无非是把社会民主党针对当前农民运动所制定的口号再说一遍。我们亲眼看到，这个运动正在发展壮大。政府又企图用老一套假让步欺骗农民。对于这一腐蚀政策，必须针锋相对地提出我们党的口号。

这些口号，我认为在下面的决议草案中表述出来了：

"俄国社会民主工党，作为觉悟的无产阶级的政党，力求把所有劳动者从一切剥削下完全解救出来并支持一切反对现在的社会制度和政治制度的革命运动。所以俄国社会民主工党也最坚决地支持现在的农民运动,拥护能够改善农民状况的一切革命措施,直到为达到这些目的而剥夺地主的土地。同时俄国社会民主工党,作为无产阶级的阶级政党,一贯力求建立农村无产阶级的独立阶级组织,而且要时刻记住向农村无产阶级说明它的利益和农民资产阶级的利益是对立的,向它说明,只有农村无产阶级和城市无产阶级进行反对整个资产阶级社会的共同斗争,才能导向社会主义革命,而唯有社会主义革命才能够把全体贫苦农民从贫困和剥削下真正解救出来。

俄国社会民主工党提出立刻成立革命农民委员会来全面支持一切民主改革和具体实现这些改革,它把这点作为在农民中进行鼓动工作的实践口号和使农民运动具有高度自觉性的手段。在这种委员会中,俄国社会民主工党也将力求建立农村无产者的独立组织,这一方面是为了支持全体农民的一切革命民主行动,另一方面是为了保护农村无产阶级在同农民资产阶级进行斗争时的真正利益。"(《前进报》第11号)①

这个草案已经在土地问题委员会中讨论过了,这个委员会是代表大会召开前代表们为了筹备代表大会的工作而成立的。尽管分歧意见很多,某些主要分歧还是清楚的,我现在就来谈谈这些主要分歧。在土地问题上采取可能的和必要的革命措施,根据决议草案来看,其性质无非是"改善农民的状况"。因此,决议案用这一点明确地表达了全体社会民主党人的共同信念:要改造当前社会经济制度的基础本身,单靠这些措施是绝对办不到的。这就是我们同社会革命党人的区别。农民的革命运动可能使他们的状况得

---

① 见本版全集第9卷第328—329页。——编者注

到相当的改善,但是不可能导致以另一种生产方式来取代资本主义。

决议案谈到包括剥夺地主土地在内的各种措施。有人说,这种表述修改了我们的土地纲领。我认为这个意见不对。当然,措辞可以改进:不是我们党,而是农民要搞剥夺;我们党是支持农民的,而且在农民要采取这种措施的时候也支持他们。应当用"没收"这个比较狭窄的概念来代替剥夺一词,因为我们坚决反对一切赎买。我们任何时候都不会放弃没收土地的措施。但是,如果撇开这些个别修改,我们就会看到,我们的决议案没有改动土地纲领。社会民主党的所有著作家们一向认为,关于割地一项决不是划定农民运动的界限,决不是缩小也决不是限制农民运动。普列汉诺夫和我都曾在报刊上指出,社会民主党永远不会去阻拦农民采取土地改革的革命措施,包括"土地平分"[87]。因此,我们没有改动我们的土地纲领。在彻底支持农民这个实际问题上,我们现在必须态度坚决,以便消除可能发生的任何误解或曲解。现在农民运动已经提上日程,无产阶级政党必须正式声明,它要全力支持这个运动,并且决不限制这个运动的规模。

其次,决议案说,必须强调农村无产阶级的利益并把它单独组织起来。在社会民主党人的会议上为这个起码的真理辩护是没有必要的。土地问题委员会曾谈到,最好再指出要支持农业工人和农民的罢工,特别是收获和割草等季节的罢工。从原则上讲,这一点自然不会有什么反对意见。让实际工作者来谈谈指出这一点对最近的将来可能产生的意义吧。

然后,决议案谈到成立革命农民委员会的问题。

《前进报》第15号上比较详细地发挥了这一思想:立刻成立革

命农民委员会的要求应当成为鼓动的中心内容①。现在,连反动派也在谈论"改善生活"了,但他们主张用官吏的、官僚主义的办法来进行所谓的改善,而社会民主党当然应当主张用革命的方式来进行改善。主要的任务是使农民运动具有政治自觉性。农民模糊地意识到他们需要什么,但是他们不善于把自己的愿望和要求同整个政治制度联系起来。因此,他们最容易受政治骗子的骗,政治骗子常常把问题从政治改造转移到经济"改善"上去;实际上这些经济"改善"没有政治改造是实现不了的。因此,革命农民委员会的口号是唯一正确的口号。没有这些委员会所行使的革命权利,农民永远也不能保住他们现在所争得的东西。有人反对说,我们也在这里改动土地纲领,因为土地纲领没有谈到**革命**农民委员会,没有谈到它们在民主改革方面的任务。这种反对意见是站不住脚的。我们没有修改我们的纲领,而是把它运用于当前的具体情况。既然农民委员会在目前情况下无疑只能是革命的农民委员会,那么我们指出这一点,就是把纲领运用于革命时机,而不是修改它。例如,我们的纲领说,我们承认民族自决:如果具体情况迫使我们赞同某一民族的自决,赞同它完全独立,那么这不是修改纲领,而是运用纲领。农民委员会是一种灵活的机构,它既适用于现在的情况,也适用于比如说临时革命政府成立时的情况,在后一种情况下这些委员会将成为临时革命政府的机构。有人说,这些委员会可能变成反动的,而不是革命的委员会。但是我们社会民主党人从来没有忘记农民的两重性和发生反对无产阶级的反动农民运动的可能性。问题现在不在这里,而在于为批准土地改革而成立的

---

① 见本卷第48—49页。——编者注

农民委员会,目前只能是革命的委员会。目前的农民运动无疑是民主主义的革命运动。有人说:农民夺得土地后就会偃旗息鼓了。可能的。但是农民夺取土地的时候专制政府是不会偃旗息鼓的,这就是问题的实质。批准这种夺取的只能是革命政府或革命农民委员会。

最后,决议案的结尾部分再一次确定了社会民主党在农民委员会中的立场,这就是必须同农村无产阶级一起前进,并把它单独地、独立地组织起来。在农村也只有无产阶级才能是彻底的革命阶级。

载于1905年中央委员会出版社在日内瓦出版的《俄国社会民主工党第三次(例行)代表大会记录全文》一书

译自《列宁全集》俄文第5版第10卷第151—155页

32

关于支持农民运动的决议草案

（4月20日〔5月3日〕）

鉴于：

（1）目前正在发展壮大的农民运动是自发的，而且政治上是不自觉的，但它必然会反对现存政治制度和**反对特权阶级**；

（2）支持一切反对现存社会制度和政治制度的革命运动是社会民主党的一项任务；

（3）根据上述理由，社会民主党人应当力求突出农民运动的革命民主主义特点（特征），把这些特点加以发展并坚持到底；

（4）社会民主党作为无产阶级的政党，在一切场合和一切情况下都应当不懈地努力把农村无产阶级独立地组织起来，并向他们说明他们的利益同农民资产阶级的利益是不可调和的；

俄国社会民主工党第三次代表大会责成所有党组织：

（一）在最广泛的无产阶级阶层中间宣传俄国社会民主工党的任务就是最坚决地支持当前的农民运动，**决不反对**它的一切革命表现，包括没收地主土地；

（二）提出立即组织革命农民委员会的计划，作为在农民中进行鼓动的实际口号，作为使农民运动具有高度自觉性的手段，组织革命农民委员会的目的在于实行有利于农民的一切革命民主改

革,使农民摆脱警察官僚和地主的压迫;

(三)建议农民拒绝服兵役,根本拒绝交纳赋税,并且不承认各级当局,以便瓦解专制制度并支持对专制制度的革命攻击;

(四)力求在农民委员会里把农村无产阶级独立地组织起来,力求在工人阶级统一的社会民主党里使农村无产阶级同城市无产阶级的关系尽可能密切起来。

载于1905年中央委员会出版社
在日内瓦出版的《俄国社会民主
工党第三次(例行)代表大会记录
全文》一书

译自《列宁全集》俄文第5版
第10卷第156—157页

33

关于对农民运动的态度的决议案

（4 月 20 日〔5 月 3 日〕）

鉴于：

（1）目前正在发展壮大的农民运动是自发的，而且政治上是不自觉的，但它必然会反对现存政治制度和反对农奴制的一切残余；

（2）支持一切反对现存社会制度和政治制度的革命运动是社会民主党的一项任务；

（3）因此，社会民主党应当力求净化农民运动的革命民主主义内容，去掉其中的任何反动杂质，提高农民的革命自觉，并把他们的民主主义要求坚持到底；

（4）社会民主党作为无产阶级的政党，在一切场合和一切情况下都应当不懈地努力把农村无产阶级独立地组织起来，并向他们说明他们的利益同农民资产阶级的利益是不可调和的；

俄国社会民主工党第三次代表大会责成所有党组织：

（一）在广泛的各阶层人民中间宣传社会民主党的任务就是最坚决地支持农民所采取的能够改善他们状况的一切革命措施，包括没收地主、官府、教会、寺院和皇族的土地；

（二）提出必须立即组织革命农民委员会，作为在农民中进行鼓动的实际口号，作为使农民运动具有高度自觉性的手段，组织革

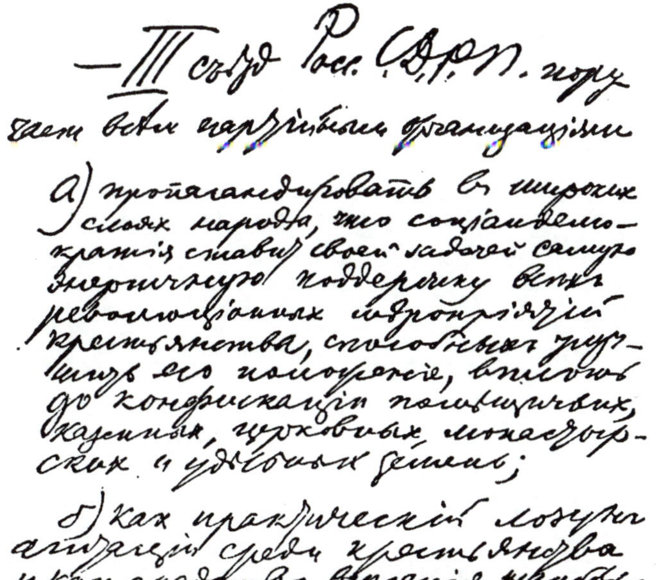

III съѣздъ Росс. С.Д.Р.П. поручаетъ всѣмъ партійнымъ организаціямъ

а) пропагандировать въ широкихъ слояхъ народа, что соціалдемократія ставитъ своей задачей самую энергичную поддержку всѣхъ революціонныхъ мѣропріятій крестьянства, способныхъ улучшить его положеніе, вплоть до конфискаціи помѣщичьихъ, казенныхъ, церковныхъ, монастырскихъ и удѣльныхъ земель;

б) какъ практическій лозунгъ агитаціи среди крестьянства и какъ средство внесенія наибольшей сознательности въ крестьянское движеніе, выдвигать необходимость немедленной организаціи революціонныхъ крестьянскихъ комитетовъ съ цѣлью проведенія всѣхъ революціонно-демократическихъ преобразованій въ интересахъ крестьянства и избавленія его отъ полицейско-чиновничьяго и помѣщичьяго гнета

~~в) [illegible]~~

1905年4月列宁《关于对农民运动的态度的决议案》手稿第2页

（按原稿缩小）

命农民委员会的目的在于实行有利于农民的一切革命民主改革，使农民摆脱警察官僚和地主的压迫；

（三）号召农民和农村无产阶级举行各种各样的政治性游行示威，集体拒绝交纳赋税，拒绝服兵役，不执行政府及其走狗的决定和命令，以便瓦解专制制度并支持对专制制度的革命攻击；

（四）力求把农村无产阶级独立地组织起来，并使他们在社会民主党的旗帜下同城市无产阶级融合在一起，使他们的代表加入农民委员会。

载于1905年中央委员会出版社在日内瓦出版的《俄国社会民主工党第三次（例行）代表大会记录全文》一书

译自《列宁全集》俄文第5版第10卷第158—161页

34

就社会民主党组织中工人
和知识分子的关系问题所作的发言

（4月20日〔5月3日〕）

有同志说不宜把问题扩大，他们的这种说法我不能同意。把问题扩大是完全适宜的。这里有人说，社会民主主义思想的体现者主要是知识分子，这样说不对。在"经济主义"时代，革命思想的体现者是工人而不是知识分子。由阿克雪里罗得同志作序的那本小册子的作者"一工人"也证实了这一点。

谢尔盖耶夫同志在这里硬说，选举原则不会使人了解更多东西。这不对。如果选举原则**实际**运用起来，它无疑会使人了解更多东西。其次，有人指出，分裂通常是由知识分子领头干的。指出这一点很重要，但这并不解决问题。我早就在我发表的著作中建议吸收尽可能多的工人参加委员会①。第二次代表大会以来的这一时期，并没有充分执行这一任务，这是我同实际工作者座谈时留下的印象。在萨拉托夫只吸收了一个工人参加委员会，这说明不善于从工人中挑选合适的人。毫无疑问，这也是党内分裂所造成的：捍卫委员会而引起的斗争对实际工作产生了有害的影响。正

---

① 参看本版全集第7卷第2—5页。——编者注

是由于这个原因，我们才想尽办法力求尽快召开代表大会。

未来中央的任务是把我们相当大量的委员会加以改组。必须克服委员们的惰性。（掌声和嘘声）

我听到谢尔盖耶夫同志的嘘声和非委员们的掌声。我认为应当把问题看得更宽一些。吸收工人参加委员会不仅是一个教育任务，而且是一个政治任务。工人有阶级本能，工人只要有一点政治修养，就能相当快地成为坚定的社会民主党人。我很赞成在我们各委员会的构成中知识分子和工人的比例是二比八。如果在书刊中提出的尽量使工人参加委员会这个建议很不够，那就最好是以代表大会的名义提出这个建议。如果你们有了代表大会的明确指令，那么你们也就有了根治煽动的办法：这是代表大会的明确意志。

载于1905年中央委员会出版社在日内瓦出版的《俄国社会民主工党第三次（例行）代表大会记录全文》一书

译自《列宁全集》俄文第5版第10卷第162—163页

35

致代表大会主席团⁸⁸

(4 月 20 日〔5 月 3 日〕)

我认为作出(关于工人对知识分子的态度的)决议是适时的。

列　宁

载于 1934 年《列宁文集》俄文版　　　　　　　译自《列宁全集》俄文第 5 版
第 26 卷　　　　　　　　　　　　　　　　第 10 卷第 164 页

36

在讨论党章时的十次发言⁸⁹

（4 月 21 日〔5 月 4 日〕）

(1)

应该承认,伊万诺夫同志为他的一个中央机关的思想辩护,其论据我以为是站不住脚的⁹⁰。(念伊万诺夫同志的论据:)

"关于第 4 条和第 5 条。以总委员会为平衡器的两个中央机关制,已遭到生活本身的谴责。从党内危机的历史中可以清楚地看出,这种制度是助长分歧、纠纷和内讧的温床。这种制度意味着国内服从国外,因为中央委员会常遭破坏,其构成是不固定的,中央机关报编辑部是固定的,总委员会驻在国外。所有反对一个中央机关的重要意见,都是以俄国国内同国外事实上的隔离为理由,这些意见无非是肯定两个中央机关很可能分裂的思想,同时,如果代表大会责成中央委员会的国内委员和国外委员定期召开联席会议,那么这些反对意见也就在很大程度上失去了意义。"

然而,这里提到的一些可爱的品质,国外的中央机关报和"真正国内的"中央委员会是不相上下的。在伊万诺夫同志的整个论点中,我认为有一个逻辑上的错误:**既然在此之后发生,所以原因就在于此**。既然三个中央机关给我们添乱(请原谅我这样说),那么我们就只要一个中央机关好了。这里我看不出什么**"所以"**!造成我们不幸的不是机构,而是人:问题就在于有些人形式主义地解释党章，以此为自己打掩护，拒不执行代表大会的意志。难道"真正国内的"中央委员会不是"辩证地"转化成自己的对立面了吗？伊万诺夫同志这样议论说：国外的表现恶劣，应当对它实行"戒严"并"严加管束"。大家知道，我一向是又主张"戒严"又主张"严加管束"的，因此对这些措施我不会反对，但是，难道中央委员会不该受到同样的待遇吗？此外，中央机关报可以是固定的，而中央委员会则不可能，这一点还有谁会提出异议呢？不管怎样，这总是个事实。不过，实际上我也不会提出任何争议：过去我们有总委员会，而现在又要召开（中央委员会国外部分和国内部分）联席会议。这里不过是字面上的差别。我们的大车本来总是向右朝中央机关报方面倒，而伊万诺夫同志还从右边加稻草准备将来用，不过依我看，也应当从左边，从中央委员会方面加稻草。我倒是赞成米哈伊洛夫同志关于撤销地方委员会的建议的，只是我真不知道什么叫外层组织？应当把"听会者和掌印者"赶走，但怎样确切地规定外层组织这个概念呢？"外层组织三分之二的票数！"，但是谁能够对外层组织进行精确的统计呢？我还应提醒代表大会，党章条文不要太多。写出好条文容易，但在实践中它们大半是多余的。不应当把党章变成善良愿望的汇编……

（2）

基塔耶夫同志的建议更加切实可行，按照这个建议，要召开特别代表大会，需要有相当于上一届代表大会一半的票数。

（3）

相反,把召开代表大会所必需的一定票数定下来,事情就好办了。每次代表大会之后,都把所要求的票数定下来。只需加上一条附注,说明一下中央委员会所批准的各委员会名单将在中央机关报上公布。

（4）

新批准的各组织的名单应立即在党中央机关报上公布并注明中央委员会的批准日期。

（5）

我赞成《前进报》上所刊载的第 6 条的最初条文[91],因为不这样就会造成错误。

（6）

我同意彼得罗夫同志和其他同志的意见。别利斯基同志的建议应当写进附注。[92]

（7）

我曾主张撤销地方委员会,但是在党总委员会,在我们的派别敌对情况加剧的时候,我反对这样做,因为这个权利运用得有点不得当。如果这一条对知识分子组成的地方委员会起到威胁作用,我举双手赞成这一条。知识分子一向必须严加管束。他们一向领头搞各种纠纷,因此我建议用"有组织的工人"一语而不用"外层组织"一语(提出本人的书面修改意见):"第9条。如果有⅔参加党组织的本地工人赞成解散地方委员会,那么中央委员会就应当予以解散。"

一个小小的知识分子的外层组织是靠不住的,但是数以百计的有组织的工人却是可以而且应该靠得住的。我希望把这一条同报告制度问题紧密地联系起来。在这方面我们应当向崩得[93]学习,崩得总是准确地知道有组织的工人数目。如果我们的中央委员会也总是知道某个组织中有多少有组织的工人,那么中央委员会就应当考虑这些工人的意见,并应当根据有组织的工人的要求撤销地方委员会。

(8)

为了中央机关报的利益,我应当赞成基塔耶夫同志的修改意见。报纸每周出版就必须熟悉情况并占有足够数量的材料。[94]

(9)

我赞成增补须经一致同意。[95]中央委员会不大,为了工作卓有成效,为了政治领导,我们应当保证中央委员会成员的团结一致。

（10）

我同意库兹涅佐夫同志的意见：第13条应该从党章中删掉并通过别利斯基同志向主席团提出的相应的决议案。[96]

载于1905年中央委员会出版社
在日内瓦出版的《俄国社会民主
工党第三次（例行）代表大会记录
全文》一书

译自《列宁全集》俄文第5版
第10卷第165—168页

37

在讨论关于中央委员会
全体会议的决议草案时的发言[97]

（4 月 21 日〔5 月 4 日〕）

我赞成马克西莫夫的决议案。如果三个月聚会一次有困难，可以把期限延长至四个月。中央委员会国外委员应当了解一切情况并参与决定最重要的事务。如果全体聚会有困难，也可以举行非全体会议。

载于 1924 年《1905 年俄国社会民主工党第三次（例行）代表大会记录全文》一书

译自《列宁全集》俄文第 5 版第 10 卷第 169 页

38

就代表资格审查委员会关于喀山委员会
代表资格问题的报告所作的发言[98]

(4 月 22 日〔5 月 5 日〕)

　　列宁引用第二次代表大会的记录材料。材料表明,喀山委员会属于须经正式批准才享有全权的组织。既然直到目前为止没有正式批准,那就没有理由改变代表大会已经作出的决定。喀山代表在代表大会上应当仍然只有发言权,至于委员会,根据代表资格审查委员会的提议,现在就应当得到正式批准。

载于 1937 年《俄国社会民主工党　　　　　译自《列宁全集》俄文第 5 版
第三次代表大会。记录》一书　　　　　　　第 10 卷第 170 页

39

关于社会民主党组织中
工人和知识分子的关系的决议草案

(4月22日〔5月5日〕)

鉴于：

(1)我们党内的右翼直到现在还在不断地继续进行从"经济主义"时期起就已开始的种种尝试：在工人党员和知识分子党员之间散布敌对和不信任情绪；把我们的党组织描绘成纯粹知识分子组织，社会民主党的敌人正在巧妙地利用这一点；责备社会民主党组织力求用党的纪律来束缚工人阶级的主动性；炫耀选举原则的口号而多半没有实现这一原则的认真措施；

(2)在自由的政治条件下，选举原则可能而且必须居于**完全的**支配地位，但在专制制度下这是做不到的，不过，如果不是社会民主党右翼把党组织搞得形式上模糊不清和实际上涣散瓦解，从而造成了障碍，就是在专制制度下也有可能在比现在更加广泛得多的范围内运用选举制度；

俄国社会民主工党第三次代表大会认为自己的任务是：通过一系列组织上的改革为以后的代表大会准备条件，以便在党内生活中尽可能真正实行选举原则；第三次代表大会再一次指出，社会民主工党有觉悟的拥护者的任务就是要全力巩固党同工人阶级群众的联系,把愈来愈广泛的无产者和半无产者阶层提高到具有充分的社会民主主义觉悟的水平,发挥他们革命的社会民主主义的主动性,关心由工人群众选拔尽可能更多的、能够领导运动和党组织的工人作为地方核心和全党中央的成员,尽量建立更多加入我们党的工人组织,设法使那些不愿意或没有可能加入党的工人组织至少是靠近党。

载于1905年中央委员会出版社在日内瓦出版的《俄国社会民主工党第三次(例行)代表大会记录全文》一书

译自《列宁全集》俄文第5版第10卷第171—172页

40

在讨论关于社会民主党组织中
工人和知识分子的关系的
几个决议草案时的三次发言

（4月22日〔5月5日〕）

（1）

我反对一个一个审查各个决议案，以免分散，并建议把这些决议案交给委员会加以合并。还有，基塔耶夫同志认为各地方委员会只应由组织员组成，我认为，只由组织员行使地方委员会的职能是不够的。

（2）

我不同意谢尔盖耶夫同志的意见，各届代表大会恰好没有这样的决议。单有著作家的愿望还是不够的。此外，决议并没有被否决，而是转到另一项议程上去了。有人指出，在中央委员会的同意下，工人有权推翻委员会。这还不够：这里需要的是指令，而不是煽动。谢尔盖耶夫同志引用《前进报》上的话"寓言喂不了夜莺"，但对《前进报》作了曲解。正是由于党章的条文简略，才需要通过决议来颁布一道指令。我反对安德列耶夫同志的提案。说搞煽动的不是"经济派",也不是"孟什维克",这不对。相反,煽动者恰恰是他们。决议就是对煽动的警告。因此,我坚决主张保留决议。[99]

(3)

有人说,能胜任委员会委员的工人是没有的,我听到这话感到很不安。问题挂起来了;显然党内出了毛病。委员会里应当吸收工人。奇怪的是:代表大会上总共只有3位著作家,其余的都是委员,可是,著作家主张吸收工人,而委员们却不知为什么发起火来。

哥卢宾同志和米哈伊洛夫同志的意见是非常宝贵的[100]。

载于1905年中央委员会出版社在日内瓦出版的《俄国社会民主工党第三次(例行)代表大会记录全文》一书

译自《列宁全集》俄文第5版第10卷第173—174页

41

在讨论对党章关于
党的各种组织的定期代表会议的
补充决议案时的两次发言[101]

（4月22日〔5月5日〕）

(1)

我丝毫也不反对这样做，但是让中央委员会来组织代表会议，它承担的工作是否多了呢？

建议把"由中央委员会来组织"改为"由中央委员会和各地方委员会来组织"，把"各地方委员会的代表会议"改为"我党各种组织的代表会议"。

(2)

是的。我反对只会造成形式主义和拖拉作风的补充。

载于1905年中央委员会出版社在日内瓦出版的《俄国社会民主工党第三次（例行）代表大会记录全文》一书

译自《列宁全集》俄文第5版第10卷第175页

42

关于党内分裂出去的
部分的决议草案[102]

(4月23日〔5月6日〕)

俄国社会民主工党第三次代表大会委托中央委员会采取一切措施,准备并拟定同俄国社会民主工党分裂出去的部分合并的条件,而这些条件应提交下一届党代表大会最后批准。

注意:不应公布

载于1924年《1905年俄国社会民主工党第三次(例行)代表大会记录全文》一书

译自《列宁全集》俄文第5版第10卷第176页

43

就鲁勉采夫关于党内分裂
出去的部分的决议案所作的发言[103]

（4 月 23 日〔5 月 6 日〕）

　　我觉得，第一部分是不能接受的：在分裂的基础上怎么不可以进行鼓动呢？至于解散各孟什维克委员会，这需要特别慎重。

载于 1924 年《1905 年俄国社会民主工党第三次（例行）代表大会记录全文》一书

译自《列宁全集》俄文第 5 版第 10 卷第 177 页

44

在讨论关于对各民族的
社会民主党组织的态度的
决议案时的发言[104]

(4月23日〔5月6日〕)

有人向我们提出一种不能接受的东西。米哈伊洛夫同志到底想干什么？规定各种协议只能由中央委员会和各地方委员会共同签订吗？但是要知道，中央委员会的各项总的决定对各地方委员会来说是必须执行的。抓住孟什维克中央委员会把事情弄糟的个别情况是不明智的。也应当给各地方委员会以主动权。我们还应当责成各地方委员会在当地活动中同各社会民主党组织协调起来。只要中央委员会不是处于无法找到的情况下，当然总是会有人来向它请示的。

载于1905年中央委员会出版社在日内瓦出版的《俄国社会民主工党第三次（例行）代表大会记录全文》一书

译自《列宁全集》俄文第5版第10卷第178页

45

就对自由派的态度
问题所作的发言

（4 月 23 日〔5 月 6 日〕）

提出同自由派签订协议的问题是不恰当的。我们俄国已经接近起义，而在这种情况下签订协议，可能性不大。即使找得到那么几个"解放派"小组或一些自由主义情绪的大学生不拒绝拿起武器参加战斗，那也不同司徒卢威签订协议。

列宁补充沃伊诺夫同志关于莫斯科地方自治人士代表大会的报告（引用《泰晤士报》）。[105]

载于 1905 年中央委员会出版社在日内瓦出版的《俄国社会民主工党第三次（例行）代表大会记录全文》一书

译自《列宁全集》俄文第 5 版第 10 卷第 179 页

46

就同社会革命党
达成实际协议问题所作的发言

(4月23日〔5月6日〕)

我应当向代表大会报告同社会革命党的一次不成功的协商尝试。加邦同志来到国外。他先后会见了社会革命党人和《火星报》,接着又会见了我。他对我说,他赞成社会民主党的观点,但是出于某种考虑,他认为他不能公开声明这一点。我对他说,外交手腕是个很好的东西,但不能用在革命者之间。我不重复我们的谈话了,谈话内容已在《前进报》发表①。他这个人给我的印象是,对革命绝对忠诚,富于主动性,聪明,虽然很遗憾,还缺乏坚定的革命世界观。

不久,我接到加邦同志的信,邀请我参加社会主义组织代表会议,照加邦的想法,这次代表会议的目的是协调这些组织的活动。下面就是这封信上被邀请参加加邦同志的代表会议的 18 个组织的名单:

(1)社会革命党。(2)俄国社会民主工党。《前进报》。(3)俄国社会民主工党。《火星报》。(4)波兰社会党**106**。(5)波兰和立

――――――――

① 参看本版全集第 9 卷第 260—264 页。——编者注

陶宛社会民主党[107]。(6)波兰社会党"无产阶级派"[108]。(7)拉脱维亚社会民主工党[109]。(8)崩得。(9)亚美尼亚社会民主工人组织[110]。(10)亚美尼亚革命联盟(德罗沙克)[111]。(11)白俄罗斯社会主义格罗马达[112]。(12)拉脱维亚社会民主党人同盟[113]。(13)芬兰积极抵抗党[114]。(14)芬兰工人党[115]。(15)格鲁吉亚社会联邦革命党[116]。(16)乌克兰革命党[117]。(17)立陶宛社会民主党[118]。(18)乌克兰社会党[119]。

我曾向加邦同志和一位著名的社会革命党人指出,代表会议的构成有问题,这会造成困难。在代表会议上,社会革命党占压倒优势。召开代表会议的工作拖了很久。从加邦同志交给我的文件中可以看出,《火星报》的回答是,它宁愿直接同已组成的政党协商。"明显地"暗示《前进报》是破坏者等等。最后,《火星报》没有出席代表会议。我们,《前进报》编辑部和多数派委员会常务局的代表出席了代表会议。我们在这里看到,代表会议是社会革命党手中的玩物。看来,工人党不是根本未被邀请,就是没有任何材料说明他们被邀请了。例如,芬兰积极抵抗党出席了代表会议,然而却不见芬兰工人党。

我们问,这是为什么?我们得到的回答是,他们给芬兰工人党的邀请书是由积极抵抗党转交的,据讲这番话的社会革命党人说,因为他们不知道怎样直接通知它。可是,凡是了解一点国外情况的人都知道,通过瑞典社会民主工党的领袖布兰亭就能同芬兰工人党取得联系。参加代表会议的有波兰社会党的代表,却没有波兰和立陶宛社会民主党的代表。并且也无法知道他们是否被邀请了。同一位社会革命党人告诉我们说,他们也没有得到立陶宛社会民主党和乌克兰革命党的答复。

一开始便提出了民族问题。波兰社会党提出了关于几个立宪会议的问题。这就使我有理由说,今后的做法必须是:要么根本拒绝参加这样的代表会议,要么举行由一个民族的各工人党的代表参加的代表会议,要么邀请非俄罗斯居民地区的地方党的委员会的代表参加代表会议。但是我决不会由此得出结论说,由于存在着原则性的意见分歧,就不可能召开代表会议了。不过必须做到,提出的问题是非常实际的问题。

我们不可能从国外监督代表会议的构成等等。必须让俄国国内的中央机关参加代表会议,而且也必须有地方委员会的代表参加。使我们退出会场的问题是关于拉脱维亚的问题。我们退出代表会议时提出了下面的声明:

"俄国目前正处在重要的历史关头,这给在国内活动的社会民主党以及革命民主党派和组织提出了一项任务:达成实际协议,以便更有效地攻击专制制度。

因此,我们认为,为此目的而召开的代表会议具有特别重大的意义,自然我们应该严肃地对待代表会议的构成问题。

很遗憾,加邦同志召开的这个代表会议,对于保证代表会议开得卓有成效所必需的这个条件,注意不够,因此,我们不得不在这个代表会议刚刚开始筹划时便采取措施来保证这个联席会议真正获得成功。

例如,代表会议要解决非常实际的问题,首先就要求允许前来参加代表会议的只限于那些真正构成俄国的现实力量的组织。

可是代表会议的构成,就某些组织的实际情况而言,是非常不能令人满意的。甚至无疑是虚有其名的组织也参加了代表会议。我们指的是拉脱维亚社会民主党人同盟。

拉脱维亚社会民主工党的代表要求拒绝这个同盟参加,并且把这个要求当做最后通牒。

后来,在有'同盟'的代表参加的4个社会民主党组织的代表举行的特别会议上,完全弄清了'同盟'是虚有其名,自然,这也使我们这些参加代表会议的其余的社会民主组织和派别赞同这个最后通牒式的要求。

但是一开始我们便遭到所有革命民主党派的激烈反击,他们拒绝满足我们的最后通牒式的要求,宁愿要一个虚有其名的团体,而不愿要许多尽人皆知的社会民主党组织。

最后,由于许多其他的社会民主党组织没有出席代表会议,代表会议就更加缺乏实际意义,就我们所知,当时并没有采取应有的措施保证这些组织能参加代表会议。

由于这一切,我们不得不退出代表会议,但是我们相信:一次尝试的失败,并不能阻止力争在最近的将来再作一次尝试;一切革命政党所面临的签订实际协议的任务,将由这个真正在俄国活动的组织构成而不是虚有其名的组织构成的即将召开的代表会议来完成。

拉脱维亚社会民主工党代表　**弗·罗津**
俄国社会民主工党《前进报》代表　**尼·列宁**
崩得中央委员会代表　**И.格尔芬**
弗·维尼茨基
亚美尼亚社会民主工人组织代表　**列尔**

1905年4月3日"

过了一个半到两个星期,加邦同志交给我下面这个声明:

"亲爱的同志:附上两份你们所知道的代表会议发出的宣言,请将它们转告即将召开的俄国社会民主工党第三次代表大会。我认为我本人必须声明,我接受这两个宣言,但在社会主义纲领和联邦制原则问题上,我还有某些保留意见。

格奥尔吉·加邦"

这个声明附有两个有趣的文件,其中引人注意的地方是:

"在同一个国家范围内各民族间的关系中运用联邦制原则……

对一切靠剥削他人劳动来耕种的土地实行社会化,即交给农业劳动居民共同掌管和享用,而实行这一措施的具体形式、顺序和范围,各民族的党有权根据各自地区的地方条件的特点加以确定;发展社会经济、地方公有经济和村社经济……

……粮食给饥饿者!

土地及其财富归一切劳动者!

……由俄罗斯帝国各地的代表(波兰和芬兰除外)组成立宪会议!

……为高加索这个以联邦形式同俄罗斯联合的自治部分召开立宪会议……"

从上述引文可以看出,代表会议的结果充分证实了促使我们离开代表会议的种种担心。在这里,我们看到一个对非无产阶级民族主义政党百般迁就的社会革命党纲领的翻版。奇怪,居然没有各民族的无产阶级政党参加解决提交代表会议的问题。例如,代表会议曾提出要求,为波兰召开特别立宪会议。我们既不能赞成也不能反对。我们的纲领承认民族自决原则。但是决不允许撇开波兰和立陶宛社会民主党解决这个问题。代表会议决定召开立宪会议,而这是在工人党缺席的情况下作出的! 我们不能允许撇开无产者的政党来具体解决这类问题。但同时我认为,原则性的意见分歧,也并不排斥召开实际性的代表会议的可能性,不过,第一,要在俄国召开,第二,要对实际存在的力量加以核实,第三,有关民族的问题,应分别进行讨论,或者至少要邀请那些民族的社会民主党和非社会民主党所在地区的地方委员会派代表参加代表会议。

现在谈一下所提出的关于同社会革命党签订实际协议的决议案(念沃伊诺夫同志拟定的草案):

"鉴于:
(1)社会革命党是小资产阶级民主派的极端革命派,
(2)为了反对专制制度,社会民主党同社会革命党组织签订临时战斗协议是目前的共同愿望,
(3)这种协议无论如何不应当限制社会民主工党的完全独立性,不应当破坏它的无产阶级策略和原则的完整性和纯洁性,
俄国社会民主工党第三次代表大会责成中央委员会和各地方委员会在必要时可同社会革命党组织签订临时战斗协议,但是地方性协议只有在中央委员会的直接监督下才能缔结。"

我同意这个草案。不过是否可以把结尾尽量说得缓和一些，例如，不说"在中央委员会的直接监督下"，只说"在中央委员会的监督下"。

载于1905年中央委员会出版社
在日内瓦出版的《俄国社会民主
工党第三次(例行)代表大会记录
全文》一书

译自《列宁全集》俄文第5版
第10卷第180—185页

47

就中央委员会的工作报告
所作的两次发言[120]

（4月25日〔5月8日〕）

（1）

中央委员会的工作报告的确涉及技术问题较多，而涉及中央委员会的政策较少。从 1900 年起我一直在注意党中央机关的活动，应当肯定进步很大。如果说它还不能使我们满意，那是因为完全满意只有到建立无产阶级专政以后，即使那时也未必如此！请注意，"增补"还在起有害的作用！中央委员会很少谈自己的政策，因为这方面它没有什么好谈的。它的主要错误是反对召开代表大会。如果代表大会在一年前召开，那么它会比现在更调和一些。我本人赞成撤销，但如果是因为鼓动召开代表大会而撤销，那我是绝对反对的。不过这一点我不想多谈。看到一个悔过的罪人[121]要比看到 99 个义人更高兴。至于说到对我的责难，我只说一句：著作家离开了党将一事无成。

（2）

有人指责我关于审判的说法有矛盾。如果代表大会是共同的,提出关于审判的问题还会更早,但是现在,在这以前所发生的一切,已经清楚地表明问题究竟在哪里。中央委员会无法作出说明,因为它陷入了迷途。中央委员会的出路和过去一样在于召开代表大会,尽管它比应该召开的时间晚了一些。当"认罪的被告"出庭时,庭审也就失去意义了。

载于1905年中央委员会出版社在日内瓦出版的《俄国社会民主工党第三次(例行)代表大会记录全文》一书

译自《列宁全集》俄文第5版第10卷第186页

48

关于选举中央委员会的程序的建议

（4 月 25 日〔5 月 8 日〕）

我建议先确定应当选举多少人，用无记名投票方式进行选举，再商定投票结果的宣布范围。

载于 1905 年中央委员会出版社在日内瓦出版的《俄国社会民主工党第三次（例行）代表大会记录全文》一书

译自《列宁全集》俄文第 5 版第 10 卷第 187 页

49

关于中央委员会行使职权时间的决议草案

（4月25日〔5月8日〕）

代表大会决定：代表大会选出的新的中央委员会立即行使职权。[122]

载于1905年中央委员会出版社
在日内瓦出版的《俄国社会民主
工党第三次（例行）代表大会记录
全文》一书

译自《列宁全集》俄文第5版
第10卷第188页

50

关于出版俄国社会民主工党
第三次代表大会记录的发言

（4月25日〔5月8日〕）

主席指出，不要事先决定关于代表大会记录删节多少的问题。必须删除有关议程的全部讨论。他接着指出，国外的技术工作要重新调整一下，这会加速代表大会记录的出版。

载于1905年中央委员会出版社在日内瓦出版的《俄国社会民主工党第三次（例行）代表大会记录全文》一书

译自《列宁全集》俄文第5版第10卷第189页

51

关于出版俄国社会民主工党
第三次代表大会的通知和
代表大会记录的决议草案[123]

(4月25日〔5月8日〕)

代表大会责成中央委员会立即着手出版关于第三次代表大会的简要通知,并附党纲、党章和各项决议的全文。

代表大会责成中央委员会采取一切办法尽快公布这项通知。

代表大会责成代表大会记录出版委员会[124]:(1)最后决定哪些东西从保密角度考虑绝对不应公布;(2)决定应当用什么方法和在什么范围内向党员介绍第三次代表大会记录中不予公布的部分;(3)出版前应作必要的删节,但仅限于有关会议程序的讨论或已被否决的对各项决议案提出的小修改。

载于1905年中央委员会出版社在日内瓦出版的《俄国社会民主工党第三次(例行)代表大会记录全文》一书

译自《列宁全集》俄文第5版第10卷第190页

52

关于高加索事件的决议草案[125]

（4 月 26 日〔5 月 9 日〕）

鉴于：

(1)高加索的特殊社会政治生活条件有利于在那里建立我们党最有战斗力的组织；

(2)高加索的城乡大多数居民的革命情绪已高涨到可以举行全民起义来反对专制制度；

(3)专制政府已调遣军队和炮兵到古里亚,准备毫不留情地摧毁起义的一切最重要的据点；

(4)高加索当地居民中的异族使专制制度易于取得对高加索人民起义的胜利,这将给全俄起义的成功带来最有害的后果；

俄国社会民主工党第三次代表大会以俄国觉悟的无产阶级的名义,向高加索英勇的无产阶级和农民致以热烈的敬意,并责成中央委员会和党的各地方委员会采取最积极的措施,如印发小册子、开群众大会、工人大会、小组座谈会等方式最广泛地传播关于高加索情况的消息,并且及时用武装力量支援高加索。

载于 1905 年中央委员会出版社在日内瓦出版的《俄国社会民主工党第三次(例行)代表大会记录全文》一书

译自《列宁全集》俄文第 5 版第 10 卷第 191 页

53

在讨论关于高加索事件的
决议案时的两次发言

（4月26日〔5月9日〕）

（1）

认为在高加索就要开始革命的时候，由党负责规定起义，这种看法是不对的。我们只责成中央委员会支持运动。①

（2）

总的来说，我是同意彼得罗夫同志的修改意见的[126]，虽然其中没有革命的号召。②

载于1905年中央委员会出版社在日内瓦出版的《俄国社会民主工党第三次（例行）代表大会记录全文》一书

译自《列宁全集》俄文第5版第10卷第192页

---

① 在记录委员会的记录里，发言的末尾措辞如下：
　　"我们只责成中央委员会支持运动，鉴于高加索的形势，作出只需要进行鼓动和宣传的结论是不够的。请大家注意这一段。
　　无人要求发言，讨论**结束**。"——俄文版编者注
② 在记录委员会的记录里，列宁这个发言的措辞如下："**列宁**：是否应当加上'向俄国无产阶级和农民'。雷布金刚才说，在决议里可以指出，在俄国还不能支持高加索以前，它不要发动起义。但为此就需要修改整个决议。当地人提供的情况很重要；总的来说，我是同意彼得罗夫同志的修改意见的，虽然它缺乏革命的号召。"——俄文版编者注

关于各级党组织的两周报告制

(不晚于 1905 年 4 月 20 日〔5 月 3 日〕)

所有的党组织，尤其是所有的**工人的**党组织的两周报告制，对于巩固党的构成和组织上的团结，特别是对于根据有组织的工人人数调整党的代表名额（出席各次代表大会），都会有重大意义。

这些报告可以在党的中央机关报上摘要发表，这将提供有关党的实际的真实生活的最宝贵材料。

各小组、各团体等等的党员人数也可以发表，每一个小组或每一个组织，不妨用一两个字母来标明。这些关于我们党组织构成的报告，将是供检查用的好材料。（有人反驳说，这会占用过多篇幅。这不成其为理由。我们用两个字母和两个数字表示党员人数，譬如：аб13，вг41，дж17 等等，报纸上通栏的一行就能容纳 **11 个**这样的报道。）

代表大会应当把第三次代表大会和第四次代表大会中间相隔的时期(1 年)分为两部分。前半年**每一个党组织**，直到我们党的最基层的工人支部，都应当建立好，并且一定要**搞好**同中央的正常联系，**搞好**正常的两周报告。我之所以说要搞好，是因为一见地址就写还不够，应当查对地址，保证报告能送到等等，等等。要使这一新习惯，即新的报告制(两周报告制)完全正规化，可以大胆地说，4—5个月①的时间是足够的。无疑，**只要愿意做**，用**三分之一的时间**就够了。

　　然后，后半年就可以使党组织的两周报告制具有所谓宪法意义了，也就是说可以把党组织的报告作为调整第四次党代表大会代表名额的直接依据了。譬如说，第三次代表大会1905年4月决定：只有那些从1905年9月1日起向中央提交正常的两周报告的党组织，在调整第四次党代表大会代表名额时，才算数。只有根据不少于3个月的报告（即至少6个报告），第四次代表大会才能确定各地加入社会民主党组织的工人出席各次代表大会党的代表名额的比例。因此，每一份报告都务必写明党员人数。

载于1926年《列宁文集》俄文版
第5卷

译自《列宁全集》俄文第5版
第10卷第193—194页

---

① 在这个期限内，**每一个**组织都应当把自己的代号（用2个或者3个字母代表组织的**名称**）通知中央，并力争在中央机关报上发表报告，哪怕是一次也好，使各个组织的**全体**党员都知道他们的组织和中央确有联系。

政 治 诡 辩

(1905 年 5 月 5 日〔18 日〕)

俄国革命才刚刚开始,然而它已经十分明显地表现出资产阶级政治革命的一些通常的特点。下层作斗争,上层享其成。革命斗争的一切重担过去和现在都完全落在无产阶级这个阶级的肩上,落在一部分资产阶级知识青年出身的人的肩上。已经争得的部分自由(确切些说:有限的一点自由)十之八九落到社会上层分子,即不劳动的阶级手里。在俄国,尽管受到法律限制,现在却有言论、集会和出版自由,这种自由比十年前,甚至比一年前都大得多,但是能够比较广泛地享受到这些自由的,只有资产阶级报纸,只有"自由派的"集会。工人们渴望自由,他们为自己开辟着通往常常是当时他们还不知道而且被认为是完全达不到的领域的道路。然而无产阶级因素的这种渗透,不是推翻而是证实了我们的看法。积极参加政治斗争和积极占有斗争成果成反比。这个或那个阶级在社会经济制度中所处的地位愈有利,合法运动和不合法运动(即法律允许的运动和违反法律的运动)之间的对比关系就愈"有利"。自由派资产阶级运动,特别是在 1 月 9 日之后,以法律认可的形式如此广泛地蓬勃开展起来,而不合法的自由派运动却在我们眼前以惊人的速度急剧衰落下去。尽管工人阶级的运动在它的一段最重要的时间里采取了最"合法的"形式（彼得堡的劳动人民向沙皇呈递请愿书），然而它却是最不合法、应遭到最严酷的军事镇压的运动。工人阶级的运动更加广泛地开展起来，但是合法成分和不合法成分的对比关系几乎没有发生过有利于合法成分的变化。

　　为什么会有这种差别呢？这是因为俄国整个社会经济制度所保证的是劳动最少的人得到的成果最多。在资本主义制度下不可能不是这样。这是资本的规律，它不但支配经济生活，而且还支配政治生活。下层的运动唤起了革命的力量，这个运动所唤起的是这样的人民群众，第一，他们能够真正摧毁整个摇摇欲坠的大厦，第二，他们处境的特点使他们和这座大厦毫无牵连，因而乐意摧毁它。此外，他们甚至还没有完全认识到自己的目的，但他们仍然能够而且愿意摧毁它，因为这些人民群众的处境是没有出路的，因为长期的压迫把他们推上了革命的道路，而他们失去的只是锁链。摇摇欲坠的大厦的统治者们十分害怕无产阶级这股人民力量，因为无产阶级的处境本身，就是对一切剥削者的某种威胁。因此，最小的无产阶级运动，不管它最初怎样不显眼，也不论它的起因多么微不足道，都必然要超出它的直接目的，成为**整个**旧制度不可调和、不可摧毁的力量。

　　由于无产阶级在资本主义制度下处境的最基本特点，无产阶级运动的必然趋势，是要为争取**一切**，为彻底战胜一切黑暗、剥削、奴役而进行殊死的斗争。相反，由于同样的原因（即由于资产阶级地位的基本特点），自由派资产阶级运动的趋势，是以妥协代替斗争，以机会主义代替激进主义，斤斤计较最有可能得到的眼前利益，放弃"不讲分寸地"、坚决果敢地争取彻底胜利的雄心。凡是在真正进行斗争的人,自然都会为争取**一切**而斗争;凡是宁肯妥协不愿斗争的人,自然都会预先指出他在最好的情况下感到满足的"一星半点的东西"(在最坏的情况下,他甚至满足于没有斗争,就是说,长期和旧世界的统治者们和解)。

因此很自然,革命无产阶级的政党社会民主党,十分关切自己的**纲领**,早就十分周密地确定了自己的最终目的(使劳动人民得到彻底解放的目的),决不容忍一切企图切削这个最终目的的行为①。出于同样的原因,社会民主党总是把眼前微小的政治目的和经济目的同最终目的断然严格分开。凡是为争取**一切**、为争取彻底胜利而斗争的人,都不能不提防:不要让小利益束缚手脚,引入歧途,使人忘记道路还很漫长,不这样考虑,一切小胜利都会是一场空。相反,对资产阶级政党来说,即使是对最热爱自由和最热爱人民的资产阶级政党来说,这种对纲领的关注,对逐步的小改善所持的一贯批判态度,是不可理解和格格不入的②。

《解放》杂志编辑部最近以《俄罗斯帝国国家根本法》为题发表的《俄国宪法草案》,就使我们产生了这样的想法。这个草案在俄国早已尽人皆知,这次发表时附有注解和说明,是"经起草人校订过的唯一完整的定本"。看来,它不是属于"解放社",而仅仅是由这个社的部分成员拟定的。这样,我们在这里一次又一次地看到

---

①　手稿上是:"……(使全体劳动人类摆脱任何压迫,得到彻底解放的目的),决不容忍一切企图切削、贬低这个最终目的或者使其庸俗化的行为。"

　　这里和下面的脚注中按手稿恢复了在报上发表时经米·斯·奥里明斯基改动过的最重要的地方。——俄文版编者注

②　手稿上是:"……对资产阶级政党来说,即使是对最自由主义的、最有教养、最热爱自由和最热爱人民的资产阶级政党来说,这种对最终目的所持的严峻态度,这种对纲领的关注,这种对逐步的小改善所持的一贯批判、一贯不满的态度,是不可理解和格格不入的。"——俄文版编者注

自由派所固有的①对明确的、肯定的和公开的纲领的恐惧心理。比起社会民主党来，自由派在俄国拥有多得无法计量的资金和写作力量，多得无法计量的在合法基础上开展运动的自由。然而，在纲领的明确性方面，自由派却引人注目地落后于社会民主党。自由派干脆规避纲领，他们宁愿在自己的机关刊物上发表一些矛盾百出的声明（例如关于普选制问题）或者与全党（或整个"解放社"）这个整体毫不相干的个别团体的"草案"。当然，这不会是偶然的；这是资产阶级这个阶级在现代社会中的社会地位所造成的必然结果。这个阶级受到专制制度和无产阶级的夹攻，由于微小的利害差别而分成各个派别。从这种处境中产生政治诡辩也是完全自然的。

现在，我们想请读者注意这些诡辩中的一个诡辩。解放派的宪法草案的基本特征是人所共知的：保持君主制，——关于共和制的问题甚至可以不讨论（显然，资产阶级的"现实政治家们"认为这个问题没有什么了不起！），建立议会**两院**制，通过普遍、**直接**、平等和无记名投票产生众议院，通过**二级**选举产生参议院。参议院的议员由地方自治会议和市杜马推选。我们认为没有必要谈这个草案的细节。值得注意的是它的总纲和它的"根本"论点。

我们好心肠的自由派力求在君主、参议院（地方自治院）、众议院（人民代表院），即专制官僚、资产阶级和"人民"（即无产阶级、农民和全体小资产阶级）这三种力量之间尽可能"公平地"平分国家政权。自由派政论家心灵深处所渴望的是取消这些不同力量之间以及这些力量的各种联合体之间的斗争，而代之以这些力量的"公

---

① 手稿上是："……俄国自由派，而且不单单是俄国自由派所固有的……"——俄文版编者注

平的"联合统一体……在纸上！应当关心循序渐进的平衡的发展；
应当从保守主义的观点论证普选制的正确性(司徒卢威先生为上
述草案所写的前言)；应当通过君主制和参议院的形式确保各个统
治阶级的利益(即现实的保守主义)；应当用冠冕堂皇的诡辩把这个
看来是巧妙的,实际上是最幼稚的构想装饰起来。俄国无产阶级势
必长期同自由派的诡辩打交道。现在是进一步熟悉它们的时候了!

　　自由派从分析对两院制可能提出的异议入手来为两院制辩
护。耐人寻味的是,这些异议同我们的合法报刊广泛宣传的自由
主义民粹派的一般主张如出一辙。据说,俄国社会具有"深刻的民
主主义性质",在俄国根本不存在那种由于有政治功劳和有钱等等
而显得强大的上层阶级,因为我们的贵族是没有"政治野心的"官
吏阶层,而且他们的物质作用也已遭到"破坏"。从社会民主党人
的观点来看,如果把这些民粹派的字字荒谬的空话当真,那就可笑
了。俄国贵族的政治特权是尽人皆知的,他们的力量从温和保守
派或者希波夫派的倾向中一下子就显示出来了；他们的物质作用
只是被同贵族融为一体的资产阶级所破坏,而且这种破坏丝毫也
不妨碍巨额资产集中在贵族手里,使他们能够掠夺千百万劳动者。
觉悟的工人在这方面不应当抱幻想。自由派之所以需要这种所谓
俄国贵族无足轻重的民粹派论调,只是为了把贵族将来的宪法特
权这颗苦药丸包上一层糖衣。自由派的这种逻辑,在心理上是必
然的:应当把我们的贵族看成是无足轻重的,才可以把贵族特权①
背离民主制说成是无足轻重的。

　　由于资产阶级处于腹背受敌的地位,我们的自由派,特别是自

_____

　　① 手稿上是:"……贵族的政治特权"。——俄文版编者注

由派宠爱的哲学家,现在也常常很不得体地运用种种唯心主义词句,在心理上也是不可避免的。我们在说明里读到:"对于俄国的解放运动来说,民主不仅是事实,而且是道义上政治上的公理。俄国的解放运动认为,对一切社会形态来说,道义的公正高于历史的公正。……"我们的自由派用华而不实的词句为自己背叛民主的行径"辩护",这倒是一个挺不错的例子!他们抱怨"更极端的分子的代表人物臭骂〈?〉俄国自由主义政党,好像自由主义政党力图用资产阶级贵族专制制度取代官僚专制制度",同时,我们的自由派却迫使自己的草案中唯一的真正民主主义机构——人民代表院同君主制与参议院即地方自治院分掌政权!

下面就是他们主张设立参议院的"道德上"和"道义上政治上"的论据。首先,"两院制遍布全欧洲,只有希腊、塞尔维亚、保加利亚和卢森堡例外……"既然有许多例外,那就不是遍布了。其次,这又算什么论据呢?因为在欧洲也有许多反民主主义的机构,因此……因此我们"深刻的民主主义的"自由派是不是应当把它们照搬过来呢?第二个论据,"将立法权集中在一个机关手里是危险的",应当另设一个机关来纠正错误,纠正"过于仓促的"决定,"……俄国是否应当比欧洲更大胆呢?"欧洲的自由派由于害怕无产阶级,"显然"已经失掉了它的全部进步性,看来俄国的自由派不愿比它更大胆!不用说,"解放"运动的领导人是好样的!俄国还没有向自由迈出稍微像样的一步,而自由派就害怕起"仓促性"来了。先生们,难道这些论据还不能证明放弃普选制也是正确的吗?

第三个论据:"威胁着俄国一切政治秩序的最主要危险之一,是把雅各宾的中央集权转化为制度。"太可怕了!看来,自由派的机会主义者不反对借用社会民主党的机会主义者新火星派分子的武器来对付下层人民的民主制。阿克雪里罗得、马尔丁诺夫之流搬出来吓人的"雅各宾主义"这个可笑的稻草人,给解放派帮了大忙。不过,先生们,如果你们真的害怕集中制的偏激(而不是彻底民主制的"偏激"),那么为什么选举**地方**机关、地方自治机关和市政机关时要**限制**普选权呢??要知道,你们是在限制普选权。你们的草案的第68条规定:"凡有权参加人民代表院选举的人,也有权参加地方选举,**只要他在该县或市定居一定的时间,不必超过一年**。"这一条规定的就是**资格**,它实际上使选举权成为**非普遍的**,因为谁都知道,恰恰是工人、雇农、日工经常从一个市流到另一个市,从一个县流到一个县,没有定居点。资本把大批工人从国家的这个角落抛到那个角落,剥夺了他们的定居权,而正是**由于这种情况**,工人阶级就得丧失自己的部分政治权利!

这种对普选权的限制,正是用来对付选举参议院即地方自治院的那些地方自治机关或市政机关的。为了消除所谓雅各宾集中制的偏激,采取了违反民主的**双重做法**:第一,用定居资格限制**普选权**;第二,实行二级选举,放弃**直接**选举权的原则!雅各宾主义的稻草人只能为各种机会主义者①效劳,这难道还不清楚吗?

难怪司徒卢威先生对社会民主党的吉伦特派——新火星派从原则上表示同情,难怪他吹捧马尔丁诺夫是反对"雅各宾主义"的卓越战士。社会民主党里反对雅各宾主义的人,过去和现在都是在直接为自由派资产者铺路。

解放派硬说,正是地方自治机关所选举的参议院,能够反映"分权的原则",反映"俄国各个部分的多样性因素",这完全是胡说

---

① 手稿上是:"……**各种机会主义者**、各种政治上的叛徒"。——俄文版编者注

八道。限制选举的普遍性并不能反映分权制;限制直接选举的原则也不能反映多样性。解放派竭力掩盖的问题的实质并不在这里。实质在于,根据他们的制度,参议院必然**首先**是而且主要是贵族阶级和资产阶级的机关,因为定居资格和二级选举制最先排挤的恰恰是无产阶级。问题的实质对任何一个多少了解一点政治问题的人来说都很清楚,甚至连草案的拟定人也预料到必然要遭到反对。

我们在说明中读到:"然而人们会说,不管选举是怎样组织的,在当地生活中起支配作用的仍然是**大土地占有者和企业主阶级**。我们认为〈多么深刻的民主主义思想!〉,这里也表现了对'资产阶级分子'言过其实的恐惧心理。使土地占有者阶级和工业阶级有代表自己利益的充分的〈!〉可能性〈对资产阶级分子来说,普选权是不够的!〉,同时也为其他各界居民的代表权提供广泛的可能性,这没有什么不公平〈!!〉。只有特权在道义上是不能允许的,在政治上是危险的⋯⋯"

工人们要牢牢记住这种"自由派"道德。它吹嘘民主主义,指责"特权",**为定居资格、二级选举、君主制度辩护**⋯⋯　应该说,君主制不是"特权",或者它是道义上允许的、政治上并不危险的特权!

我们的这些出身于上流社会的"解放"运动的领导人干得不错嘛!他们甚至在那些与他们全党毫不相干的最大胆的草案中,事先就为反动派辩护,维护资产阶级的特权,诡辩地证明特权并非特权。他们甚至在自己的最超脱物质打算,最远离直接政治目的的写作活动中,就已经玷污了民主主义概念,诽谤最彻底的资产阶级民主主义者——法国大革命时代的雅各宾党人。今后将会怎么样呢？如果最富有空想的自由派现在已经在为背叛行为作理论上的准备，那么自由派资产阶级对党负责的实干政治家将怎么说呢？如果解放派的极左翼的最大胆的愿望也不超出两院议会制的君主制，如果自由派思想家的**要价**只这么多，那么自由派交易人**谈妥的价格**是多少呢？

自由派的政治诡辩，为革命的无产阶级了解甚至是资产阶级先进分子的真正阶级本质，提供的材料不多，但却是宝贵的。

载于1905年5月5日（18日）
《前进报》第18号

译自《列宁全集》俄文第5版
第10卷第195—204页

关于俄国社会民主工党
第三次代表大会的通知[127]

(1905 年 5 月 14 日〔27 日〕)

工人同志们！俄国社会民主工党第三次代表大会不久前举行，这次代表大会应当在我国社会民主主义工人运动史上开创一个新阶段。俄国正处在伟大的历史关头。革命爆发了，革命的烈火愈烧愈旺，蔓延到更多的地区和更多的居民阶层。无产阶级站在革命的战斗力量的前头。它已经为自由的事业作出了最大的牺牲，现在又准备同沙皇专制制度决一死战。无产阶级的有觉悟的代表懂得，自由不会使劳动者摆脱贫困、压迫和剥削。资产阶级今天捍卫自由的事业，但在革命后的第二天就会想方设法从工人手中夺走尽可能多的革命成果，成为反对无产阶级的社会主义要求的不可调和的敌人。但是我们并不害怕自由的、团结的和强大的资产阶级。我们知道，自由将使我们有可能进行广泛的、公开的和群众性的争取社会主义的斗争。我们知道，经济的发展会以不可抗拒的力量（发展愈自由，发展速度就愈快）破坏资本的权力，并为社会主义的胜利作准备。

工人同志们！为了达到这个伟大的目的，我们应当把一切觉悟的无产者团结起来，组成统一的俄国社会民主工党。我们的党在很久以前，在 1895 年和 1896 年广泛兴起工人运动之后就已经开始形成。1898年举行了第一次代表大会,这次代表大会创建了俄国社会民主工党,并规定了它的任务。1903年举行了第二次代表大会,这次代表大会为党制定了纲领,作出了一系列关于策略的决议,并且第一次试图建立一个完整的党组织。不错,最后这项任务党未能马上完成。第二次代表大会上的少数不愿服从多数,并且开始搞分裂活动,给社会民主主义工人运动带来了极大的危害。这种分裂活动的第一步是不愿执行第二次代表大会的决定,拒绝在代表大会所建立的中央机关的领导下工作;最后一步便是拒绝参加第三次代表大会。第三次代表大会是由在俄国国内活动的大多数委员会选出的常务局和党中央委员会召开的。被邀请出席代表大会的有所有的委员会、分离出去的团体和对委员会不满的外层组织,而且其中绝大多数,包括几乎所有的少数派的委员会和组织,都选派了自己的代表到国外参加代表大会。这样,在我国警察统治条件下为召开全党代表大会所能做到的一切都做到了,只是由于前党总委员会的3个国外委员拒绝参加,党内全体少数派才抵制代表大会。从下面刊印的代表大会的决议[128]中可以看出,第三次代表大会认为这3个国外委员应负分裂党的全部责任。但是,尽管少数派缺席,第三次代表大会仍然采取了一切措施,使少数派能和多数派在一个党内共事。第三次代表大会认为,我们党内出现的转向陈腐过时的"经济主义"观点的倾向是不对的,但同时代表大会在全体党员必须遵守的党章中明文规定了对任何少数派的权利的明确保证。少数派现在有党章保障的绝对权利坚持自己的观点,进行思想斗争,只是争论和意见分歧不能导致破坏活动,不能妨碍正常工作,不能分散我们的力量,不能阻碍同心协力地向专制制度和资本家作斗争。现在党章还规定一切享有全权的党组织都有出版党的书刊的权利。党中央委员会现在有责任运送任何党的书刊，只要有5个享有全权的委员会，即党的全部享有全权委员会的 $\frac{1}{6}$ 提出这种要求。更确切地规定了委员会的自治权，宣布委员会的成员不受侵犯，即取消中央委员会不经地方委员会同意任免地方委员会委员的权利。只有一种情况除外，即 $\frac{2}{3}$ 有组织的工人要求罢免委员会：根据第三次代表大会通过的党章，只要有 $\frac{2}{3}$ 的中央委员同意工人的决定，那么中央委员会就必须罢免该委员会。每个地方委员会都有权批准外层组织为党的组织。外层组织有权提出委员会委员的候选人。根据党内大多数的意见，更确切地规定了党的界限。建立了一个中央机关，不再设2个或3个中央机关。保证在俄国国内工作的同志对党的国外部分的绝对优势。总之，第三次代表大会用尽一切办法消除可能产生的种种非难，如多数派滥用自己的优势，强行压服，党的中央机关独断专行，等等。对于全体社会民主党人来说，完全有可能共同工作，满怀信心地加入一个党的队伍，这个党相当广泛和有生命力，相当坚强和有力量，足以使老一套的小组习气失去作用，足以去掉过去的争论和无谓的冲突所留下的痕迹。所有真正珍惜党性的社会民主党的工作者，现在都应当响应第三次代表大会的号召，让代表大会的决定成为恢复党的统一、消除一切破坏行为、团结无产阶级队伍的起点。我们相信，正是有觉悟的工人们最珍惜同心协力工作的意义，最了解争吵、动摇和内讧的全部危害性，正是这些工人现在将坚决主张：全体党员不分上下都必须无例外和无条件地承认党的纪律！

第三次代表大会力求在自己的组织问题和策略问题的一切决议中保持同第二次代表大会的各项工作的继承性联系，同时也试图在关于准备党的公开活动、关于必须最积极地实际参加武装起义并由党领导起义以及关于党对临时革命政府的态度等决议中，提出当前的新任务。代表大会要求全体党员注意必须利用政府的任何动摇，利用我们的活动自由在法律上和实际上的任何扩大，来加强无产阶级的阶级组织，为无产阶级的公开活动作准备。不过，除了社会民主工党的这些一般的和基本的任务之外，当前的革命时机要求党发挥它作为争取自由的先进战士的作用，发挥它作为武装起义反对专制制度的先锋队的作用。沙皇政权抗拒人民要求自由的愿望愈厉害，革命攻击的力量就愈增强，以工人阶级为首的民主主义运动取得完全胜利的可能性就愈大。进行胜利的革命，保卫革命的成果，这是无产阶级肩负的巨大任务。然而无产阶级是不会被这些伟大的任务吓倒的。它将把那些预言无产阶级会因胜利而遭到不幸的人鄙夷地撇到一边。俄国无产阶级一定能完全尽到自己的职责。它一定能领导人民的武装起义。它不会被参加临时革命政府这个困难的任务所吓倒，如果这个任务落在它肩上的话。它一定能打退一切反革命图谋，无情地粉碎自由的一切敌人，忠贞不渝地捍卫民主共和国，以革命方法努力实现我们党的全部最低纲领。俄国无产者不应当害怕这种结局，而应当满腔热情地向往这种结局。我们在即将来临的民主主义革命中获得胜利，这样就会向我们的社会主义目标前进一大步，我们将使整个欧洲甩掉反动军事强国的沉重枷锁，帮助我们的弟兄，全世界有觉悟的工人更迅速、更坚决、更勇敢地向社会主义迈进，他们在资产阶级反动势力的统治下受苦受难，现在看到俄国革命的成就而精神焕发。而在欧洲的社会主义无产阶级的援助下，我们不仅能捍卫住民主共和国，而且能向社会主义阔步前进。

前进，工人同志们，为争取自由而进行有组织的、团结一致的、坚韧不拔的斗争！

　　革命万岁！

　　国际革命社会民主党万岁！

俄国社会民主工党中央委员会

载于 1905 年 5 月 14 日（27 日）　　　　译自《列宁全集》俄文第 5 版
《无产者报》第 1 号　　　　　　　　　　　第 10 卷第 205—209 页

关于代表大会的组成¹²⁹

(1905 年 5 月 14 日〔27 日〕)

中央委员会认为,有必要根据最近的材料对代表大会初期通过的这一决议作如下的补充。代表大会最后确定我们党享有全权的组织的票数共 71 票,即 31 个享有全权的组织的 62 票和党中央机关的 9 票。代表大会不承认克列缅丘格委员会、喀山委员会和库班委员会是享有全权的组织的委员会。出席代表大会的有表决权的代表是:彼得堡委员会、莫斯科委员会、特维尔委员会(在代表大会末期)、里加委员会、北方委员会、图拉委员会、下诺夫哥罗德委员会、乌拉尔委员会、萨马拉委员会、萨拉托夫委员会、高加索联合会(8 票,即等于 4 个委员会)、沃罗涅日委员会、尼古拉耶夫委员会、敖德萨委员会、波列斯克委员会、西北委员会、库尔斯克委员会和奥廖尔-布良斯克委员会的代表。共 21 个组织,42 票,再加上中央委员会的代表和中央委员会在总委员会里的代表拥有的 4 票。占总数 71 票中的 46 票。出席代表大会的有发言权的是阿尔汉格尔斯克委员会的代表、乌拉尔联合会的代表(代表大会闭幕前来到的第二位代表)、喀山委员会的代表、敖德萨委员会的代表;叶卡捷琳诺斯拉夫小组、哈尔科夫小组、明斯克小组的代表,《前进报》编辑部和国外组织的委员会的代表。克列缅丘格委员会的代表曾表示希望参加代表大会的工作,但是迟到了。其次,第三次代表大会的代表们在开会期间收到一个文件，从这个文件中可以看出：由于组织委员会为召开全党代表大会所作的努力，已经来到国外的有下列组织的代表：中央委员会彼得堡小组、中央委员会敖德萨小组、尼古拉耶夫委员会、哈尔科夫委员会、基辅委员会、叶卡捷琳诺斯拉夫委员会、库班委员会、顿河区委员会、顿涅茨联合会、西伯利亚联合会、莫斯科委员会的外层组织、索尔莫沃外层组织、斯摩棱斯克委员会、克里木联合会和乌克兰社会民主联盟。这个文件就是《致应组织委员会之邀参加代表大会的同志们》的信，这封信由所有这些组织的代表签名。由此可见，组织委员会的确保证了名副其实的全党代表大会的召开。

代表大会共开了26次会。列入议事日程的策略问题是：(1)武装起义。(2)在革命前夕和革命期间对政府政策的态度。(3)对农民运动的态度。组织问题。(4)党组织中工人和知识分子的关系。(5)党章。其次是对其他政党和组织的态度问题，即：(6)对俄国社会民主工党分裂出去的部分的态度。(7)对各民族的社会民主党的态度。(8)对"社会革命党人"的态度。(9)对自由派的态度。再其次是：(10)改进宣传和鼓动工作。(11)中央委员会的报告。(12)各地方委员会的代表的报告。(13)选举。(14)宣读代表大会的记录和决议以及负责人行使职能的程序。

代表大会的记录委托由代表大会选出的专门委员会公布，这个委员会已经开始工作。

俄国社会民主工党中央委员会

载于1905年5月14日(27日)   译自《列宁全集》俄文第5版
《无产者报》第1号   第10卷第210—211页

第三次代表大会¹³⁰

(1905 年 5 月 14 日〔27 日〕)

俄国社会民主工党内为召开代表大会而进行的长期顽强斗争终于结束了。第三次代表大会开过了。对代表大会全部工作进行详细的评价,只有在代表大会的记录出版之后才有可能。现在我们只想根据已公布的《通知》^①和代表大会与会者的印象,指出第三次代表大会的决议所体现的党的发展的主要里程碑。

在第三次代表大会前夕,俄国觉悟的无产阶级的政党面临着三个主要问题。第一,党内危机问题。第二,更重要的问题,即整个党的组织形式问题。第三,主要问题,即我们在当前革命关头的策略问题。我们现在就来考察一下这三个问题是如何解决的,先谈次要的,再谈主要的。

由于召开代表大会这一事实,党内危机自然就解决了。大家知道,危机的根源在于第二次代表大会上的少数拒不服从它的多数。这次危机之所以使人苦恼和延续很久,是由于迟迟未召开第三次代表大会,是由于党内实际上存在着分裂,这是隐蔽的和潜在的分裂,而表面上还保持着虚假的统一,多数派为尽快找到摆脱这种不堪忍受的状况的最好出路费尽了气力。代表大会指出了这条出路,它向少数派直截了当地提出了承认多数派的决议,也就是实

---

① 见本卷第 200—204 页。——编者注

际恢复党的统一，还是正式彻底破坏党的统一的问题。少数派照第二个意思解决了这个问题，宁愿分裂。总委员会不顾无疑是党的大多数享有全权的组织已表明的意志，拒绝参加代表大会，全体少数派也拒绝出席代表大会，正如《通知》上所说的，这是走向分裂的最后一步。这里我们不再谈代表大会形式上的合法性，因为这在《通知》中已经充分证明。有人说，代表大会不是总委员会召集的，也就是没有按党章办事，因而是不合法的；在经历了所有党内冲突之后，对这种说法大概只能一笑置之。凡是懂得任何党的一般组织原则的人都会明白，服从下级组织这条纪律是以服从上级组织这条纪律为条件的；服从总委员会这条纪律是以总委员会服从它的委托人，就是说服从各地委员会及其整体即党代表大会为条件的。谁不赞成这个基本原则，谁就必然会得出荒谬的结论，似乎不是受托人对委托人负责并向委托人报告工作，而是相反。可是，我们再说一遍，这个问题不值得多谈，这不仅是因为只有不愿弄懂问题的人才弄不懂这样的问题，而且也是因为从分裂一开始，分裂双方关于形式手续的争论已成为一种十分枯燥和无聊的烦琐哲学了。

　　少数派现在已经从党内分裂出去，这是个既成事实。他们中间的一部分人看到代表大会的决议，尤其是看到代表大会的记录之后，大概会认识到关于压服的种种胡说等等是幼稚可笑的，认识到整个少数派的权利在新党章中是有充分保障的，认识到分裂是有害的，因而会回到党内来。另一部分人也许会有一段时间拒不承认党的代表大会。对于这一部分人，我们只好希望他们内部尽快组织起来，成为具有自己的策略和自己的章程的完整组织。这一点实现得愈快，所有的人，广大党的工作者弄清楚分裂的原因，并对分裂作出评价就会愈容易,根据各地的工作需要,在党和分裂出去的组织之间达成实际协议就会愈切实可行,最后,找到将来必然恢复党内统一的途径就会愈快。

现在我们来谈第二个问题,即党的总的组织准则。第三次代表大会重新审查了整个党章,对这些准则作了相当重大的修改。这次重新审查涉及下列三个主要之点:(1)修改党章第1条;(2)确切规定中央委员会的职权和各地方委员会的自治权并使后者扩大;(3)建立统一的中央。关于轰动一时的党章第1条的问题,党的书刊早已充分阐明。从原则上替马尔托夫的那个模糊不清的条文辩护,已被完全证明是不正确的。考茨基不是出于原则性的理由,而是着眼于俄国秘密条件的方便,试图替这个条文辩护,但是没有得逞,而且也不可能得逞。① 凡是在俄国工作过的人都很清楚,这种从方便着眼的理由是不存在的。现在就要看在实行党章新的第1条时党的集体**工作**的初步经验了。我们强调,要实现党章新的第1条还必须做工作,并且要做很多工作。把自己列为"接受一个党的组织的监督"的党员,这是不需要做任何工作的,因为这一条是一句空话,而且从第二次代表大会到第三次代表大会一直都是一句空话。为了建立广泛的各种党组织网,从范围狭小的秘密组织到范围尽可能大而秘密性尽可能少的组织,为此就需要进行顽强的、持久的、熟练的组织工作,而这个工作现在就落在我们的中央委员会的肩上,而尤其是落在我们的地方委员会的肩上。正是地方委员会应该批准一大批组织为党的组织,应该避免任何无谓的拖延和挑剔,应该在工人中间坚持不懈地宣传必须建立尽

---

① 参看本版全集第9卷第42—44页。——编者注

可能多的各种各样加入我们党的工人组织的思想。我们不可能在这里多谈这个有意思的问题。我们只是指出,在革命时代尤其有必要使社会民主党同各种民主主义政党严格划清界限。而如果不经常扩大党组织的数目并加强它们之间的联系,这种划清界限的工作是难以想象的。代表大会规定的两周报告制应当为这种加强联系的工作服务。我们希望:这种报告制不致成为一纸空文,实际工作者不要把这看成是可怕的繁文缛礼和官样文章,他们能先养成写短报道的习惯,即使是简单通报一下每个党组织、甚至最小的、离中央最远的党组织的党员人数也好。俗话说,"万事开头难",将来就会看见,定期进行组织联系的习惯,意义有多大。

　　关于一个中央机关的问题,我们不多谈。第二次代表大会曾以绝大多数票通过了"两个中央机关制",而第三次代表大会却以同样的绝大多数予以推翻。凡是细心观察党的历史的人,都会很容易弄懂其中的原因。与其说代表大会创造新东西,不如说代表大会巩固已经做出的成绩。在第二次代表大会前,《火星报》编辑部曾经是并且被认为是稳定的支柱,这就形成了编辑部的优势。在当时党的发展水平上,俄国国内同志对国外同志的优势看来还是成问题的。第二次代表大会以后发现,不稳定的正是国外的编辑部,——而党却成长起来了,而且正是在俄国国内肯定无疑地大大成长起来了。在这种条件下,中央机关报编辑部由党中央委员会任命的办法,就不能不得到广大党的工作者的赞同。

　　其次,关于试图更精确地划分中央委员会与地方委员会的职权,分清思想斗争与破坏性吵闹的界限问题,也同样是第二次代表大会后的全部事变进程必然提出来的。这里我们要不断地、系统地"积累党的经验"。普列汉诺夫和列宁在1903年10月6日写给那些有不满情绪的编辑的信①,就是力求把意气用事和发表不同意见区别开来。1903年11月25日中央委员会的最后通牒[131],正式建议成立著作家小组来表达同样的愿望。1904年1月底中央委员会在总委员会里的代表的声明②,就是试图号召全党把思想斗争形式同抵制等等分开。1904年5月26日列宁写给俄国国内中央委员的信③,承认正式保证少数派权利的必要性。众所周知的《二十二人宣言》(1904年秋),更明确、更周密、更肯定地表述了同样的观点。十分自然,第三次代表大会就是沿着这条道路走的,它"用正式决议把戒严的幻景吹散了,完全吹散了"。这些正式决议,即对党章的修改,内容究竟如何,我们在这里不再重述,因为这从党章和《通知》中可以看到。我们只指出两点。第一,可以相信,保证出版书刊的权利和保障地方委员会不被"撤销",将有利于分裂出去的各民族的社会民主党组织回到党内来。第二,规定地方委员会成员不受侵犯,这就要求防止滥用这种不受侵犯的可能性,也就是说,要求防止绝对不称职的委员会"不能换班"的毛病。于是产生了新党章的第9条,该条规定解散委员会的条件是,要有⅔加入党组织的当地工人提出这种要求。我们等待试行的结果,以便判断这个规则的可行性程度。

最后谈谈代表大会工作的最后一个问题,也是最重要的问题,即规定党的策略的问题。我们应当指出,在这里把各项决议一一列举出来并详细分析这些决议的内容是不合适的。也许要做到这一点,我们就得写几篇专门论述最主要决议的文章。不过在这里,有

---

①　见本版全集第8卷第352—353页。——编者注
②　同上书,第115—117页。——编者注
③　同上书,第426—430页。——编者注

必要描述一下代表大会当时应当弄清的总的政治形势。已经开始的俄国革命可能有两种进程和结局。一种是沙皇政府还能用一些小的让步,用什么"希波夫式的"宪法[132]摆脱被夹击的窘境。这样的结局,可能性不大,但是,如果专制制度的国际地位有所改善,例如获得比较顺利的和平,如果资产阶级同掌权者勾结,很快背叛自由的事业,如果一次或数次不可避免的革命爆发都以人民失败而告终,那么,这个结局是会到来的。那时,我们社会民主党人以及全体觉悟的无产阶级,将要在资产阶级残暴的、所谓宪政的阶级统治下长期过暗无天日的生活,工人的政治主动性将遭到百般压制,经济进步在新的条件下将很缓慢。自然,无论出现什么样的革命结局,我们都不会灰心丧气,我们将利用一切转机来扩大和巩固工人政党的独立组织,从政治上教育无产阶级去迎接新的斗争。代表大会在它的关于俄国社会民主工党的公开活动的决议中,也考虑到了这项任务。

　　革命的另一种结局是可能的,而且是比较有把握的,这就是《通知》中所说的"以工人阶级为首的民主主义运动取得完全胜利"①。不用说,我们要全力以赴力求达到这个结果,消除可能产生第一种结局的各种条件。况且客观历史条件是有利于俄国革命的。毫无意义而又可耻的战争勒紧了置沙皇政府于死地的绞索,并为采取革命手段消灭军阀、为广泛宣传以人民武装代替常备军、为在广大居民的支持下迅速实行这一措施,造成了不寻常的有利时机。专制制度长期的独霸统治,在人民中间积蓄了可谓历史上从未有过的巨大革命能量:随着大规模工人运动的兴起,农民起义在不断发展壮大,以自由职业者为主的小资产阶级民主派也日益

————————————

　　①　见本卷第203页。——编者注

团结。历史的嘲弄惩罚了专制制度,连对它友好的社会力量如教权派,也要打破或摆脱警察官僚制度的框框而组织起来,在某种程度上反对专制制度了。神职人员中也表现出不满情绪,他们渴望新的生活方式,教权派分立,基督教社会主义者和基督教民主主义者应运而生,"异教徒"、教派分子等等怨声载道,——所有这一切,对革命来说是再有利不过了,并且为宣传教会同国家完全分离打下了良好的基础。自愿和不自愿、自觉和不自觉的革命同盟者不是与日俱增,而是与时俱增,他们在不断壮大成长。人民战胜专制制度的可能性愈来愈大了。

这个胜利只有经过无产阶级英勇奋战才能取得。这个胜利向社会民主党提出的要求,是民主主义变革时代在任何地方历史都未曾向工人政党提出过的。现在摆在我们面前的不是慢条斯理地做准备工作的平坦大道,而是组织起义,聚集无产阶级革命力量,把这种力量同全体革命人民进行武装进攻的力量团结起来这些宏伟任务,是建立临时革命政府。第三次代表大会在现在已经公布周知的决议中,力求考虑到这些新任务,并给觉悟的无产者的组织作出相应的指示。

俄国正处在一切进步人民力量长期反对专制制度的斗争的最后关头。现在谁也不怀疑,无产阶级会以最饱满的热情参加这个斗争,而且恰恰是无产阶级参加斗争,才会决定俄国革命的结局。我们,社会民主党人,现在就应当表明自己是最革命阶级的当之无愧的代表者和领导者,应当帮助它争得最广泛的自由,——这是向社会主义胜利前进的保证。

载于1905年5月14日(27日)
《无产者报》第1号

译自《列宁全集》俄文第5版
第10卷第212—219页

胜利的革命

(1905 年 5—6 月)

人们现在常常听到和读到这句话。这句话究竟是什么意思呢？不能把"革命"这个概念神化(资产阶级革命家必然会这样做，而且现在已经这样做了)。不能抱幻想，不能信神话，因为这根本不符合唯物主义历史观和阶级观点。

但是，毫无疑问，我们面前正进行着两种力量的斗争，殊死的斗争，之所以说是两种力量的，因为斗争的目标无非是沙皇的专制制度，或者是人民的专制制度。这两种力量就是革命和反革命。

因此，我们的任务就是要确切地弄清(1)这些社会力量的阶级内容；(2)这两种力量的斗争在现在，在当前的实际经济内容。

这些问题的简单答案(应当详尽地加以阐发)是：

革命力量＝无产阶级和农民(农民是**革命的**小资产阶级的主要代表；知识分子的**革命**作用微不足道)。

胜利的革命＝无产阶级和农民的民主专政。

变革的内容＝建立民主的政治制度，就其经济意义来说，就是：(1)让资本主义自由发展；(2)消灭农奴制残余；(3)提高广大居民，特别是下层居民的生活水平和文化水平。美国和俄国，赤贫现象和资本主义。

编造神话是资产阶级民主派的历史地位造成的必然结果。

比较一下律师的决议[133]。都是"社会主义者"……

变革,推翻……在什么地方? 在知识分子那里?? 在律师那里? ——什么也没有。只有在无产阶级和农民这里。什么东西能够巩固他们的成果呢?? 只有共和国,民主专政。

载于 1926 年《列宁文集》俄文版 第 5 卷

译自《列宁全集》俄文第 5 版 第 10 卷第 220—221 页

致社会党国际局[134]

1905 年 6 月 2 日于日内瓦

　　致社会党国际局

　　亲爱的同志们:俄国社会民主工党几个星期以前召开了第三次代表大会。附有代表大会决议译文的专门小册子[135]的法文本和德文本即将出版并将送交国际局。根据代表大会的决定,《火星报》不再是党中央的机关报。今后的中央机关报是在日内瓦发行的周报《无产者报》[136]。

　　根据新党章,中央委员会是我们党唯一的中央机关,由它任命党参加国际局的代表。请你们今后同中央委员会的代表乌里扬诺夫同志联系。地址是:日内瓦科林街 3 号。

　　亲爱的同志们,请接受我们的兄弟般的敬礼。

　　　代表俄国社会民主工党中央委员会

　　　　尼·列宁(弗·乌里扬诺夫)

1905 年用胶印版印成单页　　　　　　译自《列宁全集》俄文第 5 版
　　　　　　　　　　　　　　　　　　　　第 10 卷第 222 页

保守派资产阶级的忠告

（1905 年 5 月 21 日〔6 月 3 日〕）

　　几个星期以前,在莫斯科举行了地方自治人士第二次代表大会。关于这次代表大会的消息,一个字也不让俄国报纸刊载。英国报纸根据出席代表大会的目击者的话披露了一系列细节,这些目击者通过电报不仅报道了代表大会的决议,而且报道了各派代表的演说内容。132 名地方自治人士代表的决议的实质,无非是采纳司徒卢威先生发表的、我们也在《前进报》第 18 号(《政治诡辩》)①上分析过的那个立宪纲领。这个纲领提出了一种保持君主制的人民代表机关两院制。参议院由地方自治机关和杜马的代表组成,众议院则通过普遍、直接、平等和无记名投票选举产生。对这次代表大会被迫保持沉默的我国合法报纸,已经开始登载有关这个纲领的详细材料,因此现在对纲领进行分析具有特别重要的意义。

　　关于地方自治人士代表大会本身,我们也许还要反复谈到。目前我们暂且根据英国报纸的报道,只谈一谈这次代表大会上特别有趣的事件,即"自由"派或机会主义派或希波夫派同"激进"派之间的分歧或分裂。分歧之所以发生,是因为前一派不喜欢普选制。5 月 7 日(4 月 24 日)星期日,有 52 名代表大会的代表支持希

---

　　① 见本卷第 191—199 页。——编者注

波夫并准备在普选制得到承认时立即退出代表大会。星期一,他们当中有将近 20 人和大多数人一起投票赞成普选制。后来,一致通过了关于在普选制的基础上召开立宪会议的决议,此外,相当多的人还表示赞成直接选举制,赞成杜马和地方自治机关的代表不参加(立宪会议)。结果,希波夫派在地方自治人士的代表大会上**暂告**失败。大多数人得出的结论是:要保持君主制和防止革命,唯一的办法是准予实行普遍、直接、平等和无记名投票的选举制,这种选举制因两院中有一院由不直接和不平等的选举产生而不足为患。

英国保守派资产阶级对这次代表大会和这项决议的评价是颇有教益的。《泰晤士报》写道:"当我们还没有从可靠材料中获悉代表大会在俄国广大人民群众中得到何种程度的支持的时候,对我们外国人来说,要评价这个出色的代表大会的政治意义是根本不可能的。这次代表大会可能意味着真正立宪改革的开始;它可能是通向革命的道路的第一级阶梯;它可能是一种普通焰火,官僚制度知道它将一闪即逝,无害于己而对它宽容。"

真是评论得恰到好处! 的确,俄国革命今后的进程远不是像这次代表大会这样的事件所确定得了的。"广大人民群众的支持"还是一个问号,问题不在于人民的支持这一事实本身(人民的支持是无可怀疑的),而在于这种支持的力量有多大。如果政府战胜起义,那么自由派的代表大会就恰恰是一种普通焰火。欧洲温和的自由派自然也会提出搞中庸之道的忠告:制定一部温和的宪法防止革命。但是政府的张皇失措引起他们的担心和不满。禁止公布代表大会的决议,使《泰晤士报》大为惊奇,因为各自返回本县的代表们有一切手段把他们的决议告知整个俄国社会。"完全禁止召开代表大会,逮捕与会的地方自治人士,利用他们的代表大会作为表面改革的借口,政府如果采取所有这些措施,那是可以理解的。但是,既允许地方自治人士聚会和散会,又企图闭口不谈他们的决议,——这简直太愚蠢了。"

沙皇政府的愚蠢证明它张皇失措和软弱无力(因为在革命时期张皇失措恰恰是软弱无力的最好标志),这使欧洲资本深感忧虑(《泰晤士报》是西蒂,即世界上最富的城市的金融巨头的喉舌)。这种张皇失措使真正的、不可战胜的、所向披靡的革命的可能性增大,这个革命使欧洲资产阶级胆战心惊。欧洲资产阶级骂专制制度张皇失措,骂自由派的要求"不温和"!《泰晤士报》怒气冲冲地说:"在这么 5 天之内,就改变自己的观点并通过极端的决议(普选制),在这样的问题上,连欧洲最富有经验的立宪会议在整个会议期间都不敢表示意见。"欧洲资本忠告俄国资本以它为榜样。我们并不怀疑,这个忠告是要听的,但是未必会在**限制**专制制度之前。当年欧洲资产阶级反对专制制度比俄国资产阶级还要更"不温和",还要更富有革命性。俄国专制制度的"不让步"和俄国自由派的不温和并不是由于他们没有经验,像《泰晤士报》提出问题时所说的那样,而是由于不以他们的意志为转移的各种条件,由于国际形势,由于对外政策,尤其是由于俄国历史的遗产。这些遗产已把专制制度逼得走投无路,并且在这些遗产的掩盖下积累了西欧不曾有过的矛盾和冲突。俄国沙皇制度过去的所谓巩固和力量必然造成对它进行革命攻击的力量。这一点对一切渐进主义者和机会主义者说来是很不愉快的,这一点甚至引起尾巴主义者阵营中的许多社会民主党人的恐惧,但这是事实。

《泰晤士报》为希波夫的失败哭泣。就在 11 月他还是公认的改良派首领！而现在……"革命转瞬之间便毁掉了自己的儿女"。可怜的希波夫！又遭到失败，又得到革命劣种的雅号，——命运多么不公平！在地方自治人士代表大会上使希波夫遭到失败的"激进派"引起《泰晤士报》的愤怒。《泰晤士报》惊呼道：他们坚持法国国民公会的理论原则。一切公民平等和平权、人民主权等等学说，"正像事件已经表明的，在让·雅克·卢梭遗留给人类的种种有害诡辩术的谰言中，可能是最恶毒的一种"。"这是雅各宾主义的主要基石、根子，光是它的存在就对公平有益的改革取得成功产生致命的影响。"

　　自由主义的机会主义者和社会民主党的机会主义者都爱用"雅各宾主义"这个稻草人来吓人，他们打得火热，互相拥抱。在民主主义革命时代，用雅各宾主义吓唬人的只能是绝望的反动分子或绝望的庸人。

载于1905年5月21日(6月3日)　　　　译自《列宁全集》俄文第5版
《无产者报》第2号　　　　　　　　　　第10卷第223—226页

论临时革命政府¹³⁷

(1905 年 5 月 21 日和 27 日〔6 月 3 日和 9 日〕)

第一篇文章
普列汉诺夫的历史考证

党的第三次代表大会就临时革命政府问题通过了一项决议。这个决议表明的正是我们在《前进报》上所采取的立场。现在,我们打算详细分析一下反对我们立场的所有不同意见,并全面阐明代表大会这项决议的真正原则含义和实际意义。我们先谈谈普列汉诺夫想从严格的原则立场来讨论这个问题的企图。普列汉诺夫写了一篇题为《论夺取政权问题》的文章。他批评"为无产阶级夺取政权规定的〈显然是指《前进报》所规定的〉策略"。事实上,任何一个读过《前进报》的人都明明知道,《前进报》从来没有提出过**夺取政权**的问题,也没有规定过任何"夺取政权的策略"。普列汉诺夫竭力用另一个臆造出来的问题来偷换真正讨论过的问题;为了证实这一点,只要回忆一下争论的经过就够了。

马尔丁诺夫在他有名的《两种专政》中首先提出了这个问题。他断言:如果我们党以领导者的身份参加起义,那么一旦起义成功,我们党就必须参加临时革命政府,而这种参加在原则上是不能允许的,并且只能导致灭亡和威信扫地的结局。《火星报》为这种立场辩护。《前进报》则反驳说:相反,这种结局是最理想的,社会民主党参加临时革命政府就等于实行无产阶级和农民的民主专政,这是可以允许的,因为没有这种专政就无法捍卫共和国。可见,争论双方在回答**马尔丁诺夫提出的**问题时,都采用了两个假设,但在由此而得出的结论上发生了分歧。双方都说:(1)无产阶级政党以领导者的身份参加起义;(2)起义获得胜利并彻底推翻专制制度;他们在评价由这两个假设所得出的策略结论时发生了分歧。这难道同"为夺取〈??〉政权规定的〈!!〉策略"相似吗? 普列汉诺夫竭力**回避**《火星报》和《前进报》讨论过的马尔丁诺夫提出的问题,这难道还不清楚吗? 过去我们争论的是:既然起义胜利了就必须参加临时革命政府,那么起义的胜利是否会带有危险性,是否会导致灭亡。普列汉诺夫希望争论的是:应当不应当**规定**夺取政权的策略。我们担心普列汉诺夫的这种希望(只有从掩盖马尔丁诺夫提出的问题的角度来看才是可以理解的)只不过是一厢情愿,因为无论过去和现在,谁也没有争论这个问题。

至于普列汉诺夫在其全部论证中这样来偷换问题究竟起什么作用,这从"超级庸人"那件事来看是特别明显的。《前进报》所用的这句话使普列汉诺夫坐立不安。这句话普列汉诺夫反复提了六七次,他以气势汹汹的威胁口吻硬要自己的读者相信:《前进报》竟敢给马克思和恩格斯起了这么个不太雅的外号,《前进报》**"批评"**起马克思来了,等等,等等。我们很清楚,假如《前进报》讲过哪怕一句同普列汉诺夫强加给《前进报》的谬论相似的话,那么立意要替马尔丁诺夫恢复名誉和"申斥"《前进报》的普列汉诺夫是会非常高兴的。但是问题正好是,**《前进报》**连一句这样的话也没有讲过,并且任何细心的读者都会轻而易举地识破普列汉诺夫,是他无聊已极,吹毛求疵,把一个有意思的原则问题搞乱了。

不管回敬吹毛求疵是多么枯燥无味,但是必须详细说明耸人听闻的"超级庸人"到底是怎么一回事。《前进报》是这样说的:我们大家都在谈论争取共和国。要实际上争取到它,我们就必须"合击"专制制度,——我们就是指革命人民,即无产阶级和农民。但是这还不够。甚至"一起粉碎"专制制度,即完全推翻专制政府也是不够的。还必须"一起击退"将来必然会出现的种种恢复已被推翻的专制制度的孤注一掷的尝试。这种"一起击退"运用于革命时代,无非就是无产阶级和农民的革命民主专政,就是无产阶级参加革命政府。因此,用可能出现这种专政的前景来**吓唬**工人阶级的人们,也就是说,像新《火星报》的马尔丁诺夫和尔·马尔托夫这类人,便同他们自己的口号——为共和国而斗争和把革命进行到底发生了矛盾。实质上,这些人是这样推论的:好像他们想限制、缩小自己争取自由的斗争,——想预先给自己划定一块最微薄的胜利果实,即不要共和国,而要一部残缺不全的宪法。《前进报》说:这些人把马克思主义关于19(和20)世纪革命的三种主要力量和三个基本阶段的著名原理用庸人的观点庸俗化了。这一原理就是:革命的第一阶段是限制专制制度以满足资产阶级;第二个阶段是争取共和国以满足"人民",即农民和整个小资产阶级;第三个阶段是社会主义变革,只有这种变革才能满足无产阶级。《前进报》写道:"**这幅图景一般说来是正确的。**"我们的确要登上这三级不同的图式台阶,这些台阶之所以不同,取决于在最好的情况下有哪些阶级能够陪我们一起攀登。但是,假若我们把马克思主义的这个三级台阶的正确图式理解为**在任何一次攀登前**,需要为自己预先量出短短的尺度,譬如不超过一级台阶,假若我们在任何一次攀登前,按照这个图式**"为自己制定一个在革命时期的活动计划"**,那么我们就是超级庸人了。

《前进报》第14号上说的就是这些。① 于是普列汉诺夫就动脑筋在最后几个加上了着重标记的字上挑毛病。他郑重地宣称:这样一来,《前进报》就在骂马克思是庸人了,因为马克思就是按照这个图式为自己制定了一个革命时期的活动计划!

证据何在呢? 证据就是:1850年,当德国的革命人民在1848—1849年的斗争中遭到失败,未能粉碎专制制度的时候,当自由派资产阶级已经得到了残缺不全的宪法并转到反动派方面去的时候,——总之,当德国的民主主义革命运动仅仅登上第一级台阶就停步不前,再也无力往上攀登的时候,正是在这时候……马克思说过,新的革命高潮到来的时候将是攀登第二级台阶的时候。

读者们,你们发笑了吧? 的确,普列汉诺夫的三段论法,是有点……怎么才说得客气一些呢? ……"辩证"味道。**因为**登上第一级台阶以后接着便是攀登第二级台阶的这句话,是马克思在具体的民主革命中相应的具体关头说的,**所以**只有马克思的"批评家"才会把那些在攀登第一级台阶之前用一下子就跳(在特别成功地组织和举行起义的情况下)两级台阶的可怕前景来吓唬我们的人称为庸人。

一点不错,"批评"马克思是不好的事情……可是不恰当地引用马克思的话也不是很好的事情。马尔丁诺夫不恰当地解释马克思的话。普列汉诺夫不恰当地替马尔丁诺夫辩护。

---

① 见本卷第23—25页。——编者注

希望任何爱挑毛病的读者不要从我们的话中得出这样的结论:仿佛我们不顾社会力量的对比而宣传"规定"必须跳越台阶的"策略"。不,我们任何这样的策略也不会宣传。我们所反对的仅仅是那些高谈共和国和把革命进行到底,而同时又用参加民主专政的可能性来吓唬自己和别人的人们对无产阶级的影响。在《前进报》第14号中我们已经指出,在目前的革命高潮之后,反动自然是不可避免的,但是,我们现在争得的东西愈多,我们将来在可能的(和希望的)民主专政时期镇压和消灭反革命势力愈无情,那么反动势力夺走我们的自由的可能性就愈少。我们在《前进报》第14号中还指出,只有事态确实如此发展,即民主革命发展到彻底推翻专制制度,发展到建立共和国,而不是半途而废,这种专政的问题本身才有意义。

关于"超级庸人"这件事就说到这里,现在我们来谈谈普列汉诺夫所引证的著名的《告同盟书》(共产主义者同盟中央委员会告盟员书,1850年3月)的内容。在这个非常有意义和有教益的《告同盟书》(值得把它全部译成俄文)中,马克思考察了1850年德国的具体政治形势,指出新的政治爆发的可能性,断定一旦发生革命,政权不可避免地会转入共和派小资产阶级民主政党手中,并分析了无产阶级的策略。马克思对革命前、革命时期和在小资产阶级民主派取得胜利后的策略一一作了考察,坚持必须建立"一个秘密的和公开的独立工人政党组织",并全力反对"把这种工人政党组织降为正式资产阶级民主派的附庸",强调指出武装工人、成立独立的无产阶级近卫军、无产者严格监督背叛的小资产阶级民主派的重要性等。

在整个《告同盟书》中,既没有谈工人政党参加临时革命政府的问题,也没有谈无产阶级和农民的革命民主专政的问题,普列汉诺夫却由此得出结论说:马克思"**显然根本不认为革命无产阶级的政治代表可以和小资产阶级的代表共同致力于创建新的社会制度**"。这个结论的逻辑是站不住脚的。马克思**没有提出**工人政党参加临时革命政府的问题,而普列汉诺夫却作出结论说:马克思对这个问题原则上持绝对否定态度。马克思谈的仅仅是具体形势,而普列汉诺夫对问题根本不作具体考察就得出一般结论。其实,只要看一看《告同盟书》中被普列汉诺夫删去的一些地方,就可以看出他的结论是完全错误的。

　　《告同盟书》是根据 1848 和 1849 这两个革命年头的经验写成的。马克思把这个经验的结果表述如下:"正在这个时候〈即正是 1848—1849 年〉,共产主义者同盟以前的坚强的组织却大大地涣散了。大部分直接参加过革命运动的成员,都认为秘密结社的时代已经过去,现在单靠进行公开活动就够了。个别的区部和支部(Gemeinden)开始放松了,甚至渐渐地中止了自己同中央委员会的联系。**结果,当德国民主派即小资产阶级的党派日益组织起来的时候,工人政党却丧失了自己唯一的巩固的支柱**,至多也只是在某些地方为了当地的目的还保存着组织的形式,因此**在一般的运动中就落到了完全受小资产阶级民主派控制和领导的地位**。"①在《告同盟书》的下一页上,马克思说:"新的革命即将爆发,工人政党必须尽量有组织地、尽量一致地和尽量独立地行动起来,才不会再

①　中央委员会告同盟书,1850 年 3 月,卡·马克思:《揭露科隆共产党人案件》,1885 年版,附录 9,第 75 页(参看《马克思恩格斯文集》第 2 卷第 188—189页。——编者注)。引文中的黑体全是我们用的。

像 1848 年那样被资产阶级利用和支配。"①

　　请你们好好想一想这些明确的论断的意义吧！在进行了两年的公开革命以后，在柏林人民起义胜利以后，在召开了革命议会以后，在国家的部分地区爆发了公开的起义和政权暂时转归革命政府掌握以后，马克思认定革命的人民遭到了失败，在党的组织方面，小资产阶级民主派**取胜**，工人政党**失利**。难道这不是最清楚不过地指出，在当时那种政治形势下提出工人政党参加政府的问题就是无的放矢吗？在革命时期的两年中，马克思公开出版工人政党的最革命的报纸达 9 个月之久，在这以后不得不确认这个政党完全垮掉了，在一股洪流中根本看不出有一点无产阶级的支流（斯特凡·波尔恩的工人兄弟会**138**是微不足道的），无产阶级不仅落到了完全受资产阶级控制的地位，而且落到了完全受资产阶级领导的地位！显然，当时经济关系还很不发展，几乎没有大工业，没有任何稍具规模的独立工人运动，小资产阶级独占统治地位。不言而喻，在这样的条件下，著作家在分析具体形势的时候，甚至不会去考虑工人政党参加临时政府的可能性。不言而喻，马克思当时必须在其《告同盟书》中向共产主义者同盟的盟员们强行灌输（请原谅我这么说）现在我们看来是初步常识的真理。马克思当时必须证明，在选举时，工人务必摆脱资产阶级民主派而单独提出候选人。马克思当时必须驳斥民主派侈谈什么把工人单独分出来就是"分裂"（请注意这点！只有昨天还是统一的并且继续在思想上是统一的东西才可以分裂开！）民主政党的论调。马克思当时必须**警告**共产主义者同盟的盟员不要被这些论调迷惑住。马克思当时

―――――――――――――

① 见《马克思恩格斯文集》第 2 卷第 189 页。——编者注

必须以同盟中央委员会的名义保证,只要一有可能,就召开工人政党代表大会把工人俱乐部集中起来,——而在 1848—1849 年的革命年代中,还不具备条件去考虑单独召开工人政党代表大会的可能性!

由此得出的结论是很清楚的:马克思在其著名的《告同盟书》中根本没有涉及无产阶级参加临时革命政府在原则上是否可以允许的问题。马克思只是考察了 1850 年德国的具体形势。马克思当时之所以只字不提共产主义者同盟参加革命政府的问题,是因为在当时的条件下,甚至不可能产生用工人政党的名义参加革命政府以实现民主专政的思想。

马克思的思想是这样的:我们,1850 年的德国社会民主党人,没有组织起来,我们在革命的第一时期遭到了失败,我们完全成了资产阶级的尾巴;我们应当独立地组织起来,一定要、绝对要,无论如何要独立地组织起来,——不然的话,甚至将来在加强了自己组织的强大的小资产阶级政党取得胜利时,我们还会当尾巴。

马尔丁诺夫的思想却是这样的:我们,1905 年的俄国社会民主党人,已组织成为独立的政党,现在我们想对沙皇制度的堡垒发起第一次进攻,想领导小资产阶级民众。但是,如果我们把进攻组织得很好,并且——上帝保佑别这样——胜利地完成了进攻,那么我们看来就必须参加临时革命政府,或者甚至参加民主专政。而这种参加是根本不能允许的。

普列汉诺夫还想煞有介事地使人相信援引马克思就能替马尔丁诺夫辩护吗?大概普列汉诺夫把《火星报》的读者当成小孩子了。而我们只想说:马克思主义是一回事,马尔丁诺夫主义是另一回事。

为了结束关于《告同盟书》的讨论，还必须指出普列汉诺夫下面的错误意见。他公正地指出，1850 年 3 月，马克思在《告同盟书》写成的时候，相信资本主义已经衰老，而认为社会主义革命已经"完全临近"。马克思很快就纠正了自己的错误：早在 1850 年 9 月 15 日他就和沙佩尔决裂了（沙佩尔和维利希成为同盟内的少数派，并退出同盟），因为沙佩尔受资产阶级民主革命主义或空想主义的驱使，竟然说："我们必须马上夺取政权，要不然我们就躺下睡大觉。"马克思驳斥沙佩尔说，不能抛开实际条件，而仅仅把自己的意志看做革命的动力。"不仅为了改变现存条件，而且为了改变无产阶级自己本身，使自己具有进行政治统治的能力"①，无产阶级或许不得不再经历 15 年、20 年、50 年的内战和国际冲突。普列汉诺夫扼要地叙述了马克思观点的这种转变并推论说：

"他们〈马克思和恩格斯在这种"转变"之后〉已经根据民主制度在相当长的时期内仍将占统治地位这个设想，来确定出无产阶级的政治任务。**然而正因为如此，他们将会更加坚决地谴责社会主义者参加小资产阶级政府。**"（《火星报》第 96 号）

普列汉诺夫的这个推论是完全错误的。我们曾不止一次地责备马尔托夫和马尔丁诺夫混淆社会主义专政和民主主义专政，而这个推论正好混淆了这一点。在 1850 年，马克思和恩格斯没有区分民主主义专政和社会主义专政，或者更确切些说，根本就没有谈到民主主义专政，因为那时在他们看来资本主义已经衰老，而社会主义已经临近。因此他们当时也没有把最低纲领跟最高纲领区分开来。如果要作这种区分（我们所有的马克思主义者现在正在这

---

① 参看《马克思恩格斯全集》第 1 版第 8 卷第 465 页。——编者注

样做,我们正在同"社会革命党人"的资产阶级民主革命主义进行斗争,因为他们不懂得这种区分),那么就必须**专门**剖析社会主义专政和民主主义专政的问题。普列汉诺夫没有这样做,缺乏贯彻始终的精神。他选择了一种含糊的说法,一般地提"社会主义者参加小资产阶级政府",从而恰好用社会主义专政问题悄悄代换了清楚明确地提出来的民主主义专政问题。他把米勒兰伙同加利费一起在社会主义变革前夜时期参加内阁和瓦尔兰伙同一向保卫共和制的小资产阶级民主派一起参加革命政府混为一谈(用《前进报》的比喻①)。

1850年,马克思和恩格斯认为社会主义已经临近了,因此对民主主义成果重视不够,当时由于小资产阶级民主政党无疑会取得胜利,他们觉得这些成果是牢靠的②。25年后,即1875年,马克思指出德国不民主的制度是"以议会形式粉饰门面的专制制度"③。35年后,即1885年,恩格斯预言在即将来临的下一次欧洲震动中,德国政权会转到小资产阶级民主派手中④。由此得出的结论恰好与普列汉诺夫所要证明的相反:如果马克思和恩格斯认识到民主制度不可避免地将在相当长的时期内占统治地位,那么为了巩固共和国,为了彻底消灭专制制度的一切痕迹和彻底清扫为社会主义而战斗的场所,他们会赋予无产阶级和农民的**民主**专政以**更大**的意义。他们会**更加严厉地**斥责那些在民主主义变革前夜用革命民主专政的**可能性来恐吓**无产阶级的尾巴主义者。

① 见本卷第6页。——编者注
② 参看《马克思恩格斯文集》第2卷第188—199页。——编者注
③ 参看《马克思恩格斯文集》第3卷第446页。——编者注
④ 参看《马克思恩格斯文集》第4卷第242页。——编者注

普列汉诺夫自己感觉到他这种歪曲《告同盟书》的立场有弱点。因此他预先谨慎地声明，他无意于以自己的考证来把问题彻底讲清楚，——虽然他除了作些与本题无关的考证，根本没有提出任何别的东西，甚至也不想剖析《前进报》提出的具体问题，就作出"详尽无遗的"武断结论。普列汉诺夫硬说《前进报》既想"批评"马克思，又想持马赫和阿芬那留斯的观点。他的这种用心只能使我们付之一笑：既然普列汉诺夫不能从《前进报》的真正论断中给自己找到靶子，而必须从既与《前进报》毫不相干又与所考察的问题毫不相干的题目中捏造靶子，那么他的立场必定不对头。最后，普列汉诺夫又提出了一个他以为是"驳不倒的"证据，实际上，这个证据（1894年恩格斯给屠拉梯的信）糟透了。

从普列汉诺夫对这封信的叙述中可以看出（很遗憾，普列汉诺夫没有引用全信，也没有说明，这封信是否发表过和在哪里发表过）恩格斯**那时必须给屠拉梯论证社会主义**革命**同小资产阶级革命的区别**。普列汉诺夫同志，这就把问题说清楚了！屠拉梯是意大利的米勒兰，是伯恩施坦主义者，乔利蒂曾邀请他入阁。屠拉梯显然把阶级内容极不相同的两种变革**混为一谈**了。屠拉梯曾想象，他将实现无产阶级统治的利益，而恩格斯则向他解释说，在1894年意大利那种形势下（即**在**意大利登上"第一级台阶"**以后**，在争取到使无产阶级能公开地、广泛地和独立地组织起来的政治自由以后又过了几十年！），他，即屠拉梯，在获得了胜利的小资产阶级政党的内阁中实际上将要捍卫和实现的是**异己阶级**即小资产阶级的利益。因此摆在我们面前的是米勒兰主义的实例之一；《前进报》坚决反对把米勒兰主义同民主专政混为一谈，而普列汉诺夫对《前进报》的论据甚至只字不提。摆在我们面前的是陷入窘境的典型例子,恩格斯早就告诫极端派的领袖们不要陷入这种窘境,指的就是他们不了解变革的真正性质而不自觉地去实现"异己"阶级的利益。天哪,普列汉诺夫同志,难道这同马尔丁诺夫所挑起的和《前进报》所分析过的问题有一点关系吗?难道那些登上了第一级台阶的人把第二级台阶和第三级台阶混为一谈的这种危险,能够成为在攀登第一级台阶之前用一下子可能登两级台阶的前景来吓唬我们的理由吗??

　　不,普列汉诺夫的这个"不大的历史考证"什么也证明不了。1850年德国和1894年意大利的形势,与1905年1月和5月俄国的形势根本不同,援引这些情况丝毫也证实不了他的原则结论:"和小资产阶级的代表一起参加革命政府就是背叛无产阶级"。这些引证对于民主专政和临时革命政府问题没有任何意义。然而,如果普列汉诺夫想把自己的结论运用到**这个**问题上来,如果他认为无产阶级在为争取共和国而斗争的时候,即在进行民主主义变革的时候,参加革命政府的**任何**行动都是**根本不能允许的**,那么我们就要向他证明,这是恩格斯毫不含糊地斥责过的无政府主义的"原则"。这一点我们将在下一篇文章中来证明。

第二篇文章
仅仅从下面还是既从下面又从上面?

　　我们在前一篇文章中分析了普列汉诺夫的历史考证后指出,普列汉诺夫根据马克思的话作出一般的原则性结论是没有道理的,因为马克思的那些话完全是专门针对1850年德国的具体形势讲的。这个具体形势充分说明，为什么马克思那时没有提出而且也不可能提出共产主义者同盟参加临时革命政府的问题。现在我们来分析一下是否可以允许参加这种政府这个一般的原则性问题。

首先必须准确地提出争论的问题。在这方面我们幸好可以利用我们的论敌们所提供的一种说法，这样可以消除由争论实质所引起的争吵。《火星报》第93号上说：“进行这种组织工作〈即把无产阶级组成资产阶级民主国家的反对党〉的最好途径，就是**从下面**〈黑体是《火星报》用的〉，通过无产阶级对执政的民主派施加压力来发展资产阶级革命这条途径。”关于《前进报》，《火星报》接着说道：“《前进报》想要无产阶级不仅‘从下面’，不仅从大街上，而且还要从上面，从临时政府的宫殿里对革命施加压力。”

可见，问题提得很清楚。《火星报》要从下面施加压力，《前进报》则“不仅要从下面，而且还要从上面”施加压力。从下面施加压力是公民对革命政府施加压力。从上面施加压力是革命政府对公民施加压力。一些人把自己的活动**局限于**从下面施加压力。另一些人则不同意搞这种局限，要求从上面施加压力来**补充**从下面施加的压力。因此争论便正好归结到我们在本篇的小标题中所提出的问题：仅仅从下面还是既从下面又从上面？一些人说：在民主革命时期，从上面，即“从临时政府的宫殿里”施加压力，对无产阶级说来是根本不能允许的。另一些人则说：在民主革命时期，一概拒绝从上面施加压力，即拒绝参加临时革命政府，对无产阶级说来是根本不能允许的。可见，这里所谈的并不是关于在一定局势下从上面施加压力是否可能，在一定的力量对比下从上面施加压力是否可行的问题。不是的，现在我们根本不是分析任何具体形势，鉴于有人一再企图用别的问题来偷换所争论的问题,我们急切请求读者注意这一点。摆在我们面前的是关于在民主革命时期,从下面施加压力转向从上面施加压力**是否允许**这个一般的原则性问题。

为了说明这个问题,我们先看看科学社会主义创始人的策略观点的历史。在这个历史中是否也有过由是否允许从上面施加压力这个一般问题所引起的争论呢? 有过这样的争论。1873 年夏西班牙的起义就是这个争论的导因。恩格斯在他的《行动中的巴枯宁主义者》①一文里评价了社会主义的无产阶级从这次起义中应当得出的教训。这篇文章载于 1873 年德国社会民主党的报纸《人民国家报》**139**,并在 1894 年《〈人民国家报〉国际问题论文集》中加以转载。我们来看一下恩格斯作的是什么样的一般结论。

1873 年 2 月 9 日西班牙国王阿马德奥退位,恩格斯开玩笑地说:这是"第一个举行罢工的国王"。2 月 12 日共和国宣告成立。巴斯克各省接着爆发了卡洛斯派起义。4 月 10 日选出了立宪议会,立宪议会于 6 月 8 日宣布联邦共和国成立。6 月 11 日皮-马尔加尔的新内阁组成了。当时极端共和派,即所谓"不妥协派"没有参加宪法起草委员会。于是在 7 月 3 日,当这个新宪法公布时,不妥协派举行了起义。从 7 月 5 日到 11 日,他们在塞维利亚、格拉纳达、阿尔科伊、巴伦西亚以及其他许多省份中获得了胜利。萨尔梅龙接替了下野的皮-马尔加尔,他的政府调动军队对付起义各省。起义或多或少经过一些抵抗后被镇压下去了:加的斯于 1873 年 7 月 26 日陷落,卡塔赫纳于 1874 年 1 月 11 日陷落。这就是恩

---

① 参看《马克思恩格斯全集》第 1 版第 18 卷第 521—540 页。——编者注

格斯冠于论述前面的简要编年大事记。

恩格斯在评价事件的教训时，首先强调指出，西班牙争取共和国的斗争绝对不是、而且也不可能是争取社会主义变革的斗争。恩格斯说："西班牙是一个工业很落后的国家，那里还根本谈不上工人阶级的**立即**完全解放。在达到这一步以前，西班牙还必须经过若干初级发展阶段，并清除道路上的一系列障碍。在尽可能短的时期内走过这些初级阶段，迅速清除这些障碍，——共和国为此提供了机会。但是，只有西班牙工人阶级积极参与**政治**才能利用这种机会。工人群众感觉到了这一点；他们到处力求参与各种事件，力求利用机会采取行动，而不像先前那样，把阵地让给有产阶级，任凭他们肆意行动和施展阴谋。"

因此，那时的问题是争取共和国，是民主革命，而不是社会主义革命。关于工人参与各种事件的问题那时有两种说法：一方面，巴枯宁主义者（或"同盟分子"即和马克思主义的"国际"作斗争的"同盟"[140]的创始者们）否定政治活动，否定参加选举等等。另一方面，他们反对参加不以工人阶级的立即完全解放为目的的革命，反对任何参加革命政府的行动。从我们所争论的问题的角度来看，正是问题的后一方面值得我们特别注意。同时，正是这一方面为表述两个策略口号之间的**原则**差别提供了根据。

恩格斯说："巴枯宁主义者多年来一直都在鼓吹，**任何自上而下的革命行动都是有害的，一切都应当自下而上地组织和进行。**"

因此，"仅从下面"的原则是**无政府主义**的原则。

恩格斯正好指出这个原则在民主革命时代是极端荒谬的。根据这个原则自然和必定会得出这样一个实际结论：成立革命政府就是背叛工人阶级。而巴枯宁主义者所作出的正是这样的结论，所宣布的正是这样的原则:**"成立革命政府无非是对工人阶级的一种新的欺骗和新的背叛"**。

读者可以看见,这恰好也是新《火星报》所谈的那两个"原则",即:(1)只有同"既从下面又从上面"的策略相对立的从下面采取的革命行动,才是可以允许的;(2)参加临时革命政府是对工人阶级的背叛。新《火星报》的这两个原则都是无政府主义的原则。西班牙争取共和国的斗争的实际进程正好表明,这两个原则是极端荒谬和极端反动的。

恩格斯用西班牙革命的若干事件证明了这一点。例如:从阿尔科伊城爆发革命来看。阿尔科伊是一个有3万居民的较为新兴的工厂城市。工人起义尽管是由从原则上就怕同组织革命的思想沾边的巴枯宁主义者领导的,却仍然获得了胜利。巴枯宁主义者事后吹嘘说,他们成了"局势的掌控者"。而恩格斯问道:这些"掌控者"利用自己的"局势"究竟做了些什么。首先,他们在阿尔科伊成立了一个"福利委员会",即革命政府。然而这些同盟分子(巴枯宁主义者)于1872年9月15日在自己的代表大会上,即在革命前十个月作出了如下的决定:"建立任何一种所谓临时的或革命的政权,都无非是一种新的欺骗,都会像所有现政府一样,对无产阶级同样危险。"恩格斯没有驳斥这些无政府主义的谎言,只是讽刺性地指出:正是这个决议的拥护者不得不成为阿尔科伊的"这个临时的和革命的政权的参加者"。这些先生们掌权后暴露出"极端不知所措、无所作为和孤立无援",所以他们受到恩格斯的极度鄙视是理所当然的。恩格斯也会以同样的鄙视来回答社会民主党的吉伦特派所惯用的指责人家是"雅各宾主义"的伎俩。恩格斯指出,在其他许多城市中,例如,在桑卢卡尔-德-巴腊梅达(加的斯附近的一个拥有26 000居民的港埠）"同盟分子也完全违背他们的无政府主义原则成立了革命政府"。他斥责他们"不知道如何运用自己的政权"。恩格斯十分清楚,巴枯宁主义的工人领袖**和不妥协派一起**,就是说和共和主义者、小资产阶级的代表一起参加了临时政府,但他并没有斥责巴枯宁主义者参加政府的行动（如果根据新《火星报》的"原则"就应当这样做）,而是斥责他们**缺乏组织性,缺乏参加的毅力**,斥责他们服从资产阶级共和主义者先生们的领导。恩格斯曾斥责巴枯宁主义的工人领袖在参加革命政府以后,把"政治领导和**军事**领导"让给了资产阶级共和主义者先生们,而自己则以华丽的词藻和"社会"改革决议来敷衍工人,而这些决议不过是一纸空文。由此也可以看出,恩格斯会以多么辛辣的讽刺来痛斥那些在革命时代贬低"技术"领导和军事领导的意义的人。

恩格斯作为社会民主党的一个真正的雅各宾主义者,不仅能够重视从上面采取行动的重要性,不仅认为同共和主义资产阶级一起参加革命政府是完全可以允许的,而且还**要求**参加这种革命政府,要求革命政权要有坚毅的军事主动性。同时,恩格斯认为自己有责任提出**军事上的实际**指导性的建议。

他说:"这次起义虽然是糊里糊涂开始的,但胜利还是大有希望的,**只要领导稍微明智些**[①],哪怕就像西班牙军事暴动的做法那样,一个城市的驻军举行起义,开到邻近的城市,把该城事先联络好的驻军一起带走,于是起义队伍就像滚雪球一样,越来越大,向

---

① Wäre er nur mit einigem Verstand geleitet worden. 不幸的恩格斯! 可惜他同新《火星报》不熟! 否则他会听到"雅各宾主义的"关于**领导**（geleitet werden）起义的思想的危险性、危害性、空想性、资产阶级性、技术上的片面性和阴谋的狭隘性!

首都进逼,直到会战奏捷或奉派前来对付他们的军队倒戈,从而决定胜利的结局时为止。这种方法尤其适合于这次起义。起义者到处早已组织成义勇军;他们虽然纪律很差,但是肯定不比那绝大部分已经瓦解了的西班牙旧军队的残部更差。政府唯一可靠的军队是宪兵,而他们却分散在全国各地。首要任务在于阻止宪兵集中,而要做到这一点只有采取攻势和敢于野外作战;这种做法不会有很大危险,因为政府能用以对付义勇军的军队也同这些义勇军本身一样纪律涣散。要想取得胜利,就只有这样,别的方法是没有的。"

请看科学社会主义创始人谈到起义和直接斗争在革命爆发时期的任务时是怎样说的!尽管起义是小资产阶级共和主义者掀起的,尽管对于无产阶级来说,既不存在社会主义变革的问题,也不存在起码必需的政治自由的问题,——尽管如此,恩格斯还是对于工人积极参加争取共和国的斗争作出了很高的评价,恩格斯要求无产阶级领袖们做到:使自己的全部活动服从于必须使已开始的斗争取得胜利;同时,恩格斯本人作为无产阶级的领袖之一,甚至考虑到了军事组织的一切细节,恩格斯对武装暴动这种陈旧的斗争方法也并不轻视,只要这是胜利所需要的,恩格斯把采取攻势和集中革命力量放在首要地位。他极严厉地指责巴枯宁主义者把"在德国农民战争和1849年德国五月起义中难以避免的弊害——**革命力量的分散和孤立**,使同一批政府军队能够把各地的起义相继镇压下去"——当做原则。恩格斯关于领导起义、组织革命、利用革命政权的观点同新《火星报》的尾巴主义观点真有天壤之别。

恩格斯在总结西班牙革命的教训时首先指出:"巴枯宁主义者

一遇到严峻的革命形势,就不得不抛弃自己以前的全部纲领。"这就是说,第一,他们不得不抛弃放弃政治活动、放弃参加选举的原则,抛弃"消灭国家"的原则。第二,"他们抛弃了工人不应当参加不以无产阶级的立即完全解放为目的的任何革命这一原则,参加了显然是纯资产阶级的运动"。第三,——这个结论正好回答了我们所争论的问题——"他们践踏了自己刚刚宣布的信条:成立革命政府无非是对工人阶级的一种新的欺骗和新的背叛——他们心安理得地出席各城市的政府委员会的会议,而且他们差不多到处都是被资产者以多数票压制的、在政治上被利用的软弱无能的少数派"。巴枯宁主义者没有领导起义的本事,他们不是集中革命力量,而是分散革命力量,把革命的领导工作让给了资产者先生们,解散了国际的坚强巩固的组织,因而"巴枯宁主义者在西班牙给我们提供了一个**不**应当如何进行革命的绝好的例子"。

＊　　　　＊　　　　＊

综上所述,我们可以得出以下几个结论:

(1)把革命行动完全局限于从下面施加压力,拒绝同时又从上面施加压力,这是**无政府主义**。

(2)谁不懂得革命时代的新任务,即从上面采取行动的任务,谁不善于确定这种行动的条件和纲领,谁就不懂得无产阶级在任何民主主义革命中的任务。

(3)不允许社会民主党和资产阶级一起参加临时革命政府,任何这种参加都是对工人阶级的背叛,这个原则是**无政府主义的**原则。

(4)任何"严重的革命形势"都向无产阶级的政党提出如下的任务:有意识地**领导**起义,组织革命,集中一切革命力量,大胆发动军事进攻,积极利用革命政权①。

　　(5)马克思和恩格斯是不会赞同并且任何时候也不会赞同新《火星报》在目前革命关头的策略的,因为这个策略正好重复着上述一切错误。马克思和恩格斯会把新《火星报》的这种原则立场称之为注视着无产阶级的"后背"和重复无政府主义的错误②。

　　　　　　　　　*　　　　　*　　　　　*

　　在下一篇文章中,我们再来分析临时革命政府的任务。

载于1905年5月21日和27日(6月3日和9日)《无产者报》第2号和第3号

译自《列宁全集》俄文第5版第10卷第227—250页

---

① 手稿上"政权"一词之后是:"工人阶级的领导者不懂得这些任务或一贯贬低这些任务,必定会被无产阶级无情地抛弃。"——俄文版编者注
② 手稿上是:"……无政府主义的庸俗观念"。——编者注

覆　灭

（1905 年 5 月 27 日〔6 月 9 日〕）

　　朝鲜海峡的海战吸引了全世界政治报刊的注意。起初，沙皇政府企图向自己的臣民隐瞒严酷的真相，但很快就相信这种企图靠不住了。要掩盖整个俄国舰队的彻底覆灭无论如何是办不到的。

　　在评价最近这次海战的政治意义时，还得重复我们在《前进报》第 2 号上就旅顺口的陷落说过的那些看法。① 沙皇俄国军事上的彻底崩溃在当时已经是显而易见的了，但是波罗的海分舰队使俄国爱国者尚抱一线希望。当时人人都知道，战争的最终结局取决于某一方在海上的胜利。专制制度看到，战争的不幸结局等于"国内敌人"的胜利，即革命的胜利。因此它孤注一掷。为了迅速调遣波罗的海分舰队花了亿万卢布。舰员七拼八凑，军舰启航的最后准备工作草草收场。由于给新的强大装甲舰补充了"旧箱子"，舰只数目增加了。浩浩荡荡的舰队（它像整个俄罗斯帝国那样庞大，那样笨重、荒唐、无力、怪诞）起程了，把轻易得来的横财花在煤炭和给养上，成为欧洲的大笑柄，特别是在它粗暴地践踏中立的一切惯例和要求而大败渔船**141**之后。根据最保守的估计，这支舰队价值近 3 亿卢布，加上调遣花费 1 亿卢布，总共有 **4 亿卢布**糟

---

　　① 　见本版全集第 9 卷第 134—142 页。——编者注

蹋在沙皇专制制度这次最后的军事赌注上。

现在连最后的赌注也输了。这本是大家意料中的事，但是谁也没有想到俄国舰队的失败竟是这样无情的覆灭。俄国舰队活像一群野人向装备精良并拥有一切现代防卫手段的日本舰队直扑过去。经过两天的战斗，拥有 12 000—15 000 名海军人员的 20 艘俄国军舰，13 艘被击沉，4 艘被俘，只有 1 艘（"金刚石"号）幸免于难开抵符拉迪沃斯托克。海军人员伤亡一大半，罗日杰斯特文斯基"本人"和他最亲密的助手涅博加托夫也被俘，而整个日本舰队在战斗中却安然无恙，总共只损失 3 艘雷击舰。

俄国海军被彻底消灭了。战争是彻底打输了。俄国军队被完全赶出满洲，日本人占领萨哈林岛和符拉迪沃斯托克现在只是时间问题了。我们面临的不只是军事失败，而是专制制度在军事上的彻底崩溃。

这一崩溃是整个沙皇政治制度的崩溃，日本人的每一次新的打击，既使欧洲也使全俄国人民愈来愈清楚地看到这一崩溃的意义。大资产阶级和小资产阶级的民族自尊心备受凌辱，军队的自豪感化为愤懑，这场毫无意义的军事冒险断送数万和数十万年轻生命使人悲痛欲绝，盗窃亿万人民钱财使人切齿痛恨，这样的战争必然引起财政破产和长期经济危机使人忧心忡忡，可怕的人民革命（在资产阶级看来，沙皇能够而且应当通过及时的"明智"让步来避免这场人民革命）使人惶恐不安，——所有这一切都在同专制制度作对。要求和平的呼声愈来愈高，自由派报刊表示愤慨，甚至连最温和的分子如"希波夫派"土地占有者，也都开始发出恫吓，连奴颜婢膝的《新时报》也要求立即召开人民代表会议了。

沙皇政权最可靠的支柱欧洲资产阶级，也开始失去耐心了。

国际关系不可避免的改组,年轻而有生气的日本的实力的增长,欧洲军事同盟者的丧失——这些都使它感到害怕。它慷慨地借给专制制度的数十亿贷款的命运也使它感到不安。真正使它不放心的是俄国的革命,因为这个革命太激动欧洲无产阶级的心了,并且有燃起世界革命烈火的危险。为了同沙皇制度的"友谊",它呼吁沙皇制度理智用事,它主张必须讲和——同日本人讲和,同俄国自由派资产阶级讲和。欧洲丝毫没有忽视,对日媾和现在只能付出很高的价钱,但它清醒而实际地估计到,对外战争和国内革命每加一个月,这个价钱必然会随着提高,革命爆发的危险性也必然会随着增加,而革命爆发将像扫除沙粒一样把整个"让步"政策扫除掉。欧洲懂得,专制制度现在已经难上加难,几乎是欲罢不能了,——它走得太远了,资产阶级的欧洲现在只好竭力用玫瑰色的美梦来自我宽慰和宽慰自己的盟友。

例如,法国一家爱国资产阶级报纸——《世纪报》[142]发表了科尔奈利的题为《一篇史诗的终结》的小文章,里面这样写道:"现在,俄国人在陆上连吃败仗之后在海上又被打垮了,在这个时候,他们的政府有责任签订和约并改组自己的军事力量。冒险主义者的政府出于自己的野心或者为了自己的安全,有时不得不把它们统治下的人民拖进战争。因为对这样的政府说来,它们的生存本身就是取胜的赌注,所以它们就要求自己的人民牺牲再牺牲,从而把人民引向最后的灭亡。在法国,我们的两个帝国的历史就是这样。如果在我国建立了第三帝国,那么,这个帝国的历史也会是这样。

相反,俄国政府的处境恰恰不是这样;它得到俄国人民出自内心的拥护,因而共同的灾难并没有把政府和人民分开,而只是使它们彼此团结得更紧了。战败的凯撒已经不再是凯撒。不幸的沙皇可以仍然是神圣而受人爱戴的沙皇。”

　　可叹，可叹！沙文主义的法国小店主牛皮吹得“太明目张胆了”！他说什么战争并没有把俄国政府和人民分开，这完全不符合人所共知的事实，使人好笑，使人觉得这是在玩弄天真无邪的把戏。为了提醒自己的朋友和同盟者——俄国专制君主防止像真正的“凯撒”一样盲目而固执地走向不可避免的崩溃，法国资产者温情脉脉地对这位凯撒说，他不应当像其他凯撒一样，他还有另一条更好的出路。“希望什么，就相信什么。”法国资产阶级如此希望有沙皇这个强大的同盟者，以致编出灾难把俄国人民和沙皇团结在一起的浪漫童话来为自己催眠。科尔奈利先生本人当然也并不真信这个神话；我们就更不必信以为真了。

　　不但凯撒们的政府，而且最古老的王朝的最合法的君主们的政府，也往往是冒险主义的。俄国专制制度落后于历史整整100年，它身上的冒险主义货色比任何一个法兰西帝国都多。专制制度正是按冒险主义方式把人民投入了一场荒谬可耻的战争。它现在正面临着罪有应得的下场。战争揭出了它的一切疮疤，暴露了它的全部腐败，表明它同人民完全分离，摧毁了凯撒统治的唯一支柱。战争成了严峻的法庭。人民已经对这个强盗们的政府作出自己的判决。革命将执行这一判决。

载于1905年5月27日(6月9日)　　　译自《列宁全集》俄文第5版
《无产者报》第3号　　　　　　　　第10卷第251—255页

革命斗争和自由派的渔利行为[143]

(1905 年 5 月 27 日〔6 月 9 日〕)

政党的产生是我们这个有意义的时代的最有意义的突出的特征之一。旧秩序即专制制度,正在土崩瓦解。究竟应当怎样建立新秩序,究竟建立什么样的新秩序,开始考虑这个问题的不仅有所谓"上流社会"即资产阶级的愈来愈广泛的阶层,而且有"人民"即工人阶级和农民的愈来愈广泛的阶层。对觉悟的无产阶级来说,各个阶级试图拟定纲领和调整组织政治斗争的方式,有巨大的意义。这些尝试多半是个别"活动家"的主意,他们既不对任何人负责,也不领导任何人,在这些尝试中,尽管偶然的、随意的、有时空谈的成分很多,但是总的来说,各大社会阶级的基本利益和倾向都以无法抑制的力量表现了出来。从看起来一团糟的声明、要求和纲领中,勾划出了我国资产阶级的政治面貌和它的真正的(不是只装门面的)政治纲领。无产阶级有愈来愈多的材料来判断:现在大谈其政治行动的俄国资产阶级将如何**行事**,它在俄国如此迅速地接近的决定性革命斗争中会采取什么立场。①

国外的《解放》杂志对俄国自由派的频繁活动进行总结丝毫不受书报检查的干扰,有时为研究资产阶级的政策提供了特别宝贵

---

① 第一段在手稿上已删掉了,在《无产者报》发表的文本里也未收入。——俄文版编者注

的材料。不久前它刊载了(或转载了4月5日《新闻报》**144**的)《"解放社"的纲领》并附有彼·司·先生的有教益的按语,这是对地方自治人士代表大会的决议和我们在《前进报》第18号上提到的解放派宪法草案的绝妙补充①。彼·司·先生公正地指出:"这个纲领的制定和通过,向创立俄国立宪民主党迈进了一大步。"

　　毫无疑问,在自由派活动的相当长的历史中,这的确是俄国自由派很突出的一大步。然而和创立真正的政党的要求比较起来,甚至和社会民主党为达到这个目的已做出的成果比较起来,自由派的这一大"步"是多么渺小啊!资产阶级进行公开活动的自由比无产阶级进行公开活动的自由大得多,它拥有的知识分子力量和资金也雄厚得多,建立党的组织的方便条件也多得多,但是我们面前依然是一个没有正式名称,没有明确的总纲领,没有策略,没有党的组织的"党"**145**,是一个根据权威人士彼·司·先生的意见由"地方自治派"和"解放社",即由没有组织的一堆人加上一个组织组成的"党"。也许地方自治派的成员就是所谓承认纲领并"在一个党组织"即"解放社"的一个小组"监督下"进行工作这一著名提法所指的"党员"吧?对党员资格的这种理解,对自由派来说,是既方便又合乎情理的,而且和他们的整个政治面貌很相称,但是这种理解不符合社会民主党的整个精神。根据对党的这种理解(不是通过这个"党"的成文的党章,而是通过它的实际构成表现出来)还可以作出这样的推论:有组织的党员即"解放社"的成员,多数**赞成一院制**,但是拒绝把它写进自己的纲领,他们以完全的沉默回避问题,讨好没有组织的党员,讨好赞成两院制的"地方自治派"。在政

_____

① 见本卷第193—194页。——编者注

治上活跃的资产阶级看来,"力量"对比可以说是天意决定的:有组织的知识分子出谋献策,没有组织的生意人、大亨、资本家发号施令。

彼·司·先生衷心欢迎"解放社"的纲领,并且为纲领的不明确、不彻底、不完备以及组织上模糊不清和策略上保持沉默**从原则上进行辩护**,把对"现实政治"的考虑作为辩护的理由!这个最能说明资产阶级自由派整个实质的绝妙概念,我们以后还要谈;现在来分析自由派纲领的基本原则。

我们已经说过,这个党没有正式名称。彼·司·先生称它为"立宪民主党",这个名称似乎也经常出现在我们自由派的合法报纸上。尽管乍一看来名称问题无关紧要,但是,在这里我们一下子就得到材料来说明,为什么资产阶级不同于无产阶级,**它一定会**满足于政治上的模糊不清,甚至"从原则上"为这种模糊不清进行辩护;所谓"一定会"并不是单单取决于它的领袖们的主观情绪或品质,而是取决于作为整体的资产阶级整个阶级存在的客观条件。"立宪民主党"这个名称使人立即联想到一句名言:人有舌头是为了隐瞒自己的思想。"立宪民主党"这个名称是为了隐瞒党的**君主主义**性质。事实上,整个这个党,它的主宰部分地方自治派也好,"解放社"也好,都拥护君主制,这一点谁不知道呢?关于共和制,不论前者或后者连谈都不谈,认为这样谈"不严肃",而他们的宪法草案却公然明确地承认管理形式是君主制。这就是说,我们面前是一个立宪君主制的拥护者的党,君主立宪派的党。这是事实,不容有丝毫怀疑,任何关于"原则上"承认共和制的议论(虽然这种议论我们一时还没有从"立宪民主派"那里听到)也无法加以抹杀,因为问题恰恰在于不只是"原则上"承认,而是实践上和政治上承认,承认愿意争取和必须斗争。

不过关键正在于资产者老爷们现在**不能**直言不讳。不能这样做，就像不能裸体上街一样。不能公开说实话，不能大声 aussprechen was ist(有什么，说什么)，因为这样做就等于承认最野蛮和最有害的政治特权中的一种特权，就等于承认自己是**反民主主义**的；正在为争取政治自由而斗争的资产阶级是不能承认这一点的，这不仅仅是因为这样做很可耻，很难为情和很不体面。不，如果资产阶级政治家的利益要求这样做，他们是不管什么体面不体面的。不过目前他们的**利益**是要求得到自由，而**没有人民**自由是争取不到的，可是如果不把自己叫做"民主主义者"(＝人民专制制度的支持者)，**不隐瞒自己的君主主义**，就不能保证自己得到人民的支持。

由此可见，资产阶级的阶级地位必然会造成内部的不稳定并且会使它对基本政治任务的提法本身具有欺骗性：争取自由的斗争，争取推翻长期存在的专制制度特权的斗争，是和维护私有制的特权不相容的，因为私有制的特权要求"爱护"君主制。所以君主立宪的真正纲领就披上了民主立宪的漂亮纱衣。纲领的真实内容所涂上的这一层显然是虚假的装饰色彩，就叫做"现实政治"……　所以自由派资产阶级的思想家以无比轻蔑和非常自负的口吻谈论"极端派的代表"所追求的"理论上的自我安慰"(《解放》杂志第69—70期合刊第308页)。资产阶级的现实政治家既不想以谈论共和制来安慰自己，甚至也不想以幻想共和制来安慰自己，因为他们不想争取共和制。不过，正因为如此，他们才感到非用"民主主义"的诱饵来**取悦**于人民不可。至于他们不能抛弃君主制，他们并不想欺骗自己，正因为如此，他们才必须避而不谈他们的君主主义来欺骗人民。

可见,党的名称绝不像乍一看来所想的那样是一种偶然性的、无关紧要的东西。有时名称过于刺耳和矫饰,倒会暴露出党的全部纲领和全部策略的严重内在缺陷。大资产阶级的思想家愈深切地感到自己对君主制的忠诚,他就愈大声地对天发誓,要大家都相信他是奉行民主主义的。小资产阶级的思想家愈明显地反映出小资产阶级的动摇性和不可能坚持不懈地进行争取民主主义革命和社会主义的斗争,他就愈热烈地吹捧"社会革命"党;其实,这个党的社会主义根本没有革命性,而它的革命性又和社会主义毫不相干,这一点已正确地指出过了。最后,专制制度的维护者只好称自己是(他们已经不止一次地这样做过)"人民党"了。这样,阶级利益是怎样打着政治招牌改头换面的,我们就可以看到一个全貌了。

自由派资产阶级的招牌(或"解放社"的纲领)真不失为名不虚传的招牌,它一开始就有声有色地说:"'解放社'认为,俄国目前经受的严重的国内外危机尖锐得很,人民必须同其他反对现存制度的社会集团一起,把这个危机的解决掌握在自己手里。"

于是,政权就会转到人民手里了,代替沙皇专制制度的人民专制万岁。先生们,不是这样吗?这不是民主主义所要求的吗?

不,这是理论上的自我安慰,这是不懂得现实政治。目前整个政权还掌握在专制君主制手里。起来反对它的是人民,即无产阶级和农民,他们已经开始斗争,正在进行殊死的斗争,并且大概……大概会全神贯注于这个斗争直到彻底打垮敌人。可是,和"人民"站在一起的还有"其他社会集团",即"上流社会"——资产阶级、土地占有者、资本家、职业知识分子。这样就必须把政权分成三等份。一份留给君主制,一份给资产阶级(参议院,它建立在间接选举权的基础上,并且尽可能建立在事实上不平等的选举权的基础上,而不是建立在普选权的基础上),余下的一份给人民(众议院,它建立在普遍……的选举权的基础上)。这将是"公平的"划分,它可以确保私有制,并且可以调用君主制的有组织的力量(军队、官僚、警察)对付人民,只要人民"全神贯注于"实现"极端派代表出于纯属理论上的自我安慰"而提出的任何"不合理"要求。这种公平的划分把革命人民减少到无害的少数,减少到三分之一,这是"根据民主主义原则进行的根本改造",而决不是根据君主主义原则,也不是根据资产阶级特权原则进行的"根本改造"。

怎样实现这种划分呢? 通过坐收渔利的办法。这一点,彼·司徒卢威先生早在他为维特记事所写的序言中就预言过了,他指出,温和派总是从极端派之间斗争的激化中得到好处。专制制度和革命人民之间的斗争日趋激化。应该在这两者之间随机应变,依靠革命人民(用"民主主义"引诱它)反对专制制度,依靠君主制反对革命人民的"极端行为"。通过巧妙的随机应变,必然会造成上述那种划分的局面,而且无论如何可以确保资产阶级至少得到它的"三分之一",至于人民和专制制度之间如何划分,那就要看他们决战的结果了。主要应当依靠谁,这要视时机而定——这就是商人的,不,是"现实"政治的本质。

目前,全部政权还掌握在专制制度手里。因此应当说,人民必须把政权夺到自己手里。因此应当把自己叫做民主主义者。因此应当要求"根据普遍……的选举权的原则立即召开立宪会议以制定俄国宪法"。现在人民还没有武装起来,还是一盘散沙,没有组织起来,它还无力对付专制君主制度。全民立宪会议将把人民团结起来,并成为与沙皇势力相抗衡的一支巨大力量。当沙皇政权和革命人民团结一致的力量一旦相互交手,那时就是资产阶级的真正节日,只有那时才完全有把握"调和"这两种力量,并保证有产阶级获得最好的结果。

这就是自由派现实政治家的如意算盘。算盘打得不坏。这里,君主制要完全自觉地保存下来,全民立宪会议只允许同君主制并存。推翻现存政权,用共和制代替君主制,资产阶级是不愿意的。因此俄国资产阶级(仿效1848年德国资产阶级的榜样)主张在人民和国王之间搞"调和"。为了使这种调和政策得到成功,必须使斗争双方的任何一方,即无论是人民或君主,都不能获得完全的胜利,必须使他们的力量保持平衡。那时,而且只有那时,资产阶级才能和君主制联合起来,强令人民服从,迫使人民满足于政权的"三分之一"……也许是百分之一。全民立宪会议所掌握的力量,恰好足以迫使沙皇颁布宪法,但是它不会**而且也不应当**(从资产阶级利益的观点看来)掌握更多的力量。它只应当和君主制保持平衡,而不应当推翻君主制,它应当把政权的物质工具(军队等等)留给君主掌握。

解放派嘲笑希波夫派想把政权力量给沙皇,把舆论力量给人民。可是解放派本身在本质上不是也站在希波夫派的立场上吗?因为他们也不想把**全部**政权交给人民,因为他们自己也主张在沙皇政权和人民舆论之间搞**妥协**!

我们由此可以看到,在当前的革命关头,作为一个阶级的资产阶级的利益,十分自然地而且是不可避免地要求提出全民立宪会议的口号,而**决不是提出临时革命政府的口号**。第一个口号是或者已成为妥协、买卖和渔利政策的口号。第二个口号是革命斗争的口号。第一个口号是君主派资产阶级的口号,第二个口号是革命人民的口号。第一个口号最便于保持君主制,尽管有人民的革命攻击。第二个口号提出了一条通往共和制的捷径。第一个口号把权力留给沙皇，只用人民的舆论对它加以限制。第二个口号是彻底地无保留地导致名副其实的人民专制的唯一口号。

只有自由派资产阶级和革命无产阶级对政治任务的提法的这一根本差别，才向我们说明，"解放派"纲领除了已经提到的特点外，还有一系列次要特点。只有从这个差别的角度出发，才可以了解，例如，为什么解放派**一定要**提出保留，即解放社的决议"只要在政治条件保持不变的情况下，才可以被认为是**必须遵守**的"，纲领中可以有"暂时的和有条件的因素"。这种保留（彼·司·先生在按语中曾详尽而特别"津津有味地"加以发挥）对主张人民和沙皇制度"妥协"的政党来说是绝对必要的。这种保留使人们更加清楚地了解到，"解放社"成员会因奉行生意人的（"现实的"）政治而放弃他们的很多很多民主要求。他们的纲领并不反映他们的坚定信念（这样的信念资产阶级没有），并不指明必须达到的斗争目标。相反，他们的纲领不过是根据斗争的一方或另一方态度的"强硬"，预先就考虑到必然要"跌价"而提出的**要价**。立宪**"民主派"（应读做：立宪君主派）资产阶级会以低于它现在的纲领的要价与沙皇制度成交**，这一点是不容怀疑的，觉悟的无产阶级不应当对这一点抱任何幻想。正因为如此，彼·司·先生才敌视划分最低纲领和最高纲领，敌视"一般硬性的纲领性决议"。正因为如此，彼·司·先生才断言"解放社"的纲领（其写法故意不用准确地表述明确要求的形式，而用近似文学**描写**的形式），"对于一个志在搞现实政治的政党来说**是绰绰有余的**"。正因为如此，"民主主义"君主派的纲领才对武装人民问题只字不提，才回避明确地表述教会同国家分离的要求，才坚决主张不废除间接税，才用被压迫民族的文化自决代替它们的政治自决。正因为如此，才坦率地承认民主主义和资本的利益之间是有联系的，才承认有必要"加强对人民生产力的发展实行优惠"，促进"工业繁荣"等等，以取代"对个别企业和企业家实行优惠"。正因为如此，土地改革才被归结为在务必保证地主把土地转交给农民时取得"**报酬**"的条件下纯粹官僚主义地把土地"分给"农民——换句话说，也就是坚决捍卫奴役性的和农奴制的"所有制"的不可侵犯性。我们再重复一遍，所有这一切都是作为一个阶级的资产阶级在现代社会中的地位本身的自然和必然的结果。所有这一切都证明无产阶级的革命斗争政策同资产阶级自由派的渔利政策是根本不同的。

载于1905年5月27日（6月9日）
《无产者报》第3号

译自《列宁全集》俄文第5版
第10卷第256—265页

告犹太工人书¹⁴⁶

（1905年5月底）

俄国社会民主工党第三次代表大会工作报告依地文本出版了，党中央机关报编辑部认为有必要谈一谈这个版本。

全世界觉悟的无产阶级的生活条件，导致各民族的工人在按计划进行的社会民主主义斗争中建立最密切的联系和保持高度的团结一致。半个多世纪以前第一次响起了"全世界无产者，联合起来!"的伟大口号，现在这个口号已经不仅仅是各国社会民主党的口号了。这个口号愈来愈体现为国际社会民主党策略上的一致，也愈来愈体现为各民族无产者在同一个专制国家的压迫下为争取自由和社会主义而斗争时建立组织上的统一。

在俄国，各民族的工人，尤其是非俄罗斯民族的工人，遭受到的经济压迫和政治压迫是任何一个国家没有的。犹太工人不仅遭受到一个无权的民族所遭受到的一般经济压迫和政治压迫，而且还遭受到剥夺他们起码的公民权的压迫。这种压迫愈厉害，各民族无产者最紧密的团结就愈有必要，因为没有这种团结，就不可能取得反对这种压迫的胜利。掠夺成性的沙皇专制制度在被它压迫的民族中间散播不和、不信任和仇恨的种子愈起劲，它挑动无知的群众大搞野蛮暴行的政策愈恶毒，我们社会民主党人肩负的责任就愈重大，我们必须努力使各民族所有分散的社会民主党联合成为统一的俄国社会民主工党。

1898年春举行的我们党的第一次代表大会,把建立这种统一作为自己的目标。党为了消除认为党具有民族性质的种种看法,而定名为俄国社会民主工党,而不是俄罗斯社会民主工党。犹太工人的组织崩得,是作为自治部分加入党的。遗憾的是,从此以后,一个党内的犹太和非犹太的社会民主党人的统一便被破坏了。在崩得的活动家中间,同社会民主党的整个世界观尖锐对立的民族主义思想开始流传。崩得不是设法使犹太工人接近非犹太工人,而是开始走上使前者脱离后者的道路,它在自己的代表大会上提出犹太人作为一个民族是单独存在的观点。崩得不是继续做俄国社会民主党第一次代表大会的工作,使崩得同党更加团结起来,而是迈出了使自己同党相分离的一步:先是崩得脱离俄国社会民主工党统一的国外组织,并建立了独立的国外组织,后来,当1903年我们党的第二次代表大会以绝对多数票拒绝承认崩得是犹太无产阶级的唯一代表时,崩得又脱离了俄国社会民主工党。崩得硬说,它不仅是犹太无产阶级的唯一代表,而且,除此之外,它的活动不受任何地区范围的限制。俄国社会民主工党第二次代表大会当然不能接受这样的条件,因为在许多地区,例如在俄国南部,有组织的犹太无产阶级是加入统一的党组织的。崩得对此置之不理,它不顾在第二次代表大会上共同做的工作,不顾党的纲领和组织章程脱离了党,从而破坏了社会民主主义的无产阶级的统一。

俄国社会民主工党在自己的第二次和第三次代表大会上表示坚决相信,崩得这种脱离党的做法是它犯下的一个可悲的大错误。崩得的错误是它的根本站不住脚的民族主义观点的产物:是妄图独霸犹太无产阶级唯一的代表权的产物,这就必然得出联邦主义的组织原则,这是长期与党疏远和向党闹独立的政策的产物。我们确信,这种错误必须改正,随着运动的进一步发展也必将得到改正。我们认为我们和犹太社会民主主义无产阶级在思想上是一致的。第二次代表大会以后,我们的中央委员会执行的不是民族主义政策,而是关心建立一些能够把各地工人,不管是犹太人还是非犹太人,统统团结为一个整体的委员会(如波列斯克委员会、西北委员会)。俄国社会民主工党第三次代表大会通过了一项关于用依地文出版书刊的决议,为了执行这项决议,我们现在正在用依地文出版已用俄文出版的俄国社会民主工党第三次代表大会工作报告的全译本。从这篇工作报告中犹太工人(不论是现在在我们党内的还是暂时在我们党外的)将会看到,我们党的发展是怎样进行的。从这篇工作报告中犹太工人将会看到,我们党现在已经摆脱了第二次代表大会以后折磨着党的内部危机。他们将会看到,我们党的真正意图是什么,我们党同其他民族的社会民主党和组织的关系如何,全党和党中央同党的各个组成部分的关系又怎样。最后,他们将会看到(这是最主要的),俄国社会民主工党第三次代表大会对全体觉悟的无产阶级在当前革命关头的政策作了哪些策略指示。

　　同志们! 和沙皇专制制度进行政治斗争,即无产阶级为俄国各阶级和各民族的自由而斗争,为无产阶级追求社会主义的自由而斗争的时刻就要到来了。严峻的考验在等待着我们。俄国革命的成败取决于我们的觉悟程度和准备程度,取决于我们的统一和决心。让我们更大胆更协调地进行工作吧,为了使各民族的无产者能够在真正统一的俄国社会民主工党的领导下获得自由,我们将贡献出力所能及的一切！

俄国社会民主工党中央机关报编辑部

载于1905年《关于俄国社会民主
工党第三次代表大会的通知》
小册子（依地文）

译自《列宁全集》俄文第5版
第10卷第200—209页

革命无产阶级的民主主义任务

（1905 年 6 月 4 日〔17 日〕）

　　社会民主党是工人运动的有觉悟的代表，它的宗旨是使全体劳动者彻底摆脱一切压迫和剥削。要达到这个目的，要消灭生产资料私有制和建立社会主义社会，就要求资本主义生产力有高度的发展和工人阶级有高度的组织性。没有政治自由，既不可能有现代资产阶级社会生产力的充分发展，也不可能有广泛的、公开的和自由的阶级斗争，更不可能有无产阶级群众的政治教育、政治培养和团结。正因为如此，有觉悟的无产阶级总是把坚决为充分的政治自由而斗争，为民主主义革命而斗争作为自己的任务。

　　给自己提出这个任务的不单单是无产阶级。资产阶级也需要政治自由。有产阶级的有教养的代表人物早就举起了自由的旗帜；主要出身于这些阶级的革命知识分子，曾为自由而英勇地进行斗争。但是，整个说来，资产阶级不可能同专制制度进行坚决的斗争，因为它害怕在这个斗争中会失掉把它和现存社会拴在一起的财产；它害怕工人过火的革命行动，工人是决不会只搞民主主义革命的，他们要力求进行社会主义变革；它害怕同官吏、同官僚制度彻底决裂，因为官僚制度的利益同有产阶级的利益有千丝万缕的联系。因此，资产阶级争取自由的斗争就具有胆怯、不彻底、半途而废的特点。无产阶级的任务之一，就是推动资产阶级前进，向全体人民提出彻底的民主主义变革的口号,独立而大胆地去实现这些口号,一句话,在争取自由的全民斗争中起先锋队、先头部队的作用。

俄国社会民主党人为了完成这个任务,曾经不得不同资产阶级自由派的不彻底性进行过多次的战斗。我们不妨回忆一下,例如,司徒卢威先生,作为一个争取俄国"解放"的政治战士,是怎样开始自己的不受书报检查的自由活动的。他的活动是从他给维特的《记事》写序开始的,在这篇序言中,他提出"权利和拥有权力的地方自治机关"这个地道的"希波夫派的"(用现代政治派别的语言来说)口号。社会民主党指出了这个口号的全部落后性、全部荒谬性和全部反动性,要求有一个明确而坚定的民主主义纲领,它自己提出了这样的纲领,作为自己的党纲的不可分割的组成部分。社会民主党曾必须同自己队伍中对民主主义任务的狭隘理解作斗争,因为所谓的"经济派"曾千方百计贬低这些任务,鼓吹"同厂主和政府进行经济斗争",坚持必须从争取权利开始,继之以政治鼓动,最后才逐步(阶段论)转向政治斗争。

现在政治斗争有了惊人的发展,革命席卷全国,最温和的自由派也成了"极端派",这时可能觉得我们刚才引用的对过去不久的事情所作的历史考证不恰当,同活生生的、暴风雨般的现在不可能有什么关系。但是这只是乍看起来的感觉。当然,像立宪会议,普遍、直接、平等和无记名投票的选举制这样一些口号(社会民主党人很久以前就最先在他们的党纲中提出来了)已经成为共同的财产,为非法的《解放》杂志所采纳,并写进了"解放社"的纲领,成为地方自治人士的口号,现在正被合法的报刊千腔百调地重复着。最近一些年月俄国资产阶级民主派无疑是有进步的。资产阶级民主派向事变学习,抛弃了一些幼稚的口号(像希波夫派的口号:权利和拥有权力的地方自治机关),一瘸一拐地跟在革命后面走。的确,它是一瘸一拐地跟在革命后面走的;在它的言论和行动之间,在原则上的民主主义和"现实政治"中的民主主义之间,代替旧的矛盾又生出新的矛盾,因为革命的发展对民主派的要求愈来愈高。而资产阶级民主派虽然也提高了自己的口号,但总是落后于事变,总是掉在后面当尾巴,提出的这些口号总是比争取真正自由的真正革命的现实斗争所要求的低几分。

的确,就拿已经流行的、大家公认的把立宪会议建立在普遍……的选举权的基础上这个口号来说吧。从彻底的民主主义观点来看,这个口号够不够呢?从当前迫切的革命任务来看,这个口号够不够呢?对这两个问题不能不作否定的回答。只要把我们党的纲领仔细研究一番就会对这一点深信不疑。遗憾的是,这个纲领我们的组织很少谈到,很少引用并广为传播。(里加委员会、沃罗涅日委员会和莫斯科委员会的小报前不久翻印了我们党的纲领,我们说,这是一件格外令人可喜的事情,值得大家学习。)我们的纲领也把全民立宪会议(为了简略起见,我们用"全民"这个词来表示普遍……的选举权)的口号放在重要的位置上。但是,这个口号在我们的纲领中并不是孤立的,而是有上下文联系的,并且附有补充和说明,这样就使那些在争取自由的斗争中最不坚定甚至反对自由的人无法对它进行歪曲。这个口号在我们的纲领中是与下面的口号相联系的:(1)**推翻**沙皇专制制度;(2)以民主**共和制**取代它;(3)用民主立宪制保证**人民专制**,也就是把**整个**国家的最高权力集中在由人民代表组成的一院制的立法会议手中。

任何一个彻底的民主主义者都必须承认所有这些口号,这还有什么可怀疑的吗？要知道，"民主主义者"一词，无论从本意来看，还是从欧洲全部历史赋予它的政治意义来看，都是指人民专制的拥护者。大谈其民主主义，同时却不承认哪怕是这些口号当中的一个，这是可笑的。但是，资产阶级既力求捍卫私有制，又渴望获得自由，两者之间的基本矛盾如此之深，自由派资产阶级的代表人物和拥护者就非陷入这种可笑的境地不可。大家都知道，俄国正在非常迅速地形成一个很广泛的自由主义政党，既包括"解放社"和大批地方自治人士，也包括像《我们的生活报》、《现代报》、《祖国之子报》、《俄罗斯新闻》[147]等等这样一些报纸。这个自由派资产阶级政党很喜欢别人把它叫做"立宪**民主**"党。而实际上，从非法的《解放》杂志的声明和纲领中可以看出，这是一个**君主主义**政党。它根本不要共和制。它不要一院制并规定参议院采用间接的、事实上不普遍的选举制（定居资格）。它根本不要**整个**国家的最高权力转到人民手中（虽然为了装装门面，它很喜欢大谈政权转到人民手中！）。它不要**推翻**专制制度，它只要（1）君主制，（2）参议院（土地占有者和资本家将在那里占上风）和（3）**唯一**建立在民主主义原则上的众议院三者分权。

这样，我们面前就摆着一个不容怀疑的事实：我们的"民主派"资产阶级中甚至最先进、最有教养、最少直接屈从于资本的代表人物，也掉在革命的后面当尾巴。这个"民主主义"政党**害怕**人民专制。它重复着我们的全民立宪会议的口号，实际上却完全歪曲了这个口号的内涵和意义。它利用这个口号，更确切些说，它滥用这个口号去欺骗人民。

什么是"全民立宪"会议呢？它是这样一种会议，第一，它真正表达人民的意志；为此就需要普遍……的选举制并充分保障选举前的鼓动自由。第二，**它确实有实力和权力"确立"保证人民专制**的国家秩序。像大白天一样清楚，缺少这两个条件，这个会议既不可能是真正全民的，也不可能是真正立宪的。然而我们的自由派资产者，我们的立宪君主派（他们自封民主主义者愚弄人民）对这两个条件中的**哪一个**也不愿真正加以保证！他们不仅不采取任何措施保证选举前鼓动的充分自由，保证实力和权力真正转到立宪会议手中，相反，他们**保证这两个条件不可能实现**，因为他们要保证君主制。实际权力和实力仍然掌握在血腥的尼古拉手中：这意味着由人民最凶恶的敌人召开会议，由他来"保证"全民的自由的选举。这多么民主啊！不是吗？这意味着立宪会议将永远不会有，而且永远不应当（按照自由派资产者的意思）有一切实力和一切权力；它应当是完全无实力和完全无权力的；它应当同尼古拉二世**交涉、协商、商定、成交**，求他把小小的一部分沙皇的权力赐给立宪会议！由普选产生的立宪会议和众议院没有任何区别。就是说，为了表达和贯彻人民的意志而召开的立宪会议，被自由派资产阶级用来"确立"**凌驾于人民意志之上的**参议院的意志，再加上君主制的意志，尼古拉的意志。

自由派资产者解放派先生们高谈阔论、大嚷大叫全民立宪会议，实际上却在准备**反人民的咨议**会议，这难道不明显吗？他们不是解放人民，而是要通过立宪的道路使人民屈从于：第一，沙皇的权力（君主主义原则），第二，组织起来的大资产阶级的权力（参议院）。

谁想对这个结论提出异议，谁就不妨肯定一下：(1)即使没有充分的鼓动自由，即使没有实际取消沙皇政府在这个鼓动中可能享有的一切特权，人民的意志也可以在选举中真正表达出来。

（2）代表会议自己手里虽然没有沙皇手里掌握的实力和权力，实际上并不仅仅是咨议会议。只有狡猾的骗子和十足的傻子才会肯定这两点。历史雄辩地证明，只要君主权力仍掌握在君主手里，那么和君主权力并存的代表会议，实际上就是咨议会议，它不是使君主的意志服从于人民的意志，而只是把人民的意志和君主的意志加以**调和**，也就是在君主和人民之间分配权力，讨价还价要新秩序，但是并不确立新秩序。历史雄辩地证明，不用临时革命政府代替同革命作对的政府，就根本谈不上真正的自由选举，就根本谈不上**全体**人民对自由选举的意义和性质有什么充分的认识。即使我们暂时设想出现了不可思议和不能实现的情况，就是说，沙皇政府决定召开"立宪"（应读作：咨议）会议并且**正式**保证鼓动的自由，那么有组织的国家政权所提供的进行鼓动的莫大便利条件和优越条件，将仍然掌握在沙皇政府手里。这些为选举第一届人民会议而进行鼓动的便利条件和优越条件，将为百般压制人民的人所享有，而人民正用暴力从这些人那里夺取自由。

　　总之，我们现在又得出上一次（《无产者报》第3号）我们从另一方面考察这个问题时得出的结论。① 全民立宪会议的口号本身，单独抽出来看，在目前就是君主派资产阶级的口号，是资产阶级和沙皇政府之间搞交易的口号。革命斗争的口号，只能是推翻沙皇政府并且用一定会召开全民立宪会议的临时革命政府取代沙皇政府。俄国无产阶级在这方面可不要抱幻想，因为在一片激动的喧嚷声中有人会利用无产阶级自己的口号来欺骗无产阶级。如果我们不能用武装人民的力量去对抗政府的武装力量，如果沙皇

---

① 见本卷第251—252页。——编者注

政府不被彻底粉碎并被临时革命政府所取代,那么,任何代表会议,不论冠以什么样的全民的和立宪的称号,实际上依然是大资产阶级用来同沙皇在它们之间搞瓜分权力的交易的代表会议。

人民同沙皇的斗争愈接近决定性关头,迅速实现召开人民代表会议的要求的可能性愈大,革命的无产阶级就愈要密切注视"民主派"资产阶级。我们赢得自由愈快,无产阶级的这个同盟者变成它的敌人也愈快。掩盖着这个转变的是,第一,资产阶级的那些不明确、不完备、不肯定的所谓民主主义口号,第二,竭力使无产阶级的口号变成空话,用口头的诺言代替对自由和革命的**实际的**保证。工人们现在必须以百倍的注意和警惕监视"民主派"。如果全民立宪会议由于选举和选举鼓动的现实条件而不能表达人民的意志,如果它不能独立地确立新秩序,那么说"全民立宪会议"就是说空话。重心现在正从召开全民立宪会议的问题转到召开的**方法**问题上。我们正处在决定性事件的前夕。无产阶级不相信一般民主主义的口号,而应当提出自己彻底的无产阶级民主主义的口号同它们相对抗。只有遵循这些口号的力量,才能实际保证革命的完全胜利。

载于 1905 年 6 月 4 日(17 日)
《无产者报》第 4 号

译自《列宁全集》俄文第 5 版
第 10 卷第 270—277 页

新的革命工人联合会

（1905 年 6 月 4 日〔17 日〕）

我们收到俄国解放联盟中央委员会在俄国刊印并散发的几份宣言:(1)阐明俄国解放联盟的宗旨及其性质的非号召性宣言;(2)关于建立俄国解放联盟工人联合会的告工人书和(3)该工人联合会章程。从这些文件中可以看出,"俄国解放联盟不是一个有明确的、独特的纲领的政党,它是一个一切希望在武装起义的帮助下通过"在普遍……的选举制的基础上"召开立宪会议的途径把政权从专制制度手中转到人民手中的人结成的联盟"。第一篇宣言写道:"鉴于急需达到召开立宪会议这个最近的总目标,俄国解放联盟成立了,它的目的是把一切希望俄国获得政治自由的人团结起来并且实际完成革命事业。一俟达到这个目的,俄国解放联盟就停止自己的活动,把保护人民代表和维持社会治安的任务交给有组织的民兵。"

工人联合会章程共 43 条。工人联合会规定了如下的宗旨:"(1)组织武装起义的义勇队;(2)筹集建立武装和出版真正无产阶级性质的书刊所必需的资金。"工人联合会的组织由四级机构组成:(1)工人小组(主要由同一车间的工人组成);(2)工厂委员会;(3)区会议;(4)工人联合会的委员会。所有上级机构均由下一级机构选出的代表组成,但有两个特殊情况:第一,工人联合会的各委员会均有俄国解放联盟中央委员会的一位中央委员参加;第二,关于这个中央委员会的选举以及如何对它实行监督则只字未提。关于工人联合会和俄国解放联盟的关系，仅仅提到："工人联合会将通过我们（俄国解放联盟中央委员会）同其他一切工人联合会和非工人联合会建立联系。"关于俄国解放联盟的组织本身，关于它的中央委员会和整个俄国解放联盟的关系，也只字未提。俄国解放联盟中央委员会在告工人书中是这样阐述自己的当前任务的："我们要制定一个详细的起义计划，要告诉你们如何组织义勇队，教会你们武装起来，我们要储藏枪炮。最后，我们要把各城市和各地方分散活动的一切希望把俄国从专制制度的压迫下解放出来的人统统联合起来，然后发出总起义的信号。"最后还要指出一点，工人联合会章程（第4条）写道："建立工人联合会的号召书将在圣彼得堡及其郊区的所有工厂广泛散发。"

从以上的全部叙述中可以看出：这是一种尝试，是超越党派而"独立"组织整个人民武装起义特别是彼得堡工人起义的尝试。我们不在这里谈这种尝试是否认真，这个问题只有根据这种尝试的结果才可以作出最后评判，而预先作出评判就只好根据有关俄国解放联盟的个别秘密情报了，然而关于俄国解放联盟，我们还没有掌握**任何**情报。我们打算着重谈谈对这种尝试的原则意义的评价和这种尝试向社会民主党提出的策略任务和组织任务。

毫无疑问，上述情况有力地向我们证明人民武装起义的问题是如何成熟。提出这个问题的已经不是理论家，而是实践家。这个问题不是作为从某个纲领中所得出的结论提出来的（例如，1902年国外社会民主党的书刊中这个问题就是这样提出来的）[①]，而是

---

① 参看本版全集第6卷第168页。——编者注

作为实际运动中的重大迫切问题提出来的。这里所说的已经不是问题的讨论，甚至也不是一般地准备起义，而是直接地进行起义。显然，整个形势发展的**要害**在起义，争取自由的整个斗争导致的正是这种决定性的结局必然到来。从这里也可以看出，那些企图把党往后拖，阻挠它直接把这一任务提上议事日程的社会民主党人，犯的错误该有多大。

其次，我们谈到的上述尝试证明，俄国的**革命的民主派**前进了一大步。我们早在《前进报》第 7 号上就已经指出，在敌视专制制度的力量、政党和组织当中会出现这个新团体。① 我们曾经指出，俄国正在发生的革命即资产阶级民主革命的性质本身，现在和将来必然造成各种各样战斗成分的壮大和增长，他们代表各个不同阶层人民的利益，决心投入决战，他们对自由事业忠心耿耿并且决心为这一事业而献身，但是他们不了解而且也不可能了解正在发生的革命的历史意义和它的阶级内容。在全体人民身受专制制度压迫的时代，在公开的政治斗争尚未能彻底划清阶级界限并建立明确的、连广大群众也可以了解的政党的时代，这些社会成分的迅速壮大尤为明显。而所有这些界限没有划清的、不确定的成分，恰恰就构成革命民主派的骨干。他们的战斗作用对民主主义革命说来是非常大的：一方面，他们超越党派的、不确定的地位，象征着那些同资本主义社会两个敌对阶级都没有什么联系的中间居民阶层即农民、小资产阶级等阶层正在奋起进行殊死斗争和举行起义。另一方面，这些非党革命者走上革命道路，保证了那些阶级成分最不确定、在各方面都最落后的人民阶层现在更顺利、更广泛和更迅

----

① 参看本版全集第 9 卷第 262—264 页。——编者注

速地振作起来并参加斗争。在俄国旧时代,只有知识分子是革命的。在新时代,城市无产阶级成为革命的了。现在其他许许多多深深植根于"人民的"同群众有密切联系的社会分子,也都成了反对专制制度的革命者。这些分子的活动是**人民起义**的事业所必需的。我们再重复一遍,他们的战斗作用是很大的。但是,对于**无产阶级**运动来说,他们的政治作用有时不仅可能是很小的,甚至可能是有害的。这些分子之所以仅仅是革命者,仅仅是民主主义者,恰恰是因为他们同一个定型的并严格与居于统治地位的资产阶级划清界限的阶级,也就是同无产阶级毫无联系。这些分子争取自由的斗争不同无产阶级争取社会主义的斗争紧密联系起来,因而所起作用的客观意义,无非是实现资产阶级的利益。谁致力于一般的自由事业,而不特别致力于无产阶级享用这种自由的事业,即把这种自由用在无产阶级争取社会主义的斗争的事业上,谁归根结底顶多不过是一个争取资产阶级利益的战士。我们并不小看这种人的英雄气概,我们也决不小看他们在争取自由的事业中的巨大作用。然而,我们认为,而且坚决认为,他们的活动还一点儿也保证不了胜利的成果、自由的成果为无产阶级、为社会主义所用。谁站在党派之外,谁就是为居于统治地位的党派的利益服务,虽然违背自己的意愿和不由自主。谁在党派之外为自由而斗争,谁就是为必将在自由的条件下取得统治地位的这种力量的利益服务,也就是为资产阶级的利益服务。这就是为什么我们在前面把超越党派而组织起义叫做带引号的"独立"组织起义。实际上,超越党派所保证的表面的独立性是最大的不独立性,是对占统治地位的党派的最大的依赖性。实际上,仅仅是革命者,仅仅是民主主义者,不过是资产阶级民主派的先进队伍,而有时简直就是它的辅助力量,甚至是它的炮灰。

以上是一般的论述,现在我们来更详尽地介绍我们手头的这些文件。俄国解放联盟中央委员会在它的第一篇宣言中高呼:"让我们暂时放弃党派争论和原则分歧,团结成一个强大的整体——俄国解放联盟,并且把我们的力量、资金和知识贡献到人民反对共同的敌人即专制制度的伟大斗争中去。在立宪会议召开之前,我们大家应当共同前进,因为只有立宪会议才会提供政治自由,没有政治自由,正常的党派斗争是不可想象的。"多多少少有点觉悟的工人都明明知道,跟专制制度进行斗争的人民,是包括资产阶级和无产阶级在内的。资产阶级很向往自由,资产阶级现在嚷嚷得最凶,报刊上也好,集会上也好,都站出来反对专制制度,但是,资产阶级不仅不放弃土地和资本的私有制,相反,它将拼命保住它们不受工人侵犯,关于这一点,难道还有人竟然天真到完全不懂吗? 工人是在和资产阶级并肩反对专制制度,而对工人来说,放弃和资产阶级的原则分歧就等于**放弃社会主义**,放弃社会主义的主张,放弃为社会主义做准备工作。一句话,对工人来说,这等于放弃自己的经济解放,放弃把劳动者从贫困和压迫下解放出来的主张。要知道,世界各地的资产阶级主要是利用工人的双手争取自由和取得自由,以便日后猖狂反对社会主义。这就是说,放弃意见分歧的号召是**资产阶级**的号召。俄国解放联盟中央委员会打着非党立场的幌子向工人抛出资产阶级论调,向他们灌输资产阶级思想,用资产阶级的烟雾模糊他们的社会主义意识。自觉地赞同暂时放弃工人和资产者之间的意见分歧这种主张的,只能是社会主义的敌人——自由派资产者、解放派,而不自觉地赞同这种主张的,只有对社会主义漠不关心的革命民主主义者如社会革命党人。工人们应该为争取自由而斗争,同时**一分钟**也不放弃社会主义的主张,不放弃为实现社会主义而工作,不放弃为赢得社会主义而作好积蓄力量和组织上的准备。

俄国解放联盟中央委员会说:"我们,俄国解放联盟中央委员会,在阐明对现有各个政党和组织的态度问题时声明,我们预料不会出现与社会民主党派发生原则分歧的可能,因为联盟的思想和这些党派的纲领并不矛盾……" 这番话说明,俄国解放联盟中央委员会对社会主义无知到了什么程度。中央委员会竟然预料不到会出现和社会民主党发生分歧的可能,可是我们早已指出了深刻的原则分歧是存在的! 中央委员会看不到联盟的思想和社会民主党的纲领有矛盾,可是我们早已指出了这个深刻的矛盾,就像无产阶级和资产阶级之间的矛盾一样。我们和俄国解放联盟的根本分歧恰恰在于,俄国解放联盟根本避而不谈社会主义。凡是**认为可以**不谈社会主义的政治派别,都是和社会民主党的纲领根本矛盾的。

上面我们所引述的话表明,俄国解放联盟是同情社会民主党的。然而我们只知道俄国解放联盟出了一个小报,除此之外,我们一无所知,因此,我们还不能断定这种同情是否真诚。我们在任何情况下,向来都不满足于纯柏拉图式的同情,纯柏拉图式的爱对我们来说是不够的。我们希望人们不仅同情我们,而且了解我们,希望那些不愿意自己的思想和我们的纲领发生矛盾的人能赞同这个纲领。俄国解放联盟说它的任务是:"在工人中间广泛散发贯穿着**严格的无产阶级**〈黑体是我们用的〉世界观的书刊"。说得很好,但是,光说还不够。假如说得好,行动对不上号,那么再大的诚意也阻挡不住说这些话的人实际上充当资产阶级思想在工人阶级中的传播者。的确，不妨想一想，所谓"严格的无产阶级世界观"是什么意思呢？谁来判断某一世界观是不是严格的无产阶级世界观呢？"暂时放弃党派争论和原则分歧"就可以解决这个问题吗？为此不是必须"暂时放弃"在工人中间散发书刊吗？

俄国解放联盟中央委员会又搬出了工人的"主动性"的口号。我们的党已经不止一次地领教过打着这个轰动一时的口号的旗帜在社会民主党内建立特殊派别的尝试：过去"经济派"这样干过，现在孟什维克或新火星派也是这样干的。这个口号（不论运用这个口号的人意识到还是没有意识到这点）向来总是只为那些最不重视运动的原则坚定性和思想性的人服务的。看看这个旧口号的新用法吧：号召在断定什么是"严格的无产阶级世界观"时发挥"主动性"，现在不是明明同"主动地"重复反无产阶级的资产阶级论调，同宣扬资产阶级的超党派性思想结合起来了吗？我们对俄国解放联盟中央委员会的回答是：严格的无产阶级世界观只有一个，这就是**马克思主义**。严格的无产阶级纲领和策略就是国际革命社会民主党的纲领和策略。而正是无产阶级的经验，正是从德国到美国，从英国到意大利的全世界无产阶级运动的经验向我们证明了这一点。从这个运动1848年第一次登上广阔的政治舞台起，已过去半个多世纪了；各国的无产阶级政党已经形成，并且壮大起来，成为百万大军；它们经历了一系列的革命，经受了各种各样的考验，既有过右倾，也有过左倾，既反对过机会主义，也反对过无政府主义。而整个这一伟大的经验，是对马克思主义世界观和社会民主党纲领的证明。它**保证**那些现在还跟着俄国解放联盟走的工人，不可避免地非大批投奔社会民主党不可！

我们再引一段宣言："……俄国解放联盟主要是一个实践组

织,它在自己的活动中同社会革命党之所以没有分歧,是因为手段的共同性——同专制制度进行武装斗争——和目标的共同性——根据民主主义原则召开立宪会议——把我们和社会革命党联合起来了……" 看了上面所有这些说法之后,当然,我们就不会对革命民主派和社会革命党人的这种接近感到惊讶了。俄国解放联盟正是在宣言的这个地方强调指出自己组织的实践性质,而且只讲它同社会革命党("之所以")团结一致,("是因为")手段和当前目标的共同性,显然,它现在拒绝明确社会革命党人的"原则"和"严格的无产阶级世界观"的原则两者的关系。这种拒绝对社会民主党人来说是不怎么可取的,但是对革命民主主义者来说倒是很可取的。不过,很遗憾,宣言的下一句话便表明了"非党"立场会引起什么样的后果…… 俄国解放联盟中央委员会说:"当然,如果'解放社'充分认识到,要召开立宪会议就非举行武装起义不可,那么我们甚至一点也不反对'解放社',尽管我们的政治见解根本不同。"

关于这一点我们认为,第一,既然俄国解放联盟只是和"解放社"的政治观点有根本分歧,这就是说,它似乎和"解放社"的经济纲领没有分歧,这就是说,它公然放弃了社会主义,并且完全站到革命的**资产阶级**民主派的立场上去了! 俄国解放联盟对"严格的无产阶级世界观"的赞同和这个结论当然是矛盾的,但是,"非党"立场的实质恰恰就在于,它所产生的矛盾会层出不穷而无法解决。

第二,俄国解放联盟和"解放社"的政治见解的根本分歧究竟是什么呢? 俄国解放联盟一下子就打了自己一记耳光:它刚刚提出"在召开立宪会议之前共同前进"和"暂时"(显然是指在召开立宪会议以前)"放弃党派争论和原则分歧",而现在恰恰是俄国解放联盟自己在召开立宪会议之前挑起了争论,并且表示同"解放社"

不一致,因为"解放社"把根据民主主义原则召开全民立宪会议列入自己的纲领了!! 俄国解放联盟怎样才能做到既表示愿意"宣传自己的政治见解"又不说出这些见解是什么呢? 俄国解放联盟是不是共和派,和君主派的"解放社"不同呢? 俄国解放联盟的政治见解是不是包括例如取消常备军而代之以人民武装这个要求呢? 是不是包括教会同国家完全分离这个要求呢? 是不是包括完全废除间接税这个要求呢? 等等。俄国解放联盟本想撇开党派争论和原则分歧把事情简单化和缓和下来,实际上由于它的立场完全不明朗,事情倒复杂化和难办了。

　　第三,我们怎样才能知道,"解放社"是不是履行了俄国解放联盟向它提出的条件呢? 就是说,我们怎样才能知道"解放社"真正"充分认识到非举行武装起义不可"呢? 我们是不是要等"解放社"正式声明这一点呢? 可是"解放社"根本不愿意谈实现它的纲领的手段。"解放社"不仅给予它的成员以选择这些手段的广阔天地,甚至允许他们随便改写纲领本身。"解放社"认为自己是"立宪民主"(应读做:立宪君主)党的一部分,而这个党的另一部分则是不愿用任何纲领和任何策略束缚自己的地方自治派。这样一来,俄国解放联盟向"解放社"提出的条件还有什么意义呢? 其次,解放派之所以不用任何完全固定的纲领和策略束缚自己,正是为了在个别场合有充分的自由表示(尤其是非正式表示)既赞成恐怖又赞成起义,这一点谁不知道呢? 因此,我们可以作出一个肯定无疑的结论,就是:"解放社"有影响的成员,甚至有影响的小组要加入俄国解放联盟并在其中占领导地位是一点也不难的,只要他们愿意这样做。在俄国解放联盟采取非党立场的情况下,一系列不以它的意志为转移的条件(巨额经费的来源、社会联系等等)必将有利于这样的结局。而这个结局将意味着把武装的人民义勇队变成自由派资产阶级的工具，使工人起义服从它的利益。这个结局将意味着资产阶级在俄国民主主义革命中对无产阶级在政治上加以利用。如果出现这种结局，无非就是资产阶级出钱武装无产阶级，想方设法宣扬非党立场使无产阶级脱离社会主义，削弱无产阶级同社会民主党的联系，从而抓到良机把工人变为自己的工具，使他们不可能在革命中捍卫自己的、特殊的、"党的"、无产阶级的利益。

*　　　　*　　　　*

综上所述可以看出，新联盟的出现自然就向社会民主党提出了一些策略上的任务。这个联盟，俄国解放联盟，特别是它的不受监督的和不承担责任的中央委员会是否值得信任，我们还不得而知。我们要谈的不是俄国解放联盟中央委员会，而是俄国解放联盟的工人联合会，我们甚至也不是谈这个工人联合会，而是一般地谈这一类的工人联合会。目前在俄国，到处都出现了类似这样的"联合会"、组织、团体、小组，只是形式不同，名称不同，大小不同而已。专制制度所采取的整个政策迫使人民拿起武器并准备起义，这种政策必然促使这些团体的形成。这些团体的构成，从阶级上看又乱又杂，常常是偶然的结合，加上里面社会民主党的工作的广度和深度都很不够，这就必然会使这些团体带有非党的革命民主主义团体的性质。社会民主党对它们的实际态度问题，是我们党最迫切的问题之一。

我们应该首先和无条件地利用一切手段向所有这些团体的成员，尤其是向工人们阐明社会民主党的观点，在这一点上容不得丝毫的含糊和丝毫的隐瞒，并且证明，如果无产阶级不想在政治上被资产阶级利用,那就恰恰有必要建立党的而且一定是社会民主主义的党的无产阶级组织。但是,如果我们对这些团体撒手不管,或者,如果我们"无视"这些团体的形成和它们在争取自由的事业中的重大的分量,那就是十足的书呆子气。如果社会民主党人以骄傲自大或者轻视的态度对待加入这些团体的"非党"工人,那就是不可饶恕的学理主义。我们想特别提醒全体党员警惕这些错误,因为在社会民主党的队伍中,令人不堪回首的"经济主义"和对我们任务的狭隘的尾巴主义理解又死灰复燃起来,犯这些错误是尤其可能的。必须尽一切努力实现这些团体和我们党的组织之间的互助,以便武装尽可能多的工人。必须特别谨慎地、有分寸地以同志态度对待下决心为争取自由而死并且正在组织起来和武装起来投入斗争的工人,这些工人完全同情无产阶级的斗争,只是由于他们没有社会民主主义的世界观,对马克思主义有偏见,抱着这样或那样过时的革命观点,所以才和我们有距离。立即同这些想法不同的工人断绝来往,或者把他们推开了事,没有比这种办法更容易的了,但是也没有比这种办法更愚蠢的了。我们应该牢记,只有靠广大无产阶级群众的团结一致,社会民主党才能够强大有力,不过,在资本主义使人分散,使人不团结,使人麻木不仁的条件下,这种团结一致不是一下子就能建立起来的,而只有以顽强的劳动和巨大的忍耐作代价才能做到。我们应该牢记我们的欧洲同志的经验,他们认为甚至对参加天主教工会的工人也持慎重的同志态度是自己的义务,他们不是以轻蔑的态度对待这些工人宗教上和政治上的偏见,把他们一脚踢开,而是坚持不懈地、有分寸地、耐心地利用政治斗争和经济斗争的每一个行动对他们进行启发,使他们在共同斗争的基础上靠拢觉悟的无产阶级。我们是多么应该以倍加关切的态度对待那些有决心为自由而斗争、但同社会民主党还有隔阂的工人革命者啊！再重复一遍：丝毫也不要隐瞒社会民主党的观点，丝毫也不要看不起不赞成这些观点的革命工人团体。在这些团体尚未正式加入某个非社会民主主义政党时，我们不仅有权利而且有义务把它们看做**靠近俄国社会民主工党**的团体。例如，对俄国解放联盟工人联合会，我们就恰恰应该这样看待。我们应当尽一切努力向这个联合会的成员介绍社会主义书刊，在这个联合会的各分会的一切会议上口头宣传我们的观点。认为在资本主义条件下可以使全体无产者都成为觉悟的社会民主党人，这种想法甚至在自由的欧洲国家里也被认为是一种空想。但是，不论在欧洲还是在俄国，认为社会民主党要对无产阶级全体群众施加指导影响，这种想法并不是空想。只是应当学习如何施加这种影响，应当牢记，在对不觉悟的工人进行启迪时我们的最佳同盟者将是我们的敌人即政府和资产阶级，这样，我们才会做到使全体工人群众在决定性的时刻响应社会民主党的号召！

载于 1905 年 6 月 4 日(17 日)　　　　译自《列宁全集》俄文第 5 版
《无产者报》第 4 号　　　　　　　　　第 10 卷第 278—290 页

资产阶级背叛的头几步[148]

6月21日(8日)星期三于日内瓦

昨日电讯透露,尼古拉二世星期一接见了地方自治人士代表团,并在谢尔盖·特鲁别茨科伊公爵和费多罗夫先生发表演说后致答词,表示信守召开人民代表会议的诺言。

为了正确评价这一"事件"的意义,首先必须追述一下国外报刊报道的若干事实。

俄历5月24日和25日,在莫斯科举行了3次地方自治机关和城市代表会议,与会者约300人。我们拿到一份他们通过的致沙皇的请愿书和决议的石印稿,是从俄国寄来的,上面没有写明代表人数,只提到,参加会议的除地方自治会议议员和市议员外,还有市长和贵族代表。地主土地占有制和城市资本的代表们讨论了俄国的政治前途。据外国记者报道,争论很激烈。势力大的是希波夫派,这个温和派同宫廷有千丝万缕的联系。比谁都激进的是外省人,比谁都温和的是彼得堡人;站在"中间"的是莫斯科人。会上逐字逐句讨论了请愿书,最后彼得堡也投了赞成票。请愿书是爱国的和忠君的。"满怀热爱祖国之情的"可尊敬的资产者,把"造成他们分裂的一切争吵和一切分歧"放在一边,向沙皇呼吁。他们指出,"俄国和圣上本身遇到的巨大危险"与其说来自外部,不如说来自"内讧"。(的确,俄国是在"圣上"的前面,我们的爱国者最初是向圣上呼吁的,只是威胁说——私下悄悄地——要诉诸人民。)

请愿书照例满篇官场谎言,把罪过推给沙皇的谋士们,怪他们歪曲了沙皇的原定计划和原定指示,结果强化了警察权力,干扰了"真理的呼声"上达圣上等等。结论是:"现在为时不晚",请求"刻不容缓地召开由全体臣民一视同仁选出的人民代表会议",人民代表应当同沙皇"协商"解决战争或媾和问题并"建立〈也是同沙皇"**协商**"〉革新的国家制度"。这样一来,请愿书中既没有明确提出所谓的"立宪民主"党所通过的普遍、直接、平等和无记名投票的选举制(直接和无记名投票完全被删掉了,这当然不是偶然的)的要求,也没有提出任何保障选举自由的要求。请愿书的作者伤心地说:"压制个人和社会,压制言论和种种横行霸道的事层出不穷,愈来愈多",但是对策却提不出来。在同沙皇"协商中"横行霸道的事愈来愈多,也是在同沙皇协商中"革新"国家制度…… 资产阶级的代表人物死抱住"协商"论不放,当然不是由人民,而是由资产阶级同人民的压迫者"协商"。

　　会议选出了一个向沙皇呈递请愿书的代表团,成员有葛伊甸先生、戈洛文先生、彼特龙凯维奇先生、格·李沃夫和尼·李沃夫先生、彼得·多尔戈鲁科夫和帕维尔·多尔戈鲁科夫先生、柯瓦列夫斯基先生、诺沃西尔采夫先生、罗季切夫先生、沙霍夫斯科伊先生和谢尔盖·特鲁别茨科伊先生。后来在尼古拉二世接见时,又有科尔夫、尼基京和费多罗夫三位先生代表彼得堡参加。

　　这次会议接着通过了如下**决议**,这个决议国外报纸并没有报道,但俄国的小报却转载了:

　　"地方自治和城市活动家联席会议尽管在个别政治问题上意见不同,但一致确信:目前俄国处境内外交困的根本原因是,至今尚未废除的官僚制度不承认个人和社会的自由,压制人民的自觉性和人民的主动性,不让居民参加国家生活,使不负责任的行政机关胡作非为愈演愈烈,不受任何限制;这个制度多年来给我们国内生活带来的是暴力、虚伪和腐败,现在又灾难性地导致严重的外部危险,把国家拖入毁灭性的战争,在战争期间煽起并纵容内部互相仇视,使国家遭受接连失败,使我们的海军遭到俄国历史上空前未有的毁灭。因此会议认为,这个制度的继续存在不仅威胁着国内和平、秩序和人民的福利,而且还威胁着皇位的巩固、俄国的完整和外部安全。会议认为,为了拯救国家,绝对有必要采取下列措施:

1.紧急召开自由选举产生的全民代表会议,协同君主解决战争与媾和问题以及确立国家的法制问题;

2.立即废除与人身、言论、出版、结社和集会自由的原则相抵触的法律、制度、规定和命令,并宣布政治大赦;

3.立即更新行政机构构成,吁请真心忠于国家改造事业并为社会信赖的人主持中央管理机构。”

这个决议同请愿书、同代表团的使命有什么关系,就是说,这个代表团是不是负责陈述决议的内容,或者把决议和请愿书一并呈上,这还不得而知。也许,请愿书是对“圣上”的正式文件,而决议是对“人民”的非正式文件吧?

关于会议上争论的性质,法国《晨报》[149]记者加斯东·勒鲁先生报道说:最“进步”的代表即外省地方自治人士主张二级选举,他们担心在直接选举中他们会被“城市”压倒(显然,他们担心直接选举不能充分保证地主对农民的特权)。《法兰克福报》[150]记者写道:

“俄国地方自治机关,作为一个政党,分成三派:地方自治**自由主义**多数派(领袖是葛伊甸伯爵),以希波夫先生为首的地方自治**温和自由主义**亲斯拉夫民族主义少数派和地方自治激进立宪派。值得注意的是,在选举代表时,‘封建’代表竟然通过了。温和派想要德高望重的古老家族的人当他们当之无愧的代表去晋谒沙皇。而对请愿的结果不抱任何幻想的激进派,则希望古老家族的代表们亲眼看到,政府是不会**自愿**作出任何让步的。"

　　司徒卢威先生所吹捧的"立宪民主"(应读做:君主)党的模糊不清的组织的种种方便很快就在实际中显露出来了。坚强巩固的党组织是不便于搞交易和讲价钱的,不便于要花招和施诡计的。让"解放社"(这可能就是《法兰克福报》记者所说的"激进派")和"地方自治派"(就是说,既是葛伊甸的支持者,又是司徒卢威先生**现在**正式竭力躲避的希波夫的支持者吗?)都加入"党"吧。而地方自治派里既有葛伊甸的支持者,又有希波夫派,还有……"激进派"。谁能搞清楚,就请吧!他们这些热爱祖国热爱资产阶级特权的人,都赞同**协商论**,而这个论调,我们不止一次地在《无产者报》剖析过,现在竟公然写进"请愿书"里,又写进"决议"中。

　　决议想必是用来满足激进派的"理想的"需要的,而请愿书按照"温和派"代表的解释是用来跟沙皇搞物质交易的。会议上各派名额的分配也好,代表团的权限也好,交易的条件也好,地方自治人士进一步的打算也好,都费尽心机瞒着不开化的平民百姓。资产者老爷们以"人民"的名义同沙皇搞交易,而"人民"却无须了解"立宪**民主党**"的最高政策!资产者老爷们将同沙皇就压制言论、压制真理呼声问题、**人民**代表问题和俄国"团结在统一的**人民**旗帜周围"问题等等进行商谈,而人民却完全不必了解自由派和"解放派"的商贩们所奉行的政策的全部真相……　是的,难怪司徒卢威先生最近在《解放》杂志上指责"极端派"(尤其是社会民主党人)过分热衷于密谋性的、雅各宾式的狭隘"秘密活动"。我们社会民主党人是背着沙皇及其爪牙进行秘密活动的,同时却关注着如何使人民了解我们党的一切,了解党的内情、党的纲领和策略的发展,甚至了解党代表大会的这位或那位代表在代表大会上讲了些什么。开明的资产者解放派老爷们是背着……不了解赫赫有名的"立宪民主"党底细的人民搞秘密活动的,然而他们却对沙皇和沙皇的爪牙推心置腹,无话不谈。谁还能说他们不是民主主义者呢?

地方自治人士代表对不愿意让他们去晋谒沙皇的宫廷奸党推心置腹地谈了些什么,我们不知道。不过他们推心置腹,谈了又谈,时间很长。外国报纸迫不及待地探听有关代表先生们的"最高政策"的每一步骤的消息。彼得堡,6月9日(5月27日)。地方自治人士代表团首先拜会内务大臣布里根,控告特列波夫。6月10日(5月28日)。布里根向代表团宣称,沙皇将不接见代表团,并劝他们离开彼得堡。6月12日(5月30日)。据估计,沙皇有可能接见代表团。6月15日(2日)。加斯东·勒鲁先生拍给《晨报》的专电称:**"地方自治人士代表接受了宫廷事务部[151]向他们提出的晋谒皇帝的条件。随后,弗雷德里克斯男爵已于今晚前往皇村,探询沙皇是否决定接见代表团。"**

俄国的工人和农民们,你们听见了没有? 这就是敌视密谋活动、憎恨秘密活动的"民主主义者""解放派"的所作所为! 他们和警察陛下的宫廷事务部一起搞密谋活动,他们和密探一起对人民搞秘密活动。他们想当"人民"的代表,才接受密探提出的应当**如何**向沙皇呈述"人民"疾苦的条件!

这就是富有的、独立的、开明的、自由主义的、"满怀热爱祖国之情的"人们的所作所为。而粗野的、无文化的、受所有的走狗摆布的劳动平民百姓却不这么干,他们甚至不把同沙皇谈判的条件向有势力的密探说一声,就跟着某个胆子大的神父朝沙皇横冲直闯而来。在人民群众如此缺乏政治修养的情况下,难道能够设想实行共和制或者实行哪怕是直接选举和一院制吗? 有政治修养的人知道门路,他们懂得首先应当从后门去找密探(也许,连上书沙皇的内容和写法都要和他们商量),这样才能使"真理的呼声"真正"上达圣上"。

所谓"人民"的"代表"和沙皇的密探之间搞了什么交易,我们不知道。我们从电讯中得知,在代表团被接见时谢·特鲁别茨科伊公爵作了"长篇发言",用半小时的时间向沙皇讲了俄国的困难处境和地方自治人士不得不直接(不通过密探吗?)向沙皇呼吁的情况。发言给沙皇留下深刻的印象。费多罗夫先生以彼得堡代表的名义讲了话。沙皇致长篇答词。他对战争造成的巨大牺牲表示惋惜,他对海上最近一次的失败表示痛心。他结束答词时说:"先生们,谢谢你们**表达的感情**。"("民主主义者"特鲁别茨科伊的这些感情大概表达得不错,因为他曾向密探们请教过如何表达感情!)"我相信你们是愿意和我一起〈沙皇相信自由派资产阶级;自由派资产阶级相信沙皇;狼狈为奸〉根据新的原则来建立新的国家制度的。我想召开人民会议的愿望"(什么时候? 代表是不是选举的?怎样选举和谁来选举? ——都不得而知。显然,特鲁别茨科伊先生对他所爱戴的君主隐瞒了他们会议的"决议"。想必是密探们劝告他不要和沙皇谈这个问题!)"是不可动摇的。我天天都在想这个问题。我的心愿一定会得到实现。你们今天就可以向城乡居民宣布这一点。在这个新的事业中你们是会帮助我的。人民会议将在俄国同它的皇帝之间〈是特鲁别茨科伊和费多罗夫——同皇帝之间吧?〉重新恢复团结。""会议将是建立在俄国人民原则上的制度的基石。"官方电讯称:代表们对被接见印象极佳,沙皇看来也满意……

这才像真话! 沙皇满意,自由派资产者满意。他们决心彼此长期修好。专制制度和警察当局(真正俄国人民的原则)满意。大财主们(今后将经常地正规地向他们讨教)满意。

　　工人和农民的利益被资产阶级背叛者出卖了,他们是否会满意呢?

载于1905年6月13日(26日)　　　　译自《列宁全集》俄文第5版
《无产者报》第5号　　　　　　　　第10卷第291—297页

戴白手套的"革命家"[152]

6月23日（10日），星期五

国外报纸已经对沙皇接见地方自治人士代表团作出某种评价。资产阶级报刊照例是一副奴才相，它们被沙皇的谦让和地方自治人士的明智感动了，虽然它们对这些不肯定的诺言的分量不免流露出某种怀疑。社会主义报刊直截了当地明确表示，这次接见是一出滑稽剧。

赢得时间和牵着自由派资产阶级的鼻子走，对专制制度是有好处的。一方面给特列波夫以独断专行的大权，另一方面向自由派许下空空洞洞和一文不值的诺言，使他们本来就已动摇的队伍更加动摇。专制政府的策略并不愚蠢。自由派却表现出一副又忠顺又温和又谦虚的样子。真的，政府为什么不利用他们的愚蠢和他们的怯懦呢？"既然是交战，就按交战办事"。交战没有不用军事计谋的。当"敌人"（自由派资产阶级）既不像敌人，又不像老实朋友的时候，——为什么不牵着他的鼻子走呢？

我们在社论中已经提到过的加斯东·勒鲁先生，就接见代表团一事作了如下的详细报道，虽然不大可靠，但至少是颇有特色和值得注意的。"宫廷事务大臣弗雷德里克斯男爵对代表们说，尽管他很愿意，但是他很难安排彼特龙凯维奇先生进见皇帝，因为据说他有革命联系。代表们回答大臣说：奥地利皇帝的大臣当中，就有一个叫安德拉西的，虽然曾经判过刑。这个论据排除了最后障碍，于是全体代表都被接见了。"

一个好论据。西欧资产阶级起初毕竟是真正进行过战斗的,甚至曾经一度是共和派,它的领袖们曾被"判过刑"——曾因为**国事罪**被判过刑,也就是说,不仅仅是因为革命联系,而是因为**真正的革命行动**。后来,过了许多年,有时经过几十年,这些资产者,同不仅不要共和制,而且不要普选权、不要真正的政治自由的最贫乏和最残缺不全的宪法,就完全妥协了。自由派资产者彻底同"王位"和警察妥协了,他们自己掌了权,就一贯残酷镇压工人追求自由和追求社会改革的一举一动。

俄国自由派资产阶级又想开心又想得利,**被当做有"革命联系"的人**是开心的,能够在血腥的尼古拉皇帝统治下捞到一个大臣宝座是得利的。俄国自由派资产者根本不想冒"被判处"国事罪的风险。他们宁愿**直接跳**到像安德拉西那样的前革命家们当秩序党部长的时代! 1848年安德拉西伯爵曾经积极参加革命运动,以致在革命被镇压以后被判处**死刑并且绞死模拟像**(in effigie)。后来他流亡法国和英国,只是在1857年大赦后才回到匈牙利。那时,他才开始了他的"大臣"生涯。俄国的自由派不要革命,他们害怕革命,他们想不干革命一下子就享有**前革命家**的声望! 他们想一下子就从1848年跳到1857年! 他们想一下子就和沙皇炮制出像1848年革命**失败**后反动势力疯狂嚣张时期欧洲曾经有过的宪法一样的宪法。

不错,安德拉西这个例子选得妙。像一滴水珠反映出整个太阳一样,通过安德拉西和彼特龙凯维奇之间的这一比较,反映出曾经一度主张共和制的革命的欧洲资产阶级民主派与俄国君主立宪的(甚至在1905年1月9日以后)资产阶级"民主派"之间的对照。

欧洲资产者最初曾为共和制在街垒中进行过战斗,后来流亡异乡,最后背叛了自由,出卖了革命并为立宪君主效劳。俄国资产者想"学习历史"并"缩短发展阶段":他们想一下子就出卖革命,一下子就成为自由的背叛者。他们窃窃私语,相互重复着耶稣对犹大说的一句话:你所做的快做吧![153]

加斯东·勒鲁先生继续写道:"当代表们被引进皇宫中沙皇接见大厅时,突然发现革命家彼特龙凯维奇没有戴白手套。近卫军上校普佳京马上脱下自己的手套,急忙递给革命家彼特龙凯维奇。"

接见开始了。特鲁别茨科伊公爵作了发言。据加斯东·勒鲁先生透露,他首先向沙皇表示感谢,感谢沙皇"开恩接见他们,这是表示对他们的信任"。特鲁别茨科伊公爵担保(不是以整个"立宪民主派"或"解放派"的名义吗?),"我们是秩序和和平的信徒","沙皇被"他的谋士们"欺骗了"。在他的发言中,最"大胆的"地方是谈到布里根设计的等级代表会议"不能容许"……这一番话。你们想到这是什么原因吗? ……这是因为"陛下您,不是贵族、商人和农民的沙皇,而是全俄国的沙皇"。"代表机关必须包括全体人民,无一例外。"关于我们刊登在社论中的地方自治会议的决议①,果然不出所料,**只字未提**。

费多罗夫先生在自己的发言中涉及"戴白手套的革命"的**财政方面**……战后国家预算将增加 3 亿—4 亿,要"为进步和文明付出巨大努力",而要做到这一点,就要有"社会的独立性",就要把"人民中间的所有天才人物(是在特列波夫的监督下挑出来的吧?)调

---

① 见本卷第 278—279 页。——编者注

动起来"。

沙皇的答词大家都知道了。加斯东·勒鲁先生的电讯称:"沙皇讲完话之后,同代表——亲切交谈。他甚至还问大名鼎鼎的革命家〈彼特龙凯维奇〉是不是贵族代表。后者回答说不是。当时沙皇表示希望他会有一天成为贵族代表。然后,又转向另一位代表。沙皇离开大厅,代表们被引进皇宫后厅,在那里请他们进早餐,据他们说,这餐饭约值75个戈比。不管怎么说,代表们对这番经历感到心满意足了。"(如果说不能立即当上大臣,那么总还是答应派个贵族代表当当吧!安德拉西也许就是从贵族代表之类的职位起步的!)"当他们获悉沙皇的正式复文时,他们已经开始向各地发出了无数封电报。"(主题是沙皇和"人民"之间的信任现在又恢复了吗?)"当他们在复文中没有找到看来是一种诺言的唯一重要的话时,不禁大为震惊。'我皇召开人民代表会议的意志是坚定不移的'这句话竟写成了'我皇的意志是坚定不移的'。代表们当即退回这个无法接受的正式复文。今天,他们以多少有点焦急的心情等待着送来写着他们大家都曾听到的那些话的复文。一位代表今天晚上〈加斯东·勒鲁先生的电讯标明的日期是6月20日(7日)〉对我谈起这种奇怪的文字改动时曾说:这已经不是专制,这是一种把戏。"

说得不错,或者说,想得不错,如果这一切都是勒鲁先生想出来的话。即使召开人民代表会议的诺言写入答词的正式文本,这里总还有把戏。白手套,特别是仆从的白手套,是彼特龙凯维奇和罗季切夫这帮先生们的政治行为的真正标志。他们自己开始就玩把戏,他们不仅商量好晋谒的条件,而且还将自己的决议和自己的真正愿望藏在口袋里,说了一些关于沙皇受骗的不体面的事情等等。他们现在无权抱怨别人用把戏来回敬他们的把戏。因为召开人民代表会议的诺言反正没有什么意义,反正没有提供什么东西,倒是为布里根和特列波夫的"宪法"和种种拖延留有充分余地。一切照旧,只有自由派像小孩子一样上了当,他们只因为沙皇答应给一个贵族代表头衔而丢了脸,他们为专制制度效劳,发关于"信任"的电报,作关于接见的报告,像尼基京先生在彼得堡市杜马所作的报告一样。

我们不想扮演卡桑德拉[154]这个角色。我们不想预言俄国革命的结局将是又可笑又可耻。但是,我们有责任直截了当地公开告诉工人,告诉全体人民:事情正在朝这样的结局发展。所谓的立宪民主党和所有这些解放派先生们,正在把事情恰恰引向这个结局,而不是别的结局。不要被大吹大擂、废话连篇的激进解放派演说和地方自治会议决议欺骗了。这些涂满油彩的舞台布景是给"人民"看的,而热闹的交易却在幕后进行。自由派资产阶级很会分配角色:让激进的空谈家赴宴和开会,让老奸巨猾的生意人在宫廷奸党中间"筹建基地"。可是,既然整个政权原封未动地照旧掌握在专制制度手里,**这种**事态发展的必然结果,与其说"宪法"像解放派"宪法",不如说一百个像布里根"宪法"。

俄国革命的命运现在取决于无产阶级。只有无产阶级才能结束这场交易。只有无产阶级才能以新的英雄气概唤起群众,瓦解动摇的军队,把农民吸引到自己方面来,并且手持武器为全体人民夺取自由,无情地镇压自由的敌人,把资产阶级自私自利和动摇不定的自由饶舌家抛到一边。

载于1905年6月13日(26日)　　　译自《列宁全集》俄文第5版
《无产者报》第5号　　　　　　　　第10卷第298—303页

给《莱比锡人民报》编辑部的公开信¹⁵⁵

(1905 年 6 月 12 日〔25 日〕以后)

敬爱的同志们：

卡·考茨基同志在《莱比锡人民报》第 135 号上写了一篇文章谈俄国社会民主党的分裂。我们不得不请求贵报发表我们对考茨基同志的攻击的答复，并允许我们驳斥这篇文章中的事实错误。我们将尽量写得简短。

考茨基说："现在出版刚刚结束的俄国代表大会的决议的德文本极不适宜"，决议"将使大多数读者对俄国社会民主党内的关系得出完全错误的印象"。考茨基走得太远了，他竟建议德国同志们不要传播这些决议。

我们反对这种做法，我们认为，除了俄国社会民主工党第三次代表大会的决议原件，以及新火星派召开的"代表会议"的决议，没有任何东西能够向德国同志正确提供俄国社会民主党内关系的情况了。

我们声明，考茨基犯了个大错误，因为他所写的，至多也只是些道听途说的东西，他所提供的俄国社会民主党内现存关系的情况，完全走了样。例如，考茨基推测说，"决议〈俄国社会民主工党第三次代表大会的〉现在可能已经失去它的意义，甚至对决议起草①人来说也是如此"。这简直是笑话。关于我们和新火星派之

---

① 在《莱比锡人民报》上"faßten"（"起草"）误印为"haßten"（"仇恨"）。

间的统一的谈判，现在进行过多次，而且最近2—3个月以来一直在继续进行，但是，直到现在，这些谈判的结果却等于零。

德国社会民主工党慕尼黑的党的出版社（比尔克公司）出版了俄国社会民主工党第三次代表大会决议译文专册，有人竟企图用抵制小册子这种粗暴的、机械的、罕见的办法来封锁我们在德国社会民主党的报刊上的声音。我们坚决抗议这种做法。考茨基没有任何权利说自己是不偏不倚的。他在俄国社会民主党内目前的斗争中，从来就有偏心。他当然完全有权这样做。但是，有偏心的人最好不要把不偏不倚说得太多了，免得叫人说虚伪。

考茨基把俄国社会民主工党第三次代表大会的全部决议，描绘成"列宁和他的朋友们攻击普列汉诺夫和他的朋友们"。对此有三点小小的说明。第一，在17项决议中只有4项决议直接或间接涉及俄国社会民主工党内我们的反对者。第二，普列汉诺夫现在已经退出《火星报》编辑部（见《火星报》第101号）。这表明，考茨基对我们的关系了解得多么不够。第三，我们请德国同志们考虑一下，当一个享有考茨基同志那样的威望的人企图用"列宁和他的朋友们攻击"这样的"描绘"来贬低全党代表大会的工作时，这将给俄国社会民主党人留下什么印象呢？譬如说，如果有人竟把德累斯顿党代表大会的工作描绘成（不看会议记录）考茨基和他的朋友们攻击……那么在德国对这种人会有什么看法呢？

我们向全体德国社会民主党人进一言：同志们！假如你们真正认为俄国社会民主工党是兄弟党，那么，对那些所谓不偏不倚的德国人向你们讲的关于我们党分裂的情况，就一句话也不要相信。

你们应当要求看文件，看原件。同时请不要忘记：偏见比无知离真理更远。

致社会民主党的敬礼！

俄国社会民主工党中央机关报(《无产者报》)编辑部

附言：法国社会主义者对不偏不倚的理解与德国人有些不同。他们的中央机关报《社会主义者报》[156]不久前把俄国社会民主工党第三次代表大会决议的译文作为专页附刊发表了。

载于1931年《列宁文集》俄文版第16卷

译自《列宁全集》俄文第5版第10卷第304—308页

无产阶级的斗争和
资产阶级的奴颜婢膝

(1905 年 6 月 15 日〔28 日〕)

罗兹的起义和街垒武装战斗[157]，——伊万诺沃-沃兹涅先斯克的大屠杀[158]，华沙和敖德萨的总罢工和枪杀工人[159]，——地方自治人士代表团滑稽剧的可耻收场，——这就是上个星期的主要政治事件。如果加上今天(6 月 28 日(15 日))日内瓦报纸报道的关于哈尔科夫省列别金县的农民骚动，关于 5 处地主庄园被捣毁和军队派往该地的消息，那么，我们就会看到，一个星期之内发生的事件，反映出目前革命时期暴露得如此露骨和明显的一切基本社会力量的性质。

无产阶级的骚动没有断过，特别是在 1 月 9 日以后。它不给敌人一分钟的喘息时间，主要是通过罢工发起进攻，避免同沙皇制度的武装力量直接冲突，准备大决战的力量。在工业最发达、工人政治素养最高，除了经济压迫和一般政治压迫还有民族压迫的地方，沙皇制度的警察和军队尤其猖狂，公然向工人挑衅。而工人们，他们甚至没有斗争准备，起初甚至只搞防守，但是以罗兹的无产阶级为代表，不仅为我们树立了革命热忱和英雄气概的新的榜样，而且提供了最高的斗争形式。尽管他们的武装还很差，甚至非常差，他们的起义仍旧是局部起义，与总的运动没有联系，但是他们总算前进了一步,他们高速度地在市区的大街上筑起了几十个街垒,他们使沙皇政府的军队遭到严重损失,他们在一些房子里顽强抵抗。武装起义正在向纵深发展。沙皇刽子手屠刀下的新的牺牲者(在罗兹伤亡达 2 000 人),又激起千百万公民对万恶的专制制度的强烈仇恨。新的武装战斗愈来愈引人注目地表明人民与沙皇政府武装力量的武装决战是不可避免的。从个别的爆发中愈来愈清楚地展示出正在全俄燃烧的熊熊大火的画面。无产阶级的斗争扩展到更多的最落后的区域,连沙皇的走卒也热心为革命办事,他们把经济冲突变成政治冲突,用工人自己的命运到处向工人说明推翻专制制度是绝对必要的,教育工人成为未来的人民起义的英雄和战士。

　　人民武装起义,这个口号是无产阶级政党通过俄国社会民主工党第三次代表大会坚决提出来的。事变本身,日益扩大和日益激化的革命运动的自发过程本身,愈来愈接近这个口号了。一切动摇和怀疑都应当赶快消除,所有的人都应当赶快认识到,现在回避最积极地准备武装起义这个刻不容缓的任务是多么荒谬,多么可耻;拖下去是多么危险;把各地发生的局部起义统一起来和联合起来又是多么迫切需要。这些发动,各个孤立起来是没有力量的。如果运动还像现在这样自发地、缓慢地从一个城市转移到另一个城市,从一个地区转移到另一个地区,那么,沙皇政府有组织的力量就会把起义者逐个击破。但是,这些发动联合在一起,就能汇合成一股强大的革命烈火的巨流,世界上任何力量也抵挡不住。这种联合正在进行,通过我们所不知道所未想到的千万条途径正在进行。人民通过这些个别的发动和搏斗学习革命,我们的工作就是不要落后于当前的任务,而要善于随时指出下一个更高的斗争阶段,从过去和现在吸取经验教训,更大胆更广泛地号召工人和农民前进再前进,争取人民的完全胜利,争取彻底消灭目前正在垂死挣扎的专制匪帮。

在社会民主党内,尤其是在它的知识分子一翼,常常有这样的人,他们贬低运动的任务,灰心丧气,对工人阶级的革命毅力失去信心。有些人甚至现在还认为,既然民主主义变革按其社会经济性质来说是资产阶级的变革,那么无产阶级就不应当力求在这个变革中起领导作用,积极参加,提出推翻沙皇政权和建立临时革命政府等先进口号。事变也在教育这些落后的人。事变在不断证明从马克思主义革命理论中得出的战斗结论。民主主义革命的资产阶级性质并不意味着这个革命只对资产阶级才有利。恰恰相反,它对无产阶级和农民最有利、最需要。事变日益清楚地表明,只有无产阶级才能够为完全的自由、为共和制进行坚决的斗争,相反,资产阶级却是不可靠和不坚定的。无产阶级能够领导全体人民,把农民吸引到自己方面来,因为农民从专制制度那里得到的,只能是压迫和暴行,从人民的资产阶级朋友那里得到的,只能是背叛和出卖。无产阶级由于自己在现代社会中所处的阶级地位,能够比一切其他阶级更早地懂得,伟大的历史问题最终只有用暴力来解决,自由不付出巨大的牺牲是得不到的,沙皇政府的武装抵抗必须靠手持武器去粉碎和击溃。否则,我们就不会得到自由,否则,俄国就会和土耳其的命运一样——长期处于痛苦的衰落和瓦解状态,这种状态对于所有被剥削的劳动人民群众来说就尤其痛苦。让资产阶级去低三下四和当奴才吧,去讨价还价和苦苦哀求小恩小惠吧,去取得一点可怜的假自由吧。无产阶级将投身战斗,率领备受最卑鄙最难忍的农奴制度折磨和备受欺凌的农民,去争取充分的自由,这种自由只有武装起来的人民凭借革命政权才能捍卫得住。

社会民主党提出起义的口号并不是出于一时冲动。它一向反对,而且将继续反对革命的空话,它要求清醒地估计力量和分析时机。社会民主党从1902年起就说要准备起义,但从来不把这种准备同无意义的暗中策划骚动混为一谈,因为人为地搞骚动只会白白耗费我们的力量。而只是现在,在1月9日以后,工人政党才把起义的口号提上日程,认为起义是必要的,准备起义的任务是刻不容缓的。专制制度本身把这个口号变成了工人运动的实践口号。专制制度给广大群众传授了国内战争的基本知识。这个战争已经开始了,并且进行得愈来愈广泛,愈来愈尖锐。我们只是应该把这个战争的知识加以总结,说清楚"国内战争"这几个字的全部伟大含义,从这个战争的个别战役中得到实际启示,组织力量,为真正的战争所必需的一切直接并立即作好准备。

社会民主党不怕正视真相。它了解资产阶级背叛的本性。它知道,自由给工人带来的不是安宁,不是和平,而是为争取社会主义进行新的更伟大的斗争,同现在的资产阶级这个自由的朋友进行斗争。虽然如此(而且正因为如此),自由却是工人绝对需要的,工人比任何人都更需要自由。只有工人能够领导人民为争取充分的自由而斗争,为争取民主共和国而斗争,他们也一定会为此作殊死的斗争。

不用说,人民当中还有许多愚昧无知的东西,还应当做大量的工作去提高工人的自觉,更不用说农民了。但是,请看看昔日的奴隶是怎样迅速地挺起了腰杆的吧,甚至在半绝望的眼神中是怎样闪耀着自由的火花的吧。请看看农民运动吧。这个运动分散,缺乏自觉,关于它的范围和性质的真实情况,我们知道得不多。但是我们确切地知道,觉悟的工人和正在奋起斗争的农民,有共同语言,彼此了解,每一线光芒都会把他们更紧密地团结起来为自由而斗争,那时他们就不会再把**自己的**革命,即民主主义革命交给又怯懦又可鄙又自私的资产阶级与地主去掌握了,因为这个革命能够使他们得到土地和自由,能够使他们得到在资产阶级社会中可以实现的对劳动者生活的种种改善,便于进一步为争取社会主义而斗争。请看看中部的工业区吧。不久以前我们不是还认为这些地区在沉沉酣睡吗?不久以前大家不是都还认为那里只能搞局部的、分散的、小规模的工会运动吗?而现在那里却已爆发了总罢工。成千上万的人已经奋起和正在奋起。政治鼓动空前展开。当然,那里的工人还远赶不上英勇的波兰的英勇的无产阶级,但是沙皇政府正在迅速启发他们,迅速迫使他们"赶上波兰"。

不,全民武装起义不是幻想。无产阶级和农民在当前的民主主义革命中取得完全胜利也不是空想。这样的胜利会给多年来追求幸福而遭到军阀和地主反动势力人为压制的欧洲无产阶级开辟怎样伟大的前景啊!俄国民主主义革命的胜利将是社会主义革命开始的信号,将是我们的弟兄,全世界觉悟的无产者争取新胜利的信号。

和无产阶级的强大而英勇的斗争比较起来,地方自治人士和"解放派"在有名的晋谒尼古拉二世时所表示的一片忠心显得多么渺小而令人恶心。小丑们受到了应得的惩罚。他们记述沙皇皇恩浩荡的言论的恬不知耻而又扬扬得意的报告墨迹未干,这些言论的真正意思就通过新的事实暴露在所有的人面前了。书报检查机关蛮不讲理。《俄罗斯报》[160]仅仅登了一个小小请求就被勒令停刊。以特列波夫为头子的警察独裁万事亨通。沙皇言论的官方解释是：他恩准在不侵犯自古以来的"土生土长的"专制制度的条件下召集人民代表**咨议**会议！

美舍尔斯基公爵在《公民》[161]上对接见代表团的评价看来倒是正确的。他写道，尼古拉竟能欺骗地方自治人士和自由派。尼古拉竟能**牵着他们的鼻子走**！

颠扑不破的真理！地方自治人士和解放派的首领们被牵着鼻子走了。他们活该。他们讲些奴颜婢膝的话，不拿出自己关于立宪的真正决议和主张，对沙皇伪善的演说保持可耻的沉默，他们为此受到了应得的惩罚。他们过去和现在一直在讨价还价，力图得到对资产阶级来说是"无危险的"一点假自由。希波夫同布里根讨价还价，特鲁别茨科伊同希波夫讨价还价，彼特龙凯维奇和罗季切夫同特鲁别茨科伊讨价还价，司徒卢威同彼特龙凯维奇和罗季切夫讨价还价。他们讨价还价，"暂时"同意了地方自治人士代表团所提出的纯粹希波夫式的纲领。这些买卖人得到了好报……被士兵的靴子踢了一脚。

难道俄国资产阶级"解放派"的首领们这一次蒙受的耻辱还不是结局的开始吗？难道那些能够成为真诚而正直的**民主主义者**的人甚至现在还不肯离开这个赫赫有名的"立宪民主党"吗？难道他们不懂得，在这个"党"里，"地方自治派"拜倒在专制制度脚下，而"解放社"又拜倒在地方自治派脚下，他们支持这样的"党"，就是无可救药地使自己蒙受耻辱，就是背叛革命事业吗？

我们欢迎地方自治人士代表团的结局！假面具已被撕下来了。请选择吧，地主老爷们和资产者老爷们！请选择吧，有教养的人士和各种"联合会"的成员先生们！是拥护革命还是拥护反革命？是拥护自由还是反对自由？谁想成为真正的民主主义者，谁就应当进行斗争，谁就应当同阿谀逢迎之徒和叛徒决裂，谁就应当建立一个尊重自己和自己的信念的正大光明的党，谁就应当坚决地毫不动摇地站到武装起义方面来。而谁想继续玩弄外交手腕，不说真话，讨价还价，阿谀逢迎，大谈其谁也不信的威胁，对尊敬的皇上答应赐给贵族代表职位欣喜若狂，谁就应当受到拥护自由的人公开的一致谴责。

　　打倒出卖自由的资产阶级叛徒！

　　革命的无产阶级万岁！为争取完全的自由、争取共和制、争取无产阶级和农民的最切身最迫切的利益而举行的武装起义万岁！

载于1905年6月20日(7月3日)　　　　译自《列宁全集》俄文第5版
《无产者报》第6号　　　　　　　　　　第10卷第310—316页

倒退的第三步

(1905 年 6 月 20 日〔7 月 3 日〕)

从俄国社会民主工党第三次代表大会的决议中,全体同志可以了解到对所谓少数派或新火星派在原则上和组织上应当抱什么态度。第三次代表大会认为有必要同"经济主义"残余进行思想斗争,也认为少数派拥护者在承认党的代表大会和服从党的纪律的条件下可以加入党的组织。既然这个条件不具备,"少数派"所有的团体就应当都被看做党外的组织,而且,经中央委员会和各地方委员会酌定,根据同崩得等达成协议的原则,同这些团体达成实际**协议**自然是可以允许的。

关于党内分裂出去的少数派的国外部分,我们目前只能向同志们报道一些消息。代表大会一结束,中央委员会便写信给"同盟",也写信给党的技术部门和会计处负责人,要求"同盟"表明自己对第三次代表大会的态度,要求党的技术部门和会计处负责人把党的财产交给中央委员会。回信一封也没有。新火星派并不反对以全党的名义利用党的印刷所和仓库,接受德国社会民主党和国外各方面寄来的钱,但是,他们却不愿意向党报告党的财产使用情况和党的资金开支的情况。我们认为对这种行为加以评论是多余的。

我们在关于第三次代表大会的文章(《无产者报》第 1 号)中曾表示一种愿望:党内分裂出去的部分至少要尽快把自己的内部组

织得更完整些,这样将便于达成单独的协议,将来实行统一的道路也比较明确。[①] 很遗憾,我们的这种愿望也几乎是实现不了的。少数派"代表会议"的决议现在公布出来了(见《全俄党的工作者第一次代表会议》这本极有趣的小册子即《火星报》第100号附刊和《火星报》第100号)。我们建议一切党组织务必读一读这本小册子,因为我们认为这是同党内分裂出去的部分进行思想斗争的最好不过的材料。这些决议暴露出少数派连组织自己的拥护者也毫无办法了。他们甚至不能召集自己单独的代表会议:他们的代表会议是我们,即通知召开第三次代表大会的多数派委员会常务局和中央委员会召集的。少数派组织的代表是受他们所属组织的委托前来开代表大会的,但结果却来开了代表会议! 代表会议决定不承认第三次代表大会的决议,甚至取消第二次代表大会通过的党章! 代表会议不能成为代表大会,它的决议是**咨议性**会议的决议,须经每个组织批准。既没有出席代表会议的全部名单,也没有记录。因此,少数派组织对承认这个或那个决议的问题只能表示一下可否。由此可见,表决是在不能改动各个决议全文和投票者不了解讨论各个决议的全部进程的情况下进行的。在批准一个决议的这一部分和取消另一部分时,表决票都可能分散,这些表决票该怎样计算,只有天知道。这是波拿巴主义的全民投票原则,它同国际社会民主党通用的民主代表制原则正相反。在我们这里,民主选举产生并负责报告工作的享有全权的组织的代表协商和决定问题。在他们那里,代表和来宾协商和提出建议,而享有全权的组织则是在事后说一声是或不。要瓦解社会民主党人,很难设想

---

① 参看本卷第207—209页。——编者注

有什么比这种制度更合适的了。实际上，这个全民投票制度总是蜕变成一出滑稽剧。

代表会议通过的《组织章程》13条，真可说是件宝贝。党的六层楼的大厦从下到上的顺序是：(1)领导集体，(2)委员会，(3)区域代表大会，(4)区域委员会，(5)代表会议，(6)执行委员会。一般说来，下一级组织选举上一级组织。但是决定领导集体和委员会之间的关系的不是选举原则，而是新火星派所认为的"协商"原则，或我们所认为的"混乱"原则。一方面，整个委员会同各区委员会以及"特殊居民阶层工作小组"的全体成员都进入领导集体。另一方面，"区委员会里也有一名委员会代表"！！一方面，一切重大决定都应当由领导集体作出，另一方面，在紧急情况下，委员会可以"在征求区委员会的意见之前〈！〉"独立行动。再一方面，"委员会必须定期向区委员会报告自己的活动"。如果区委员会的大多数委员对委员会表示不信任，委员会就应"根据区域委员会和区委员会的相互协商"进行改组。对其他党组织（包括区委员会）的权利和构成却毫无规定。关于党员的概念，孟什维克在第二次代表大会上曾作过原则争论，现在完全被抛弃了！同一个组织或政党的成员之间在一切重大的纲领问题和策略问题上达成一致的"协议"的原则，直到现在还被认为是无政府主义的原则。全世界的社会民主党人在这种情况下，过去和现在都实行少数服从多数的原则。新火星派想给世界树立一个永垂不朽的样板：这两种原则可以在最"有诗意的"混乱中混用。不久前我们在一份德国报纸上看到这样的题词："Weder Autorität noch Majorität"，即"既没有权威，也没有多数"。这个原则近似于新火星派的组织-过程论。这份报纸就是德国无政府主义者的机关报：《无政府主义者报》[162]。

在中央机关("统一全党工作的机关")的选举中,新火星派不采取直接选举,而宁愿采取间接选举,即先选出复选人。执行委员会不是由领导集体的代表们直接选出来,而是通过**四级**选举选出来! 为什么突然不喜欢直接选举了——天知道。有人认为:是不是因为司徒卢威先生希望参议院实行普遍选举但非直接选举这个榜样对新火星派产生了影响呢? 这个四级选举究竟将怎样进行,这也只有天知道,因为关于这一点"章程"中只字未提。

这个章程,我们还远没有把它的妙处说完,不言而喻,要信以为真是可笑的。它永远也不会被运用。六层的大马车,即使造得出来,也是动弹不了的。这个章程的意义不在实践上,而在原则上。这是对著名的"组织-过程"论作出的了不起的不可多得的说明。今后,甚至瞎子也应该看到,组织-过程就是破坏组织。过去孟什维克对自己的对手,对第二次代表大会和代表大会所建立的各个机关一直搞破坏。现在孟什维克又对自己的同志搞破坏。这真是把破坏奉为原则了。

孟什维克一开始便破坏了自己的章程,我们并不感到奇怪。他们根本无意于把俄国分成几个区域。他们甚至根本没有在批准委员会和各组织之前预先选出执行委员会。代表会议选出了章程上没有规定的组织委员会,并且赋予它以特殊使命! 现在即使要同孟什维克达成临时的和局部的协议也难上加难,因为这个组织委员会没有任何正式的地位,因而它的措施也不可能有任何决定性的意义。谁想同孟什维克打交道,那就要同它的各个组织,甚至同各位"先生"单独一一联系了,而后者可能会说"我们不允许!"

最后,尤其令人惊奇的是,少数派的"章程"中丝毫没有提到党的机关报刊和党的书刊。机关报刊现在就有(《火星报》,《社会民主党人报》¹⁶³），将来也会有，但是代表会议通过的"章程"却没有规定它们与党之间的**任何**联系。这是很奇怪的，但事实就是这样。著作家置身于党之外，党之上，没有任何监督，没有任何工作报告，也没有任何物质上的依存关系。这种情况同法国社会主义者处于最糟糕的机会主义时期的情况相类似：党是党，著作家是著作家。从这个角度来看，代表会议作出以下的决定也许不是偶然的。关于**党的**（?）书刊的决议："代表会议认为有必要（1）使组织委员会采取措施，增加党的著作家在合法报刊上为党的理论原则而斗争的机会。"孟什维克组织的原型大体上是这样的：这是一些不承担责任又"独立的"、缺少不了又代替不了的"党的著作家"集团。而在他们下面附设一个委员会，张罗着办……合法出版社！

很难用认真的态度来谈这种类型的组织。革命愈临近，社会民主党人在"合法"报刊上公开说话的机会愈临近，无产阶级政党就应当愈严格遵守"党的著作家"对党绝对负责并依靠党的原则。

至于代表会议在策略方面的决议，那么它们出色地证实了第三次代表大会关于社会民主党内"和'经济主义'一脉相承"的种种观点的声明，关于"缩小党的工作规模"的声明。至于决议文字上的马虎潦草，我们就不说了，这些决议倒更像是一些思考纪要、格言、论断、笔记摘录。在这方面，只有《"解放社"的纲领》才能同代表会议的决议相匹敌。摆在我们面前的不是党的最高机关发布的明确指令，而是……几个党的著作家的试笔。

现在就看看这些决议的内容吧。关于起义这个刻不容缓的问题，并没有对你们讲：起义已成为"必要"，不仅应当阐明起义的政治意义，而且应当阐明"起义的具体组织方面"，应当为了这个目的"组织无产阶级"并"在必要时设立专门小组"（第三次代表大会的决议)。不是的。首先对你们讲的是:按规定日期准时起义并用秘密组织手段准备起义的可能性"被排除了";然后你们读到,在扩大鼓动和组织的情况下,可以使自发的运动变成"有计划的起义"。而这种糊涂观念竟要充做无产阶级政党的思想指南! 俄国社会民主工党第三次代表大会**重申并肯定了**关于宣传鼓动,关于一般民主主义运动等等的一切老道理,但是又**补充了**一项新任务:组织无产阶级举行起义,阐明为自由而决战的**新的**斗争方法的"具体组织方面"。代表会议只是泛泛地谈论"准备起义",只是泛泛地重弹关于宣传和组织的老调,不敢独立确定任何新任务,也不提出任何指导性口号,即必须从我们1902年起就谈到的一般的准备向具体的组织安排前进一步。同老"经济派"[164]一模一样。当新的政治斗争任务提上日程时,他们就贬低这些任务,把它们分成阶段,使它们从属于经济斗争的任务。

　　革命的社会民主党人过去说,不仅要搞经济斗争,而且要搞最广泛最大胆的政治斗争。"经济派"回答说,政治鼓动的最好手段是经济斗争。革命的社会民主党人现在说,不仅要进行一般的宣传鼓动,不仅要说清楚起义的政治意义,而且要建立专门小组,立即着手进行具体的组织工作,"要采取最有力的措施武装无产阶级"。新火星派回答说,有计划的起义被排除了,应当扩大鼓动,巩固组织,为自发性向计划性的转化作好准备;只有在这个基础上"起义的时机才会来临","技术上的战斗准备才能获得比较重要的意义……"

　　在他们看来,起义的时机尚未"来临"! 在他们看来,实际的准备还只是"才能获得""比较重要的意义"! 难道这不是地地道道的尾巴主义? 难道这不是在贬低我们还远远没有完成的"刻不容缓的"(第三次代表大会的意见)任务吗？难道这些人不是在向后倒退，从起义倒退到鼓动，像"经济派"从政治斗争倒退到同老板，同政府作经济斗争一样吗？请你们读一读《解放》杂志第71期，看看司徒卢威先生是怎样从武装起义这个口号向后倒退的，看看这个自由派资产阶级的领袖是怎样反驳起义的不可避免性的（第340页），他是怎样竭力贬低"革命的技术问题"的意义的，他是怎样指出"社会心理条件"来**深化**起义的口号的，他是怎样用"给群众灌输民主改革思想"的口号来代替这个口号的；那么你们就会明白，新火星派的尾巴主义对无产阶级的腐蚀影响有多深，它对谁有利。

　　另一个迫切的政治问题是临时革命政府问题。这个问题在第三次代表大会的决议中提得很明确。决议说明，要为建立共和国而斗争；只有起义取得完全胜利才能赢得共和国；必须由临时革命政府召集立宪会议以确保自由和合理的选举；必须为保卫革命成果作好同资产阶级斗争的准备。代表大会的结论和指令是：应当向无产阶级讲清楚临时革命政府的必要性。无产阶级应当要求这个政府办到明确地定下来的事情，即实现全部最低纲领。社会民主党参加政府（"从上面"行动）是允许的，参加的目的提得很清楚（同反革命作无情的斗争，捍卫工人阶级的独立利益）。参加的条件也提得很明确：形式条件是党的严格监督，物质条件即适宜参加的条件，是坚定不移地维护社会民主党的独立性，为社会主义变革准备条件。这些参加政府的条件，这些从上面施加压力的条件，是只有在革命时期才采取的新的特殊活动形式，此外，还指出了在任何情况下都必须采取的经常从下面施加压力的形式和目的，即社会民主党所领导的武装的无产阶级对临时革命政府施加压力的形式和目的。总之，我们在这里对**新的**政治问题作了完满的回答，明确指出了**新的**斗争形式的意义,它们的目的,这个斗争的纲领,允许采用这些形式的条件。

代表会议的决议又是怎样的呢? 这个决议一开头便作了非常**错误的**论断,似乎"革命对沙皇制度的决定性胜利"的标志,既可以是成立临时政府,"也可以是由某个代表机关在人民的直接革命压力下决定提出筹备全民立宪会议的革命倡议"。

不论起义是胜是败,不论是用革命手段召开真正的立宪会议,还是由沙皇搞一个不伦不类的人民代表机关,都可以而且应当对党作出策略上的指示。但是,把尚未具备获得胜利的决定性条件的事情叫做决定性胜利,那是搞乱革命意识,而不是指导革命意识。任何代表机关关于筹备立宪会议的任何"决定",都还远不等于决定性胜利,就像说远不等于做一样,因为沙皇政权手中有权,能够不让言语变成行动。新火星派的决议同老"经济派"的论断一模一样:说什么工人的决定性胜利,既可以是由工人争得八小时工作制,也可以是由政府恩赐十小时工作制,工人再从十小时工作制过渡到九小时工作制。

代表会议的决议重申了马克思主义关于民主主义革命的资产阶级性质这一无可置疑的论点,但是,对这个论点的解释却是狭隘的或错误的。它不提共和制的战斗口号,却给我们描写"消灭君主制度"的过程。它不指出在革命时期无产阶级起义成功条件下可能而且必须采取的"从上面"斗争的**新**方式的条件和任务,却向我们提出"仍然做极端革命的反对派政党"的论点。这个论点对议会斗争来说好得很,对从下面行动来说好得很,但是用在起义时期就非常不恰当。在这样的时期,"反对派"的任务就是用暴力推翻政府,而代表会议却未能就这个问题提出指导性口号。

代表会议的决议允许在个别城市和个别地区局部地和短暂地"夺取政权"，这就背弃了新《火星报》定下的同资产阶级一起参加临时革命政府就是背叛无产阶级，就是米勒兰主义等等这条"原则"。局部的和短暂的背叛并非不是背叛。但是，把任务限制在个别城市或个别地区是解决不了任务的，只不过是把注意力分散和把问题化小从而把问题搞乱罢了。最后，代表会议决议中的"革命公社"这个口号，模糊不清，简直无异于一句空话，同无产阶级和农民的革命民主专政这个口号是不同的。

新火星派关于临时革命政府的整个决议和他们关于起义的决议，毛病是一样的，就是不善于确定当前新的策略任务，老调重弹，不号召前进，不给先进阶级提出民主革命的指导性口号，贬低这个阶级的任务，缩小它的活动规模，轻视它的革命热忱和革命能量。这个错误的策略路线的政治倾向，就是新火星派向解放派靠近，把在民主主义变革中的领导作用让给自由派资产阶级，把无产阶级变成资产阶级的简单附属品。

代表会议的其他一些不太重要的决议也有上述基本缺点。例如，不提用革命手段实现八小时工作制的口号（第三次代表大会的决议），只提为争取法定的八小时工作制而进行鼓动这个不合时宜的旧口号。不提立即组织革命农民委员会，只建议向立宪会议提出成立这些委员会的要求。代表会议的决议不提同资产阶级解放运动的不彻底性、局限性和不完备性进行斗争，这些特性在哪里表现出来，就在哪里进行斗争（第三次代表大会的决议）这样的口号，反而重犯斯塔罗韦尔的错误，追求虚幻的任务：寻找"石蕊试纸"，列出"项目"，资产阶级民主派完成了这些项目，就可以被称做人民的忠实朋友。新火星派决议中的"项目"，当然是一下子列不完全的。共和国的口号就没有。由此可见,类似"俄国解放联盟"(《无产者报》第 4 号)这样的民主主义团体倒可以划入这些"项目"了,虽然用来对付解放派在这个团体中占优势的任何保障实际上并不存在。①

不言而喻,在一篇报纸的文章里我们只能大体上粗线条地勾画出新火星派表现在代表会议决议中的整个策略路线的基本错误。他们的"组织-过程"论倒不用认真对待,但是他们的策略的错误倾向对一个政党来说却要认真对待,而且也很重要。因此,我们将在一本专门的小册子[165]里详细分析这些倾向,这本小册子已付印,不久即将问世。

载于 1905 年 6 月 20 日(7 月 3 日)　　译自《列宁全集》俄文第 5 版
《无产者报》第 6 号　　　　　　　　第 10 卷第 317—327 页

---

① 见本卷第 265—276 页。——编者注

309

致社会党国际局①

(1905 年 6 月 21 日〔7 月 4 日〕)

亲爱的公民们：

《无产者报》编辑部今天收到柏林来电。一个同志要求我们通知国际局：据《柏林每日小报》[166]非官方的电讯称，俄国政府已经请求各强国把它们的警卫舰[167]从君士坦丁堡派往敖德萨，帮助它恢复秩序。

俄国政府由于不再信任本国的海军，试图让欧洲国家的军舰以保护**居住**在敖德萨的外国人为借口去反对俄国革命，这是完全可能的。

这样，欧洲各国人民就有被迫充当扼杀俄国自由的刽子手角色的巨大危险。为此，我们请求你们，亲爱的公民们，讨论一下这个问题并寻求防止出现这种可能性的办法。也许可以以社会党国际局的名义向各国工人发出呼吁书，在这个呼吁书中应当强调指出，在俄国正在进行的不是平民暴乱，而是革命，是争取自由的斗争；这个斗争的目的，是召开一切进步政党尤其是社会民主工党所要求的立宪会议。把这样的呼吁书译成各种文字，在世界各国的社会党报纸上发表，通过我们所掌握的一切手段散发出去，这也许能够影响舆论和挫败俄国政府扼杀自由的计划。

---

① 这封信的原文是法文。——编者注

我们希望你们把你们对这个问题的看法告诉我们。

亲爱的公民们,请接受我们的兄弟般的敬礼。

俄国社会民主工党中央委员会

尼·列宁(弗·乌里扬诺夫)

载于1924年2月2日《人民报》
(法文)第33号

译自《列宁全集》俄文第5版
第10卷第328—330页

俄国社会民主工党   全世界无产者联合起来!

三种宪法或三种国家制度[168]

(1905 年 6 月 24 日〔7 月 7 日〕)

警察和官吏要求的是什么?	极端自由派资产者(解放派或立宪民主党)要求的是什么?	觉悟的工人(社会民主党人)要求的是什么?
——专制君主制。	——立宪君主制。	——民主共和制。

这三种国家制度是什么?

专制君主制	立宪君主制	民主共和制
1.沙皇是专制君主。	1.沙皇是立宪君主。	1.不要沙皇。
2.国务会议(由沙皇任命的官员)。	2.人民代表组成的参议院(实行非直接的、不完全平等的和不完全普遍的选举)。	2.不要参议院。

3.国家杜马或人民代表组成的咨询议院（实行非直接的、不平等的和不普遍的选举）。	3.众议院（实行普遍、直接、平等和无记名投票的选举）。	3.单一的共和国议院（实行普遍、直接、平等和无记名投票的选举）。

这三种国家制度的意义何在？

专制君主制	立宪君主制	民主共和制
1和2。警察和官吏享有统治人民的全权。	1.以沙皇为首的警察和官吏享有三分之一的权力。	1.无论是警察，无论是官吏，都没有任何独立的权力；他们完全服从于人民。
3.大资产阶级和富裕地主有发言权。 ——人民没有任何权力。	2.大资产阶级和富裕地主享有三分之一的权力。 3.全体人民享有三分之一的权力。	2.无论是资本家，无论是地主，都不享有任何特权。 3.全体人民享有全部权力，即统一的、完全的和整个的权力。

这三种国家制度的目的是什么？

专制君主制

为了使廷臣、警察和官吏过最好的生活；

——使富人能够为所欲为地掠夺工人和农民；

——使人民永远处于无权和愚昧无知的状态。

立宪君主制

为了使警察和官吏依附于资本家和地主；

——使资本家、地主和富裕农民能够自由而心安理得地、根据权利而不是任意地掠夺城乡工人。

民主共和制

为了使自由的、有教养的人民学会自己管理自己的一切事务，——主要是为了使工人阶级能够自由地为争取社会主义，即为争取不再有富人和穷人，全部土地、一切工厂都归全体劳动者所有的制度而斗争。

1905年6月24日(7月7日)
印成传单

译自《列宁全集》俄文第5版
第10卷第332—334页

《特列波夫搞专制独裁和
希波夫被提名上台》一文未完草稿

(1905 年 6 月 25 日〔7 月 8 日〕以后)

　　随着我国资产阶级先进部分组成"立宪民主党",密切注视这个党的政策并教育人民认识这种政策的重任便落到无产阶级有觉悟的代表肩上。我们已经不止一次地指出地方自治派同专制制度讨价还价,"解放社"同地方自治派讨价还价。现在不得不指出这种讨价还价的又一个事实。希波夫先生被提名担任内务大臣的传闻在国外报刊早有透露。现在,法国和英国最有影响的资产阶级报纸《时报》和《泰晤士报》的记者对此作了详细报道。

　　请看公历 7 月 7 日他们从彼得堡向《时报》发出的报道:"如果需要拿出沙皇诚心诚意实行改革的证据,那么内务大臣一职提请
对抗
希波夫先生担任这个事实就是这样的证据。希波夫先生属于反对立宪主义的地方自治少数派,他制定了人民代表机关的草案,就是布里根先生狠狠加以利用的那个草案。在五月代表大会上,他表示同意多数派即立宪派的意见。可见,此人善搞中庸之道,他能使两个极端派别都满意,同时他还适合掌管副内务大臣特列波夫所拥有的种种特殊警察大权。

　　据说,希波夫先生同意就职的唯一条件是要沙皇赏赐出版

自由。"

　　《**泰晤士报**》记者电称:"今天压倒所有一切事件的最新消息,就是希波夫先生被提名担任内务大臣一职。这一提名的可能性尽管早就有人说过,但这件事仍然完全出人意料。最近,希波夫先生已同地方自治多数派和解,因此认为不可能提他当大臣是很自然的。在伊格纳季耶夫差不多即将就任之际,沙皇突然决定让希波夫继承布里根先生的衣钵,这表明沙皇的计划有重大改变。人们认为,俄国南方最近发生的悲剧性事件对沙皇产生了影响,这些事件雄辩地证明,甚至在沙皇政权最靠得住的维护者当中也在传播革命思想。

　　但是人们还指出,选中希波夫先生并非没有别的用意:也许,借助于自由派的傀儡领袖,会造成旧秩序受到民众欢迎的某种假象。也许,实际上从希波夫先生第一个草案抄来的布里根选举制,至少不会遭到地方自治机关的坚决反对。这种议论倒是有几分近乎情理,因为指望官僚制度突然放弃它的捣乱和伪善政策,那就太过分了。

　　但是,希波夫先生被提名上台的根本问题在于:对他的任命是否能同保存警察专政协调起来呢?希波夫先生本人消除了对这个问题的所有猜测,他宣称他准备服从沙皇意志,但有一个条件,这就是要沙皇陛下保证出版自由。……①

载于1931年《列宁文集》俄文版第16卷

译自《列宁全集》俄文第5版第10卷第398—400页

---

　　① 手稿到此中断。——俄文版编者注

革命军队和革命政府[169]

(1905 年 6 月 27 日〔7 月 10 日〕)

敖德萨的起义和"波将金"号装甲舰转到革命方面,标志着反对专制制度的革命运动的发展又向前迈进了一大步。事变以惊人的速度证明,号召起义和号召成立临时革命政府是适时的,这是无产阶级有觉悟的代表通过俄国社会民主工党第三次代表大会向人民发出的号召。重新燃起的革命烈火,照亮了这些号召的实践意义,并迫使我们把革命战士在俄国当前时期面临的任务更准确地规定下来。

全民武装起义在事变自发进程的影响下眼看着成熟起来和组织起来。不太久以前,人民同专制制度作斗争的唯一表现形式是**暴乱**,即不自觉的、无组织的、自发的、有时甚至是野蛮的骚动。但是,工人运动,即无产阶级这个最先进阶级的运动,很快就从这个开始阶段成长起来。社会民主党自觉的宣传和鼓动已见成效。暴乱被有组织的罢工斗争和反对专制制度的**政治示威游行**取代了。几年来野蛮的军事镇压"教育了"无产阶级和城市平民,使城市平民作好了进行更高形式的革命斗争的准备。专制制度把人民抛入了战争,这场可耻的罪恶战争使人民忍无可忍。群众开始试图对沙皇军队进行武装抵抗。人民同军队开始进行真正的**巷战,街垒战**。最近,高加索[170]、罗兹、敖德萨、利巴瓦[171]向我们树立了无产阶级英雄气概和人民热情奋发的榜样。斗争发展成起义。充当扼杀自由的刽子手的可耻角色，充当警察走卒的角色也不能不渐渐擦亮沙皇军队的眼睛。军队开始动摇。起初，出现个别不服从命令的现象，后备队闹事，军官们反抗，在士兵中进行鼓动，个别连或团拒绝向自己的工人弟兄开枪。后来，**部分军队转到起义方面**。

最近的敖德萨事件的巨大意义恰恰在于，这里沙皇制度的一支巨大军事力量——一艘装甲舰——第一次公开转到革命方面。政府千方百计地拼命向人民隐瞒这一事件，打算把水兵的起义在刚一露头时就加以扑灭。一切都无济于事。派去镇压革命装甲舰"波将金"号的军舰，**拒绝打**自己的伙伴。专制政府向整个欧洲发布消息，说什么"波将金"号投降了，沙皇命令击沉革命的装甲舰了，这只不过是使自己在全世界面前大丢其丑。舰队返回了塞瓦斯托波尔，政府赶忙解散水兵，解除军舰的武装；盛传黑海舰队的军官纷纷辞职；已投降的"常胜者乔治"号装甲舰上又开始骚动。利巴瓦和喀琅施塔得的水兵也起义了；同军队的冲突日益频繁；（利巴瓦）正在进行水兵和工人反对士兵的街垒战。国外报刊报道许多别的军舰（"米宁"号、"亚历山大二世"号等等）发生骚动。沙皇政府的**舰队完蛋**了。沙皇政府当时顶多只能阻止舰队积极转到革命方面。而"波将金"号装甲舰仍然是一块不可征服的革命领域，不管它的命运如何，摆在我们面前的无疑是一个意义极其重大的事实：这是一次组织**革命军队核心**的尝试。

任何迫害、对革命的任何局部胜利，都抹杀不了这一事变的意义。第一步已经迈出。卢比孔河已经渡过[172]。军队转到革命方面，轰动了全俄国和全世界。继黑海舰队事变之后，一定还会有更加积极地组织革命军队的尝试。现在我们的任务就是全力支持这些尝试,向最广大的无产阶级和农民群众说明革命军队在为自由而斗争的事业中具有的全民意义,帮助这支军队的各个部队举起能够吸引群众、能够把那些可以打垮沙皇专制制度的力量团结起来的全民**自由旗帜**。

暴乱——游行示威——巷战——建立革命军队,这就是人民起义的发展阶段。现在我们终于走上了最后的阶段。当然,这并不意味着整个运动都已经处在这个新的最高阶段上了。不是的,运动中还有许多不成熟的东西,敖德萨事变还带有旧时暴乱的明显特征。但是,这意味着自发巨流的浪头已经冲到专制制度"堡垒"的门前了。这意味着人民群众本身的先进代表,不是从理论考虑出发,而是在日益发展的运动的推动下,已经达到新的更高的斗争任务这个目标,即同俄国人民的敌人作最后的斗争。专制制度为准备这场斗争做了**一切**。多年来它促使人民同军队进行武装斗争,而现在它该自食其果了。革命大军的队伍从军队本身源源而来。

这些队伍的任务是:宣告起义,对群众实行进行国内战争和其他任何战争都必需的**军事领导**,建立公开的全民斗争据点,把起义扩大到邻近地区,保证(起初哪怕是在国内一小部分地区)充分的政治自由,着手对腐朽的专制制度实行革命改造,全面发挥下层群众的革命创造精神,在和平时期,这些下层群众很少参加这种创造活动,但在革命时代他们却走上了第一线。革命大军的队伍只有意识到这些新的任务,只有大胆而广泛地提出这些任务,才能获得彻底胜利,才能成为**革命政府**的支柱,而革命政府,在人民起义的现阶段,也像革命军队一样,是迫切必需的东西。革命军队是进行军事斗争和对人民群众实行军事领导以对付专制制度军事力量的残余所必需的。革命军队之所以必要,是因为只有靠**暴力**才能解决伟大的历史问题,而在现代斗争中,**暴力组织**就是军事组织。除了专制制度军事力量的残余外,还有邻国的军事力量,摇摇欲坠的俄国政府正在向这些邻国苦苦求援,这一点我们下面再谈。①

革命政府之所以必要,是为了对人民群众实行政治领导,——起初在革命军队已从沙皇制度那里夺来的地区,然后在全国。革命政府之所以必要,是为了立即着手进行革命所争取的政治改造:建立革命的人民自治,召集真正全民的和真正立宪的会议,实现正确表达人民意志所不可缺少的"自由"。革命政府之所以必要,是为了把实际上已同专制制度彻底决裂的一部分起义人民从政治上联合起来,从政治上组织起来。当然,这种组织只能是临时的,正如以人民的名义执掌政权来保证实现人民的意志,并依靠人民进行活动的革命政府只能是临时的一样。可是这种组织工作应当**立即**开始进行,与起义的每一步胜利紧密配合,因为政治联合和政治领导是一分钟也不能拖延的。为了使人民彻底战胜沙皇制度,必须立即对起义人民实行政治领导,其必要性并不亚于对起义人民的力量实行军事领导。

专制制度的拥护者和人民群众之间的最终斗争结局究竟怎样,任何一个稍有思考能力的人都是不会怀疑的。但是我们也不应当视而不见严峻的斗争才刚刚开始,巨大的考验还在后头。无论革命军队或革命政府,都是高级类型的"机体",它们要求建立复杂的机关,要求发扬公民的自觉精神,如果指望轻而易举地一下子立即完全实现这些任务,那就错了。不,我们并不指望这样,我们

① 见本卷第325—329页。——编者注

善于重视社会民主党一向进行的、而且将始终进行的那种顽强的、缓慢的、往往是不显眼的政治教育工作的意义。但是我们也不应当允许有在当前更加危险的那种对人民的力量失去信心的表现。我们应当记住,当强大的历史事变把老百姓从偏僻的角落、阁楼和地下室拉出来并迫使他们成为**公民**时,革命具有何等巨大的启发和组织的力量。革命的几个月,对公民进行教育之快和充分,有时胜过政治停滞时期的几十年。革命阶级自觉的领导者的任务是:在这种教育事业中总是走在这个阶级的前列,说明新任务的意义,并且号召向我们伟大的最终目标前进。在进一步组织革命军队和建立临时革命政府的尝试中,我们必然还会遇到挫折,这些挫折只会教会我们如何**实际**解决这些任务,只会吸引那些现在还蕴藏着的新生的人民力量也来解决这些任务。

　　拿军事来说。任何一个哪怕懂得一点点历史,学过伟大的军事行家恩格斯的著作的社会民主党人,从来不曾怀疑过军事知识的巨大意义,从来不曾怀疑过人民群众和人民的各个阶级用来解决伟大历史冲突的军事技术和军事组织这一武器的重要性。社会民主党从来没有搞过军事阴谋,当业已开始的国内战争条件还不具备的时候,它从来没有把军事问题提到第一位。① 而**现在**所有的社会民主党人都提出了军事问题,军事问题即使不占首位,至少也是首要问题之一,把研究军事问题和使人民群众熟悉军事问题提上了日程。革命军队应当在实践上运用军事知识和军事武器来解决俄国人民今后的整个命运,来解决第一个最迫切的问题,即自

---

① 参看列宁的《俄国社会民主党人的任务》一文第23页关于对沙皇制度发动决定性进攻的手段问题不合时宜(在1897年)这一段话(本版全集第2卷第441—443页。——编者注)。

由问题。

　　社会民主党过去和现在从来都不以感伤主义的观点看待战争。社会民主党坚决谴责战争,认为它是解决人类争端的野蛮方式,同时社会民主党也知道,只要社会分成阶级,只要人剥削人的现象存在,战争就是不可避免的。而要消灭这种剥削,我们就回避不了到处总是由剥削者、统治者和压迫者阶级自己挑起的战争。战争与战争不同。有一种战争是冒险,它满足王朝的利益、强盗的贪欲、大发资本主义横财的英雄们的目的。也有一种战争是资本主义社会唯一**合法的**战争,这就是反对人民的压迫者和奴役者的战争。只有空想主义者和庸人才会从根本上谴责这种战争。现在在俄国只有出卖自由的资产阶级叛徒才会对这种战争,即为人民的意志而进行的战争袖手旁观。无产阶级在俄国开始了这一伟大的解放战争,它将继续这一战争,自己组织革命大军的队伍,巩固转到我们方面来的士兵或水兵的队伍,吸引农民,使那些在国内战争的战火中成长起来并得到锻炼的新的俄国**公民**都充满为自由和全人类幸福而斗争的战士的英雄主义和热忱。①

　　建立革命政府的任务像在军事上组织革命力量的任务一样,既是新任务,也是艰巨而复杂的任务。但是,这个任务也可以而且应当由人民来解决。在这一方面,每次局部的挫折都会使手段和方法得到改善,②巩固和扩大成果。俄国社会民主工党第三次代

---

① 这段话在手稿上已全部删掉,全文在《无产者报》发表时亦未收入。——俄文版编者注

② 手稿上是:"在这一方面,每次尝试,每次局部的挫折都会使人去仿效,十倍地增强毅力,使手段和方法得到改善……"

　　　这里和下面的脚注中,按手稿恢复了在报上发表时经米·斯·奥里明斯基改动过的最重要的地方。——俄文版编者注

表大会在它的决议中指出了解决新任务的一般条件,现在是着手讨论并准备实现这项任务的具体条件的时候了。我们党有最低纲领,这是一个完备的改革纲领,这些改革在民主主义(即资产阶级)变革范围内是完全可以立即实现的,也是无产阶级进一步为社会主义变革而斗争所必需的。但是这个纲领有基本要求,也有从基本要求中派生出来的局部要求或不言而喻的局部要求。重要的是每作一次建立临时革命政府的尝试,恰恰都要提出基本要求,以便简明扼要地向全体人民、甚至向一切最落后的群众说明这个政府的目的和它的全民任务。

我们认为这样的基本点可以指出**六条**,它们应当成为任何革命政府的政治旗帜①和最近纲领,它们应当使人民支持这个政府,而人民的全部革命干劲也都应当集中到这些基本点上来,也就是集中到最迫切的工作上来。

这六条是:(1)全民立宪会议;(2)武装人民;(3)政治自由;(4)被压迫的和没有充分权利的民族享有充分自由;(5)八小时工作制;(6)农民革命委员会。自然,这里列举的只是大致的条目,这里只是些**标题**,标出了为争得民主共和制而必须立即实行的一系列改革。我们不打算在这里详谈。我们只是想把我们对某些基本任务的重要性的看法谈清楚。必须使革命政府力求依靠下层人民,依靠广大的工人阶级和农民,——不这样,革命政府就不能维持下去,没有人民的革命主动性,革命政府就等于零,甚至比零更糟。我们的任务就是要告诫人民提防响亮而荒谬的冒险承诺(如立即实行"社会化",说这种话的人自己也不懂这是什么意思),并

---

① 手稿上是:"它们应当首先提出来、应当成为……政治旗帜……"——俄文版编者注

且提出当前确实可行并为巩固革命事业真正所需的改革。革命政府应当唤起"人民"和**调动**人民的革命积极性。使被压迫的各族人民获得充分自由,即承认他们不仅有文化自决权,而且有政治自决权,——保证采取紧急措施来保护工人阶级(八小时工作制就是这一系列措施中的第一个),最后,保证采取不考虑地主私利的重大措施以利于农民群众,——在我们看来,这些就是任何革命政府都应当特别着重强调的主要之点。我们不谈头三点,这三点非常清楚,无须加以解释。我们不谈即使在不大的地区,譬如说,在从沙皇制度手里夺过来的地区,实际实现改革的必要性,实际实现比任何宣言重要一千倍,当然,也困难一千倍。我们要注意的仅仅是,现在就必须立即采取一切措施广为宣传,让大家正确理解我们最迫切的全民任务。必须善于向人民(就这个词的真正含义而言)不仅一般号召斗争(这在成立革命政府以前时期是足够的),而且直接号召立即实现最基本的民主改革,立即主动地把这些改革付诸实施。

革命军队和革命政府,这是一件事情的两个方面。这是为了起义成功和巩固起义果实所同样必需的两个机构。这是必须作为唯一彻底的革命口号提出来并加以说明的两个口号。现在我国有很多人自称民主派。但是,被召的人多,选上的人少。[173]"立宪民主党"的饶舌家多,而在赫赫有名的"上流社会",在所谓民主主义地方自治机关,**真正的**民主派少,也就是说,真心拥护彻底的人民专制,能够同人民专制的敌人、同沙皇专制的卫士进行殊死斗争的人少。

工人阶级没有作为一个阶级的资产阶级所特有的这种怯懦性、这种虚伪的两面摇摆性。工人阶级可以而且应当成为最彻底的民主派。工人阶级用自己洒在彼得堡、里加、利巴瓦、华沙、罗兹、敖德萨、巴库以及其他许多城市街头的鲜血①，证明自己有权在民主主义革命中担任先锋队的角色。在目前这个决定性关头，它也应当胜任这个伟大的角色。无产阶级有觉悟的代表，俄国社会民主工党党员，应当向全体人民提出先进的民主主义口号，同时一分钟也不忘记自己的社会主义目的，自己阶级的和党的独立性。对于我们，对于无产阶级来说，民主主义变革只是使劳动彻底摆脱一切剥削、达到伟大的社会主义目的的第一阶段。正因为这样，我们就应当更加迅速地通过这个第一阶段，我们就应当更加坚决地清算人民自由的敌人，我们就应当更加响亮地宣传彻底的民主主义口号：革命军队和革命政府。

载于1905年6月27日(7月10日)　　　译自《列宁全集》俄文第5版
《无产者报》第7号　　　　　　　　第10卷第335—344页

---

① 　手稿上是："工人阶级用自己的英勇斗争，用自己……的鲜血"。——俄文版编者注

俄国沙皇寻求土耳其苏丹的保护以抵御本国人民

(1905 年 6 月 27 日〔7 月 10 日〕)

世界各国和各政党的报刊纷纷刊登黑海舰队的部分舰只转到革命方面[174]的消息、电讯、文章。报纸无法用言语来表达自己的震惊,来足以深刻地评述专制政府所蒙受的耻辱。

这种耻辱的顶点,就是**沙皇政府请求罗马尼亚和土耳其派警察帮助镇压起义水兵**！有这么一种说法:对俄国人民来说,"国内土耳其人"[175]比任何"国外土耳其人"更可怕。土耳其苏丹应当保护沙皇专制制度不受俄国人民侵犯;沙皇无法依靠俄国的军事力量,于是它就乞求别的强国援助。很难想象出比这更好的例子来证明沙皇政权的彻底崩溃了。很难找到得到比这更好的材料来向俄国军队的士兵说明他们的作用了。

请看 7 月 4 日(公历)《**泰晤士报**》的社论是怎样写的。应当指出,这家报纸是世界上资金最雄厚和消息最灵通的报纸之一,是英国保守派资产阶级的机关报,它甚至认为我国的"解放派"也过于激进,它同情"希波夫派",等等。总之,谁也不会怀疑这家报纸是在夸大俄国革命的力量和作用。

《**泰晤士报**》写道:"据报道,俄国政府已向**波尔塔**〈即向**土耳其政府**〉和**罗马尼亚**政府提出一份照会。这份照会确凿地证明了俄国政府的海防薄弱。在这份照会中,俄国政府请求上述国家把搞暴动的俄国舰队的水兵以普通刑事犯论处,并且提请它们注意:不然的话,可能引起国际纠纷。换句话说,沙皇政府竟然屈尊地乞求**土耳其苏丹**和**罗马尼亚国王**大发慈悲,帮它完成它自己已经无力完成的警察工作。现在就看**阿卜杜尔-哈米德**是否恩准沙皇请求的援助了。从水兵起义对土耳其当局的影响来看,起义的唯一结果就是起义使土耳其当局的警戒比平日更为森严;而星期六那天晚上,天黑以后,**俄国大使**乘坐的一艘驶入博斯普鲁斯海峡的俄国岸防舰,竟成了这种警戒的第一个牺牲品。土耳其人对这条船发射了空包弹。一年前,土耳其人未必会用这种方式实行警戒。至于罗马尼亚政府,它做得对,它不理睬把起义水兵以刑事犯论处的请求。一个自尊自重的民族的政府当然应当这样做。罗马尼亚政府下令不许给'波将金'号供粮供煤,但与此同时它又通知该舰700名水兵说,如果他们在罗马尼亚上岸,他们将只以外国逃兵论处。"

然而,罗马尼亚政府绝不是站在革命方面,绝不是!不过它还不想屈尊到甘当全俄国人人仇视和蔑视的沙皇警察的地步。它拒绝沙皇的请求。它的所作所为也只是一个"**自尊自重的民族的政府**"的所作所为。

那些昨天还在欧洲对"又伟大又强大的君主"卑躬屈膝的人们,现在就是这样谈论俄国专制政府的!

现在,德国报纸上也有证实专制制度这次蒙受前所未闻的新的耻辱的消息。《法兰克福报》收到7月4日(公历)从**君士坦丁堡**发来的一条电讯:"俄国大使季诺维也夫昨天把彼得堡内阁的照会交给土耳其政府,照会通知说,大约有400名俄国水兵,炸沉一艘巡洋舰后,于前天逃上一艘驶往君士坦丁堡的英国商船。俄国使节要求土耳其在这艘商船通过博斯普鲁斯海峡时无条件予以扣留,逮捕并引渡暴动的俄国水兵。土耳其政府当晚召开了内阁紧急会议,讨论了俄国的照会。土耳其复照俄国大使馆说,土耳其**不能满足它的要求,因为,根据国际法,土耳其无权对悬挂英国国旗的船只进行警察监视,即使这些船只停泊在土耳其港口也是如此。此外,俄国和土耳其之间没有引渡罪犯条约。"

德国报纸对此发表评论说,土耳其的复照"很勇敢"。土耳其人不愿当沙皇的警察走狗!

还有消息说,当"神速"号①雷击舰同其他几艘军舰一起开进康斯坦察(罗马尼亚)搜索"波将金"号的时候,罗马尼亚政府便向俄国当局指出,即使"波将金"号仍然停泊在罗马尼亚领海内,罗马尼亚领海的秩序也要由罗马尼亚军队和罗马尼亚警察来维持。

由此可见,现在并不是"波将金"号使外国船只不安(沙皇专制制度以此来恐吓欧洲),而是俄国海军给它们添麻烦。英国人对他们的船只"格兰利"号在敖德萨被扣留和被搜查感到愤慨。德国人听说土耳其人应俄国人的请求要勒令从敖德萨驶往君士坦丁堡的德国船只"佩拉"号停航并进行搜查,也非常恼火。在这种情况下,俄国想得到欧洲的援助来对付俄国革命者也许并不那么容易。国外许多报纸都在讨论是否提供这种援助,但是它们大多数的结论是:欧洲不应帮助沙皇对付"波将金"号。德国报纸《柏林每日小报》有一则消息说,俄国政府还请求各强国把它们的军舰从君士坦丁堡派往敖德萨,帮助恢复秩序! 这则消息(另外几家报纸已经予以否认)究竟是否属实,不久即将分晓。有一点是毫无疑义的,就

---

① 据说"神速"号上没有水兵。几乎全体船员都是清一色的军官。贵族反对人民!

是"波将金"号转到起义方面来,是使俄国革命变成国际力量,使俄国革命与欧洲各国直接对峙的第一步。

在评价**勒鲁**先生7月4日(公历)从彼得堡给巴黎的报纸《晨报》发出的一条电讯时,不应忘记这一情况。他写道:"从'波将金'号这一事件的全部过程中可以看出,俄国当局缺乏预见令人吃惊,但是也不能不指出**组织革命**方面的缺点。革命控制了装甲舰——这是史无前例的事件!——同时却不知道把它怎么办。"

毫无疑问,上面的话颇有几分道理。显然,我们对缺乏革命的组织性是有责任的。我们对某些社会民主党人不大了解必须组织革命、必须把起义当做最迫切的实践任务、必须宣传组织临时革命政府的必要性是有责任的。资产阶级作家现在责备我们革命者没有很好尽到革命职责,是理所当然的。

但是,"波将金"号装甲舰是否也理应受到这种责难,我们不敢说。也许该舰全体船员就是抱有目的,要在一个欧洲强国的港口露露面吧?在"波将金"号还没有自由地驶往罗马尼亚之前,难道俄国政府没有对人民封锁关于黑海舰队事件的消息吗?而且,在罗马尼亚,革命的装甲舰向各国领事提交了对沙皇舰队宣战的文告,文告确认该舰不对中立国船只采取任何敌对行为。**俄国革命向欧洲宣布:俄国人民已经对沙皇制度公开宣战**。实际上,这是俄国革命以俄国新的革命政府的名义出面活动的一次尝试。毫无疑问,这只是初次的小小尝试,——但是俗话说得好,"万事开头难"。

最近有消息说,"波将金"号已经驶入费奥多西亚,要粮要煤。市民惶惶不安。工人们要求满足革命装甲舰的请求。杜马决定不给煤而给粮。整个俄国南部沸腾起来,这是从来没有过的事情。敖德萨在国内战争中共牺牲**6 000人**。据电报报道:160名武装起义者被军事法庭处决,彼得堡下令要"**毫不留情!**"。但是,部队软弱无力,部队本身不可靠。敖德萨市郊工厂区人心惶惶,不得安宁。昨天夜里(公历7月4日夜间到5日凌晨),35人被打死。按照总督的命令,部队大部分被撤到城外,因为**军队当中发生了纪律严重松弛现象**。在尼古拉耶夫和塞瓦斯托波尔,政府办的兵工厂里也发生骚动。在塞瓦斯托波尔,13人被打死。在赫尔松省的5个县里,发生农民暴动。**最近4天被打死的农民就达700人之多。**7月5日(公历)从敖德萨拍往伦敦的电报说:"看来,在人民和官僚制度之间,一场殊死的斗争已经开始。"

是的,一场真正争取自由的斗争,殊死的斗争还只是刚刚开始。革命装甲舰的影响还没有完全显示出来。革命军队万岁!革命政府万岁!

载于1905年6月27日(7月10日)
《无产者报》第7号

译自《列宁全集》俄文第5版
第10卷第345—350页

最 后 消 息

(1905 年 6 月 27 日〔7 月 10 日〕)

"波将金"号曾出现在费奥多西亚附近。它截住一艘装载牲畜的俄国商船,储备了食物并驶离该处,航向不明。有消息说,它还从一艘英国商船上搞到了煤。根本就谈不上什么投降,因为"波将金"号的目的是要在所有沿海城市发动起义。请看"波将金"号散发的**宣言**本文(根据一家德国报纸从布加勒斯特的报道)。

"告文明的公民们和劳动人民! 专制政府罪行累累,已经使人忍无可忍了。整个俄国怒火燃烧,高呼着砸碎奴役制度的锁链! 政府想要血洗全国,却忘了军队是由被压迫人民的子弟组成的。'波将金'号全体舰员已经迈出了决定性的第一步。我们再也不愿充当屠杀我国人民的刽子手。我们的口号是:誓死为全俄国人民的自由而战! 我们要求停止战争并在普选制的基础上立即召开立宪会议。我们将为达到这个目的斗争到底:不胜利,毋宁死! 在争取自由和争取和平的斗争中,一切自由的人们和所有的工人都将站在我们一边。打倒专制制度! 立宪会议万岁!"

载于 1905 年 6 月 27 日(7 月 10 日)
《无产者报》第 7 号

译自《列宁全集》俄文第 5 版
第 10 卷第 351 页

资产阶级向专制制度讨价还价，专制制度向资产阶级讨价还价

(1905 年 6 月 27 日〔7 月 10 日〕)

几乎每天都在证实我们早就提醒俄国无产者加以注意的这种"讨价还价"。请看 7 月 2 日(公历)勒鲁先生从彼得堡发出的一条有趣的电讯：6 月 28 日和 29 日(俄历 15 日和 16 日)举行的城市和地方自治机关代表会议，又一次(第 100 次了！)拟定了立宪要求，并且已经把这些要求电告内阁。这些要求高于一般的要求，即：人民代表机关必须建立在**立宪**原则上；断然驳回"布里根"宪法；要求立即宣布人身不受侵犯，言论自由等等。会议似乎一致通过了(**但没有写在请愿书上**，因为，讨价还价的时候，不应把自己所有的牌都摊出来！)关于普选权的要求。

资产阶级报纸的这位新闻记者对地主和厂主先生们的这种引人注意的提高要求的做法是怎样评论的呢？他的评论很冷静：

他写道："**很明显，代表们要高价是想多少捞到一点好处。但同样明显的是，他们能接受的这一点好处应当是介于他们的要价和布里根的还价之间的中间数。**"

真是一个集市，资产阶级在这个集市上拿俄国工人和俄国农民的利益和权利做交易。就像在集市上一样，买主(资产阶级)和卖主(沙皇)互相击着掌，都在第 100 次喊着自己的"最后价码"，

都在发誓说"自己赔本"，装出要走的样子，——但是说什么也不肯断掉彼此的亲密交情。

"地方自治会议的最卓越代表之一"对勒鲁先生说，如果沙皇不满足我们的要求，我们就"诉诸人民"。

这位法国记者问自己也问自己的读者：究竟应当怎样理解"诉诸人民"这句风行一时的话呢？他回答说：这里没有"圣安东尼市郊"（巴黎的工人区；参看《前进报》第 2 号上的一篇小品文[176]）。人民不愿意走上街头，而愿意待在家里，像托尔斯泰那样，以拒绝纳税表示抗议！……

出卖自由的资产阶级先生们，不要诽谤人民了！任何诽谤也洗不掉你们身上可耻的怯懦。人民正在把自己的鲜血洒遍全俄国。在一个接一个的城市，在许许多多的乡村，我们自己的"圣安东尼市郊"正在成长。人民正在进行殊死的斗争。如果你们真想"诉诸人民"（而不只是用这句话来威胁自己的同盟者沙皇），那么你们就应当不是把数以百计数以千计的卢布花在你们的清谈馆里，而是把数以百万计的卢布花在武装起义上。你们就应当选出一个代表团，当然不是为了踏破门坎求见沙皇，而是为了同革命政党、同革命人民取得联系。

沙皇和他的走卒们明明知道，你们办不到这一点，因为你们为自己的钱袋提心吊胆，你们在人民面前提心吊胆。因此，沙皇做得很对：他把你们当做走狗加以蔑视；他还是用那些许诺，还是用那个布里根宪法来喂养你们；他估计你们实际上甚至对布里根的小恩小惠也不敢表示坚决抗议。难怪日内瓦"有名望的"自由派报纸《日内瓦日报》[177]的一位特派记者不久前报道说："自由派并不对自己隐瞒布里根的草案不完善〈！〉，但是**他们认为**，为了进步事业和秩序事业，必须接受这个草案……　拒绝政府的草案就等于有意使人民和官僚制度之间目前的冲突得到和平解决的最后希望破灭。"（后面这句话的着重标记是记者自己加的。）

　　资产阶级愿意同沙皇媾和，害怕**人民反对沙皇的战争**。沙皇愿意同资产阶级媾和，但是不害怕他发动的而且正在残酷地继续着的反对人民的战争。**如果人民不反对资产阶级的背叛活动，不取得完全胜利**，结果就真会来个布里根宪法，这难道还不清楚吗？

载于1905年6月27日（7月10日）　　　译自《列宁全集》俄文第5版
《无产者报》第7号　　　　　　　　　　第10卷第352—354页

谈谈政治同教育的混淆[178]

（1905 年 6 月）

我们有不少社会民主党人，每当工人在跟资本家或跟政府发生个别战斗遭到失败时总是产生悲观情绪，并且以我们对群众的影响不够为借口，轻蔑地回避关于工人运动的伟大崇高目的的一切谈论。这些人说，我们不行！我们没有办法！如果我们连群众的情绪都摸不透，不善于跟群众打成一片，把工人群众发动起来，那就根本谈不上发挥社会民主党的革命先锋队的作用了！今年5月1日社会民主党人的挫折大大加重了这种悲观情绪。自然，孟什维克或新火星派赶忙抓住这种情绪，以便再把"到群众中去！"这个口号作为特殊口号提出来，好像在故意难为谁，好像在回敬关于临时革命政府、关于革命民主专政等等主张和谈论。

不能不认识到，在这种悲观情绪中，在性急的新火星派政论家们从这种悲观情绪得出的结论中，有一点很危险，它能给社会民主主义运动带来严重危害。不用说，自我批评对于任何一个富有活力、朝气蓬勃的政党来说都是绝对必要的。再庸俗不过的是沾沾自喜的乐观主义。再合理不过的是指出必须经常地、无条件地深化和扩大、扩大和深化我们对群众的影响，我们严格的马克思主义的宣传和鼓动，我们同工人阶级的经济斗争的接近等等。但是正因为指出这样做在任何条件和任何情况下从来总是合理的，所以不应该把它变成特殊口号,也不能把它当成试图在社会民主党内据以建立某个特殊派别的借口。这里有一个限度,超过这个限度,这种无可争辩的指示就会导致缩小运动的任务和规模,并导致陷入学理主义而忘记当前迫切的首要政治任务。

　　深化和扩大对群众的工作和影响必须经常进行。不这样做,社会民主党人就不成其为社会民主党人了。任何一个组织、团体、小组,如果不是经常不断地去进行这项工作,那就不能算做是社会民主党的组织。我们严格地单独组成为一个独立的无产阶级政党,其全部意义很大程度上就在于我们要始终不渝地进行这项马克思主义的工作,尽可能把整个工人阶级提高到自觉的社会民主主义的水平,不让,坚决不让任何政治风暴——尤其是政局变幻——使我们放弃这项迫切的工作。不进行这项工作,政治活动必然会变成儿戏,因为政治活动对无产阶级的意义的大小,完全取决于它对这个阶级的群众的发动,取决于对这个阶级的关心,取决于推动这个阶级积极带头参与事件。我们已经说过,这项工作永远是需要的:在每次失败之后,可以而且必须提醒做这项工作,应该强调这项工作,因为这项工作的薄弱**总是**无产阶级失败的原因之一。在每次胜利之后,也应该**总是**提醒做这项工作,并且强调它的意义,因为不然的话,胜利将是表面的,胜利的果实将得不到保障,从我们为达到最终目的而进行的整个伟大斗争的角度来看,胜利的现实意义将是微不足道的,甚至可能是消极的(这是指,如果局部的胜利使我们失去警惕,减轻对不可靠的同盟者的怀疑,错过进一步更加猛烈地攻击敌人的时机)。

　　但是,正因为在每次胜利之后也好,在每次失败之后也好,在政治停滞时期也好,在暴风雨的革命时期也好,深化和扩大对群众的影响这项工作总是同样必需的,所以就不能把指出这样做当做一个特殊口号,不能以此为根据建立特殊派别,以免陷入蛊惑宣传而贬低唯一真正革命的先进阶级的任务。在社会民主党的政治活动中,现在和将来始终都有某种教育因素:应当培养整个雇佣工人阶级去担任为全人类摆脱一切压迫而斗争的战士的角色;应当对这个阶级一批又一批的阶层不断进行训练;应当善于接近这个阶级的既最少接触我们的科学又最少接触生活的科学的最不开化、最不开展的成员,只有这样,才能够跟他们交谈,才能够和他们打成一片,才能够坚持不懈地耐心地把他们提高到社会民主主义的觉悟上来,而不把我们的学说变成干巴巴的教条,不是光靠书本来教这种学说,而是还靠无产阶级的这些最不开化和最不开展的阶层参加日常生活中的斗争。再重复一遍,在这一日常活动中是有某种教育因素的。社会民主党人如果忘记了这种活动,就不可能再是社会民主党人了。这是对的。但是现在我们有些人常常忘记,如果社会民主党人把政治任务归结为教育,同样(虽然有别的原因)也不可能再是社会民主党人了。谁想把这种"教育"当做一个特殊口号,**把它跟"政治"对立起来**,根据这种对立建立特殊派别,用这个口号去号召群众反对社会民主党的"政治家",谁就会不可避免地一下子滑入蛊惑宣传的歧途。

任何比喻都是有缺陷的,这是大家早就清楚的。任何比喻都只是拿相比事物或概念的一个方面或几个方面相比,暂时和有条件地撇开其他方面。我们提醒读者注意一下这个人所共知而常被遗忘的真理,并且把社会民主党比做一所同时兼有小学、中学和大学的大学校。无论在任何时候和任何条件下,这所大学校都不会忘记教识字课、讲知识入门和独立思考入门。但是,如果有人想借口教识字课而回避高等知识问题，如果有人把这种高等知识不牢固、靠不住、"狭隘"的成果(有高等知识的人要比学识字的人少得多)跟初等学校牢固、深刻、广泛和扎实的成果对立起来，那么，这种人的短视就到了令人难以置信的程度。这种人甚至可能助长全面地歪曲这所大学校的整个意义，因为忽视高等知识的问题，只能帮助骗子手、蛊惑家和反动派搞乱那些只学过识字课本的人们的思想。也许，还可以拿党跟军队作个比喻。无论和平时期还是战争时期，都不能忘记新兵训练、射击教练和在群众中广泛而深入地普及军事常识。但是如果军事演习或实际战役的指挥人员……①

载于1926年《列宁文集》俄文版第5卷　　　　　　　译自《列宁全集》俄文第5版第10卷第355—358页

---

① 手稿到此中断。——俄文版编者注

临时革命政府图景

(1905 年 6 月)

形势。沙皇制度在圣彼得堡被打倒。专制政府被推翻，——被打倒，但是没有被打死，没有被击毙，**没有被消灭**，没有被连根拔除。

临时革命政府诉诸人民。发挥工人和农民的**主动性**。有充分的自由。人民自己安排自己的生活。**政府的纲领**＝完全的共和制的自由，成立农民委员会**彻底**改造土地关系。社会民主党的纲领**保持独立性**。临时政府中的社会民主党人＝社会民主**党**的代表，**代办**。

其次，——立宪会议。**如果人民发动起来了，人民……**①（虽然不是一下子）**能够**成为大多数（农民和工人）。**从而**，无产阶级和农民的革命**专政**。

黑暗势力疯狂反抗，国内战争**白热化**，——**消灭沙皇制度**。

无产阶级的组织在成长，社会民主党的宣传和鼓动加强万倍：掌握所有政府的印刷厂等等，等等。"历史活动是群众的活动，随着历史活动的深入，必将是群众队伍的扩大。"②

农民把**一切**土地关系、**全部**土地掌握在自己手里。**那时**就实行**国有化**。

---

① 手稿上此处有个词辨认不清。——俄文版编者注
② 见《马克思恩格斯文集》第 1 卷第 287 页。——编者注

生产力大大增长——全部农村知识分子,全部技术知识都投到提高农业生产上去,摆脱桎梏(文化派[179]、民粹派等等,等等)……　**资本主义**进步有很大发展……

战争:堡垒易手。或者是资产阶级推翻无产阶级和农民的革命专政,或者是这个专政之火燃遍欧洲,那时……?

如果按照马克思主义的观点来讨论革命专政的问题,那么就应当把这个问题归结为分析**阶级**的**斗争**。

那么,哪些主要社会力量算数呢?战斗力量的部署?

(α)**拥护**专制制度的官僚-军事-宫廷分子**加上**人民中愚昧无知的分子(迅速解体的聚合体,昨天还是无敌的,明天就成为无力的)。(关于王朝等争吵在内部是不可避免的。)

> 组织程度很高——最高限度

(β)比较大的温和自由派资产阶级。

(这里我把自由派地主、金融巨头、商人、厂主等等,等等也
算在内。这=资产阶级国家主宰者的总和。"主宰一切"。)

> 组织起来很
> 容　易

集团之间的冲突不可避免,——但是所有的人甚至现在都拥护立宪,明天还要多。

思想上的领袖——来自官员、地主、新闻记者的比比皆是。

(γ)小资产阶级和农民阶层。数以千万计。

大多数是
"人民"。

> 组织程度最低

最愚昧无知,
组织最涣散。

最没有出路,从革命得到的好处最**直接**。最不稳定(今天革命,明天,在小小改善以后就拥护秩序)。

民主派　　　　　　思想上的领袖——民主主义知识分子很多。社会革命党人"类型"。

(δ)无产阶级。

组织性纪律性很强

有革命性。对小资产阶级持批判态度。思想上的领袖比所有其他阶级的**少**;**只有**社会民主党的知识分子和社会民主党的有教养的工人。人数比上述其他阶级的差得多,但是战斗力强得多。

斗争的目标=**共和制**(这里包括**一切**民主主义的自由,**最低纲领**和各种重大的社会改革)。

α——绝对反对。

β——**拥护**立宪,**反对**共和制($\frac{1}{2}$—$\frac{1}{2}$)。((商业界分子。))

γ——在革命关头(不坚定地)拥护共和制((斗争中的不坚定分子))。

δ——完完全全**拥护**共和制。

载于 1926 年《列宁文集》俄文版
第 5 卷

译自《列宁全集》俄文第 5 版
第 10 卷第 359—361 页

俄国社会民主工党第三次代表大会记录出版委员会对记录的说明

(不晚于 1905 年 7 月)

关于代表大会的票数,记录委员会请读者注意如下情况。代表大会计有 46 票,代表 23 名,其中 1 名享有 1 票,1 名享有 3 票,其余代表各享有 2 票。(哥卢宾同志到会后,也就是从第 18 次会议起,代表为 24 名。)代表大会的全部表决几乎都是按代表人数计算的,也就是说,为简便起见,所有代表均按每人一票计算。这就是为什么赞成票加反对票总数是 23,而不是 46。当然,这样简化计算不会影响表决结果,因为赞成的票数和反对的票数均同样减少二分之一。表决结果仅仅取决于那位享有 3 票的同志的这种票数分配情况一次也不曾出现。

载于 1905 年中央委员会出版社在日内瓦出版的《俄国社会民主工党第三次(例行)代表大会记录全文》一书

译自《列宁全集》俄文第 5 版第 10 卷第 362 页

附　录

《社会民主党和
临时革命政府》一文提纲[①]

(1905 年 3 月 23 日〔4 月 5 日〕以前)

糊涂观念的典型
关于临时政府问题

1. 临时政府(**和社会民主党参加临时政府**)问题讨论的活跃,标志着革命运动的活跃。

2. 看来还不是指日可待的事,但尾巴主义者认为"危险性"太大,马尔丁诺夫竟然写了一本小册子专门来谈这种危险性。

    对这样的问题必须搞清楚。

3. 马尔丁诺夫的思想及其庸俗性。

    分析这些"思想"。

> 《火星报》第 87 号避而不谈。对加邦的"纲领"[180]没有作出回答。

---

① 该文见本卷第 1—17 页。——编者注

4. 帕尔乌斯的生之烦恼：在传单里，在《火星报》上，在给托洛茨基写的序言里，他"造反了"。

（5）正因为他"造反了"，他才到处骂街。

（6）总结。我们的组织＝$\frac{1}{1000}$。甚至扩大一百倍，也证明不了马尔丁诺夫的**反动**恐惧心理是有道理的。纲领——就是**阶级的**立场。

　　　　在**民主主义**变革中的革命专政。

载于 1926 年《列宁文集》俄文版
第 5 卷

译自《列宁全集》俄文第 5 版
第 10 卷第 365 页

《无产阶级和农民的
革命民主专政》一文材料^①

(1905 年 3 月 30 日〔4 月 12 日〕以前)

1

关于《火星报》第 93 号的小品文的笔记

参看《火星报》第 93 号,小品文——我们只从下面,而不从上面。

就这个题目应该单独写一篇文章。指出:一个革命者在革命时代限制自己只**从下面**进行活动,而拒绝从上面施加压力,他就是**拒绝革命**。

资产阶级的发展或摆脱农奴制旧制度的革命出路可能有两种类型:

(1)通过从上面让步的办法,通过削减、降低、扣除的办法

(2)通过从下面改造、积极建立新制度的办法……

宪法 革命	地方自治机关 政治自由	以议会形式粉饰门面的 专制制度 共和制。

---

① 该文见本卷第 18—28 页。——编者注

2

本文的提纲

再论临时政府

1. 革命目的必须明确。模糊是1月9日以前由马尔丁诺夫搞出来的。不是夸大运动的某些方面(这常常是可能的),而是拉向后退。

2. 问题的提法:(1)社会民主党可否参加临时政府? 可以(《前进报》),不可以(《火星报》)。(2)社会民主党可否同革命民主派一道参加革命<u>民主</u>专政的政府? 可以(《前进报》),不可以(《火星报》)。"饶勒斯主义"——"雅各宾主义"(原来如此变化!)。

　　问题的严重性。

3. 《火星报》的论据:

　　推崇资产阶级秩序:警察,监狱,信贷,——失业,等等。

(1) "'万岁'和政府这两个词放在一起喊会玷污嘴巴"。{废话}

　　庸俗的饶勒斯主义。

　　实现最高纲领。

　　资产阶级的觉悟不允许 反对巴库 。

　　从旁推动更方便些。

4. 《火星报》的错误:

　　不理解任务和形势的军事条件。简言之＝为共和国而斗争。赞成还是反对？是不是"推崇"？

对"推崇"资产阶级制度、监狱、军队等等的理解不是辩证的。**我同意的是过去，而不是未来⋯⋯**

"合击"——并且一起打死吗？打碎吗？打退吗？斗争有波折："真正爱情的道路决不是平坦的⋯⋯"[181]

"饶勒斯主义"：背得烂熟，但是不懂。死记硬背，但是不加深思。

领会的是字面意义，而不是精神。是原则吗？（参看：巴黎，1900 年）[182]

最低纲领和最高纲领。无产阶级头脑清醒吗？

5. 真正的危险性：忘记无产阶级的**独立**组织和**独立**斗争的各项任务。

这是毋庸置疑的。

这会妨碍参加临时政府吗？结社自由？鼓动的手段？报刊？

在某种条件下辞职是方便的。

（2）　（α）**临时革命政府和**（β）**革命专政之间的区别**（《火星报》**杜撰的**）＝烦琐哲学。α＝法律形式，β＝阶级实质。一方面，没有 β 就不可能有 α。另一方面，β 必然是**暂时**的（要么过渡到**资产阶级专政**，导致无产阶级失败；要么过渡到社会主义专政）。

策略上谨慎。作好准备，团结队伍，不要乱砍（莽汉），不要"比一切人都革命"⋯⋯

是不是有革命民主派？当然有（尔·马尔托夫是对的，和**托洛茨基**相比，和帕尔乌斯和托洛茨基相比）。尔·马尔托夫甚至相信托洛茨基说什么革命民主派只是"刚刚在成长"，而无产阶级却正在长大。毋宁说**相反**(合法报刊,广大知识分子,知识分子与农民的联系等等很快就会恢复起来)。

"不正常的人们"(《法兰克福报》)。巴库。所有合法的自由派,只要是正直的,=现成的革命民主派,正直的作家、诚实的律师、正派的教师、医生**等等**的全部影响……

《火星报》的最佳设想:不断革命[183],这也就是革命专政。

"比一切人都革命"。而社会革命党人呢? 社会革命党人和社会民主党人的斗争。很可能社会民主党人要退出社会革命党人的革命政府并采取反对"革命冒险主义"的立场,**等待**他们经营不善而破产……(把社会革命党人当做**典型**,就**必然**会给革命民主派涂上社会革命党人的色彩。)这里无论如何**不要束缚自己的手脚**。无产阶级的组织性和纪律性,革命知识分子和革命小资产阶级的"冒险主义"和动摇性……

载于 1926 年《列宁文集》俄文版第 5 卷

译自《列宁全集》俄文第 5 版第 10 卷第 366—369 页

《自由派的土地纲领》
一文的两个提纲^①

(1905 年 4 月 7 日〔20 日〕以前)

1

自由派土地纲领的两个主要问题：

一、逐条分析— — —

二、一般结论。含义。俄国的特点明显（地主赞成**土地**改革）。

这种特点**何在**？

(α)在于俄国土地经营方式的**社会主义性**？

(δ)在于土地改革的**资产阶级民主主义**实质。

这就是问题的所在。

现在愈来愈清楚，社会民主党人肯定(δ)是对的。（同民粹派和社会革命党人相比）

完全没有谈到农业工人。

① 该文见本卷第 42—49 页。——编者注

　　完全没有**改革**土地**制度**：只是**把**小资产阶级农户中的很小一个阶层向上**移动，以便使他们**"关心"**社会秩序**。

　　完全属于"善意的监护"、"明智的让步"、**施德洛夫斯基委员会**、引诱等等范围。

　　关键：农民委员会和革命专政……

　　　　　　　总结：

　　　　　　有被拿走的危险，他们就想卖掉。

　　　　　　完全没有确定的东西

　　　　　各次改革的官僚性质，害怕农民的革命主动精神。

2

自由派的土地纲领

1.《**解放**》杂志上尔·的文章。现在**莫斯科地方自治人士代表大会**的纲领。

2."**根本性的改革**"……根本性到什么程度？

　　　认识到 1861 年的"改革"不彻底，现行土地制度和社会经济发展需求之间的矛盾。

　　　与其说是认识，不如说是本能。矛盾的**实质**何在？——在于等级制、农奴制、工役制、盘剥制。使农村具备发展资产阶级经济的条件（社会革命党人等对此发出一片哀号声）。

3. 私有土地中的补分土地和赎买。

　　（这是地主们搞出来的！无济于事。有被拿走的危险，最好就卖掉。认识到许多私有地产经营不善。"农夫"管**耕作**。

　　用让步挽救地主权力中最本质的东西——**他们的**纲领。

　　——**打碎**地主权力——农民的"纲领"）……

　　割地，剥夺……

4. 官地和皇族土地。**部分**皇族土地（注意）（他们害怕！）。

　　而教会土地呢？

　　"使其经营有利于劳动居民"……

　　（"民粹派化的资产阶级"。）

5. "调整租金"。同我们的土地纲领比较……

6. "国家公共调停委员会"。

　　关键！为什么叫国家的？比较**农民委员会**。

　　　　"公共"是什么意思？

7. 移民、疏散、银行、合作社

　　｛自由派和**社会革命党人**——比较……｝

8. 地界测定法。认真。事情的本质是什么？＝发展私有制和租地农场式经营，发展资本主义经济（反对土地零散插花现象，等等）。整理地界……**184**

9. 总结：结束和完成农村的**资产阶级民主化，同时又保存**地主权力中一切可以保存的东西。

10. 参看《火星报》第 3 号｛土地问题**将提上**

‖日程‖。[185]

11. 参看马克思论克利盖。我们的路线＝支持，齐心协力，发展，推进，提高政治觉悟，强调革命民主主义性质，保持阶级独立性，组织和教育农村无产阶级……

载于 1926 年《列宁文集》俄文版
第 5 卷

译自《列宁全集》俄文第 5 版
第 10 卷第 370—372 页

五一节传单的提纲

(1905 年 4 月 12 日〔25 日〕以前)

1. 说的是"甜言蜜语",干的是肮脏勾当。

2. 布里根骗局。

3. 战争和政府系统垮台。

4. 破产,饥饿,霍乱……

5. 圣彼得堡,里加,华沙等等。**1 月 9 日**。

6. 巴库和可怕的反犹太运动。

7. 1 月 9 日和 1 月 9 日以后的革命罢工和革命运动。革命!

8. 农民运动。对运动的镇压和运动的目的。

9. 立宪会议和临时革命政府。

10. 为争取共和国和一切民主自由而斗争。

11. 无产阶级为争取共和国和争取社会主义而斗争。

12. 革命的俄国无产阶级站在全世界革命无产阶级的前列。

五一概述。

到什么地步了? 1—4。

革命运动。5 和 7。

政府迫害。6。

农民运动。8。

武装起义。

斗争目的。9—11。

O. 五一概述。

A. 革命的开始 1—6。

B. 工人和农民的斗争 7—8。

C. 斗争目的 9—11。

D. 俄国革命的世界历史意义 12。

载于 1931 年《列宁文集》俄文版
第 16 卷

译自《列宁全集》俄文第 5 版
第 10 卷第 373—374 页

俄国社会民主工党
第三次代表大会材料

(1905 年 4 月)

1
关于代表大会的议程草案

(4 月 13 日〔26 日〕)

(1)
代表大会议程的最初草案

1. 武装起义。

2. 社会民主党参加临时革命政府。

3. 社会民主党进行公开政治活动的准备。

4. 支持农民运动。

5. 对自由派运动的态度。

1. 武装起义。

2. 参加临时政府。

4. 对自由派的态度。

5. 同社会革命党人达成协议。

6. 整顿鼓动和宣传。

7. 支持农民运动。

8. 党章。

6. 对社会革命党人的态度。

7. 党章。

8. 党组织中工人对知识分子的态度。

9. 工人对知识分子的态度——代表们的报告。

10. 选举。

11. 五一节？

12. 代表大会决议和记录宣布程序，当选人行使职能程序。

? 13. 对各民族的社会民主党的态度。

?? 14. 对党内分裂出去的部分的态度。党内分歧。

(1) 策略。

(2) 对其他政党和派别的态度。

(3) 组织。

(4) 党的内部工作。

五一节。

整顿宣传和鼓动。

选举。

宣布程序。

75. 71[186]。

（2）
代表大会议程项目分类

共 7 条。**187**　　一、(1)策略问题。　　　　　〔从党章的角度看组织
　　　　　　　　　　　　　　　　　　　　　　工作的条件〕①

共 3 条。　　　　二、(2)组织问题。　　　　集中与民主。

　　　　　　　　　　　　　　　　　　　　　　工人对知识分子的
　　　　　　　　　　　　　　　　　　　　　　态度。

　　　　　　　三、(3)对其他政党和　　　　1.对分裂出去的部分
　　　　　　　　　　别的态度。　　　　　　2.对各民族的

　　　　　　　　　　　　　　　　　　　　3.对自由派

　　　　　　　　　　　　　　　　　　　　4.对社会革命党人

　　　　　　　　　　　　　　　　　　　　5.对工人运动的低
　　　　　　　　　　　　　　　　　　　　　级形式

　　　　　　　四、(4)党的工作的内部
　　　　　　　　　　问题。　　　　　　　　宣传和
　　　　　　　　　　　　　　　　　　　　鼓　动

　　　　　　　五、(5)代表们的报告

　　　　　　　　　　(1)中央委员会的报告。

　　　　　　　　　　(2)代表们的报告。

---

　　① 方括号内用小号字排印的文字，手稿上已被勾掉。——俄文版编者注

六、(6)选举。

　　　　(1)选举。

　　　　(2)程序。

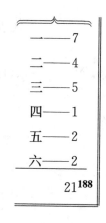

一——7
二——4
三——5
四——1
五——2
六——2

21[188]

(3)

代表大会议程草案

(附 报 告 人)

第三次党代表大会议程草案

(A)策略问题。

1. 武装起义。

维尔涅尔、沃伊诺夫。[189]

2. 社会民主党进行公开政治活动的准备。

施米特。

3. 社会民主党在革命前夕和革命期间对政府政策的态度。

施米特、列宁。

4. 支持农民运动。

　　　　　　　　　　　　　　　　列宁、施米特。

(B)对其他政党和派别的态度。

5. 对俄国社会民主工党分裂出去的部分的态度。

6. 对俄国各民族的社会民主党和组织的态度。

[7]6. 对自由派的态度。

[8]7. 对社会革命党人的态度。

　　　　　　　　　　　　　　　　列宁、维尔涅尔。

(C)党的组织。

[9]8. 党章。

　　　　　　　　　　　　　　　　维尔涅尔。

[10]9. 党组织中工人和知识分子的关系。

　　　　　　　　　　　　　　　　维尔涅尔。

(D)党的内部工作。

[11]10. 代表们的报告。

[12]11. 改进鼓动和宣传。

13. 五一节。

[14]12. 选举负责人。

[15]13. 记录宣布和新机构行使职能程序。

载于1926年《列宁文集》俄文版
第5卷

译自《列宁全集》俄文第5版
第10卷第375—378页

2

对鲁勉采夫关于俄国社会民主工党的公开政治活动问题的决议草案的意见

（4 月 16 日和 19 日〔4 月 29 日和 5 月 2 日〕之间）

照我看，把决议案这样修改一下：

要点：

（1）确认：在革命运动的压力之下，各政党的公开活动事实上已经开始，等等；

（2）自由派在这方面走得特别远，他们**事实上的**特权（施米特决议案第 1 条）；

（3）工人们要求进行公开政治活动的**愿望**也**很强烈**（施米特决议案第 2 条）。

——**结论**：

（1）不要错过任何一个公开活动的机会，**通过活动本身**把工人组织成独立的力量；

（2）利用即使是最小的合法形式，竭力使合法的工人组织接受社会民主党的影响；

（3）在所有工人组织中和尽可能广泛的群众中，宣传必须采取实际措施建立进行公开政治活动的机关，同我们的秘密机关相配合。

[＋(0)　　**开始**在事实上争得活动自由。

最好是 (2) (1)
　　　(1)工人群众力求进行公开活动。
　　　(2)自由派**加紧**利用并且取得优势。
　　　(3)必须准备在最近的将来能够从通常的纯粹秘密活动的形式转向公开活动的形式。

决定：
　　　(1)不要错过机会……公开活动——由各个组织就地进行。
　　　(2)利用即使是部分的**合法**组织形式，竭力使它们接受社会民主党的影响。]①

载于1926年《列宁文集》俄文版
第5卷

译自《列宁全集》俄文第5版
第10卷第379—380页

---

　　①　方括号内用小号字排印的文字，手稿上已被勾掉。——俄文版编者注

3

关于社会民主党参加
临时革命政府的报告的材料[190]

（4月18日〔5月1日〕以前）

（1）
关于社会民主党参加临时革命政府的
报告要点和决议提纲

《前进报》的立场概述：

（1）分析普列汉诺夫的不同意见。〉

　　马克思1848年

（2）《火星报》第93号和巴枯宁主义者。

（3）《火星报》第93号（"不断革命"）。 ?

（4）决议。

（5）总结。

决 议 要 点：

（1）政治自由和民主共和国的必要性。

［（2）革命的资产阶级民主派和小资产阶级民主派的存在，它们能够并且开始为此而斗争。

（3）无产阶级支持革命民主派的必要性……］①

（4）为了彻底推翻专制制度和**切实**保障立宪会议的自由，临时革命政府是必要的。

［（5）革命的社会民主党认为不仅要从下面而且要从上面采取革命行动。

（6）一旦革命取得完全胜利，一旦社会民主党领导起义，社会民主党必须参加临时革命政府。］①

（7）变革的资产阶级民主主义性质和无产阶级采取不同于资产阶级民主派的独立立场的必要性。

［（8）有组织的社会民主工党的存在，它能够进行公开组织工作（在工人的广泛参加下），能够监督党的全权代表］①

关于社会民主党参加临时革命政府的
决议的结论部分

（1）宣传和鼓动临时革命政府的思想，是胜利的革命的必要组成部分。

（2）在工人的会议上讨论我们的全部最低纲领，不仅要像我们讨论最高纲领和大家都应当讨论最高纲领那样从一般的角度出发，而且要从有可能立即完全实现这一最低纲领的角度出发。

（3）认为**一旦人民起义胜利**，社会民主党就有可能同革命的资产阶级和小资产阶级民主派一道参加临时革命政府，以便同一切反革命的尝试进行无情的斗争，以便在俄国彻底扫清民主主义基地，

---

① 方括号内用小号字排印的文字，手稿上已被勾掉。——俄文版编者注

以便利用政府所保障的一切手段将工人阶级更广泛地组织起来。

这些是主观条件。而客观条件呢？为了同反革命势力进行无情的斗争。第3条。

$\begin{cases} 注意 & 武装的 \\ 无产阶级 \end{cases}$

(4)参加这种政府的必要条件是：社会民主工党对其在政府中的全权代表实行监督；坚定不移地保护独立的、阶级的工人政党，它力求实现彻底社会主义变革而同所有一切资产阶级民主派势不两立。

(5)无论如何，不管社会民主党是否能参加临时革命政府，都要在工人阶级中大讲建立独立的工人**革命**组织的必要性，以便对**任何**革命政府进行监督，并对其施加压力。

(2)
关于临时革命政府的报告的简要提纲

1. 初看起来,问题的提法是奇怪的:实现临时革命政府还不是指日可待的事。我们讨论这个问题是迫于文字论战。马尔丁诺夫及其1905年1月9日以前的论调(《两种专政》第10—11页)。

   这种论调的尾巴主义。

   明确社会民主党的目的的重要性。

2. 普列汉诺夫对争论起因描述得不正确(第96号):他在替马尔丁诺夫主义打掩护。[191]

3. 问题的一般提法:是社会主义专政还是民主主义专政? 偷偷塞

进前一种专政是荒谬的。

第二种专政是不可避免的。

4.普列汉诺夫在第96号上的论据。

　　　　　　见另纸第1—6页。①

　　其次。

（a）两种力量：革命和反革命。它们之间的武装斗争，斗争前途变幻莫测，既从下面也从上面进行斗争的必然性。

（b）恩格斯1849年的著作，引用描述维护帝国宪法运动的话。②

（c）决议及其简要的论证。

（3）

对普列汉诺夫
《论夺取政权问题》一文的意见

　　指出第96号上**普列汉诺夫**文章中的以下几点：

　　（1）**歪曲事实**，说什么"《前进报》指责《火星报》"（第1栏）是要以此来歪曲对问题的提法。

　　事实上，**马尔丁诺夫**还在1月9日以前就开始**吓唬**前进派说，一旦无产阶级领导的**起义胜利**，他们**必须**参加革命政府（马尔丁诺夫的书第10—11页）。（（**马尔丁诺夫和《火星报》，注意　引用注意　恩格斯的著作。**））

　　所以，不是《前进报》，而是马尔丁诺夫和《火星报》把"夺取政

_____

① 见本卷第365—369页。——编者注

② 参看《马克思恩格斯全集》第1版第7卷第127—235页。——编者注

权"（这个说法**不是我们的**，而是《火星报》的。这个说法是**狭隘的**）的问题搬出来，**吓唬别人不要举行成功的起义**。

（2）极其粗暴地歪曲事实，说什么《前进报》把马克思和恩格斯叫做"超级庸人"。马尔丁诺夫不＝马克思！！

《前进报》说过，专制制度——自由派宪法——民主共和国——社会主义变革，这种更迭"总的来说**是正确的**"，但庸人的做法是**限制自己在第一次进攻之前**只起次要作用，这是庸俗的。"想象成没有飞跃"是庸俗的，"想象成缓慢而均匀上升的直线"是庸俗的。普列汉诺夫**偷换**问题。

（3）在解释《告同盟书》时，普列汉诺夫对这一问题又进行新的歪曲，避而不谈《告同盟书》**正是在人民已不可能取得完全胜利**，自由派资产阶级**已取代专制制度**，从而革命已被削弱和已被隐蔽起**来的时候**写的。

在人民起义没有取得完全胜利而**遭到挫折**后，马克思和恩格斯便忠告工人阶级组织起来和作好准备。难道这回答的是第一次**起义之前**的形势吗？难道回答的是无产阶级的胜利起义的**设想**吗？？（而《火星报》和马尔丁诺夫正是把这样的设想当做出发点的。）

（4）在解释《告同盟书》时，普列汉诺夫**忘**了补充马克思**最重要的指示**，即 1848 年和 1848—1850 年间德国小资产阶级民主派"日益组织起来的时候"，"工人的政党却丧失了自己唯一的巩固的支柱

基础"。（（《告同盟书》第 75 页））

所以：马克思确认**小资产阶级民主派**具有**较强的**组织性，确认

工人政党在 1848 年**做了资产阶级的尾巴**（（《告同盟书》第 76 页））。**因此**，马克思把全部注意力都集中在无产阶级必须有独立的组织的问题上，因此他认为小资产阶级政党**无疑会占优势**（（《告同盟书》第 78 页）），因此他没有看到工人政党有机会取得优势和参加革命政府。

(5)在《告同盟书》（«Ansprache»）中，马克思根本**不谈**工人政党**参加**（临时）革命政府的问题。

普列汉诺夫硬说，马克思"根本不认为无产阶级的政治代表可以和小资产阶级的代表共同致力于创建新的社会制度"。因此，他这样说是完全错误的。

这是不对的。马克思**并没有涉及**具体提出有关临时革命政府**这一思想**。马克思**并没有提出**社会民主党人参加临时革命政府的问题，而普列汉诺夫却描写成马克思**给这个问题以绝对否定的回答**。

马克思说：我们社会民主党人过去总是做别人的尾巴。我们组织得较差，我们应当独立地组织起来，以防小资产阶级民主派在革命取得胜利时执政。

马尔丁诺夫作出结论说：在俄国，我们社会民主党人现在比革命的小资产阶级民主派组织得要好得多，并已组成一个绝对独立的政党，我们应当**提防**的是，一旦起义成功，我们就**势必**参加临时革命政府。

是的，普列汉诺夫同志，马克思主义是一回事，马尔丁诺夫主义是一回事。

(6)普列汉诺夫说"《前进报》的论证只有几句翻来覆去重复的

话"，而《火星报》却"不想批判马克思"。

是这样吗？

谁的论证只有几句"重复的话"呢？不正是普列汉诺夫用"引文"拼凑了**全部**学问吗？？可怜的学问。

《前进报》并没有"批判"马克思。马赫和阿芬那留斯才是普列汉诺夫的可怜论据的保护伞。

《前进报》分析了普列汉诺夫**只字**未提的**俄国的具体条件**：无产阶级和农民的相互关系

二者的组织性

比较小资产阶级民主派和社会民主党的力量

第一次起义**之前**的形势

全部论断的条件：**胜利的起义**。

普列汉诺夫同志，情况不正相反吗？光在字面上和引文上做文章的不就是您吗？对具体问题——历史问题的分析提出论证的不正是《前进报》吗？

(7)普列汉诺夫说，马克思和恩格斯只是在**社会主义**变革还未临近这一点上改变了自己的观点。

"他们（在纠正这个错误时）已经根据民主制度在相当长的时期内仍将占统治地位这个设想来确定无产阶级的政治任务。**然而正因为如此，他们将会更加坚决地谴责社会主义者参加小资产阶级政府。**"

为什么？普列汉诺夫在这里把**民主主义**专政和**社会主义**专政混为一谈！！

(8)恩格斯致屠拉梯。

（a）没有完整的信。

（b）屠拉梯＝米勒兰。内阁部长职位。**是那样的形势吗**？

（c）恩格斯向屠拉梯**证明**，变革将是**民主主义的**，**而不是**社会主义的。

根本不是实质！

(9)"**同小资产阶级一道参加临时革命政府就意味着背叛无产阶级……**"

是吗？｛1848 年，1873 年《行动中的巴枯宁主义者》。｝**从下面**？

从上面？

(10)《火星报》**第 93 号**（从下面）。

巴枯宁主义者。

(11)《**火星报**》第 93 号——如果自发地落到头上，我们不会退缩。

载于 1926 年《列宁文集》俄文版　　　　译自《列宁全集》俄文第 5 版
第 5 卷　　　　　　　　　　　　　　　第 10 卷第 381—387 页

4

就社会民主党组织中
工人和知识分子的关系问题
所作的发言的提纲[192]

（4月20日〔5月3日〕）

我的5月3日（第15次会议）发言提纲。

一、说革命社会民主主义思想的体现者在我国主要是知识分子（如弗拉索夫所说），这是不对的。

二、说选举原则不会使外层组织更加了解情况等等（如弗拉索夫所说），这是不对的。

三、弗拉索夫说，（分裂和组织反对派）是由知识分子领头干的。拉特舍夫、利亚多夫和克拉莫尔尼科夫等人予以证实。

四、**应当吸收工人参加委员会。**

载于1926年《列宁文集》俄文版
第5卷

译自《列宁全集》俄文第5版
第10卷第388页

5

对关于宣传和鼓动的
决议草案的修改意见[193]

（4月25日〔5月8日〕）

整 个 决 议

（a）成立著作家宣传小组草拟总的宣传纲要，并根据这个纲要编写有关党的纲领、策略、组织的主要问题的一系列通俗小册子，①

（a）同时要特别注意出版供在农民中进行工作用的小册子读物，

（b）筹备在俄国出版一份通俗机关报。

（c）条改为

通　过

（c）采取措施组织流动的鼓动员和宣传员小组协助各地方中心。[194]

列　宁

载于1905年中央委员会出版社在日内瓦出版的《俄国社会民主工党第三次（例行）代表大会记录全文》一书

译自《列宁全集》俄文第5版第10卷第389页

---

① 用小号字排印的是决议草案的文字。——俄文版编者注

关于俄国社会民主工党第三次
代表大会及其决议的报告的提纲[195]

(1905 年 5 月 15 日〔28 日〕以后)

第三次代表大会及其决议

(A)为什么举行了代表大会和代表会议?

(B)代表大会和代表会议的组织问题。

(C)代表大会和代表会议的策略问题。

(A)　1.在没有总委员会参加情况下**召开**代表大会的合法性。

　　2.代表大会**本身**的合法性。

　　3.为什么当时不去参加代表大会?(把一个代表大会变成了两个代表大会。)

(B)第三次代表大会的三项主要组织工作:

(Bb)　(1)党章第 1 条。

　　(2)"一个中央机关"。

　　(3)"保障少数派的权利"。

(Bc)　代表会议的组织章程

　　(1)领导"集体"(?)。

　　(2)"地方组织"(? 而党章第 1 条?)。

　　(3)中央委员会和执行委员会——和组委会 ???

(4)协议的条件？　在代表大会上？

(C)

4　1.临时革命政府。

3　2.武装起义。

2　3.目前政治形势。

1　4.对其他革命政党和反对派政党的态度。

5.　5.执行委员会。

4.　4.中央委员会＝执行委员会＋各区域委员会的代
　　表＝代表会议

3.　3.区域委员会＝区域代表大会选举产生的。

2.　2.区域代表大会＝领导集体的代表。

1.领导集体＝委员会＋全部区委员会＋专门小组。

委员会向各区委员会报告工作并向其寄送、提交"征询意见表"。

委员会几乎是由各区委员会委员
选举产生的。

地方组织的小组

孟什维克的恭维话：

"粗暴地违背诺言"

"把代表大会强加于党"

"滔天罪行"

"辜负党的信任"

"毫不客气地伪造"

"偷换"

"践踏有组织的无产阶级的意志"（第13页）

孟什维克的条件

"应当代表**全党**也就是代表广大正式党员" 第8页

"难道不事先经过全党的讨论就可以决定策略问题吗？难道不是轻率……武装起义……甚至在报刊上争论才刚刚开始"（第10页）

"我们听说"（第10—11页）。

载于1931年《列宁文集》俄文版第16卷

译自《列宁全集》俄文第5版第10卷第390—391页

关于《论临时革命政府》一文的笔记^①

(1905 年 5 月 21 日〔6 月 3 日〕以前)

1. 是否应该从马克思 1850 年 3 月《告共产主义者同盟书》中得出结论,说马克思**不认为**共产党人在民主主义变革时期**可以同**资产阶级一道参加临时革命政府呢?

2. 说马克思在上述《告同盟书》中**甚至根本就没有提出**过关于社会民主党人参加临时革命政府的**问题**,对不对呢?

3. "不认为可以参加"和"没有提出参加的问题",两者之间有没有区别呢?

4. 说马克思本人在上述《告同盟书》中曾指出,最近一个时期小资产阶级的民主党加强了,而工人的共产党削弱了,对不对呢?

5. ......^②

载于 1926 年《列宁文集》俄文版
第 5 卷

译自《列宁全集》俄文第 5 版
第 10 卷第 392 页

---

① 该文见本卷第 221—240 页。——编者注
② 手稿到此中断。——俄文版编者注

关于《革命斗争和
自由派的渔利行为》一文的笔记①

(1905 年 5 月 27 日〔6 月 9 日〕以前)

1

"立宪民主"党…… 哼!这算什么? 这几个字是什么意思呢? 难道民主的国家制度可以没有宪法吗?? 他们自己不同于谁呢? 不同于希波夫之流——据说那些人反对宪法。但是,难道那些人是民主派吗??

立宪民主还不同于**共和**民主。立宪民主意味着**君主**民主或**君主**立宪。

但是二者听起来都很刺耳,因此才需要作一番描写…… 说得真委婉!

正在组成立宪民主党……

　　小资产阶级的政党——革命的资产阶级民主派的激进部分。

　　知识分子和

　　生意人……　　大资产阶级。

① 该文见本卷第 245—253 页。——编者注

小资产阶级

更大的激进主义
更大的分散性

知识分子"领袖们"的更
大作用

说话自由——结派自由——**以后就要以社会力量作为依据……**

商人习气的"现实政治"——
——**和唯物主义的"现实政治"。**

2

甜言蜜语
有组织的自由派的纲领

"人民应当把危机的解决掌握在自己手里……"

人民"**同其他社会集团一道**"(注意)

召集立宪会议(由谁?)

君主制——绝口不提 既不赞成,也不反对

教会同国家分离(避而不谈)

"宗教团体不受国家监护"

　　不要国家经费资助吗?

"人民代表机关"

一院制？**避而不谈**。

"各民族的文化自决" 而不是**政治自决！**

财政**改革**："逐步地……"：

!! 　　"不对个别企业和企业家实行优惠，而要加强对人民生产力的发展实行优惠……

工业繁荣。"

土地纲领**由谁制定**？

"分地……"并**奖励**占有者。

租佃权…… 而不是**减**租权

　　"为了劳动者的利益"

给工人罢工权等等。 注意　注意

劳工法……

　　工厂视察制（"对所有形式的国民劳动"）。

　　八小时工作制。

　　取消加班加点。

　　保护女工和童工。

　　调停室……

　　抚恤伤残工人。

　　国家保险。

"这些决议只有在政治条件保持不变的情况下，才是必须遵守的。"

———"暂时的和有条件的因素"

———"**现实政治**"。

"……绰绰有余……"

载于 1926 年《列宁文集》俄文版
第 5 卷

译自《列宁全集》俄文第 5 版
第 10 卷第 393—395 页

党内分裂概况[196]

（不早于 1905 年 5 月）

"经济主义"与旧《火星报》
        1900—1903 年。

党的第二次代表大会。
        1903 年 7 月。

争取增补的斗争或"戒严状态"

        1903 年 8—11 月。

与 5 有关。

{ 小组习气和党！
同"经济派"和解！
列宁的"异端邪说"。
        1903 年 11 月—1904 年 1 月。

和解的尝试

(1)"经济主义"与旧《火星报》。（1901 年代表大会[197]决议。）

(2)第二次代表大会。51＝8＋10＋9＋24。[198]（＝"经济派"与旧《火星报》。）

(3)1903 年 8 月 26 日—1903 年 11 月 26 日。[199]
（决不同马尔丁诺夫共事！[200]
"继承性"。
1903 年 10 月 8 日的信[201]。）

(4) 1903 年 11 月 26 日—1904 年 1 月 7 日。
[秘密组织。]

旧《火星报》和新《火星报》

("鸿沟")。1904 年 1—7 月。

(5)1904 年 1 月 7 日—? 1904
年 7 月 9 日。

俄国各地方委员会与
《火星报》编辑部。
"22"和"19"。[202]为召
开代表大会而斗争。
揭露性"文件"。

为召开代表大会而斗争。
1904 年 7 月—1905 年 5 月。

(6)1904 年 7 月— 1905 年
5 月。[203]

多数派委员会常务局＝三
个代表会议。《前进报》。

"地方自治运动计划"。

党的第三次代表大会
　　　　　1905 年 5 月。
第三次代表大会以后。
　　　　　1905 年 6 月—

(7)1905 年 5 月。代表大会
和代表会议。

(8)第三次代表大会以后。

载于 1926 年《列宁文集》俄文版
第 5 卷

译自《列宁全集》俄文第 5 版
第 10 卷第 396—397 页

《革命军队和革命政府》
一文的两个提纲^①

(1905 年 6 月 27 日〔7 月 10 日〕以前)

1

武 装 起 义

(1)街垒。**武装**斗争。

(2)部分军队转过来了。

1. 起义失败和讨价还价失败。

《福斯报》）²⁰⁴。 吹牛

2. 接见地方自治人士代表团和俄国
"上流社会"的反应(矿业主和许
多地方自治机关等等对特鲁别茨
科伊的祝贺,关于"颠扑不破的真
理",关于"强硬的"演说)。

彼特龙凯维奇在特维尔。

《日内瓦日报》的通讯²⁰⁵。

3. 斗争的新阶段。(1)**罗兹**。(2)**敖德萨**。高加索。利巴瓦。

---

① 该文见本卷第 316—324 页。——编者注

4. 军事斗争。革命领导和军事领导。革命军队。（暴力——助产婆[206]。）

5. 起义：第三次代表大会和代表会议的决议。号召进行斗争和"官样文章"。第 71 期司徒卢威的文章，第 **340** 页。[207]

6. 临时政府。胜利的口号和把革命的口号同**解放派的**口号混为一谈。

7. "资产阶级革命"。不要由此得出**可以撇开**资产阶级革命、对资产阶级革命抱**消极**态度、资产阶级革命对工人无关紧要的结论。

8. **全国性的**政治口号的意义：

> 共和国
> 武装人民
> 农民委员会（不取决于立宪会议）
> 保障充分自由
> 立宪会议和由革命政权召集立宪会议。

9. 分散的、无力的尝试。没有口号，没有统一，没有大胆的号召。我们的党是**阶级的党**，它的任务比民主主义的（资产阶级的）革命的任务**要高得多**。由此得出的结论是：不是撇开其他阶级，**而是领导它们**，不是对资产阶级革命抱消极态度，而是最大胆地将它进行到底。

大胆的倡议、广泛的口号、认识到我们**阶级的**最低纲领现在已经成为全国性的政治大事，这些正是我们所缺少的。

2

革命军队和革命政府

> 有组织的工人是人民群众
> 或老百姓的领导者。
> "……计划……"

1. 自由派资产阶级还在继续讨价还价,斗争却在发展。

2. 罗兹的起义,街垒战;——敖德萨的起义,街垒战＋一部分舰队转过来,另一部分处于瘫痪状态,——利巴瓦:街垒战＋部分舰队转过来?

罗兹
华沙
利巴瓦
敖德萨
尼古拉耶夫
塞瓦斯托波尔
喀琅施塔得
圣彼得堡
库尔斯克
赫尔松
基辅[209]

喀琅施塔得和彼得堡——总罢工,同警察和军队的冲突,抗拒动员。

一个军官在库尔斯克被烧死。[208]

3. 这些事件的中心是敖德萨。是革命的第一个胜利吗？很遗憾，
    还不是，尽管向前迈了一大步。

在战争中是合法的。大火＝绝望、无力。	α　β 舰队＋起义的人民	β——被打败 α——有秩序地退却	总和＝失败，但不是消灭。

4. 缺乏的是军事领导和政治领导。英勇精神和热忱是无穷无尽
    的。甚至有军事力量。

5. 军事领导，如**革命军队**。概念。进行挑衅的是专制政府。组织
    国内战争。

6. 政治领导，如**临时政府的**。是否只是一
    个舰队、一个城市、一支军队、一个农村
    的一部分。全国性的旗帜＋**组织**。

> **讨价还价**
> **在继续进行。**[210]
> 7 月 3 日《晨报》上
> 勒鲁的电报。1 000
> 人的代表大会。
> 诉诸人民？
> 起义？

7. 格列杰斯库尔谈不服从政府的局面。[211]

8. 革命**政权**的意义。

9. 《火星报》的口号不是始终一致的：
    教条作梗。

(1)起义——引用《怎么办?》中的话——同代表会议作比

较。——承认还有一步。敖德萨在教育着人们。

(2)临时政府。——《火星报》的传单。——教条作梗。[212]

(10)必须广泛宣传这些口号：

> 1. 立宪会议。
>
> 2. 武装人民。
>
> 3. 给人民政治自由。
>
> 4. 农民委员会。
>
> 5. 各族人民的充分自决权。[213]

(α)把各地的起义汇合成**全民**起义＝革命军队。

(β)**全国的**、全民的起义**组织**＝临时革命政府。

——通过传单宣传

——在各种群众集会和会议上宣传

——大胆地提出行动倡议。**革命斗争**的口号是不够的,需要**领导**

的口号和**革命政权**的口号。

当然,革命政权不是一下子就能建立起来的。不能靠发布命

令、通过任命来建立革命政权,它应当**争取**使自己得到承认。但是

应当进行尝试,应当**争取**,开始争取。

载于1926年《列宁文集》俄文版　　　　译自《列宁全集》俄文第5版

第5卷　　　　　　　　　　　　　　　　第10卷第401—404页

注　　释

1　《社会民主党和临时革命政府》一文是为批评孟什维克对第一次俄国革命中的一个迫切问题——临时革命政府和社会民主党参加临时革命政府问题——所持的机会主义立场而写的。本卷《附录》里收有这篇文章的提纲（见第 343—344 页）。

　　这篇文章经米·斯·奥里明斯基作了一些修改，发表于《前进报》第 13 号和第 14 号。在《列宁全集》俄文第 5 版第 10 卷中，这篇文章是按照《前进报》的文字刊印的；经奥里明斯基修改过的最重要的地方，分别用脚注注明列宁手稿中原来的文字。——1。

2　新火星派是指以新《火星报》（即第 52 号以后的《火星报》）为机关报的孟什维克。1903 年 10 月 19 日（11 月 1 日）列宁退出《火星报》编辑部以后，该报第 52 号由格·瓦·普列汉诺夫一人编辑。1903 年 11 月 13 日（26 日）普列汉诺夫把原来的编辑全部增补进编辑部以后，该报由普列汉诺夫、尔·马尔托夫、帕·波·阿克雪里罗得、维·伊·查苏利奇和亚·尼·波特列索夫编辑。1905 年 5 月该报第 100 号以后，普列汉诺夫退出了编辑部。1905 年 10 月，该报停刊，最后一号是第 112 号。关于《火星报》，见注 27。——2。

3　工人事业派是聚集在《工人事业》杂志周围的经济主义的拥护者。《工人事业》杂志是俄国经济派的不定期杂志，国外俄国社会民主党人联合会的机关刊物，1899 年 4 月—1902 年 2 月在日内瓦出版，共出了 12 期（9 册）。该杂志的编辑部设在巴黎，担任编辑的有波·尼·克里切夫斯基、帕·费·捷普洛夫、弗·巴·伊万申和亚·萨·马尔丁诺夫。该杂志支持所谓"批评自由"这一伯恩施坦主义口号，在俄国社会民主党的策略和组织问题上持机会主义立场。工人事业派宣扬无产阶级政治斗争应服从经济斗争的机会主义思想,崇拜工人运动的自发性,否认党的领导作用。他们还反对列宁关于建立严格集中和秘密的组织的思想,维护所谓"广泛民主"的原则。《工人事业》杂志支持露骨的经济派报纸《工人思想报》,该杂志的编辑之一伊万申参加了这个报纸的编辑工作。在俄国社会民主工党第二次代表大会上,工人事业派是党内机会主义极右派的代表。列宁在《怎么办?》(见本版全集第6卷)中批判了《工人事业》杂志和工人事业派的观点。——2。

4　解放派是俄国自由派资产阶级反对派,因其主要代表资产阶级知识分子和地方自治自由派人士于1902年6月创办《解放》杂志而得名。解放派以《解放》杂志为基础,于1904年1月在彼得堡成立解放社,领导人是伊·伊·彼特龙凯维奇和尼·费·安年斯基。解放社的纲领包括实行立宪君主制和普选制,保护"劳动群众利益"和承认各民族的自决权。1905年革命开始后,它又要求将一部分土地强制转让并分给少地农民、实行八小时工作制,并主张参加布里根杜马选举。1905年10月立宪民主党成立以后,解放社停止活动。解放社的左翼没有加入立宪民主党,另外组成了伯恩施坦主义的无题派。

　　《解放》杂志(«Освобождение»)是俄国自由派资产阶级反对派的机关刊物(双周刊),1902年6月18日(7月1日)—1905年10月5日(18日)先后在斯图加特和巴黎出版,共出了79期。编辑是彼·伯·司徒卢威。该杂志反映资产阶级的立宪和民主要求,在资产阶级知识分子和地方自治人士中影响很大。从1904年1月起是解放社的机关刊物。——2。

5　社会民主党的吉伦特派是指社会民主党内的机会主义派别。吉伦特派是18世纪末法国资产阶级革命时期的一个政治派别,代表共和派的大工商业资产阶级和农业资产阶级的利益,主要是外省资产阶级的利益。该派许多领导人在立法议会和国民公会中代表吉伦特省,因此而得名。吉伦特派的领袖是雅·皮·布里索、皮·维·维尼奥、罗兰夫妇、让·安·孔多塞等。该派主张各省自治,成立联邦。吉伦特派动摇于革命和反革命之间，走同王党勾结的道路，最终变成了反革命力量。
——3。

6　雅各宾主义是指 18 世纪末法国资产阶级革命中的革命民主派雅各宾
派的政治思想。雅各宾派是当时的革命阶级——资产阶级的最坚决的
代表，主张铲除专制制度和封建主义。雅各宾派领导了 1793 年 5 月 31
日—6 月 2 日的人民起义，推翻了吉伦特派的统治，建立了雅各宾专
政。1794 年 7 月 27 日热月政变后，雅各宾专政被颠覆，雅各宾派的领
袖马·罗伯斯比尔、路·安·圣茹斯特等被处死。——3。

7　巴枯宁主义是以米·亚·巴枯宁为代表的无政府主义思潮，产生于 19
世纪 60 年代。巴枯宁主义者是小资产阶级革命性及其特有的极端个
人主义的代表，鼓吹个人绝对自由，反对任何权威。他们认为国家是剥
削和不平等的根源，要求废除一切国家，实行小生产者公社的完全自
治，并把这些公社联合成自由的联邦（按巴枯宁主义者的说法就是实现
"社会清算"）。巴枯宁主义者反对马克思主义的社会革命学说，否定工
人阶级的一切不直接导致"社会清算"的斗争形式，否认建立独立的工
人政党的必要性，而主张由"优秀分子"组成的秘密革命团体去领导群
众骚乱。19 世纪 60 年代末和 70 年代初，巴枯宁主义在当时经济上落
后的西班牙、意大利、法国南部和瑞士的小资产阶级和一部分工人中得
到传播。在巴枯宁主义的影响下，也形成了俄国革命民粹主义的一个
派别。

　　1868 年，巴枯宁在日内瓦建立了无政府主义者的国际组织——社
会主义民主同盟。在同盟申请加入第一国际遭到拒绝以后，巴枯宁主
义者采取对国际总委员会的决定阳奉阴违的办法，表面上宣布解散这
个组织，而实际却继续保留，并于 1869 年 3 月以国际日内瓦支部的名
义把它弄进了国际。巴枯宁主义者利用社会主义民主同盟的组织在国
际内部进行了大量分裂和破坏活动，力图夺取国际总委员会的领导权，
受到马克思和恩格斯的揭露和批判。1872 年 9 月 2—7 日举行的第一
国际海牙代表大会把巴枯宁和另一位巴枯宁派首领詹·吉约姆开除出
国际。19 世纪最后 25 年间，巴枯宁主义者蜕化成了脱离群众的小宗

派。——3。

8 特卡乔夫主义是俄国民粹主义中的一个接近布朗基主义的派别,以革命民粹派思想家彼·尼·特卡乔夫为代表。特卡乔夫主义认为政治斗争是革命的必要前提,但对人民群众的决定作用估计不足;主张由少数革命者组织密谋团体和采用恐怖手段去夺取政权,建立新国家,实行有益于人民的革命改革。与巴枯宁主义不同,特卡乔夫主义主张革命胜利后必须利用国家;认为人民不能进行独立的革命创造,只有自觉的少数能够借助国家彻底地和逐步地改革整个制度,实现社会革命的理想。——3。

9 指经济派利用马克思的这句话为自己辩护。列宁在《我们的当前任务》一文中谈过这个问题。他说:"'一切阶级斗争都是政治斗争'——这是马克思的名言,但是,如果把这句话理解成工人同厂主的任何斗争**在任何时候都是政治斗争**,那就错了。这句话应当这样理解:工人同资本家的斗争**随着**这个斗争逐渐成为**阶级**斗争而必然**成为政治**斗争。"(见本版全集第4卷第165—166页)——3。

10 民意党人是19世纪80年代初俄国革命民粹派的组织民意党的成员。民意党是俄国土地和自由社分裂后产生的革命民粹派组织,于1879年8月建立。主要领导人是安·伊·热里雅鲍夫、亚·德·米哈伊洛夫、米·费·弗罗连柯、尼·亚·莫罗佐夫、维·尼·菲格涅尔、亚·亚·克维亚特科夫斯基、索·李·佩罗夫斯卡娅等。该党主张推翻专制制度,在其纲领中提出了广泛的民主改革的要求,如召开立宪会议,实现普选权,设置常设人民代表机关,实行言论、信仰、出版、集会等自由和广泛的村社自治,给人民以土地,给被压迫民族以自决权,用人民武装代替常备军等。但是民意党人把民主革命的任务和社会主义革命的任务混为一谈,认为在俄国可以超越资本主义,经过农民革命走向社会主义,并且认为俄国主要革命力量不是工人阶级而是农民。民意党人从积极的"英雄"和消极的"群氓"的错误理论出发,采取个人恐怖方式,把暗杀沙皇政府的个别代表人物作为推翻沙皇专制制度的主要手段。他们在1881年3月1日(13日)刺杀了沙皇亚历山大二世。由于理论上、策略上和斗争方法上的错误,在沙皇政府的严重摧残下,民意党在1881年以后就瓦解了。——4。

11 社会革命党人是俄国最大的小资产阶级政党社会革命党的成员。该党是1901年底—1902年初由南方社会革命党、社会革命党人联合会、老民意兒人小组、社会主义土地同盟等民粹派团体联合而成的。成立时的领导人有马·安·纳坦松、叶·康·布列什柯-布列什柯夫斯卡娅、尼·谢·鲁萨诺夫、维·米·切尔诺夫、米·拉·郭茨、格·安·格尔舒尼等,正式机关报是《革命俄国报》(1901—1904年)和《俄国革命通报》杂志(1901—1905年)。社会革命党人的理论观点是民粹主义和修正主义思想的折中混合物。他们否认无产阶级和农民之间的阶级差别,抹杀农民内部的矛盾,否认无产阶级在资产阶级民主革命中的领导作用。在土地问题上,社会革命党人主张消灭土地私有制,按照平均使用原则将土地交村社支配,发展各种合作社。在策略方面,社会革命党人采用了社会民主党人进行群众性鼓动的方法,但主要斗争方法还是搞个人恐怖。为了进行恐怖活动,该党建立了事实上脱离该党中央的秘密战斗组织。

在1905—1907年俄国第一次革命中,社会革命党曾在农村开展焚烧地主庄园、夺取地主财产的所谓"土地恐怖"运动,并同其他政党一起参加武装起义和游击战,但也曾同资产阶级的解放社签订协议。在国家杜马中,该党动摇于社会民主党和立宪民主党之间。该党内部的不统一造成了1906年的分裂,其右翼和极左翼分别组成了人民社会党和最高纲领派社会革命党人联合会。在斯托雷平反动时期,社会革命党经历了思想上、组织上的严重危机。在第一次世界大战期间,社会革命党的大多数领导人采取了社会沙文主义的立场。1917年二月革命后,社会革命党中央实行妥协主义和阶级调和的政策,党的领导人亚·费·克伦斯基、尼·德·阿夫克森齐耶夫、切尔诺夫等参加了资产阶级临时政府。七月事变时期该党公开转向资产阶级方面。社会革命党中央的妥协政策造成党的分裂,左翼于1917年12月组成了一个独立政党——左派社会革命党。十月革命后,社会革命党人(右派和中派)公开进行反苏维埃的活动,在国内战争时期进行反对苏维埃政权的武装斗争,对共产党和苏维埃政权的领导人实行个人恐怖。内战结束后,他们在"没有共产党人参加的苏维埃"的口号下组织了一系列叛乱。1922年,社会革命党彻底瓦解。——4。

12　孟什维克《火星报》第93号是1905年3月17日(30日)出版的。这一号报纸刊登了尔·马尔托夫的《当务之急。工人政党和作为我们当前任务的"夺取政权"》一文。列宁在《无产阶级和农民的革命民主专政》一文和在俄国社会民主工党第三次代表大会上所作的《关于社会民主党参加临时革命政府的报告》(见本卷第18—28、121—135页)中批判了马尔托夫的这篇文章。——10。

13　组织-过程论是社会民主党内的一种崇拜自发性、贬低组织作用的错误理论。它宣称组织是过程,组织是倾向,组织是与内容并行不悖的形式等等。列宁对它的批判,见本版全集第9卷第115页。——13。

14　息息法斯式的工作意为令人厌倦的沉重而无效的劳动,出典于希腊神话。据传说,科林斯王息息法斯因开罪天神,被罚在地狱里服苦役,推巨大的圆石上山。每当他快到山顶时圆石就从他手中滑脱而滚回山下,他必须再从头干起。如此不断重复,永无尽期。
　　　列宁在这里提到这个典故,是暗指潘·尼·勒柏辛斯基画的一幅讽刺格·瓦·普列汉诺夫的漫画《息息法斯式的工作。现代息息法斯》。在画中,普列汉诺夫拧住尔·马尔托夫的耳朵,试图把他从孟什维克泥潭里拖出来。——13。

15　列宁在这篇文章的提纲里用了《再论临时政府》的标题,见本卷《附录》《〈无产阶级和农民的革命民主专政〉一文材料》。这篇文章曾由俄国社会民主工党高加索联合会委员会用格鲁吉亚文、亚美尼亚文和俄文出版过单行本。——18。

16　立宪会议是议会式机关。召开立宪会议的要求是十二月党人最早提出的,以后在反对沙皇专制制度的斗争中得到了广泛的传播。俄国社会民主工党1903年纲领中也列入了这项要求。——18。

17　这是尔·马尔托夫提出的。他在1905年3月17日(30日)《火星报》第93号登载的《当务之急。工人政党和作为我们当前任务的"夺取政权"》一文里说,"夺取政权"的任务只有两种可以想象的形式:或者是无产阶级作为阶级去掌握国家,那就走到了"资产阶级革命"的极限,那就是说俄国社会民主党人对俄国无产阶级的历史地位和任务的整个分析是不正确的,那就应该从根本上修改我们的纲领;或者是社会民主党参加革命民主政府,那就不妨现在就同我们将与之一道实现"专政"的社会力量建立政治"联盟",那就需要马上修改我们的策略原则。因此,"或者是最庸俗的饶勒斯主义,或者是否认当前革命的资产阶级性质"。——21。

18　阿姆斯特丹代表大会是指1904年8月14—20日在阿姆斯特丹举行的第二国际第六次代表大会。出席这次大会的有各国社会党代表476人。大会谴责当时正在进行的日俄战争,指出它从双方来说都是掠夺性的战争。大会讨论了社会党策略的国际准则、党的统一、总罢工、殖民政策等问题。大会通过了茹·盖得提出的谴责修正主义和米勒兰主义的决议。但是,大会通过的关于每一国家的社会党人必须统一的重要决议中,没有包含承认革命的马克思主义是统一的原则基础和防止革命派受制于机会主义派的必要条件等内容;大会关于殖民主义问题的决议没有谈到争取民族自决的斗争,而建议社会党人努力使殖民地人民获得符合他们发展程度的自由和独立;在关于群众罢工的决议案中把群众罢工而不是把武装斗争看做"极端手段"。列宁未能亲自出席这次代表大会,他委托马·尼·利亚多夫和彼·阿·克拉西科夫代表党内多数派。以格·瓦·普列汉诺夫为首的孟什维克否认布尔什维主义是具有独立代表权的派别,激烈反对布尔什维克出席代表大会。在列宁向代表大会执行局申诉后,卡·考茨基、奥·倍倍尔、罗·卢森堡和维·阿德勒都主张把布尔什维克包括在俄国社会民主工党代表团内,孟什维克才不得不把利亚多夫和克拉西科夫列为俄国代表团的成员。俄国社会民主工党向代表大会的报告是委托费·伊·唐恩和弗·亚·格列博夫两人起草的,当时商定在报告中不提党内分歧。但唐恩违背了这个条件,他起草的报告充满隐晦的论战,全篇浸透了少数派的

观点。布尔什维克因此另外起草一个报告,分发给大会代表。这个报
告由马·利金(即利亚多夫)签署,标题是《说明俄国社会民主工党党内
危机的资料》。报告曾经列宁校阅,其中很大一部分是列宁写的。
——22。

19　让·饶勒斯1899年在雅皮大厅举行的代表大会上为他主张社会党人
参加资产阶级政府作辩护时说:"今天的社会分成资本家和无产者。但
是,社会上同时还存在着旧势力卷土重来的危险性,存在着野蛮的封建
主义和至高无上的宗教势力卷土重来的危险性,因此,当共和自由、思
想自由和意识自由受到威胁时,当散布民族仇恨和挑起世代宗教战争
的旧偏见重新复活时,社会主义无产阶级的责任就是与不愿倒退的资
产阶级政党携手前进。"——22。

20　指以《前进报》为机关报的俄国社会民主工党的多数派,即布尔什
维克。

　　《前进报》(《Вперед》)是第一个布尔什维克报纸,俄国社会民主工
党多数派委员会常务局的机关报(周报),1904年12月22日(1905年1
月4日)—1905年5月5日(18日)在日内瓦出版,共出了18号。列宁
是该报的领导者,《前进报》这一名称也是他提出的。该报编辑部的成
员是列宁、瓦·瓦·沃罗夫斯基、米·斯·奥里明斯基和阿·瓦·卢那
察尔斯基。娜·康·克鲁普斯卡娅任编辑部秘书,负责全部通信工作。
列宁在《俄国社会民主工党分裂简况》一文中写道:"《前进报》的方针就
是旧《火星报》的方针。《前进报》为了捍卫旧《火星报》正在同新《火星
报》进行坚决的斗争。"(见本版全集第9卷第217页)《前进报》发表过
列宁的40多篇文章,而评论1905年1月9日事件和俄国革命开始的
第4、5两号报纸几乎完全是列宁编写的。《前进报》创刊后,很快就博
得了各地方党委会的同情,被承认为它们的机关报。《前进报》在反对
孟什维克、创建新型政党、筹备召开俄国社会民主工党第三次代表大会
方面起了卓越作用。第三次代表大会决定委托中央委员会创办名为
《无产者报》的新的中央机关报,《前进报》因此停办。——23。

21　议会迷是列宁著作中多次出现过的一个词,其德文原文是 parlamenta-

rischer Kretinisms，直译为"议会克汀病"。马克思和恩格斯在1848—
1849年革命时期首先使用这个术语批评法兰克福国民议会中的小资
产阶级民主派领袖，后来他们用这个术语泛指欧洲大陆醉心于议会制
度的资产阶级代表人物。列宁用"议会迷"来形容那种认为议会制度是
万能的、议会活动在任何条件下都是政治斗争唯一的主要的形式的机
会主义者。——25。

22 这里是借用圣经《新约全书·路加福音》第18章的话，其中说："有两个
人上殿里去祷告：一个是法利赛人，一个是税吏。法利赛人站着，自言
自语地祷告说：'上帝啊，我感谢你，我不像别人，勒索，不义，奸淫，也不
像这个税吏……'"法利赛人在圣经中被认为是伪善者。——28。

23 《前进报》(《Vorwärts》)是德国社会民主党的中央机关报(日报)，1876
年10月在莱比锡创刊，编辑是威·李卜克内西和威·哈森克莱维尔。
1878年10月反社会党人非常法颁布后被查禁。1890年10月反社会
党人非常法废除后，德国社会民主党哈雷代表大会决定把1884年在柏
林创办的《柏林人民报》改名为《前进报》(全称是《前进。柏林人民
报》)，从1891年1月起作为中央机关报在柏林出版，由李卜克内西任
主编。恩格斯曾为《前进报》撰稿，同机会主义的各种表现进行斗争。
1895年恩格斯逝世以后，《前进报》逐渐转入党的右翼手中。它支持过
俄国的经济派和孟什维克。第一次世界大战期间持社会沙文主义立
场。俄国十月革命以后，进行反对苏维埃的宣传。1933年停刊。
——29。

24 这是列宁为《前进报》刊登圣彼得堡五金工厂工人小组的决议而写的编
者按语。决议谴责了党内的分裂，要求立即实现统一。——31。

25 指发表在《前进报》第14号上的两个决议：孟什维克的哈尔科夫委员会
关于选举代表参加俄国社会民主工党第三次代表大会的决议；哈尔科
夫布尔什维克小组关于必须"以统一的有严格原则性的策略和集中制
的组织为基础"实行党的统一的决议。——31。

26 指俄国社会民主工党多数派委员会常务局和中央委员会之间关于召开
党的第三次代表大会问题的协议。在中央委员会和多数派委员会常务
局1905年3月12日(25日)的《告全党书》中叙述了这个协议的内容。
协议指出："召开代表大会的下一步工作,由多数派委员会常务局和中
央委员会通过它们共同组成的组织委员会进行。"列宁在《第二步》和
《被揭穿的总委员会》两文(见本版全集第9卷和本卷第57—62页)中
对协议作了评价。——31。

27 《火星报》(《Искра》)是第一个全俄马克思主义的秘密报纸,由列宁创
办。创刊号于1900年12月在莱比锡出版,以后各号的出版地点是慕
尼黑、伦敦(1902年7月起)和日内瓦(1903年春起)。参加《火星报》编
辑部的有:列宁、格·瓦·普列汉诺夫、尔·马尔托夫、亚·尼·波特列
索夫、帕·波·阿克雪里罗得和维·伊·查苏利奇。编辑部的秘书起
初是因·格·斯米多维奇,1901年4月起由娜·康·克鲁普斯卡娅担
任。列宁实际上是《火星报》的主编和领导者。他在《火星报》上发表了
许多文章,阐述有关党的建设和俄国无产阶级的阶级斗争的基本问题,
并评论国际生活中的重大事件。

　　《火星报》在国外出版后,秘密运往俄国翻印和传播。《火星报》成
了团结党的力量、聚集和培养党的干部的中心。在俄国许多城市成立
了俄国社会民主工党列宁火星派的小组和委员会。1902年1月在萨
马拉举行了火星派代表大会,建立了《火星报》俄国组织常设局。

　　《火星报》在建立俄国马克思主义政党方面起了重大的作用。在列
宁的倡议和亲自参加下,《火星报》编辑部制定了党纲草案,筹备了俄国
社会民主工党第二次代表大会。这次代表大会宣布《火星报》为党的中
央机关报。

　　根据俄国社会民主工党第二次代表大会的决议,《火星报》编辑部
改由列宁、普列汉诺夫、马尔托夫三人组成。但是马尔托夫坚持保留原
来的六人编辑部,拒绝参加新的编辑部,因此《火星报》第46—51号是
由列宁和普列汉诺夫二人编辑的。后来普列汉诺夫转到了孟什维主义
的立场上,要求把原来的编辑都吸收进编辑部,列宁不同意这样做,于
1903年10月19日(11月1日)退出了编辑部。因此,从第52号起,

《火星报》变成了孟什维克的机关报。人们将第52号以前的《火星报》
称为旧《火星报》,而把孟什维克的《火星报》称为新《火星报》。——32。

28　指俄国社会民主工党第二次代表大会。

俄国社会民主工党第二次代表大会于1903年7月17日(30日)—
8月10日(23日)召开。7月24日(8月6日)前,代表大会在布鲁塞尔
开了13次会议。后因比利时警察将一些代表驱逐出境,代表大会移至
伦敦,继续开了24次会议。

代表大会是《火星报》筹备的。列宁为代表大会起草了一系列文
件,并详细拟定了代表大会的议程和议事规程。出席代表大会的有43
名有表决权的代表,他们代表着26个组织(劳动解放社、《火星报》组
织、崩得国外委员会和中央委员会、俄国革命社会民主党人国外同盟、
国外俄国社会民主党人联合会以及俄国社会民主党的20个地方委员
会和联合会),共有51票表决权(有些代表有两票表决权)。出席代表
大会的有发言权的代表共14名。代表大会的成分不一,其中有《火星
报》的拥护者,也有《火星报》的反对者以及不坚定的动摇分子。

列入代表大会议程的问题共有20个:1.确定代表大会的性质。选
举常务委员会。确定代表大会的议事规程和议程。组织委员会的报告
和选举审查代表资格和决定代表大会组成的委员会。2.崩得在俄国社
会民主工党内的地位。3.党纲。4.党的中央机关报。5.代表们的报
告。6.党的组织(党章问题是在这项议程下讨论的)。7.区组织和民族
组织。8.党的各独立团体。9.民族问题。10.经济斗争和工会运动。
11.五一节的庆祝活动。12.1904年阿姆斯特丹国际社会党代表大会。
13.游行示威和起义。14.恐怖手段。15.党的工作的内部问题:(1)宣
传工作,(2)鼓动工作,(3)党的书刊工作,(4)农民中的工作,(5)军队中
的工作,(6)学生中的工作,(7)教派信徒中的工作。16.俄国社会民主
工党对社会革命党人的态度。17.俄国社会民主工党对俄国各自由主
义派别的态度。18.选举党的中央委员会和中央机关报编辑部。19.选
举党总委员会。20.代表大会的决议和记录的宣读程序,以及选出的负
责人和机构开始行使自己职权的程序。有些问题没有来得及讨论。

列宁被选入代表大会常务委员会,主持了多次会议,几乎就所有问

题发了言。他还是纲领委员会、章程委员会和代表资格审查委员会的委员。

代表大会要解决的最重要的问题是:批准党纲、党章以及选举党的中央领导机关。列宁及其拥护者在大会上同机会主义者展开了坚决的斗争。代表大会否决了机会主义分子要按照西欧各国社会民主党的纲领的精神来修改《火星报》编辑部制定的纲领草案的一切企图。大会先逐条讨论和通过党纲草案,然后由全体代表一致通过整个纲领(有1票弃权)。在讨论党章时,会上就建党的组织原则问题展开了尖锐的斗争。由于得到了反火星派和"泥潭派"(中派)的支持,尔·马尔托夫提出的为不坚定分子入党大开方便之门的党章第1条条文,以微弱的多数票为大会所通过。但是代表大会还是基本上批准了列宁制定的党章。

大会票数的划分起初是:火星派33票,"泥潭派"(中派)10票,反火星派8票(3名工人事业派分子和5名崩得分子)。在彻底的火星派(列宁派)和"温和的"火星派(马尔托夫派)之间发生分裂后,彻底的火星派暂时处于少数地位。但是,8月5日(18日),7名反火星派分子(2名工人事业派分子和5名崩得分子)因不同意代表大会的决议而退出了大会。在选举中央机关时,得到反火星派分子和"泥潭派"支持的马尔托夫派(共7人)成为少数派,共有20票(马尔托夫派9票,"泥潭派"10票,反火星派1票),而团结在列宁周围的20名彻底的火星派分子成为多数派,共有24票。列宁及其拥护者在选举中取得了胜利。代表大会选举列宁、马尔托夫和格·瓦·普列汉诺夫为中央机关报《火星报》编委,格·马·克尔日扎诺夫斯基、弗·威·林格尼克和弗·亚·诺斯科夫为中央委员会委员,普列汉诺夫为党总委员会委员。从此,列宁及其拥护者被称为布尔什维克(俄语多数派一词音译),而机会主义分子则被称为孟什维克(俄语少数派一词音译)。

俄国社会民主工党第二次代表大会具有重大的历史意义。列宁说:"布尔什维主义作为一种政治思潮,作为一个政党而存在,是从1903年开始的。"(见本版全集第39卷第4页)——32。

29 指少数派的秘密反党组织。该组织是在俄国社会民主工党第二次代表大会后不久建立的。1903 年 9 月中旬举行了 17 名孟什维克的秘密会议,成立了由尔·马尔托夫、费·伊·唐恩、亚·尼·波特列索夫、帕·波·阿克雪里罗得和列·达·托洛茨基组成的少数派常务局。会议通过的由托洛茨基和马尔托夫起草的决议,提出了孟什维克派别活动的纲领,拟定了孟什维克篡夺党的中央机关和各地方党组织领导权的组织步骤。在篡夺了《火星报》之后,孟什维克在中央机关报内建立了秘密的中央会计处,设置了自己的书刊运输机构。他们在把俄国革命社会民主党人国外同盟变成自己的基地的同时,又建立了自己的流动代办员网,用来破坏国内党的工作,篡夺地方委员会或建立同多数派地方委员会平行的少数派地方组织,像在彼得堡、敖德萨、叶卡捷琳诺斯拉夫所干的那样。少数派的秘密组织存在到 1904 年秋天。——32。

30　指由列宁起草并在 1904 年 7 月 30 日—8 月 1 日(8 月 12—14 日)于日内瓦召开的布尔什维克会议上通过的《告全党书》(见本版全集第 9 卷)。参加这次会议的有列宁、亚·亚·波格丹诺夫、弗·德·邦契-布鲁耶维奇、维·米·韦利奇金娜、谢·伊·古谢夫、彼·阿·克拉西科夫、娜·康·克鲁普斯卡娅、伊·克·拉拉扬茨、米·斯·奥里明斯基、马·尼·利亚多夫、潘·尼·勒柏辛斯基、奥·波·勒柏辛斯卡娅、莉·亚·福季耶娃等 19 人。会议的各项决定很快又得到另外 3 名布尔什维克——瓦·瓦·沃罗夫斯基、罗·萨·捷姆利亚奇卡和阿·瓦·卢那察尔斯基——的赞同。因此《告全党书》是以 22 名布尔什维克的名义发表的。《告全党书》是布尔什维克为争取召开俄国社会民主工党第三次代表大会而斗争的纲领。——34。

31　饶勒斯派是 19 世纪末 20 世纪初法国社会主义运动中以让·饶勒斯为首的右翼改良派。饶勒斯派以要求"批评自由"为借口,修正马克思主义基本原理,宣传无产阶级同资产阶级的阶级合作。他们认为社会主义的胜利不会通过无产阶级同资产阶级的阶级斗争而取得,这一胜利将是民主主义思想繁荣的结果。他们还赞同蒲鲁东主义关于合作社的主张,认为在资本主义条件下合作社的发展有助于逐渐向社会主义过渡。在米勒兰事件上,饶勒斯派竭力为亚·埃·米勒兰参加资产阶级内阁的背叛行为辩护。1902年,饶勒斯派成立了改良主义的法国社会党。1905年该党和盖得派的法兰西社会党合并成统一的法国社会党(工人国际法国支部)。第一次世界大战期间,在法国社会党领导中占优势的饶勒斯派采取了社会沙文主义立场,公开支持帝国主义战争。——34。

32 伯恩施坦派是国际工人运动中的修正主义派别,产生于19世纪末20世纪初。爱·伯恩施坦的《社会主义的前提和社会民主党的任务》(1899年)一书是对伯恩施坦派思想体系的全面阐述。伯恩施坦派在哲学上否定辩证唯物主义和历史唯物主义,用庸俗进化论和诡辩论代替革命的辩证法;在政治经济学上修改马克思主义的剩余价值学说,竭力掩盖帝国主义的矛盾,否认资本主义制度的经济危机和政治危机;在政治上鼓吹阶级合作和资本主义和平长入社会主义,传播改良主义和机会主义思想,反对马克思主义的阶级斗争学说,特别是无产阶级革命和无产阶级专政的学说。伯恩施坦派得到德国社会民主党右翼和第二国际其他一些政党的支持。在俄国,追随伯恩施坦派的有合法马克思主义者、经济派等。——34。

33 意大利的改良派是指意大利社会党内以菲·屠拉梯为首的右翼改良派。——34。

34 《新时报》(《Новое Время》)是俄国报纸,1868—1917年在彼得堡出版。出版人多次更换,政治方向也随之改变。1872—1873年采取进步自由主义的方针。1876—1912年由反动出版家阿·谢·苏沃林掌握,成为俄国最没有原则的报纸。1905年起是黑帮报纸。1917年二月革命后,完全支持资产阶级临时政府的反革命政策,攻击布尔什维克。1917年10月26日(11月8日)被查封。——35。

35 泥潭派原来是18世纪法国资产阶级革命中人们给国民公会里的中派集团取的绰号,又译沼泽派,也称平原派,因他们的席位处在会场中较低的地方,故有此称。该派在国民公会中占多数,代表中等工商业资产者的利益。他们没有自己的纲领,在各政治派别的斗争中依违于左派和右派之间，而总是站到当时力量较强者的一边。泥潭派一词后来成了那些动摇不定、企图回避斗争的派别的通称。——36。

36 即党总委员会(1903—1905年)，是根据俄国社会民主工党第二次代表大会通过的党章建立的党的最高机关。它的职责是：协调和统一中央委员会和中央机关报编辑部的活动，在这两个中央机关之一的全部成员出缺时恢复该机关，在同其他党的交往中代表党。党总委员会必须按照党章规定的期限召开党代表大会，并在拥有代表大会一半票数的党组织提出要求时提前召开党代表大会。党总委员会由5人组成，中央委员会和中央机关报编辑部各派2人，另一人由代表大会任命。党的第二次代表大会选举格·瓦·普列汉诺夫为党总委员会的第五名委员。列宁起初代表中央机关报编辑部参加党总委员会，在他退出《火星报》编辑部以后则代表中央委员会参加党总委员会。在普列汉诺夫转向机会主义和孟什维克篡夺了中央机关报编辑部以后，党总委员会就成了孟什维克同布尔什维克作斗争的工具。根据俄国社会民主工党第三次代表大会通过的党章，党总委员会被撤销。从第三次代表大会起，代表大会闭会期间党的唯一领导中心是中央委员会，中央机关报编辑部由中央委员会任命。——37。

37 指1904年在日内瓦出版的奥尔洛夫斯基(瓦·瓦·沃罗夫斯基)的小册子《反党的总委员会》。——37。

38 至圣所是古犹太人会幕中和后来的耶路撒冷圣殿中最神圣的部分，传说其中保存有摩西制作的存放十诫石版的约柜。只有大祭司可以进入至圣所，而且每年只能进入一次。——38。

39 关于起义的传单是由多数派委员会常务局的名义发表的。1905年2月23日(3月8日)《前进报》第9号以《迫切的问题》为题全文转载了这份传单。——40。

40 本卷《附录》里收有这篇文章的两个提纲。——42。

41 指1905年2月24—25日(3月9—10日)在莫斯科举行的地方自治人

士代表大会。——42。

42 《莫斯科新闻》(«Московские Ведомости»)是俄国最老的报纸之一,1756年开始由莫斯科大学出版。1842年以前每周出版两次,以后每周出版三次,从1859年起改为日报。1863—1887年,由米·尼·卡特柯夫等担任编辑,宣扬地主和宗教界人士中最反动阶层的观点。1897—1907年由弗·安·格林格穆特任编辑,成为黑帮报纸,鼓吹镇压工人和革命知识分子。1917年10月27日(11月9日)被查封。——42。

43 《经济报》(«Экономическая Газета»)是俄国自由派的报纸,每周出版一次。1904—1905年在彼得堡出版。——43。

44 指意大利资本主义发展的类型。19世纪60年代,意大利在地主、资产阶级的领导下完成了统一。统一后,在资本主义生产方式发展的同时,仍保存着大量封建残余。在农村里,特别在南部和部分中部地区,大土地所有制没有废除,对分制依然盛行,农民仍遭受封建性的剥削。——45。

45 《人民代言者报》(«Der Volks-Tribun»)是德国"真正的"社会主义者创办的周报,1846年1月5日—12月31日在纽约出版。——50。

46 《威斯特伐利亚汽船》杂志(«Das Westphälische Dampfboot»)是德国"真正的"社会主义的刊物(月刊),由奥托·吕宁编辑。1845年1月—1846年12月在比勒菲尔德出版,1847年1月—1848年3月在帕德博恩出版。

列宁在正文中提到的《反克利盖的通告》,参看《马克思恩格斯全集》第1版第4卷。——50。

47 《革命俄国报》(«Революционная Россия»)是俄国社会革命党人的秘密报纸,由社会革命党人联合会于1900年底在俄国出版,创办人为安·亚·阿尔古诺夫。1902年1月—1905年12月,作为社会革命党的正式机关报在日内瓦出版,编辑为米·拉·郭茨和维·米·切尔诺夫。——51。

48　指 1905 年 1 月 7 日(20 日)《火星报》第 83 号"党的生活"栏发表的孟什维克的声明。——58。

49　《五一节》这个传单是列宁在日内瓦写的,以俄国社会民主工党多数派委员会常务局和《前进报》编辑部的名义印发。俄国社会民主工党巴库、叶卡捷琳诺斯拉夫、莫斯科、下诺夫哥罗德、里加、捷列克—达吉斯坦等委员会和雷宾斯克小组翻印了这个传单。传单的提纲见本卷第 353—354 页。——63。

50　指在沙皇政府当局挑拨下于 1905 年 2 月 6—9 日(19—22 日)发生的巴库鞑靼人与亚美尼亚人流血冲突的事件(参看《斯大林全集》第 1 卷第 71—73 页)。——65。

51　《福斯报》(《Vossische Zeitung》)是德国温和自由派报纸,1704—1934 年在柏林出版。——67。

52　野蛮地主出典于俄国作家米·叶·萨尔蒂科夫-谢德林的同名讽刺故事。故事说,有一个地主生性愚蠢,总嫌农民日益增多,害怕农民把他的东西吃光,于是就用种种处罚来折磨农民。后来他的领地上的农民突然全部失踪了,他这时才感到心满意足。但他很快发现这样一来就没有人侍候他了。他终于变成了野人。——69。

53　列宁为俄国社会民主工党中央委员会起草的这封公开信,先印成单页,后转载于 1905 年 4 月 17 日(30 日)《前进报》第 16 号。

公开信里提到的中央委员会 1905 年 4 月 4 日(17 日)给党总委员会的信也是寄给格·瓦·普列汉诺夫的。这封信发出的第二天,组织委员会开会决定要总委员会在 7 天之内作出答复,过期代表大会就要开幕。俄国社会民主工党第三次代表大会在 7 天后即 1905 年 4 月 12 日(25 日)按时开幕。——72。

54　指发表于 1905 年 3 月 25 日(4 月 7 日)孟什维克《火星报》第 94 号的一篇题为《全党注意》的文章。——81。

55 指俄国革命社会民主党人国外同盟第二次代表大会。

俄国革命社会民主党人国外同盟第二次代表大会于1903年10月13—18日(26—31日)在瑞士日内瓦举行。大会是在孟什维克再三要求下召开的。他们想以这个代表大会对抗俄国社会民主工党第二次代表大会。列宁反对召开这次国外同盟代表大会。

出席国外同盟第二次代表大会的多数派代表15名(列宁、格·瓦·普列汉诺夫、尼·埃·鲍曼、娜·康·克鲁普斯卡娅、弗·德·邦契-布鲁耶维奇、马·马·李维诺夫等),共18票(未出席代表大会的同盟成员可以委托他人表决);少数派代表18名(帕·波·阿克雪里罗得、费·伊·唐恩、列·格·捷依奇、维·伊·查苏利奇、尔·马尔托夫、列·达·托洛茨基等),共22票(从第2次会议起多数派代表为14名,少数派代表为19名);既不参加多数派也不参加少数派的代表1名(康·米·塔赫塔廖夫),2票。列入大会议程的有下列问题:同盟领导机关的报告;出席第二次党代表大会的同盟代表的报告;同盟章程;选举同盟领导机关。

大会议程的中心问题是出席俄国社会民主工党第二次代表大会的同盟的代表列宁的报告。列宁在报告中对党的第二次代表大会的工作作了说明,并揭露了孟什维克的机会主义及其在代表大会上的无原则行为。反对派利用他们在同盟代表大会上的多数通过决议,让马尔托夫在列宁报告之后作副报告。马尔托夫在副报告中为孟什维克辩护,对布尔什维克进行污蔑性责难。为此列宁和多数派代表退出了大会的这次会议。孟什维克就这一项议程通过了三项决议,反对列宁在组织问题上的立场,并号召不断地进行反对布尔什维克的斗争。

大会通过的国外同盟章程中有许多条文是违反党章的(如同盟出版全党性书刊、同盟领导机关不通过中央委员会和中央机关报同其他组织发生关系等),孟什维克还对中央委员会批准同盟章程的权利提出异议。出席大会的中央委员会代表弗·威·林格尼克要求修改同盟章程使其符合党章规定。他在反对派拒绝了这个要求之后,宣布这个大会是非法的。林格尼克和多数派代表退出大会。党总委员会随后赞同了中央委员会代表的这一行动。

在同盟第二次代表大会以后,孟什维克把同盟变成了反党的据点。——81。

56 这是有关俄国社会民主工党第三次代表大会的一组文献。在本卷《附录》里还收有《俄国社会民主工党第三次代表大会材料》。

俄国社会民主工党第三次代表大会于1905年4月12—27日(4月25日—5月10日)在伦敦举行。这次代表大会是布尔什维克筹备的,是在列宁领导下进行的。孟什维克拒绝参加代表大会,而在日内瓦召开了他们的代表会议。

出席代表大会的有38名代表,其中有表决权的代表24名,有发言权的代表14名。出席大会的有表决权的代表分别代表21个俄国社会民主工党的地方委员会、中央委员会和党总委员会(参加党总委员会的中央委员会代表)。列宁作为敖德萨委员会的代表出席代表大会,当选为代表大会主席。

代表大会审议了正在俄国展开的革命的根本问题,确定了无产阶级及其政党的任务。代表大会讨论了下列问题:组织委员会的报告;武装起义;在革命前夕对政府政策的态度;关于临时革命政府;对农民运动的态度;党章;对俄国社会民主工党分裂出去的部分的态度;对各民族社会民主党组织的态度;对自由派的态度;同社会革命党人的实际协议;宣传和鼓动;中央委员会的和各地方委员会代表的工作报告等。列宁就大会讨论的所有主要问题拟了决议草案,在大会上作了关于社会民主党参加临时革命政府的报告和关于支持农民运动的决议的报告,并就武装起义、在革命前夕对政府政策的态度、社会民主党组织内工人和知识分子的关系、党章、关于中央委员会活动的报告等问题作了发言。

代表大会制定了党在资产阶级民主革命中的战略计划,这就是:要孤立资产阶级,使无产阶级同农民结成联盟,成为革命的领袖和领导者,为争取革命胜利——推翻专制制度、建立民主共和国、消灭农奴制的一切残余——而斗争。从这一战略计划出发,代表大会规定了党的策略路线。大会提出组织武装起义作为党的主要的和刻不容缓的任务。大会指出,在人民武装起义取得胜利后,必须建立临时革命政府来镇压反革命分子的反抗,实现俄国社会民主工党的最低纲领,为向社会主义革命过渡准备条件。

代表大会重新审查了党章,通过了列宁提出的关于党员资格的党章第1条条文,取消了党内两个中央机关(中央委员会和中央机关报)的制度,建立了党的统一的领导中心——中央委员会,明确规定了中央委员会的权力和它同地方委员会的关系。

代表大会谴责了孟什维克的行为和他们在组织问题和策略问题上的机会主义。鉴于《火星报》已落入孟什维克之手并执行机会主义路线,俄国社会民主工党第三次代表大会委托中央委员会创办新的中央机关报——《无产者报》。代表大会选出了以列宁为首的中央委员会,参加中央委员会的还有亚·亚·波格丹诺夫、列·波·克拉辛、德·西·波斯托洛夫斯基和阿·伊·李可夫。

俄国社会民主工党第三次代表大会是第一次布尔什维克代表大会,它用争取民主革命胜利的战斗纲领武装了党和工人阶级。列宁在《第三次代表大会》一文(见本卷第207—213页)中论述了这次代表大会的工作及其意义。——83。

57 列宁起草的这几项决定在1905年4月11日(24日)组织委员会最后一次会议上通过。1905年4月12日(25日)在俄国社会民主工党第三次代表大会第1次会议上,代表中央委员会参加组织委员会的列·波·克拉辛在作组织委员会总结报告时宣读了这几项决定(见《俄国社会民主工党第三次代表大会。记录》1959年俄文版第30—31页)。——83。

58 这个文件是组织委员会1905年4月11日(24日)通过的决定的第5项(见《俄国社会民主工党第三次代表大会。记录》1959年俄文版第31—32页)的草案。

文件的基本论点也写进了由彼·阿·克拉西科夫(别利斯基)、М.С.列辛斯基(扎尔科夫)和马·马·李维诺夫(库兹涅佐夫)在4月13日(26日)代表大会第3次会议上提出的关于确定代表大会的组成的决议(同上书,第50—51页),决议由4月14日(27日)代表大会第5

次会议通过。——87。

59　由于组织委员会未能及时与喀山委员会取得联系,喀山委员会一直
　　　没有代表参加代表大会。喀山委员会委员弗·维·阿多拉茨基当时
　　　正在法国。为了保证喀山组织参加代表大会,列宁在《致代表大会代
　　　表资格审查委员会》的声明中,建议邀请阿多拉茨基作为喀山委员会
　　　委员参加代表大会,享有发言权。但代表资格审查委员会建议邀请
　　　他"只是作为党员"参加代表大会。列宁称委员会的这种措辞是"奇
　　　怪的"。
　　　　　代表大会以多数票对两票通过了邀请阿多拉茨基"作为委员会委
　　　员"参加代表大会的决定。但是这一决定没有通知到阿多拉茨基,因此
　　　他没有出席。直到代表大会第18次会议时,喀山委员会代表伊·阿·
　　　萨美尔(萨维奇)才到会,大会给了他发言权。——89。

60　尼·亚·阿列克谢耶夫(安德列耶夫)提出的决议案是:"从实际方面而
　　　不是从原则方面或道义方面讨论组织委员会的报告。"在讨论这一问题
　　　的过程中,阿列克谢耶夫同意了列宁提出的决议案。代表大会通过了
　　　列宁的决议案(见本卷第92页)。——91。

61　组织委员会事件是在1903年举行的俄国社会民主工党第二次代表大
　　　会第2次会议上发生的。列宁在《进一步,退两步(我们党内的危机)》
　　　一书的第3节中对这一事件作了详尽的论述(见本版全集第8卷)。
　　　——93。

62　列宁拟的这个代表大会议程草案曾分发给代表们征求意见,在作了几
　　　处不大的文字修改后,由列宁、马·马·李维诺夫(库兹涅佐夫)和亚·
　　　亚·波格丹诺夫(马克西莫夫)联名提交1905年4月13日(26日)晚代
　　　表大会第3次会议讨论。代表大会先通过了6个大项目,然后讨论这
　　　些大项目下的细目,最后通过了如下议程:
　　　　　一、策略问题:
　　　　　　(1)武装起义。
　　　　　　(2)在革命前夕和革命时期对政府政策的态度。

(3)对农民运动的态度。

二、组织问题：

(4)党组织内工人和知识分子的关系。

(5)党章。

三、对其他政党和派别的态度：

(6)对俄国社会民主工党分裂出去的部分的态度。

(7)对各民族的社会民主党组织的态度。

(8)对自由派的态度。

(9)同社会革命党人的实际协议。

四、党的生活的内部问题：

(10)宣传和鼓动。

五、代表们的报告：

(11)中央委员会的报告。

(12)各地方委员会代表们的报告。

六、选举：

(13)选举。

(14)代表大会的决议和记录的宣布程序和负责人就职的程序。

本卷《附录》中还收有代表大会议程草案的另外几稿。——95。

63 德·西·波斯托洛夫斯基(米哈伊洛夫)、阿·瓦·卢那察尔斯基(沃伊诺夫)和列·波·克拉辛(季明)的提案是：代表大会的议程应由4个项目——组织问题、策略问题、对其他政党的态度和代表们的报告——组成。这个提案被通过。但是经过进一步讨论和补充，最后通过的议程包括了6个大项目(见注62)。——97。

64 列宁提到的伊万诺夫(亚·亚·波格丹诺夫)的草案，即由多数派委员会常务局提交代表大会的俄国社会民主工党的新党章草案。这一草案公布于1905年3月23日(4月5日)《前进报》第13号。草案在代表们的预备会议上作了若干修改之后，由波格丹诺夫(马克西莫夫)在4月20日(5月3日)代表大会第15次会议上宣读，最后由4月21日(5月

4 日)晚代表大会第 17 次会议批准。

　　恩·弗·(爱·爱·埃森)对伊万诺夫的草案的意见载于 1905 年 4 月 7 日(20 日)《〈前进报〉第 15 号附刊》,题为《关于党章草案》。——98。

65　列宁把弗·维·阿多拉茨基误称为阿尔纳茨基。——100。

66　列宁在 1905 年 4 月 14 日(27 日)代表大会第 4 次会议讨论这个问题时指出,他没有提议邀请弗·弗·菲拉托夫(NN),而只是向代表大会转交了菲拉托夫的申请(见《俄国社会民主工党第三次代表大会。记录》1959 年俄文版第 80 页)。

　　关于邀请菲拉托夫出席代表大会并享有发言权的建议被否决。——101。

67　这两次发言中第一次发言是在 4 月 14 日(27 日)上午代表大会第 4 次会议上作的。这次会议就是否给予同少数派委员会平行存在和活动的多数派组织(哈尔科夫小组、叶卡捷琳诺斯拉夫小组和国外组织委员会)以及未曾被批准的阿尔汉格尔斯克委员会以表决权的问题展开了讨论。弗·米·奥布霍夫(卡姆斯基)在讨论中声称,把表决权给予"国外组织委员会和各平行小组,在实质上和形式上都是政变"。根据代表大会的决定,上述各组织都被给予发言权。

　　第二次发言是在 4 月 14 日(27 日)晚上代表大会第 5 次会议上作的。这次会议对于喀山委员会和库班委员会是否享有全权的问题展开了讨论,最后通过了列宁草拟的决议(见注 69)。

　　国外组织委员会是在 1905 年 3 月 2—6 日(15—19 日)于日内瓦召开的俄国社会民主工党国外组织成立大会上组成的,成员有罗·彼·阿夫拉莫夫、格·叶·季诺维也夫、彼·阿·克拉西科夫、M·卡缅斯基等。

　　俄国革命社会民主党人国外同盟在 1903 年 10 月第二次代表大会以后完全被孟什维克所把持。同盟中的布尔什维克遂组成为多数派小组并退出同盟组织。俄国社会民主工党国外组织成立大会把这些布尔什维克小组统一成为单一的国外组织。代表大会还制定了国外组织的章程并通过了支持《前进报》立场的决议。

1906年3月,在俄国社会民主工党第四次(统一)代表大会召开前夕,国外组织委员会被统一的俄国社会民主工党中央委员会解散。1911年在巴黎召开的各布尔什维克小组会议恢复了国外组织委员会。——102。

68 七月宣言即俄国社会民主工党中央委员会中的调和派分子弗·亚·诺斯科夫、列·叶·加尔佩林、列·波·克拉辛背着两个中央委员——列宁(当时在瑞士)和罗·萨·捷姆利亚奇卡——于1904年7月非法通过的决定。这个决定全文共26条,其中9条作为《中央委员会的声明》发表于1904年8月25日(9月7日)《火星报》第72号。在这个决定中,调和派承认了由格·瓦·普列汉诺夫增补的新《火星报》孟什维克编辑部,并给中央委员会另增补了三个调和派分子(阿·伊·柳比莫夫、列·雅·卡尔波夫和约·费·杜勃洛文斯基)。调和派反对召开党的第三次代表大会,解散了鼓动召开代表大会的中央委员会南方局。他们剥夺了列宁作为中央委员会国外代表的权利,并决定非经中央委员会的许可不得出版列宁的著作。《七月宣言》的通过,表明中央委员会中的调和派完全背离了俄国社会民主工党第二次代表大会的各项决议,公开转到了孟什维克方面。

列宁强烈抗议《七月宣言》。彼得堡、莫斯科、里加、巴库、梯弗利斯、伊梅列季亚-明格列利亚、尼古拉耶夫、敖德萨、叶卡捷琳诺斯拉夫等委员会都支持列宁,坚决谴责《七月宣言》。——104。

69 这个决议草案是由瓦·瓦·沃罗夫斯基(奥尔洛夫斯基)在4月14日(27日)晚代表大会第5次会议上提出的。这次会议通过了这个决议。——105。

70 在4月14日(27日)晚代表大会第5次会议上,当批准喀山委员会和库班委员会为未来的享有全权的委员会时,某些代表声称,有发言权的代表参加表决是不合适的,因为这可能会影响这一关键性决定的结果。为此,列宁拟定了关于在代表大会上表决问题的程序的决议草案。草案在这次会议上被通过。——106。

71　武装起义问题是在 1905 年 4 月 14—16 日（27—29 日）代表大会第 5
次至第 9 次会议上讨论的。在第 5 次会议上，阿·瓦·卢那察尔斯基
（沃伊诺夫）作了关于武装起义的报告，亚·亚·波格丹诺夫（马克西莫
夫）作了副报告。卢那察尔斯基把列宁起草的俄国社会民主工党对武
装起义的态度的决议草案提交代表大会。在讨论这个决议草案时，
德·西·波斯托洛夫斯基（米哈伊洛夫）提了许多反对意见，并提出了
自己的草案。为了协调这两个草案，代表大会在 4 月 16 日（29 日）上
午的第 8 次会议上决定召开决议案"协调"委员会的会议。在 4 月 16
日（29 日）晚代表大会第 9 次会议上宣读了关于武装起义的"协调的"
决议案（见本卷第 113—114 页），这个决议案是列宁在上述决议草案基
础上修订而成的。"协调的"决议案在稍加修改后被代表大会通过（只
有 1 票弃权）（见《俄国社会民主工党第三次代表大会。记录》1959 年
俄文版第 162—164 页）。

　　卢那察尔斯基后来在《布尔什维克在 1905 年》一文（载于 1925 年
《无产阶级革命》杂志第 11 期）中写道："第一个关于武装起义的决议是
根据我的报告通过的。弗拉基米尔·伊里奇向我提供了报告的所有基
本论点。不但如此……他还要我……把我的整个发言写出来交他事先
过目。在我要作报告的那次会议的前夜，弗拉基米尔·伊里奇极仔细
地读了我的手稿，作了两处不甚重要的修改后退给了我。这并不奇怪，
因为我的发言，就我所记忆，是以弗拉·伊里奇的最确切最详细的指示
为依据的。"——107。

72　《关于武装起义的补充决议草案》没有在代表大会上宣读和讨论，但曾
向代表们作过介绍。——110。

73　在 4 月 16 日（29 日）代表大会第 9 次会议上，彼·彼·鲁勉采夫（施米
特，菲力波夫）作了关于在革命前夕对政府政策的态度的报告，并就这
个问题提出了决议案。第 9 次和第 10 次会议讨论这个问题时，列宁、
德·西·波斯托洛夫斯基（亚历山德罗夫，米哈伊洛夫）等人发了言。
这里收载的列宁对鲁勉采夫决议案的补充就是针对波斯托洛夫斯基的
发言写的。

关于在革命前夕和革命时期对政府政策的态度问题,除了鲁勉采夫的决议案外,会上还提出了另外两个决议案。根据列宁的建议,所有的决议案都送交委员会。列宁也写了对鲁勉采夫决议案的意见并送交委员会(见本卷第360页);然后他自己写出了一个决议案(见本卷第141—142页),但这个草案没有交付讨论。在4月19日(5月2日)代表大会第13次会议上,首先宣读了两个决议草案:经列宁修改过的鲁勉采夫草案即列宁和鲁勉采夫两人的关于俄国社会民主工党的公开政治活动问题的决议草案和关于在革命前时期对政府策略的态度的集体的决议草案。会议先对列宁和鲁勉采夫的决议案进行了讨论。这个决议案在稍加修改后,获得代表大会的一致通过。——117。

74 施德洛夫斯基委员会是根据沙皇1905年1月29日(2月11日)的诏令成立的一个特别委员会,其任务是针对1月9日"流血星期日"以后展开的罢工运动,"迅即查清圣彼得堡市及其郊区工人不满的原因并提出杜绝此种情况的措施"。委员会主席是参议员兼国务会议成员尼·弗·施德洛夫斯基。参加委员会的除政府官员和官办工厂厂长外,还应有通过二级选举产生的工人代表。布尔什维克就工人代表的选举展开了大规模的解释工作,揭露沙皇政府成立这个委员会的真正目的是引诱工人离开革命斗争。当第一级选举产生的复选人向政府提出关于言论、出版、集会自由等要求时,施德洛夫斯基于1905年2月18日(3月3日)声称这些要求不能满足。于是,多数复选人拒绝参加选举代表的第二级选举,并号召彼得堡工人用罢工来支持他们。1905年2月20日(3月5日),委员会还没有开始工作就被沙皇政府解散了。

列宁在正文里谈到"从跟施德洛夫斯基委员会打交道的经验还不能得出完全否定的结论",是由于有些代表对利用合法机会在工人群众中进行政治工作持否定态度。例如,尼·瓦·罗曼诺夫(列斯科夫)在讨论革命前夕对待政府的策略时就断言:"吸引工人参加这样的协会,仍然会分散他们的注意力,把他们从革命道路拖到合法道路上去,害得他们盼望从这类协会得到改善。"(见《俄国社会民主工党第三次代表大会。记录》1959年俄文版第174页)——118。

75　社会民主党参加临时革命政府的问题是在 4 月 18 日和 19 日(5 月 1 日和 2 日)代表大会的第 11 次和第 12 次会议上讨论的。在第 11 次会议上,列宁就这个问题作了报告,并提出了《关于社会民主党参加临时革命政府的决议草案》(见本卷第 119—120 页)。在代表大会讨论决议时,列宁建议把决议的标题改为《关于临时革命政府的决议》(见《俄国社会民主工党第三次代表大会。记录》1959 年俄文版第 211 页)。列·波·克拉辛(季明)对列宁的决议案提出了一系列修改意见,列宁对其中大多数表示同意(见本卷第 139 页)。在第 12 次会议上,这个决议案被一致通过。

　　本卷《附录》里收有关于社会民主党参加临时革命政府的报告和决议的材料。——119。

76　唐·吉诃德精神意思是徒怀善良愿望而行为完全脱离实际。唐·吉诃德是西班牙作家米·塞万提斯的同名小说中的主人公。他一心要做一个扶危济困、除暴安良的游侠骑士,但由于把现实中的一切都幻想成骑士小说中的东西,结果干出了许多荒唐可笑的事情。——121。

77　《告同盟书》即《共产主义者同盟中央委员会告同盟书》(见《马克思恩格斯文集》第 2 卷),是马克思和恩格斯在 1850 年 3 月底写的,曾秘密流传于亡命国外的以及在德国国内的盟员中。1885 年,恩格斯把这一文件作为附录收入马克思的《揭露科隆共产党人案件》一书德文版。列宁在这里引用的就是这个版本,引文是他亲自译成俄文的。

　　共产主义者同盟是历史上第一个以科学社会主义为指导的无产阶级政党,1847 年在伦敦成立。共产主义者同盟的前身是 1836 年成立的正义者同盟,这是一个主要由德国工人和手工业者组成的德国政治流亡者秘密革命组织,后期也有其他国家的人参加。随着形势的发展,正义者同盟的领导成员逐步认识到必须使同盟摆脱旧的密谋传统和方式,并且确信马克思和恩格斯的理论是正确的,遂于 1847 年邀请马克思和恩格斯参加正义者同盟,协助同盟改组。1847 年 6 月,正义者同盟在伦敦召开代表大会,恩格斯出席了大会,按照他的倡议,同盟的名称改为共产主义者同盟,因此这次大会也是共产主义者同盟的第一次代表大会。大会批准了以民主原则作为同盟组织基础的章程草案,并用"全世界无产者,联合起来!"的战斗口号取代了正义者同盟原来的"人人皆兄弟!"的口号。同年11月29日—12月8日,同盟召开第二次代表大会,马克思和恩格斯出席了大会。大会通过了同盟的章程,并对章程第1条作了修改,规定同盟的目的是"推翻资产阶级,建立无产阶级统治,消灭旧的以阶级对立为基础的资产阶级社会和建立没有阶级、没有私有制的新社会"。大会委托马克思和恩格斯起草同盟的纲领,这就是1848年2月问世的《共产党宣言》。

　　1848年法国二月革命爆发后,同盟在巴黎成立新的中央委员会,马克思当选为中央委员会主席,恩格斯当选为中央委员。德国三月革命爆发后,马克思和恩格斯起草了共产主义者同盟在这次革命中的政治纲领《共产党在德国的要求》,并动员和组织同盟成员回国参加革命。他们在科隆创办《新莱茵报》,作为指导革命的中心。欧洲1848—1849年革命失败后,共产主义者同盟进行了改组并继续开展活动。1851年同盟召开中央委员会非常会议,批判了维利希—沙佩尔宗派集团的冒险主义策略,并决定把中央委员会迁往科隆。在普鲁士政府策划的陷害共产主义者同盟盟员的科隆共产党人案件判决后,同盟于1852年11月17日宣布解散。同盟在宣传科学社会主义和培养无产阶级革命战士方面起了重要作用;它的许多盟员后来积极参加了建立国际工人协会的活动。——125。

78　《新莱茵报》(《Neue Rheinische Zeitung》)是德国和欧洲革命民主派中无产阶级一翼的日报,1848年6月1日—1849年5月19日在科隆出版。马克思任该报的主编,编辑部成员恩格斯、恩·德朗克、斐·沃尔弗、威·沃尔弗、格·维尔特、斐·弗莱里格拉特、亨·毕尔格尔斯等都是共产主义者同盟的盟员。报纸编辑部作为无产阶级革命运动的领导核心,实际履行了共产主义者同盟中央委员会的职责。该报揭露反动的封建君主派和资产阶级反革命势力,主张彻底解决资产阶级民主革命的任务和用民主共和国的形式统一德国。该报创刊不久,就遭到反动报纸的围攻和政府的迫害,1848年9—10月间曾一度停刊。1849年5月,普鲁士政府借口马克思没有普鲁士国籍而把他驱逐出境,并对其他编辑进行迫害,该报于 5 月 19 日被迫停刊。——127。

79　《列宁全集》俄文第 2、3 版编者认为,格·瓦·普列汉诺夫在他的《论夺取政权问题》一文中不止一次地提到经验批判主义的创始人恩·马赫和埋·阿芬那留斯,是暗示在列宁的亲密战友中有马赫主义者亚·亚·波格丹诺夫和曾是阿芬那留斯拥护者的阿·瓦·卢那察尔斯基,并企图以此来“刺痛”列宁。其实正是列宁曾经建议柳·伊·阿克雪里罗得(笔名:正统派)批判波格丹诺夫的马赫主义,而这是普列汉诺夫完全知道的。——128。

80　指恩格斯 1894 年 1 月 26 日写的《未来的意大利革命和社会党》一文(见《马克思恩格斯文集》第 4 卷)。这篇文章是应意大利劳动社会党领导人安·米·库利绍娃和菲·屠拉梯的请求写的,由屠拉梯译成意大利文,以恩格斯给屠拉梯的信的形式发表在 1894 年 2 月 1 日出版的意大利双周刊《社会评论》杂志第 3 期上。——129。

81　恩格斯的《行动中的巴枯宁主义者》一文(参看《马克思恩格斯全集》第 1 版第 18 卷)发表于 1873 年 10 月 31 日、11 月 2 日和 5 日《人民国家报》第 105、106、107 号,1894 年被收入《前进报》出版社在柏林出版的恩格斯的论文集:《〈人民国家报〉国际问题论文集(1871—1875)》。列宁使用的就是这个版本。恩格斯的这篇文章的俄译文(由列宁校订)于 1905 年由俄国社会民主工党中央委员会在日内瓦印成单行本,1906 年又由彼得堡无产者出版社翻印。——130。

82　旺代是法国西部的一个省。1793 年 3 月,该省经济落后地区的农民在贵族和僧侣的唆使和指挥下举行反对法国大革命的暴动,暴动于 1795 年被平定,但是在 1799 年和以后的年代中,这一地区的农民又多次试图叛乱。旺代因此而成为反革命叛乱策源地的代名词。——132。

83　这个发言是针对阿·伊·李可夫(谢尔盖耶夫)的,李可夫在代表大会第 13 次会议上发言反对列宁和彼·彼·鲁勉采夫(菲力波夫)的决议案,认为这个“决议案与议程无关”,决议案的各点“可归入关于自由派和关于鼓动工作的问题",因此应在讨论议程上的有关问题时再来研究。代表大会否决了李可夫的建议,一致通过了列宁和鲁勉采夫的决议案。——143。

84　在代表大会第13次会议讨论关于革命前时期对政府策略的态度的决议草案时,代表们就决议草案决定部分的第3条展开了激烈辩论。草案中这一条的文字是:"组织无产阶级立刻用革命的方法实行八小时工作制和实现我们最低纲领的全部主要要求。"彼·阿·克拉西科夫(别利斯基)反对使用"革命的方法"这几个字,建议用"在实际上争取"来代替。经过讨论,代表大会通过的第3条条文是:"组织无产阶级立刻用革命的方法实现八小时工作制以及工人阶级的其他迫切要求。"(见《俄国社会民主工党第三次代表大会。记录》1959年俄文版第222页)——144。

85　这是列宁在1905年4月19日(5月2日)代表大会第13次会议上的报告。报告谈了1905年3月10日(23日)《前进报》第11号上《无产阶级和农民》一文中包含的决议草案(见本版全集第9卷)。提交代表大会的《关于支持农民运动的决议草案》(见本卷第150页)是列宁拟定的,事先曾分发给代表们,并由列·波·克拉辛(季明)在4月20日(5月3日)第14次会议上宣读。在讨论这个决议草案时,代表们提出了许多修改意见。草案于是被转交给了委员会,以便草拟"协调的"决议案。因此列宁修订了自己的决议草案。修订后的草案的标题为《关于对农民运动的态度的决议案》(见本卷第152页)。这个决议案经同一天代表大会第15次会议讨论后被一致通过。——145。

86　指17位代表在代表大会第13次会议上提出的声明。声明建议主席团"设法使第三次代表大会的规程得到尽可能准确的遵守……并采取一切办法尽量加快代表大会的工作,因为极需尽快结束代表大会的工作,而且全体代表已极度疲劳"。代表大会主席团同意这一声明(见《俄国社会民主工党第三次代表大会。记录》1959年俄文版第214页)。——145。

87　土地平分这一口号反映了农民要求普遍重分土地、消灭地主土地占有
制的愿望。列宁在《俄国社会民主党的土地纲领》一文中指出,在"土地
平分"这个要求中,除了要使小农生产永恒化这种反动的空想之外,也
有革命的一面,即"希望用农民起义来铲除农奴制的一切残余"(见本版
全集第6卷第310页)。后来,列宁在俄国社会民主工党第二次代表大
会上说:"有人对我们说,农民不会满足于我们的纲领,他们要往前走,
但是我们并不害怕这一点,我们有我们的社会主义纲领,所以我们也不
怕重分土地……"(见本版全集第7卷第264页)格·瓦·普列汉诺夫
在这一次代表大会上的发言中也表示了类似的观点,他说:"我现在来
谈著名的土地平分问题。有人对我们说,你们提出归还割地的要求,但
应当记住,农民将比这个要求走得更远。这一点是丝毫吓不住我们
的。"(见《俄国社会民主工党第二次代表大会。记录》1959年俄文版第
223页)——147。

88　在4月20日(5月3日)代表大会第15次会议讨论亚·亚·波格丹诺
夫(马克西莫夫)关于社会民主党组织中工人和知识分子的关系问题的
报告和决议草案时,有些代表断然认为党内不存在这个问题,无须就此
通过决议。代表大会遂决定把这个问题推迟到通过党章时再来解决。
在4月22日(5月5日)第19次会议上,代表大会回过头来再次讨论社
会民主党组织内工人和知识分子的关系问题。当时提出了许多决议
案。列宁起草并由列宁和波格丹诺夫共同提出的草案(见本卷第
166—167页)被代表大会采纳作为讨论的基础。列宁就这一问题作了
多次发言。经过记名投票,代表大会决定不就这一问题作出专门决议。
　　列宁的建议在俄国社会民主工党第三次代表大会关于宣传和鼓动
工作的决议里得到了考虑。这个决议着重指出:"吸引尽量多的觉悟工
人来担任运动领导者的角色——做鼓动员、宣传员,特别是做各地方中
心组织以及全党中央机构的成员,这一点现在特别重要。这些工人同
这一运动有最直接的联系,并且把党同这一运动最紧密地联系起来。
正是因为在工人中缺少这种政治领导者,所以至今在党的中心组织里
知识分子仍占优势。"(参看《苏联共产党代表大会、代表会议和中央全
会决议汇编》1964年人民出版社版第1分册第96页)——158。

89 在讨论党章草案时,代表大会认真地修订了党的组织准则。这主要涉及三大问题:(1)修改党章第1条;(2)确切规定中央委员会的权力和地方委员会的自治权并扩大地方委员会的自治权;(3)建立统一的中央机关。

代表大会通过了列宁提出的党章第1条条文。代表大会以多数票废除了俄国社会民主工党第二次代表大会建立起来的中央委员会和中央机关报平行的两个中央机关制,只保留一个中央机关,即中央委员会。第三次代表大会用了很多时间讨论中央委员会和地方委员会的权限划分、地方委员会同外层组织的关系以及给予外层组织更多权利的问题。代表大会以多数票决定从章程草案中删去第8条,而就这个问题通过专门决议。(第8条的条文是:"所有外层组织(即总的中心组织和地方中心组织以外的所有党组织)有权在保密条件允许的限度内广泛而适时地了解全党的和当地的事务,并且有权在相应中心组织讨论这些事务的一切场合有发言权,只要迅速解决问题的必要性无碍于实现这种发言权。直接属于委员会并在其领导下工作半年以上的外层组织有权提出这些高级组织的正式候选人。")列宁投票赞成保留党章中的第8条。在4月22日(5月5日)第19次会议上通过了瓦·瓦·沃罗夫斯基(奥尔洛夫斯基)关于各中心组织必须将党内工作情况向各外层组织通报并重视他们的发言权的决议来代替党章第8条(见《俄国社会民主工党第三次代表大会。记录》1959年俄文版第325、327—328页)。为了使地方委员会不致滥用自己的自治权和能够撤销不称职的地方委员会,新党章第9条规定:"如果中央委员会票数的²⁄₃和参加党组织的当地工人的²⁄₃同时赞成解散地方委员会,中央委员会就应当解散地方委员会。"——159。

90 列宁引用的是亚·亚·波格丹诺夫(伊万诺夫)的文章《组织问题》。这篇文章援引和论证了新的党章草案。文章发表于1905年3月23日(4月5日)《前进报》第13号。——159。

91 1905年3月23日(4月5日)《前进报》第13号公布的党章草案第6条写道:"所有成为党的组成部分的组织,均自主地处理专门并且仅仅同它所主管的党的工作的那个方面有关的一切事宜。"第三次代表大会通过的党章第 6 条在措辞上略有不同,这一条说:"所有执行完整工作的党组织(地方委员会、区委员会、工厂委员会等等),均自主地处理专门并且仅仅同它所主管的党的工作的那个方面有关的一切事宜。"(参看《苏联共产党代表大会、代表会议和中央全会决议汇编》1964 年人民出版社版第 1 分册第 104 页)——161。

92 根据党章草案第 7 条,在代表大会上享有表决权的任何一个党组织,都有权用自己的资金和以自己的名义出版党的书刊。O.A.克维特金(彼得罗夫)赞成吸收了亚·亚·波格丹诺夫下述修改意见的第 7 条,即:"所有党的定期出版物都必须按照中央委员会的要求刊载它的一切声明。"彼·阿·克拉西科夫(别利斯基)建议,只有党的书刊中提出的实践口号同国际社会民主党人代表大会和党的代表大会的决议完全一致才允许出版。

党章第 7 条按德·西·波斯托洛夫斯基(米哈伊洛夫)的方案并吸收了波格丹诺夫的修改意见后通过(参看《苏联共产党代表大会、代表会议和中央全会决议汇编》1964 年人民出版社版第 1 分册第 104—105 页)。克拉西科夫的修正案被多数票否决。——161。

93 崩得是立陶宛、波兰和俄罗斯犹太工人总联盟的简称,1897 年 9 月在维尔诺成立。参加这个组织的主要是俄国西部各省的犹太手工业者。崩得在成立初期曾进行社会主义宣传,后来在争取废除反犹太特别法律的斗争过程中滑到了民族主义立场上。在 1898 年俄国社会民主工党第一次代表大会上,崩得作为只在专门涉及犹太无产阶级问题上独立的"自治组织",加入了俄国社会民主工党。在 1903 年俄国社会民主工党第二次代表大会上,崩得分子要求承认崩得是犹太无产阶级的唯一代表。在代表大会否决了这个要求之后,崩得退出了党。根据 1906 年俄国社会民主工党第四次(统一)代表大会决议,崩得重新加入了党。从 1901 年起,崩得是俄国工人运动中民族主义和分离主义的代表。它在党内一贯支持机会主义派别(经济派、孟什维克和取消派),反对布尔什维克。第一次世界大战期间,崩得分子采取社会沙文主义立场。

1917年二月革命后,崩得支持资产阶级临时政府。1918—1920年外国武装干涉和国内战争时期,崩得的领导人同反革命势力勾结在一起,而一般的崩得分子则开始转变,主张同苏维埃政权合作。1921年3月崩得自行解散,部分成员加入俄国共产党(布)。——162。

94 党章草案第11条写道:"任何党组织都有责任向中央委员会和中央机关报编辑部提供一切有助于了解这个组织的全部工作和全体成员的材料。"在讨论这一条时,亚·马·埃森(基塔耶夫)提出了补充意见:"至少每两周向中央委员会详细报告一次自己的工作。"在列宁发言后,会上以多数票通过了这个补充意见。——162。

95 这里指的是党章草案第12条,其中说:"增补中央委员会委员须经一致同意。"这条意见获得通过。——162。

96 党章草案第13条是:"党的国外组织委员会的宗旨是在国外进行宣传和鼓动以及协助俄国国内的运动。它对俄国国内运动的支持只能通过中央委员会特别指定的个人和团体进行。"

彼·阿·克拉西科夫(别利斯基)就这一问题提出的决议案是:"俄国社会民主工党第三次代表大会委托中央委员会审查并批准国外组织的章程。章程应规定该组织具备享有全权的委员会的权利,在国外进行宣传和鼓动,它对俄国国内运动的支持和协助只能通过中央委员会特别指定的个人和团体进行。"

代表大会删去了党章第13条,通过了克拉西科夫的决议案。——163。

97 亚·亚·波格丹诺夫(马克西莫夫)所拟的关于中央委员会全体会议的决议草案说:"代表大会责成中央委员会定期地(至少每三个月一次)举行中央委员会两部分的聚会。"两部分是指中央委员会的国外部分和国内部分。经修改后通过的决议是:"代表大会认为,中央委员会的国外部分和国内部分的密切接触,对于全党性工作的正常进行是绝对必要的,因此特责成中央委员会定期地——至少每四个月一次——举行中央委员会两部分的聚会。"(参看《苏联共产党代表大会、代表会议和中央全会决议汇编》1964年人民出版社版第1分册第106页）——164。

98　在4月22日(5月5日)代表大会第18次会议上,由于喀山委员会的代表伊·阿·萨美尔(萨维奇)已经到会,喀山委员会的代表资格问题被重新提出来。代表资格审查委员会建议代表大会维持原来的决定,准许喀山委员会享有发言权。萨美尔则请求代表大会给予喀山委员会以表决权。波·瓦·阿维洛夫(提格罗夫)提出了给予喀山委员会代表以表决权的决议案。经过讨论,代表大会否决了阿维洛夫的决议案,批准了代表资格审查委员会的决议案。——165。

99　阿·伊·李可夫(谢尔盖耶夫)发言说:他反对决议,"因为寓言喂不了夜莺;需要的不是决议,而是真正实行工人参加组织的原则。已经通过不少决议了"(见《俄国社会民主工党第三次代表大会。记录》1959年俄文版第328页)。

　　尼·亚·阿列克谢耶夫(安德列耶夫)建议删掉决议的开头部分(见本卷第166页),认为这将在关于对党内右翼的态度问题的决议中谈到,而且工人和知识分子的关系问题没有孟什维克也照样发生(见《俄国社会民主工党第三次代表大会。记录》1959年俄文版第328页)。——169。

100　普·阿·贾帕里泽(哥卢宾)支持关于作出社会民主党组织内工人和知识分子关系问题的决议的建议。他在代表大会第19次会议上发言说:"我很奇怪,有些人竟说,没有能够担任委员的工人。相反,(列宁:听!听!)他们是如此之多,以致不可能把他们全部吸收进委员会,而不得不把他们安排到区委员会,因此必须给这些委员会以表决权。"(见《俄国社会民主工党第三次代表大会。记录》1959年俄文版第332页)德·西·波斯托洛夫斯基(米哈伊洛夫)也坚持通过这样的决议,在同一次会议上指出,"工人们关心工人和知识分子关系问题"并且"急切地等待着代表大会对这个问题的答复……决议的主要意义在于号召地方委员会扩大组织的范围并用工人来扩充……代表大会并没有发现美洲,它不过总结了党的生活而已(列宁:完全正确!)"(同上书,第333页)。列宁指的就是他们的这些发言。——169。

101 列宁在发言中对补充决议草案提出了修改意见。这个由尼·瓦·罗曼诺夫(列斯科夫)、弗·米·奥布霍夫(卡姆斯基)、亚·马·埃森(基塔耶夫)、波·瓦·阿维洛夫(提格罗夫)、伊·阿·萨美尔(萨维奇)和彼·彼·鲁勉采夫(菲力波夫)6人提出的补充决议草案说:"鉴于党的工作的统一是党的生活中的迫切要求,鉴于这种统一只有在工作过程中和尽可能多的党的工作者对全党的口号进行共同的讨论中才能更好地实现,党的第三次代表大会认为最好由中央委员会为此目的组织各地方委员会代表的代表会议。"列宁的修改意见被代表大会通过(见《俄国社会民主工党第三次代表大会。记录》1959年俄文版第341—342页)。——170。

102 这个决议草案以亚·马·埃森(基塔耶夫)和罗·萨·捷姆利亚奇卡(奥西波夫)的名义在代表大会第20次会议上提出。代表大会上通过了这个决议,并决定不予公布。——171。

103 列宁在发言中对彼·彼·鲁勉采夫(菲力波夫)的决议案提出了意见。这个决议案的内容如下:"代表大会建议中央委员会在对拒绝服从代表大会决议的那些孟什维克组织的态度上遵循下列原则:(1)不应当在外层组织和工人群众中采取反对整个孟什维克组织和一些个别人的宣传鼓动政策;(2)在存在平行组织的地方,解散孟什维克委员会和批准布尔什维克委员会的工作应极其慎重,只有在完全弄清楚地方委员会的多数委员不服从第三次代表大会的决议之后才能进行。"经过讨论,决议案的第一部分被代表大会否决。第二部分按列宁和亚·亚·波格丹诺夫(马克西莫夫)的方案通过,不予公布。这一方案是:"鉴于某些孟什维克组织可能拒绝承认第三次代表大会决议,代表大会建议中央委员会解散这些组织而批准与它们平行的并服从代表大会的组织为委员会,但这只有在通过详细调查完全肯定孟什维克组织和委员会不愿服从党的纪律以后才可进行。"(见《俄国社会民主工党第三次代表大会。记录》1959年俄文版第363页)——172。

104 4月23日(5月6日)代表大会第21次会议讨论了瓦·瓦·沃罗夫斯基(奥尔洛夫斯基)提出的关于对各民族的社会民主党组织的态度的决

议草案。草案中写道:"……俄国社会民主工党第三次代表大会重申第二次代表大会对联邦制问题的态度,委托中央委员会和各地方委员会尽一切力量同各民族的社会民主党组织达成协议,以便使地方工作协调起来,从而创造条件使所有的社会民主主义政党联合为统一的俄国社会民主工党。"(见《俄国社会民主工党第三次代表大会。记录》1959年俄文版第365页)

德·西·波斯托洛夫斯基(米哈伊洛夫)建议作这样的文字改动:"委托中央委员会和各地方组织作出**共同的**努力"(同上)。他说明提出这一建议的理由是:只有"**不仅由中央委员会而且也由各地方委员会来安排**,协议才能达成"(同上书,第371页)。列宁的发言,就是反对这个修正案的。波斯托洛夫斯基的修正案被否决。代表大会通过的决议是以沃罗夫斯基的草案为基础的。

列宁提到的"孟什维克中央委员会把事情弄糟的个别情况"看来是指波斯托洛夫斯基发言中说的以下事实:"今年中央委员会同崩得举行代表会议,而地方委员会(西北和波列斯克)却没有参加。西北委员会没有同崩得达成协议。这就出现了混乱。中央达成协议了,而地方上还在争斗。"——173。

105 列宁引用了登载在1905年5月6日英国《泰晤士报》上的一篇题为《莫斯科地方自治人士代表大会。任务和目的》的莫斯科通讯来补充阿·瓦·卢那察尔斯基(沃伊诺夫)的报告(这篇通讯的俄译文见《列宁文集》俄文版第26卷第229—231页)。关于莫斯科地方自治人士代表大会,参看列宁的《保守派资产阶级的忠告》一文(本卷第217页)。——174。

106 波兰社会党是以波兰社会党人巴黎代表大会(1892年11月)确定的纲领方针为基础于1893年成立的。这次代表大会提出了建立独立民主共和国、为争取人民群众的民主权利而斗争的口号,但是没有把这一斗争同俄国、德国和奥匈帝国的革命力量的斗争结合起来。该党右翼领导人约·皮尔苏茨基等认为恢复波兰国家的唯一道路是民族起义,而不是以无产阶级为领导的全俄反对沙皇的革命。从1905年2月起,以马·亨·瓦列茨基、费·雅·柯恩等为首的左派逐步在党内占了优势。1906年11月在维也纳召开的波兰社会党第九次代表大会把皮尔苏茨基及其拥护者开除出党,该党遂分裂为两个党:波兰社会党"左派"和波兰社会党"革命派"("右派",亦称弗腊克派)。

波兰社会党"左派"反对皮尔苏茨基分子的民族主义及其恐怖主义和密谋策略,主张同全俄工人运动密切合作,认为只有在全俄革命运动胜利的基础上才能解决波兰劳动人民的民族解放和社会解放问题。在1908—1910年期间,主要通过工会、文教团体等合法组织进行活动。该党不同意孟什维克关于在反对专制制度斗争中的领导权属于资产阶级的论点,可是支持孟什维克反对第四届国家杜马中的布尔什维克代表。第一次世界大战爆发后,该党持国际主义立场,参加了1915年的齐美尔瓦尔德会议和1916年的昆塔尔会议。该党欢迎俄国十月革命。1918年12月,该党同波兰王国和立陶宛社会民主党一起建立了波兰共产主义工人党(1925年改称波兰共产党,1938年解散)。

波兰社会党"革命派"于1909年重新使用波兰社会党的名称,强调通过武装斗争争取波兰独立,但把这一斗争同无产阶级的阶级斗争割裂开来。从第一次世界大战开始起,该党的骨干分子参加了皮尔苏茨基站在奥德帝国主义一边搞的军事政治活动(成立波兰军团)。1917年俄国二月革命后,该党转而对德奥占领者采取反对立场,开展争取建立独立的民主共和国和进行社会改革的斗争。1918年该党参加创建独立的资产阶级波兰国家,1919年同原普鲁士占领区的波兰社会党和原奥地利占领区的加利西亚和西里西亚波兰社会民主党合并。该党不反对地主资产阶级波兰对苏维埃俄国的武装干涉,并于1920年7月参加了所谓国防联合政府。1926年该党支持皮尔苏茨基发动的政变,同年11月由于拒绝同推行"健全化"的当局合作而成为反对党。1939年该党解散。——175。

107 波兰和立陶宛社会民主党成立于1893年7月,最初称波兰王国社会民主党,其宗旨是实现社会主义,建立无产阶级政权,最低纲领是推翻沙皇制度,争取政治和经济解放。1900年8月,该党同立陶宛工人运动中的国际主义派合并,改称波兰王国和立陶宛社会民主党。在1905—

1907年俄国第一次革命中,波兰王国和立陶宛社会民主党提出与布尔什维克相近的斗争口号,对自由派资产阶级持不调和的态度。但该党也犯了一些错误。列宁曾批评该党的一些错误观点,同时也指出它对波兰革命运动的功绩。

1906年4月,在俄国社会民主工党第四次(统一)代表大会上,该党作为地区性组织加入俄国社会民主工党,保持组织上的独立。由于党的领导成员扬·梯什卡等人在策略问题上发生动摇,1911年12月该党分裂成两派:一派拥护在国外的总执行委员会,称为总执委会派;另一派拥护边疆区执行委员会,称为分裂派(见本版全集第22卷《波兰社会民主党的分裂》一文)。分裂派主要包括华沙和洛兹的党组织,同布尔什维克密切合作,赞同1912年俄国社会民主工党布拉格代表会议的决议。第一次世界大战期间,波兰王国和立陶宛社会民主党持国际主义立场,反对支持外国帝国主义者的皮尔苏茨基分子和民族民主党人。1916年该党两派合并。该党拥护俄国十月社会主义革命,1918年在波兰领导建立了一些工人代表苏维埃。1918年12月,在该党与波兰社会党"左派"的统一代表大会上,成立了波兰共产党。——176。

108 波兰社会党"无产阶级派"是由从波兰社会党分离出来的该党利沃夫支部于1900年夏成立的政党,中央委员会先后设在利沃夫和克拉科夫,在华沙、罗兹等地有其组织。以路·库尔契茨基为首的该党最高纲领是社会主义革命,最低纲领是制定全俄宪法和波兰王国自治、教会同国家分离、实行八小时工作制。该党坚持采取个人恐怖的策略,同时主张波兰革命运动同俄国的革命运动接近。该党于1909年春停止活动。——176。

109 拉脱维亚社会民主工党于1904年6月在该党第一次代表大会上成立。在1905年6月党的第二次代表大会上通过了党的纲领并作出了必须同俄国社会民主工党统一的决议。1905年该党领导了工人的革命行动并组织群众准备武装起义。1906年,在俄国社会民主工党第四次(统一)代表大会上,拉脱维亚社会民主工党作为一个地区性组织加入了俄国社会民主工党。代表大会后改名为拉脱维亚边疆区社会民主党。——176。

110 亚美尼亚社会民主工人组织("特殊派")是亚美尼亚民族联邦主义分子在俄国社会民主工党第二次代表大会后不久建立的。它像崩得一样要求实行联邦制的建党原则,把无产阶级按民族分开,并宣布自己是亚美尼亚无产阶级的唯一代表。它借口"每个民族都有特殊的条件"来为自己的民族主义辩护。列宁在1905年9月7日写给俄国社会民主工党中央委员会的信中,坚决反对这个组织参加1905年9月召开的俄国社会民主主义组织代表会议,指出这个组织的成员是一帮在国外的著作家,同高加索没有什么联系,是崩得的亲信(参看本版全集第45卷第49号文献)。1907年俄国社会民主工党第五次代表大会通过了关于该党与亚美尼亚社会民主工人组织实行统一的决议。——176。

111 亚美尼亚革命联盟(德罗沙克)即亚美尼亚资产阶级民族主义政党达什纳克楚纯(意为联盟),《德罗沙克》(意为《旗帜》)是其中央机关报。该党于1890年在梯弗利斯成立。党员中,除资产阶级外,民族知识分子和小资产阶级占重要地位,此外,还有部分农民和工人。在1905—1907年革命时期,该党同社会革命党接近。1907年,该党正式通过了具有民粹主义性质的"社会主义"纲领,并加入了第二国际。1917年二月资产阶级民主革命后,他们同孟什维克、社会革命党人和阿塞拜疆资产阶级民族主义政党木沙瓦特党人结成了反革命联盟,组织了外高加索议会。1918—1920年间,该党曾领导亚美尼亚的反革命资产阶级民族主义政府。1920年11月,亚美尼亚劳动人民在布尔什维克党的领导和红军的支持下,推翻了达什纳克党人的政府,建立了苏维埃政权。1921年2月,达什纳克楚纯发动叛乱,被粉碎。随着苏维埃政权的胜利,该党在外高加索的组织陆续被清除。——176。

112 白俄罗斯社会主义格罗马达是小资产阶级民族主义政党,1902年成立(当时称白俄罗斯革命格罗马达),1903年12月在维尔诺举行第一次代表大会而最终形成。该党借用波兰社会党的纲领作为自己的纲领,要求白俄罗斯边疆区实行自治并在维尔诺设立地方议会,把地主、皇族和寺院的土地转归地方公有,允许西北边疆地区各民族实行民族文化自治。该党的多数成员代表白俄罗斯农村资产阶级的利益,但也有一些成员代表劳动农民的利益。在1905—1907年俄国革命时期,该党采取资产阶级改良主义的策略。随着这次革命的失败,该党滑向资产阶级自由主义立场。1907年初,该党正式宣布解散,它的成员们开始进行合法的资产阶级民族主义活动,出版了合法报纸《我们的田地报》(1906—1915年)。第一次世界大战期间,留在德军占领区的格罗马达分子鼓吹在德国的保护下"复兴"白俄罗斯。1917年俄国二月革命后,白俄罗斯社会主义格罗马达恢复组织,支持资产阶级临时政府的政策。1917年7月,该党右翼领袖参加了白俄罗斯拉达。十月社会主义革命后,该党分裂,它的一部分成员进行反革命活动,一部分成员转向苏维埃政权方面。——176。

113　拉脱维亚社会民主党人同盟是1900年秋天在国外建立的。这个组织就其提出的要求来说接近于俄国社会革命党,并具有相当程度的民族主义倾向。1905年在部分农民中暂时有些影响,但很快被拉脱维亚社会民主工党排挤,以后再未起什么明显的作用。——176。

114　芬兰积极抵抗党是1903—1904年由一批资产阶级和小资产阶级的芬兰知识分子和大学生建立的,其宗旨是推翻芬兰的沙皇政权,代之以立宪制度。该党同俄国社会革命党有密切联系,接受了后者的冒险主义策略,曾组织一系列暗杀政府代表人物的活动,并从事炸弹制造。——176。

115　芬兰工人党于1899年成立,1903年改名为芬兰社会民主党。在俄国1905—1907年革命中,该党领导人落后于局势的发展,执行了机会主义路线。该党只采取合法斗争形式,没有组织无产阶级对其压迫者进行武装斗争。该党的左翼虽然赞成无产阶级进行独立的斗争,但是未能采取坚决措施清除党内的机会主义分子。从1907年起,芬兰社会民主党参加了芬兰议会。1918年初,该党代表领导了芬兰工人革命,但党的右翼转向反革命方面。1918年春芬兰工人革命失败后,芬兰社会民主党实际上陷于瓦解。1918年8月,左派社会民主党人组成了芬兰共产党。同年,右派社会民主党人使用党原来的名称,在社会改良主义基础上恢复活动。——176。

116 格鲁吉亚社会联邦革命党是资产阶级民族主义政党,于1904年4月建立。该党要求在俄国资产阶级地主国家范围内实行格鲁吉亚的民族自治。在第一次俄国革命失败后的反动年代里,该党成了革命的公开敌人。它同孟什维克和无政府主义者共同行动,企图破坏外高加索各族劳动人民反对沙皇制度和资本主义的统一战线。在十月社会主义革命后,社会联邦党人同格鲁吉亚孟什维克、达什纳克党人和木沙瓦特党人组成反革命联盟。这个反革命联盟先后得到德、土武装干涉者和英、法武装干涉者的支持。——176。

117 乌克兰革命党是小资产阶级民族主义组织,于1900年初成立。该党支持乌克兰自治这一乌克兰资产阶级的基本口号。1905年12月,乌克兰革命党改名为乌克兰社会民主工党,通过了一个按联邦制原则和在承认乌克兰社会民主工党是乌克兰无产阶级在党内的唯一代表的条件下同俄国社会民主工党统一的决议。俄国社会民主工党第四次(统一)代表大会拒绝了该党的代表提出的立即讨论统一的条件的建议,将这一问题转交俄国社会民主工党中央委员会去解决。由于该党的性质是小资产阶级的、民族主义的,因此,在统一问题上未能达成协议。在崩得的影响下,该党的民族纲领提出了民族文化自治的要求。该党后来站到了资产阶级民族主义反革命阵营一边。——176。

118 立陶宛社会民主党于1896年建立。党的领导机构掌握在维护资产阶级利益的机会主义分子手中,他们力图把立陶宛的工人运动引上资产阶级民族主义的道路。当时是立陶宛社会民主党党员的费·埃·捷尔任斯基在揭露机会主义分子、团结各民族工人方面进行了大量工作。1900年8月,根据捷尔任斯基的倡议,立陶宛社会民主党中的国际主义派同波兰王国社会民主党合并组成统一的波兰王国和立陶宛社会民主党。

　　在1905—1907年的俄国革命影响下,立陶宛社会民主党内形成了反对民族主义领导的反对派,他们中的优秀无产阶级分子走上了革命的社会民主主义道路。1907年,该党第七次代表大会通过了关于同俄国社会民主工党统一的决议,但是统一未能实现。1918年,立陶宛社会民主党的革命派同社会沙文主义者决裂,建立了立陶宛共产党。——176。

119　乌克兰社会党于1900年在第聂伯河右岸乌克兰地区建立,1903年与乌克兰革命党合并。——176。

120　代表大会第23次会议听取和讨论了列·波·克拉辛(季明)和阿·伊·柳比莫夫(列特尼奥夫)作的中央委员会工作报告。在讨论报告的过程中,某些代表指出,中央委员会的报告没有阐明它的政治活动。他们要求中央委员会的代表向代表大会解释:中央委员会为何未能起到政治领袖的作用并领导全党。列宁在他的第二次发言中谈到的"审判"问题,就是指对中央委员会报告的这些意见。——181。

121　悔过的罪人是指俄国社会民主工党中央委员会。这一中央机关曾长期反对召开党的第三次代表大会,但最终毕竟决定同多数派委员会常务局共同建立筹备召开第三次代表大会的组织委员会。这个委员会不顾孟什维克把持的党总委员会的反对而召集了党的第三次代表大会。出席第三次代表大会的有两名中央委员会委员:列·波·克拉辛(季明,文特尔)和阿·伊·柳比莫夫(马尔克,列特尼奥夫)。

　　1905年2月9日(22日),中央委员会在莫斯科开会时被沙皇政府破获。9名中央委员被捕,其中包括不久前增补进中央委员会的3名孟什维克(叶·米·亚历山德罗娃、维·尼·克罗赫马尔和В.Н.罗扎诺夫)。当时没有被捕的中央委员只有克拉辛和柳比莫夫两人。——181。

122　这个决议由代表大会一致通过。——184。

123　列宁起草的这个决议草案由代表大会通过。——186。

124　代表大会记录出版委员会是在4月25日(5月8日)代表大会第23次会议上选出的,其成员是弗·米·奥布霍夫(卡姆斯基)、瓦·瓦·沃罗夫斯基(奥尔洛夫斯基)和娜·康·克鲁普斯卡娅(萨布林娜)。代表大会记录于1905年秋在日内瓦首次出版。——186。

125 这个决议草案是以列宁和米·格·茨哈卡雅(巴尔索夫)两人的名义在4月26日(5月9日)代表大会第25次会议上提出的。决议草案是对茨哈卡雅在同一次会议上提出的决议案的修正案。草案被代表大会作为本问题的决议通过。

　　1905年春,革命运动席卷了整个俄国,其中也包括高加索。1905年3月底——4月初,在巴库、梯弗利斯及其他城市爆发了铁路工人的政治总罢工。梯弗利斯的印刷工人也在同时举行了罢工。在街头,罢工工人同警察、哥萨克发生了冲突。巴统、波季、库塔伊西的工人也参加了罢工斗争。与此同时,在外高加索,特别是在古里亚,还展开了大规模的农民运动。——187。

126 O.A.克维特金(彼得罗夫)建议将关于高加索事件决议草案末尾的"用武装力量"改为"用它们所拥有的一切手段"(见《俄国社会民主工党第三次代表大会。记录》1959年俄文版第442页)。代表大会通过了克维特金的修正案。——188。

127 列宁为俄国社会民主工党中央委员会起草的这个通知,最初发表于1905年5月14日(27日)俄国社会民主工党中央机关报《无产者报》第1号。俄国社会民主工党里加委员会曾将它用俄文和拉脱维亚文印成单行本。——200。

128 指《关于代表大会的组织工作的决议》。这个决议是在代表大会第5次会议上通过的,刊载于1905年5月14日(27日)《无产者报》第1号。——201。

129 这是列宁起草的俄国社会民主工党中央委员会给《关于代表大会的组织工作的决议》加的附注,同决议一起发表于1905年5月14日(27日)《无产者报》第1号。——205。

130 《第三次代表大会》一文于1905年7月1日(14日)转载于俄国社会民主工党高加索联合会的机关报《无产阶级斗争报》的俄文版、亚美尼亚文版和格鲁吉亚文版。——207。

131　中央委员会的最后通牒是 1903 年 11 月 12 日(25 日)向孟什维克提出的。这一天,中央委员会的 4 名委员(列宁、弗·威·林格尼克、格·马·克尔日扎诺夫斯基和列·叶·加尔佩林)在日内瓦举行会议,确定了对孟什维克采取的最后一次让步性非常措施。

列宁还在 1903 年 10 月 22 日(11 月 4 日)就给中央委员会写了一封信,建议确定一个暂不向孟什维克宣布的最后通牒方案,即让步的最终界限,其内容包括:(1)增补 4 位原来的编辑部成员到《火星报》编辑部里去;(2)由中央选定 2 名反对派成员增补到中央委员会里去;(3)恢复国外同盟过去的状况;(4)让孟什维克在党总委员会里占一个席位;(5)停止争吵(参看本版全集第 44 卷第 231 号文献)。以上内容除第 5 条外,都写进了中央委员会的最后通牒。此外,通牒还提出允许反对派成员建立独立的著作家小组,并给予它以出席代表大会的权利。

在最后通牒发出的第二天,格·瓦·普列汉诺夫一人决定把全部原来的编辑部成员增补进了《火星报》编辑部,从而帮了孟什维克的大忙。于是,孟什维克便以嘲弄口吻拒绝了中央委员会的最后通牒(中央委员会的最后通牒和孟什维克对它的答复,见《列宁文集》俄文版第 7 卷第 257—259、267—271 页)。

列宁在《进一步,退两步》中对最后通牒作了评价(见本版全集第 8 卷第 375—376 页)。——211。

132　**"希波夫式的"宪法**是指温和自由派分子、地方自治人士右翼领袖德·尼·希波夫制定的国家制度方案。希波夫力图既限制革命规模,又从沙皇政府方面取得某些有利于地方自治机关的让步,因而建议建立附属于沙皇的咨议性代表机关。温和自由派想以此蒙骗人民群众,保存君主制度,并使自己获得某些政治权利。——212。

133　**律师的决议**是指 1905 年 3 月 28—30 日(4 月 10—12 日)在彼得堡举行的全俄律师代表大会的决议。《无产者报》对这次代表大会作了如下的评论:"在历时 3 天的律师代表大会的废话中,如同一滴水似地反映出整个资产阶级自由主义对宪法垂涎三尺,对斗争胆小如兔,对仍然强大的专制制度奴颜婢膝,对人民假仁假义。"(见1905年5月21日(6月3日)《无产者报》第2号所载瓦·瓦·沃罗夫斯基《全俄律师代表大会》一文)——215。

134 社会党国际局是第二国际的常设执行和通讯机关,根据1900年9月巴黎代表大会的决议成立,设在布鲁塞尔。社会党国际局由各国社会党代表组成。执行主席是埃·王德威尔得,书记是卡·胡斯曼。俄国社会民主党人参加社会党国际局的代表是格·瓦·普列汉诺夫和波·尼·克里切夫斯基。从1905年10月起,列宁代表俄国社会民主工党参加社会党国际局。1914年6月,根据列宁的建议,马·马·李维诺夫被任命为社会党国际局俄国代表。社会党国际局在第一次世界大战开始后实际上不再存在。——216。

135 这里所指的"专门小册子"的法文本,于1905年6月12日(25日)作为法国社会党的中央机关报《社会主义者报》的附刊出版,标题是《俄国社会民主工党第三次代表大会。通知和主要决议》;与此同时,在慕尼黑出版了德文本,标题是《关于俄国社会民主工党第三次代表大会的通知。附第三次代表大会通过的党章和主要决议》。1905年8月23日(9月5日)《无产者报》第15号的"党的生活"栏登载了这些小册子出版的消息。——216。

136 《无产者报》(《Пролетарий》)是布尔什维克的秘密报纸,是根据党的第三次代表大会决定创办的俄国社会民主工党中央机关报(周报)。1905年5月14日(27日)——11月12日(25日)在日内瓦出版,共出了26号。根据1905年4月27日(5月10日)党的中央全会的决定,列宁被任命为该报的责任编辑,编委会的委员有瓦·瓦·沃罗夫斯基、阿·瓦·卢那察尔斯基和米·斯·奥里明斯基。参加编辑工作的有:娜·康·克鲁普斯卡娅、维·米·韦利奇金娜、维·阿·卡尔宾斯基、尼·费·纳西莫维奇、伊·阿·泰奥多罗维奇、莉·亚·福季耶娃等。弗·德·邦契-布鲁耶维奇、谢·伊·古谢夫、安·伊·乌里扬诺娃-叶利扎罗娃负责为编辑部收集地方通讯稿。克鲁普斯卡娅和福季耶娃负责编辑部同地方组织和读者的通信联系。该报继续执行《火星报》的路线,

并保持同《前进报》的继承关系。《无产者报》发表了大约 90 篇列宁的
文章和短评,印发了俄国社会民主工党第三次代表大会的材料。该报
的发行量达 1 万份。1905 年 11 月初列宁回俄国后不久停刊,报纸的
最后两号是沃罗夫斯基编辑的。——216。

137 《论临时革命政府》这一组文章是以列宁在俄国社会民主工党第三次代
表大会上所作的《关于社会民主党参加临时革命政府的报告》为基础写
成的。本卷《附录》收有关于这一著作的笔记。

　　列宁在这组文章的第二篇文章的末尾曾答应写第三篇文章来分析
临时革命政府的任务,但这篇文章未见问世。列宁在《临时革命政府图
景》、《革命军队和革命政府》(见本卷第 338、316 页)以及《社会民主党
在民主革命中的两种策略》(见本版全集第 11 卷)等著作中,都阐述了
临时革命政府的任务。

　　《论临时革命政府》由俄国社会民主工党雅罗斯拉夫尔委员会出版
过单行本。——221。

138 工人兄弟会是共产主义者同盟盟员、德国排字工人斯·波尔恩于 1848
年在柏林建立的德国工人和手工业者的组织。波尔恩是德国工人运动
中改良主义派别的代表之一,他把工人兄弟会的活动限制在组织经济
罢工和争取实现有利于手工业者的狭隘的行会性质的措施(给小生产
者贷款和组织合作社等)的范围内。工人兄弟会的纲领是断章取义地
引用《共产党宣言》的观点和吸收路易·勃朗及皮·约·蒲鲁东的小资
产阶级社会主义学说拼凑而成的。在 1848—1849 年革命时期,工人兄
弟会站在无产阶级政治运动之外,但它的一些地方分会积极参加了革
命斗争。1849 年春,马克思和恩格斯曾打算在筹建无产阶级政党的过
程中利用工人兄弟会的组织。1850 年,工人兄弟会被政府查禁,但是
它的若干分会还继续存在了许多年。——227。

139 《人民国家报》(《Der Volksstaat》)是德国社会民主工党(爱森纳赫派)
的中央机关报,其前身是《民主周报》。1869 年 10 月 2 日—1876 年 9
月 29 日在莱比锡出版,最初每周出两次,1873 年 7 月起改为每周出三
次。由威·李卜克内西领导编辑部工作,奥·倍倍尔负责出版工作。

李卜克内西和倍倍尔因反对德国兼并阿尔萨斯—洛林于1870年12月被捕后,该报由卡·希尔施和威·布洛斯相继主持工作。马克思和恩格斯从该报创刊时起就为它撰稿,经常给编辑部提供帮助和指导,使这家报纸成了19世纪70年代优秀的工人报刊之一。——234。

140 指社会主义民主同盟。

　　社会主义民主同盟是米·亚·巴枯宁于1868年10月在日内瓦创立的无政府主义者的国际组织,其中包括了他早先创建的阴谋家的秘密联盟。同盟在意大利、西班牙、瑞士等国的工业不发达的地区和法国南部设有支部。同盟盟员宣布无神论、阶级平等和废除国家为自己的纲领,否认工人阶级进行政治斗争的必要性。在同盟申请加入第一国际遭到拒绝以后,巴枯宁主义者对国际总委员会的决定采取阳奉阴违的两面手法,表面上宣布解散这个组织,而实际上却继续保留它,并于1869年3月以国际日内瓦支部的名义把它弄进了国际。巴枯宁主义者利用社会主义民主同盟的组织在国际内部进行了大量的分裂和破坏活动,力图夺取国际总委员会的领导权,受到马克思和恩格斯的揭露和批判。在1872年9月举行的第一国际海牙代表大会上,同盟的头目巴枯宁和詹·吉约姆被开除出国际。——235。

141 指俄国海军第2太平洋舰队(由波罗的海舰队组成)开赴远东途中于1904年10月22日夜晚在北海海域炮击英国渔船队一事。——241。

142 《世纪报》(《Le Siècle》)是法国的第一家报纸,1631年在巴黎创刊,最初名称为《新闻报》,每周出一次,后来每周出两次,1792年起改为日报。七月王朝时期为正统派机关报。1905年该报编辑是曾在瓦尔德克-卢梭内阁任海军部长的让·拉内桑。

　　列宁引用的科尔奈利的文章,载于1905年5月30日《世纪报》。——243。

143 本卷《附录》里收有《关于〈革命斗争和自由派的渔利行为〉一文的笔记》。——245。

144　指《新闻和交易所报》。

　　《新闻和交易所报》（《Новости и Биржевая Газета»）是俄国自由派资产阶级的报纸。1872—1906 年在彼得堡出版，常登载俄国资产阶级自由派组织解放社的文章和正式文件。——246。

145　指筹建中的立宪民主党。

　　立宪民主党（正式名称为人民自由党）是俄国自由主义君主派资产阶级的主要政党，1905 年 10 月成立。中央委员中多数是资产阶级知识分子、地方自治人士和自由派地主。主要活动家有帕·尼·米留可夫、谢·安·穆罗姆采夫、瓦·阿·马克拉柯夫、安·伊·盛加略夫、彼·伯·司徒卢威、约·弗·盖森等。立宪民主党提出一条与革命道路相对抗的和平的宪政发展道路，主张俄国实行立宪君主制和资产阶级的自由。在土地问题上，主张将国家、皇室、皇族和寺院的土地分给无地和少地的农民；私有土地部分地转让，并且按"公平"价格给予补偿；解决土地问题的土地委员会由同等数量的地主和农民组成，并由官员充当他们之间的调解人。1906 年春，曾同政府进行参加内阁的秘密谈判，后来在国家杜马中自命为"负责任的反对派"。第一次世界大战期间，支持沙皇政府的掠夺政策，曾同十月党等反动政党组成"进步同盟"，要求成立责任内阁，即为资产阶级和地主所信任的政府，力图阻止革命并把战争进行到最后胜利。二月革命后，立宪民主党在资产阶级临时政府中居于领导地位，竭力阻挠土地问题、民族问题等基本问题的解决，并奉行继续帝国主义战争的政策。七月事变后，支持科尔尼洛夫叛乱，阴谋建立军事独裁。十月革命胜利后，苏维埃政府于 1917 年 11 月 28 日（12 月 11 日）宣布立宪民主党为"人民公敌的党"。该党随之转入地下，继续进行反革命活动，并参与白卫将军的武装叛乱。国内战争结束后，该党上层分子大多数逃亡国外。1921 年 5 月，该党在巴黎召开代表大会时分裂，作为统一的党不复存在。——246。

146　《告犹太工人书》是列宁以俄国社会民主工党中央机关报《无产者报》编辑部的名义给 1905 年出版的依地文小册子《关于俄国社会民主工党第三次代表大会的通知》写的序言。小册子收入了 1905 年 5 月 14 日（27

日)《无产者报》第1号发表过的俄国社会民主工党第三次代表大会的最重要的决议。《告犹太工人书》的俄文手稿至今尚未找到,《列宁全集》俄文第4版和第5版都是根据小册子从依地文译成俄文刊印的。——254。

147 《我们的生活报》(《Наша Жизнь》)是俄国自由派的报纸(日报),多数撰稿人属于解放社的左翼。1904年11月6日(19日)—1906年7月11日(24日)断断续续地在彼得堡出版。

《现代报》(《Наши Дни》)是俄国自由派的报纸(日报),1904年12月18日(31日)—1905年2月5日(18日)在彼得堡出版。1905年12月7日(20日)曾复刊,只出了两号。

《祖国之子报》(《Сын Отечества》)是俄国自由派的报纸(日报),1904年11月18日(12月1日)起在彼得堡出版。为该报经常撰稿的有解放派分子和形形色色的民粹派分子。1905年11月15日(28日)起,该报成为社会革命党的机关报。同年12月2日(15日)被查封。

《俄罗斯新闻》(《Русские Ведомости》)是俄国报纸,1863—1918年在莫斯科出版。它反映自由派地主和资产阶级的观点,主张在俄国实行君主立宪,撰稿人是一些自由派教授。至19世纪70年代中期成为俄国影响最大的报纸之一。80—90年代刊登民主主义作家和民粹主义者的文章。1898年和1901年曾经停刊。从1905年起成为右翼立宪民主党人的机关报。1917年二月革命后支持资产阶级临时政府。十月革命后被查封。——261。

148 这篇文章最初的标题是《拍板成交》。——277。

149 《晨报》(《Le Matin》)是法国的一家资产阶级报纸(日报),1882年在巴黎创刊,1944年8月停刊。——279。

150 《法兰克福报》(《Frankfurter Zeitung》)是德国交易所经纪人的报纸(日报),1856—1943年在美因河畔法兰克福出版。——279。

151 宫廷事务部是俄国沙皇政府的一个专为沙皇及皇室成员服务的机构,

建立于 1826 年,1893 年改称宫廷事务与皇族领地部。这个机构不受任何高级机关的监督。——281。

152 这篇文章原先的标题是《革命联系和白手套》。——284。

153 这里是借用圣经里的一个故事:耶稣已经知道犹大要出卖他,就蘸了一点饼给他吃。犹大吃了以后,魔鬼撒旦入了犹大的心,耶稣便对他说:你所做的快做吧!(见《新约全书·约翰福音》第 13 章)——286。

154 卡桑德拉是传说中的特洛伊国王普里阿摩斯的女儿。据说她曾得太阳神阿波罗的传授,能预言吉凶祸福。——288。

155 这封信是对刊登在 1905 年 6 月 15 日《莱比锡人民报》第 135 号上的卡·考茨基的《俄国社会民主党的分裂》一文的答复,原文是德文,未被该报编辑部发表。关于考茨基的这篇文章,列宁在 1905 年 7 月 12 日给中央委员会的信中也曾谈到(见本版全集第 45 卷第 36 号文献)。

　《莱比锡人民报》(《Leipziger Volkszeitung》)是德国社会民主党的报纸(日报),1894—1933 年出版。该报最初属于该党左翼,弗·梅林和罗·卢森堡曾多年担任它的编辑。1917—1922 年是德国独立社会民主党的机关报,1922 年以后成为右翼社会民主党人的机关报。——289。

156 《社会主义者报》(《Le Socialiste》)是法国报纸(周报),1885 年由茹·盖得在巴黎创办。最初是法国工人党的机关报。1902—1905 年是法兰西社会党的机关报,1905 年起成为法国社会党的机关报。该报刊载过马克思和恩格斯的一些著作摘录,19 世纪末—20 世纪初发表过法国和国际工人运动的著名活动家(保·拉法格、威·李卜克内西、克·蔡特金、格·瓦·普列汉诺夫等人)的文章和书信。1915 年停刊。——291。

157 罗兹的起义和街垒武装战斗是指 1905 年 6 月 9—11 日(22—24 日)波兰罗兹市工人的起义。1905 年 5—6 月,在素称工人波兰心脏的罗兹市出现了罢工浪潮。6 月 8 日(21 日),参加游行示威的群众遭枪杀。6

月9日(22日),在波兰王国和立陶宛社会民主党罗兹委员会号召下,全市举行了政治总罢工。工人们自发地同军警发生武装冲突,全市修筑了约50处街垒。经过三天激烈战斗,起义终于被沙皇军队镇压下去,起义者死伤约1 200人。——292。

158 伊万诺沃-沃兹涅先斯克的大屠杀发生于1905年6月3日(16日)。伊万诺沃-沃兹涅先斯克的纺织工人在布尔什维克北方委员会伊万诺沃-沃兹涅先斯克小组的领导下,从5月12日(25日)起举行总罢工,提出实行八小时工作制,提高工资,取消罚款,撤销工厂警察,实现言论、出版、结社、罢工自由,召开立宪会议等要求。5月15日(28日),工人们选出151名代表,建立了全权代表会议。这个代表会议事实上是俄国最早的全市性工人代表苏维埃,起了革命政权的作用。沙皇政府为了镇压这次罢工,向伊万诺沃-沃兹涅先斯克及其附近地区调集了大批军警。6月2日(15日),副省长颁布了禁止集会的命令。6月3日(16日),哥萨克和军警对集会工人发动攻击,残酷地屠杀工人。但是这场大屠杀并没有摧毁工人的斗志。伊万诺沃-沃兹涅先斯克的总罢工一直持续到7月22日(8月4日),而个别企业的局部罢工直到8月和9月仍在进行。——292。

159 华沙工人总罢工开始于1905年6月13日(26日)。这次罢工是为了抗议沙皇军队血腥镇压罗兹起义而举行的。华沙的一些街道上筑起了街垒,工人同军队发生了冲突。

敖德萨工人的罢工也开始于1905年6月13日(26日)。当天晚上,布尔什维克委员会的代表号召工人准备武装起义。6月14日(27日),罢工发展成为总罢工,工人们开始修筑街垒,同警察发生了冲突。这天晚上,起义的"波将金"号装甲舰在敖德萨港口停泊。沙皇当局为了防止起义的水兵同城市工人联合起来而进行挑拨活动。

6月15日(28日)深夜,黑帮分子纵火焚烧并抢劫了港口仓库。被调到港口的沙皇军队向聚集的人群开枪射击,无辜的群众死伤甚众。6月16日(29日),在敖德萨举行了"波将金"号水兵格·尼·瓦库连丘克的葬礼。葬礼发展成了声势浩大的革命游行示威。敖德萨的驻军发

生了动摇。敖德萨县的农民也开始行动起来。资产阶级和沙皇地方当
局惊慌不安。但是"波将金"号的水兵同敖德萨的工人始终未能联合起
来。6 月 18 日(7 月 1 日),"波将金"号装甲舰驶离敖德萨港。敖德萨
的总罢工开始走向低潮。——292。

160　《俄罗斯报》(《Русь》)是俄国自由派资产阶级的日报,1903 年 12 月在
彼得堡创刊。该报的编辑兼出版者是阿·阿·苏沃林。在 1905 年革
命时期,该报接近立宪民主党,但是采取更加温和的立场。1905 年 12
月 2 日(15 日)被查封。以后曾用《俄罗斯报》、《评论报》、《二十世纪
报》、《眼睛报》、《新俄罗斯报》等名称断断续续地出版。1910 年停刊。
——296。

161　《公民》(《Гражданин》)是俄国文学政治刊物,1872—1914 年在彼得堡
出版,创办人是弗·彼·美舍尔斯基公爵。作家费·米·陀思妥耶夫
斯基于 1873—1874 年担任过它的编辑。原为每周出版一次或两次,
1887 年后改为每日出版。19 世纪 80 年代起是靠沙皇政府供给经费的
极端君主派刊物,发行份数不多,但对政府官员有影响。——297。

162　《无政府主义者报》(《Der Anarchist》)是德国无政府主义者的刊物(每
月出两次),1903—1907 年在柏林出版。——301。

163　《社会民主党人报》(《Социал-Демократ》)是俄国孟什维克的通俗机关
报,1904 年 10 月 1 日(14 日)—1905 年 10 月 14 日(27 日)在日内瓦出
版,共出了 16 号。该报的主编是费·伊·唐恩。——303。

164　经济派是 19 世纪末—20 世纪初俄国社会民主党内的机会主义派别,
是国际机会主义的俄国变种。其代表人物是康·米·塔赫塔廖夫、
谢·尼·普罗柯波维奇、叶·德·库斯柯娃、波·尼·克里切夫斯基、
亚·萨·皮凯尔(亚·马尔丁诺夫)、弗·彼·马赫诺韦茨(阿基莫夫)
等,经济派的主要报刊是《工人思想报》(1897—1902 年)和《工人事业》
杂志(1899—1902 年)。
　　　经济派主张工人阶级只进行争取提高工资、改善劳动条件等等的

经济斗争,认为政治斗争是自由派资产阶级的事情。他们否认工人阶级政党的领导作用,崇拜工人运动的自发性,否定向工人运动灌输社会主义意识的必要性,维护分散的和手工业的小组活动方式,反对建立集中的工人阶级政党。经济主义有诱使工人阶级离开革命道路而沦为资产阶级政治附庸的危险。

　　列宁对经济派进行了始终不渝的斗争。他在《俄国社会民主党人抗议书》(见本版全集第4卷)中尖锐地批判了经济派的纲领。列宁的《火星报》在同经济主义的斗争中发挥了重大作用。列宁的《怎么办?》一书(见本版全集第6卷),从思想上彻底地粉碎了经济主义。——304。

165 专门的小册子是指《社会民主党在民主革命中的两种策略》一书(见本版全集第11卷)。——308。

166 《柏林每日小报》即《柏林每日小报和商业日报》(«Berliner Tageblatt und Handelszeitung»)是德国资产阶级报纸,1872—1939年出版。——309。

167 警卫舰是停泊在殖民地或半殖民地国家港口执行警察任务的外国军舰。——309。

168 《三种宪法或三种国家制度》这一传单曾由《无产者报》以及俄国社会民主工党中央委员会和阿斯特拉罕、维亚特卡、莫斯科、下诺夫哥罗德、喀山、鄂木斯克等地方委员会用俄文出版,由梯弗利斯委员会用格鲁吉亚文出版,由俄国社会民主工党高加索联合会用亚美尼亚文出版,由拉脱维亚社会民主工党用拉脱维亚文出版。——311。

169 本卷《附录》里收有这篇文章的两个提纲。——316。

170 指外高加索各地的罢工。1905年5月,巴库工人为了抗议沙皇政府煽动各民族间的仇视,在布尔什维克的领导下举行了罢工。在罢工期间,工人们提出了一系列经济要求和政治要求,如实行八小时工作制、增加工资、出版和集会自由等。6月20—28日(7月3—11日)梯弗利斯工人接着举行了总罢工。这一罢工得到了哥里、捷拉夫、库塔伊西和巴统等地工人的响应。在各种群众会议上，工人们通过了要求召开立宪会议、解除黑帮武装、把军队从城市撤走、宣布言论自由和出版自由等决议。——316。

171　利巴瓦是拉脱维亚的港口城市，1905年在这里掀起了革命浪潮。从1905年4月30日起，在立陶宛社会民主工党中央委员会的号召下，整个拉脱维亚举行了五一罢工，其中利巴瓦的罢工特别有组织。罢工期间，工厂停止了生产，商店、市场停止了营业，电车停止行驶，全市生活陷于瘫痪。拉脱维亚社会民主党人加紧了武装起义的准备，组织了工人战斗队，并同停泊在利巴瓦的军舰上的水兵建立了联系。6月2日（15日），利巴瓦再次爆发总罢工，所有的工厂和铁路工厂都停了工。在总罢工期间，有5艘军舰举行了起义，参加起义的人员达4000人。起义的水兵们夺取了军火库，释放了早先被捕的水兵。但是水兵和市内工人的力量未能联合起来。当局严禁水兵进城，港口司令召来陆军残酷地镇压了利巴瓦的起义。——316。

172　卢比孔河已经渡过意思是作出了最后抉择，迈出了决定性的一步。卢比孔河是古罗马时意大利本土与高卢的界河。公元前49年，任高卢总督的凯撒与庞培争雄，相传他率军进抵卢比孔河时，经过一番踌躇，最后下定决心不顾禁令而渡河，终于击败庞培，成为全罗马的独裁者。——317。

173　被召的人多，选上的人少意思是徒有其名者多而够格者少，出自圣经《新约全书·马太福音》第22章。耶稣为了向门徒说明想进天国的人多，而能够入选进天国的人少，曾设一譬喻：一个国王为儿子娶亲大张宴席，命仆人守在路口，凡遇到的人都召来赴宴。在客人来到后，国王却把不穿礼服的人剔除出去。——323。

174　在1905年6—7月，黑海舰队中有如下舰只转向革命方面：装甲舰"波将金"号和附属于它的第267号雷击舰，装甲舰"常胜者乔治"号，教练舰"普鲁特"号。

　　黑海舰队社会民主党组织中央委员会原准备在1905年秋天发动舰队所有舰只同时起义,但是"波将金"号在单独出航进行射击演习期间于1905年6月14日(27日)过早地自发举行了起义。起义的导火线是该舰指挥官下令将带头拒绝吃用臭肉做的菜汤的水兵枪决。在起义中,水兵们杀死了最可恨的军官,但起义领导人、布尔什维克格·尼·瓦库连丘克在搏斗中牺牲。水兵们选出了以阿·尼·马秋申科为首的军舰委员会。6月14日晚,"波将金"号悬挂红旗驶到正在举行总罢工的敖德萨。但是敖德萨社会民主党组织联络委员会未能说服"波将金"号的船员们登岸来武装工人并与工人共同行动。该舰船员们只在6月15日(28日)向市政当局和军队所在地区开了两炮。6月17日(30日),沙皇政府派来两支舰队,企图迫使"波将金"号投降,或将其击沉,但是这些军舰不肯向"波将金"号开火,而且其中的"常胜者乔治"号还转到革命方面来。6月18日(7月1日),"常胜者乔治"号上的一些军士级技术员叛变,将该舰交给了政府当局。当晚,士气沮丧的"波将金"号偕同所属的第267号雷击舰离开敖德萨驶往罗马尼亚的康斯坦察。6月20日(7月3日),"波将金"号军舰委员会在那里发表了《告文明世界书》和《告欧洲各国书》,表明他们反对沙皇制度的决心。6月22日(7月5日),"波将金"号曾驶到费奥多西亚。由于始终得不到煤和食品的补给,水兵们被迫于6月25日(7月8日)在康斯坦察把军舰交给了罗马尼亚当局。"普鲁特"号教练舰于6月19日(7月2日)为支持"波将金"号举行起义,选出了以布尔什维克А.М.彼得罗夫为首的军舰委员会。该舰立即开往敖德萨,但由于"波将金"号已经离开那里而未能与它会合。6月20日(7月3日),没有武器装备的"普鲁特"号被沙皇政府的两艘雷击舰扣押。起义的水兵们遭到了沙皇政府的残酷镇压。

　　俄国社会民主工党中央委员会非常重视"波将金"号的起义。列宁曾委托米·伊·瓦西里耶夫-尤任前往领导起义,但是他没有及时赶到那里。——325。

175 国内土耳其人暗指沙皇政府、农奴主以及他们的精神奴仆,出典于俄国文学评论家尼·亚·杜勃罗留波夫为伊·谢·屠格涅夫的长篇小说

《前夜》写的评论文章《真正的白天什么时候到来?》。《前夜》的主人公保加利亚人英沙罗夫决心把自己的祖国从土耳其占领者的压迫下解放出来。杜勃罗留波夫的文章指出:俄国正处于革命的"前夜",需要像英沙罗夫那样的革命家,但他们应是俄国式的英沙罗夫,因为俄国现在有许多国内的"土耳其人";俄国需要有同人量的"国内土耳其人"作斗争的英雄。——325。

176　指1905年1月1日(14日)《前进报》第2号上刊登的阿·瓦·卢那察尔斯基的文章《欧洲无产阶级革命斗争史纲要》。文章谈到了圣安东尼市郊(巴黎的工人区)在法国工人革命斗争中的巨大作用。——332。

177　《日内瓦日报》(《Journal de Genève》)是瑞士自由派的报纸,1826年创刊,用法文出版。列宁摘引的是1905年7月1日《日内瓦日报》上刊登的该报记者发自彼得堡的通讯《沙皇的诺言。各党的态度》。——332。

178　《谈谈政治同教育的混淆》是列宁的一篇未写完的文稿,原来没有标题,标题是《列宁全集》俄文版编者加的。

　　　列宁写作此文的直接原因是:1905年5月15日《火星报》第100号发表了一篇题为《五一的胜利和挫折》的文章,对1905年在俄国举行的五一节游行示威活动作了悲观的评价。

　　　在《列宁文集》俄文版第5卷里收有这篇文章的提纲。——334。

179　文化派是革命前俄国资产阶级知识分子中的一个派别,这一派别力图用单纯教育活动来代替为人民利益进行的实际斗争。列宁关于文化派的论述,见《革命青年的任务》一文(本版全集第7卷)。——339。

180　指格·阿·加邦的《给俄国各社会主义政党的公开信》。这封信载于1905年2月8日(21日)《前进报》第7号和2月10日(23日)《火星报》第87号。信中谈到必须有一个俄国一切社会主义政党反对沙皇制度的战斗协议。列宁在《前进报》第7号社论《关于起义的战斗协议》(见本版全集第9卷)中对这封信作了答复。《火星报》则只对《公开信》加了一则编者按语:"我们对信中所涉及的问题的态度,在本号报纸的社论中已经阐明。"但在题为《分进,合击》的社论中,对信中所提出的问题并未作出答复。

　　加邦是奸细和沙皇保安机关的特务,这是后来才弄清楚的。——343。

181　真正爱情的道路决不是平坦的……出自英国作家威·莎士比亚的喜剧《仲夏夜之梦》,是剧中人物拉山德的话(见第1幕第1场)。——347。

182　列宁指的是1900年9月23—27日在巴黎举行的第二国际第五次代表大会对无产阶级夺取政权和是否允许社会党人参加资产阶级政府这一问题的讨论。由于法国社会党人亚·艾·米勒兰于1899年参加了瓦尔德克-卢梭反动政府(该政府的成员中还有镇压巴黎公社的刽子手加·加利费),并且在法国社会党首领让·饶勒斯的赞同下直到这个政府枪杀罢工工人时仍不退出,讨论这一问题就具有特别重要的意义。代表大会通过了卡·考茨基的实质上是为米勒兰策略进行辩护的橡皮性决议案。——347。

183　摘自尔·马尔托夫《当务之急。工人政党和作为我们当前任务的"夺取政权"》一文中的下述一段话:"**如果它**(指无产阶级)**作为阶级得到了政权**……它将不能不把革命引向前进,不能不力求不断革命,——力求同整个资产阶级社会进行直接的斗争。"——348。

184　列宁在第7条和第8条里摘录和评论了莫斯科地方自治人士代表大会通过的土地纲领的第5条和第6条。——351。

185　列宁指的是他写的《工人政党和农民》一文(见本版全集第4卷)。该文载于1901年4月《火星报》第3号。——352。

186　这两个数字是指代表大会上可能有的表决票的总数。按照1905年2月24日《火星报》第89号上公布的名单,俄国社会民主工党共有33个享有全权的委员会。每个委员会有2票,共66票。根据党的第二次代表大会通过的俄国社会民主党组织章程,中央机关(党总委员会、中

央机关报和中央委员会)共有 9 票。两者相加,地方委员会和中央机关
共有 75 票。根据较晚的资料,代表大会确定总票数为 71 票,即 31 个
享有全权的组织 62 票,党的中央机关 9 票。——357。

187　在讨论议程时,第一项(策略问题)共 7 条;第二项(组织问题)共 3 条,
后来改为 4 条。——357。

188　指详细议程的总条数。——358。

189　在代表大会上,报告的分配与原定计划略有不同。第 1 个问题的报告
人是阿·瓦·卢那察尔斯基(沃伊诺夫),副报告人是亚·亚·波格丹
诺夫(维尔涅尔);第 2 个问题没有单独的报告,因为这个问题是关于在
革命前夕对政府政策的态度的报告的一个组成部分,作这个报告的是
彼·彼·鲁勉采夫(施米特);第 4 个问题的报告是列宁作的,副报告人
是米·茨哈卡雅(巴尔索夫);第 7 个问题的报告也是列宁作的。
——358。

190　这里收载的材料反映了关于社会民主党参加临时革命政府的决议的制
定过程和列宁为起草这个问题的报告所作的大量准备工作。关于社会
民主党参加临时革命政府的决议草案、对决议的补充、就修改决议所作
的发言和关于社会民主党参加临时革命政府的报告等文件,见本卷第
119—140 页。——362。

191　列宁指的是格·瓦·普列汉诺夫的文章《论夺取政权问题》,载于 1905
年 4 月 5 日《火星报》第 96 号。——364。

192　这个发言提纲是在会后交给主席团的。俄国社会民主工党第三次代表
大会未作速记记录。按照议事规程,每个发言人必须在会后两小时内
将发言提纲交给代表大会主席团(见《俄国社会民主工党第三次代表大
会。记录》1959 年俄文版第 11 页)。——370。

193　关于宣传和鼓动的决议草案是在 4 月 25 日(5 月 8 日)代表大会第 22
次会议上讨论并通过的。列宁的修改和补充意见被通过并被写入了决

议(见《俄国社会民主工党第三次代表大会。记录》1959 年俄文版第
457 页)。

　　　对第(1)条的修改意见是由列宁起草、阿·阿·阿里斯塔尔霍夫
(奥谢特洛夫)和弗·米·奥布霍夫(卡姆斯基)提出的。——371。

194 在《关于宣传和鼓动的决议草案》中,第(3)条原来的措辞是:"采取措施
在俄国各主要地区建立流动的鼓动员小组,在各区责任鼓动员的领导
下,协助各地方中心。"——371。

195 列宁就这个题目于 1905 年 5 月 19 日或 20 日(6 月 1 日或 2 日)在日内
瓦作了专题报告,随后又在巴黎作了专题报告。6 月 1 日或 2 日,列宁
写信给在巴黎的莉·亚·福季耶娃,说他打算去巴黎,要求为他安排一
次以《第三次代表大会及其决议》为题的报告会。列宁在这封信中写
道,专题报告的内容是将俄国社会民主工党第三次代表大会的决议和
孟什维克代表会议的决议作对比,对孟什维克的代表会议的通报加以
分析。这里说的"通报"是指作为 1905 年 5 月 15 日《火星报》第 100 号
的附刊出版的孟什维克的小册子《全俄党的工作者第一次代表会议》。
报告提纲中有些引语后面标的数字就是这本小册子的页码。报告提纲
的某些论点,列宁在后来发表的《倒退的第三步》一文(见本卷第 299—
308 页)中作了发挥。——372。

196 《党内分裂概况》是列宁拟的一个提纲,其中指出了俄国社会民主党内
革命派同机会主义派之间斗争的各主要阶段。与这个提纲完全相应的
文章尚未发现。

　　　列宁在 1905 年 2 月写的《俄国社会民主工党分裂简况》(见本版全
集第 9 卷)中评述了俄国社会民主工党第三次代表大会以前党内斗争
的各个阶段。他在 1905 年 8 月写的《〈普列汉诺夫和新《火星报》〉小册
子的三个提纲》(见本版全集第 11 卷)中指出的党内斗争的各个阶段与
《党内分裂概况》中指出的大致相同。——379。

197 指 1901 年 9 月 21—22 日(10 月 4—5 日)在瑞士苏黎世举行的俄国社
会民主工党国外组织"统一"代表大会。出席大会的有《火星报》和《曙

光》杂志国外组织的 6 名成员(列宁(化名"弗雷")、娜·康·克鲁普斯卡娅、尔·马尔托夫等)、"社会民主党人"革命组织的 8 名成员(包括劳动解放社的 3 名成员:格·瓦·普列汉诺夫、帕·波·阿克雪里罗得和维·伊·查苏利奇)、国外俄国社会民主党人联合会的 16 名成员(包括崩得国外委员会的 5 名成员)和斗争社的 3 名成员,共 33 人。在代表大会召开以前,1901 年春天和夏天,由斗争社倡议和从中斡旋,俄国社会民主工党各国外组织进行了关于协议和统一的谈判。为了筹备召开实现统一的代表大会,1901 年 6 月在日内瓦举行了由上述各组织的代表参加的会议(即六月代表会议或日内瓦代表会议),会上通过一项决议,认为必须在《火星报》的革命原则基础上团结俄国社会民主主义力量和统一社会民主党各国外组织,但是国外俄国社会民主党人联合会及其机关刊物《工人事业》杂志在代表会议以后却加紧宣扬机会主义,这突出地表现在 1901 年 9 月《工人事业》杂志第 10 期刊登的波·尼·克里切夫斯基的《原则、策略和斗争》和亚·马尔丁诺夫的《揭露性的刊物和无产阶级的斗争》两篇文章以及联合会第三次代表大会对六月代表会议决议的修正上。因此,在代表大会开幕以前就可看出,火星派同工人事业派的统一已不可能。在代表大会宣布了联合会第三次代表大会通过的对六月代表会议决议所作的修正和补充之后,《火星报》和《曙光》杂志国外组织以及"社会民主党人"革命组织的代表便宣读了一项特别声明,指出代表大会的机会主义多数不能保证政治坚定性,随即退出了代表大会。——379。

198 指 1903 年 7 月 17 日(30 日)—8 月 10 日(23 日)举行的俄国社会民主工党第二次代表大会表决票的划分。参加代表大会的代表共 43 人,51 票,其中火星派多数派 24 票,火星派少数派 9 票,泥潭派 10 票,反火星派 8 票(工人事业派 3 票,崩得 5 票)。——379。

199 俄国社会民主工党第二次代表大会于 1903 年 8 月 10 日(23 日)结束。8 月 15 日(28 日),由列宁和格·瓦·普列汉诺夫两人编辑的《火星报》第 46 号出版。这里写的 1903 年 8 月 26 日所指何事,无法判定。11 月 13 日(26 日),普列汉诺夫将孟什维克帕·波·阿克雪里罗得、尔·马尔托夫、维·伊·查苏利奇和亚·尼·波特列索夫增补进了《火星报》编辑部。——379。

200 指尔·马尔托夫在1903年10月13—18日(26—31日)举行的俄国革命社会民主党国外同盟第二次代表大会上讲的一句话:他不会同意和亚·马尔丁诺夫在一个编辑部里共事。但是在孟什维克篡夺了《火星报》编辑部之后,马尔丁诺夫成了该报主要撰稿人之一。——379。

201 1903年9月25—26日(10月8—9日),《火星报》前编委和列·达·托洛茨基等人在给列宁和格·瓦·普列汉诺夫的回信中,拒绝了给《火星报》撰稿的建议。看来列宁指的就是这封信(参看本版全集第8卷第353—354页)。——379。

202 指22名布尔什维克会议和19名布尔什维克宣言。关于22名布尔什维克会议,见注30。

　　19名布尔什维克宣言是俄国社会民主工党莫斯科委员会在1904年10月印发的,题为《告俄国社会民主工党党员书》(见《俄国社会民主工党第三次代表大会。文件和材料汇编》1955年俄文版第99—106页),它尖锐地批评了在党的第二次代表大会后转向孟什维克的格·瓦·普列汉诺夫的立场,以及孟什维克《火星报》、党总委员会、调和派把持的中央委员会的立场,坚决主张召开党的第三次代表大会。——380。

203 上述日期是指从22名布尔什维克会议(1904年8月上半月)至俄国社会民主工党第三次代表大会(1905年4月12—27日(4月25日—5月10日))这一时期。——380。

204 看来列宁是指自由派吹牛"要在莫斯科宣告成立临时政府"。1905年6月25日《福斯报》第293号报道了这件事。——381。

205 指刊载在1905年7月1日《日内瓦日报》上的通讯《沙皇的诺言》。——381。

206　暴力——助产婆是指马克思的名言:"暴力是每一个孕育着新社会的旧社会的助产婆。"(见《马克思恩格斯文集》第5卷第861页)——382。

207　指1905年《解放》杂志第71期上的彼·伯·司徒卢威的文章《怎样认识自己的使命?》。司徒卢威在这篇文章里把武装起义说成是革命的技术问题,宣称"只有广泛宣传民主纲领,才能造成全面武装起义的社会心理条件"。——382。

208　1905年6月17日(30日),在库尔斯克,一个军官因杀死一名士兵而被愤怒的群众烧死在车厢里。——383。

209　以上是工人同驻军发生了冲突或驻军中发生了士兵起义的城市一览表。——383。

210　提纲第6条的这一部分没有写入《革命军队和革命政府》一文(见本卷第316—324页),而在另一篇文章《资产阶级向专制制度讨价还价,专制制度向资产阶级讨价还价》(见本卷第331页)中作了详细发挥。——384。

211　指俄国法学家、自由派资产阶级代表人物尼·安·格列杰斯库尔于1905年3月19日(4月1日)在哈尔科夫法学家协会的一次会议上的讲话。他在讲话里说:"当今俄国的情景可以看做是这样:上层有文化的阶级在思想上完全不服从、在事实上部分地不服从政府;工人阶级在思想上和在事实上都不服从政府;农民处于一种极端危险的状态,他们完全准备在事实上不服从政府,虽然这种不服从在政治上是缺乏思想的。"

　　列宁在1905年6—7月间写的《社会民主党在民主革命中的两种策略》一书中谈到了格列杰斯库尔的这个讲话,列宁写道:"革命已成为事实。现在已经不是只有革命家才承认革命的时候了。专制政府事实上已经在腐烂,而且就在大家的眼前腐烂下去。正如一个自由派(格列杰斯库尔先生)在合法刊物上公正地指出的那样,已经形成了事实上不服从这个政府的局面。"(见本版全集第11卷第109页)——384。

212 列宁在《革命教导着人们》一文（见本版全集第 11 卷）中对提纲第 9 条 作了发挥。——385。

213 在《革命军队和革命政府》一文中,除了提纲中的 5 条之外,列宁还增加 了一条:八小时工作制(见本卷第 322 页)。——385。

人 名 索 引

A

阿卜杜尔-哈米德二世（Abdul Hamid Ⅱ 1842—1919）——土耳其苏丹
（1876—1909）。在自由派资产阶级支持下即位,但于1878年解散议会,建
立专制制度。因对奥斯曼帝国各族人民实行高压政策,尤其是对亚美尼亚
人实行残杀,而得到"血腥苏丹"的绰号,列宁称他为"土耳其的尼古拉二
世"。在他统治时期,土耳其沦为欧洲帝国主义列强的半殖民地。1908年
革命后被迫召开议会和恢复宪政。1909年搞反革命政变未遂,被废黜入
狱。——326—329。

阿多拉茨基,弗拉基米尔·维克多罗维奇（喀山人）（Адоратский, Владимир
Викторович（Казанец）1878—1945）——苏联马克思主义宣传家,历史学
家,哲学家。1900年参加革命运动,1904年加入俄国社会民主工党,
1904—1905年任党的喀山委员会委员。1905年被捕,流放阿斯特拉罕
省,1906年被驱逐出境。1906—1907年和1911—1917年住在国外,多次
完成列宁交办的任务。十月革命后在教育人民委员部工作,曾在斯维尔德
洛夫共产主义大学等院校任教。1920年起任中央档案局副局长、列宁研
究院副院长、马克思恩格斯列宁研究院院长、苏联科学院哲学研究所所长
等职。是共产主义科学院和苏联科学院院士。参加《马克思恩格斯全集》
和《列宁全集》的编辑出版工作,写有许多研究马克思列宁主义的参考书和
马克思主义史方面的著作。——89、100。

阿芬那留斯,理查（Avenarius, Richard 1843—1896）——德国哲学家,主观唯
心主义者,经验批判主义创始人之一。1877年起任苏黎世大学教授。否
认物质世界的客观存在,认为"只有感觉才能被设想为存在着的东西",杜
撰所谓"原则同格"论、"潜在中心项"、"嵌入说"等。主要著作有《哲学——

按照费力最小的原则对世界的思维》(1876)、《纯粹经验批判》(1888—1890)、《人的世界概念》(1891)等。1877年起出版《科学的哲学季刊》。——128、231、368。

阿基莫夫(马赫诺韦茨),弗拉基米尔·彼得罗维奇(Акимов(Махновец), Владимир Петрович 1872—1921)——俄国社会民主党人,经济派代表人物。19世纪90年代中期加入彼得堡民意社,1897年被捕,1898年流放叶尼塞斯克省,同年9月逃往国外,成为国外俄国社会民主党人联合会领导人之一;为经济主义思想辩护,反对劳动解放社,后又反对《火星报》。1903年代表联合会出席俄国社会民主工党第二次代表大会,是反火星派分子,会后成为孟什维克极右翼代表。1905—1907年革命期间支持主张建立"全俄工人阶级组织"(社会民主党仅是该组织中的一种思想派别)的取消主义思想。作为有发言权的代表参加了俄国社会民主工党第四次(统一)代表大会的工作,维护孟什维克的机会主义策略,呼吁同立宪民主党人联合。斯托雷平反动时期脱党。——34、40。

阿克雪里罗得,帕维尔·波里索维奇(帕·波·)(Аксельрод, Павел Борисович(П.Б.)1850—1928)——俄国孟什维克领袖之一。19世纪70年代是民粹派分子。1883年参与创建劳动解放社。1900年起是《火星报》和《曙光》杂志编辑部成员。这一时期在宣传马克思主义的同时,也在一系列著作中把资产阶级民主制和西欧社会民主党议会活动理想化。1903年在俄国社会民主工党第二次代表大会上是《火星报》编辑部有发言权的代表,属火星派少数派,会后是孟什维主义的思想家。1905年提出召开广泛的工人代表大会的取消主义观点。1906年在党的第四次(统一)代表大会上代表孟什维克作了关于国家杜马问题的报告,宣扬无产阶级同资产阶级实行政治合作的机会主义思想。斯托雷平反动时期和新的革命高涨年代是取消派的思想领袖,参加孟什维克取消《社会民主党人呼声报》编辑部。1912年加入"八月联盟"。第一次世界大战期间表面上是中派,实际持社会沙文主义立场;曾参加齐美尔瓦尔德代表会议和昆塔尔代表会议,属于右翼。1917年二月革命后任彼得格勒苏维埃执行委员会委员,支持资产阶级临时政府。十月革命后侨居国外,反对苏维埃政权,鼓吹武装干涉苏维埃俄国。——13、62、109、156、196。

阿列克谢耶夫,尼古拉·亚历山德罗维奇(安德列耶夫)(Алексеев,Николай
Александрович(Андреев)1873—1972)——俄国社会民主党人,火星派分
子,布尔什维克。曾就学于彼得堡军医学院。1897年加入彼得堡工人阶
级解放斗争协会。1898年被捕和流放,次年逃往国外。1900—1905年住
在伦敦,先后加入国外俄国社会民主见人联合会和俄国革命社会民主党人
国外同盟。俄国社会民主工党第二次代表大会后是布尔什维克驻伦敦代
表。作为有发言权的代表出席了党的第三次代表大会,为大会秘书。1905
年12月回到彼得堡,参加《生活通报》杂志、《浪潮报》等布尔什维克报刊工
作。1911—1915年在东西伯利亚行医。1917年二月革命后任伊尔库茨
克军人代表苏维埃委员和伊尔库茨克社会民主党联合组织委员会委员。
该委员会分裂后是军人代表苏维埃执行委员会第一任布尔什维克主席。
参加过十月革命和国内战争。曾任基廉斯克革命委员会主席。1922年起
在政治教育总委员会和共产国际工作,后从事科研和教学工作。——91、
139、140、169。

阿维洛夫,波里斯·瓦西里耶维奇(提格罗夫)(Авилов,Борис Васильевич
(Тигров)1874—1938)——俄国社会民主党人,新闻工作者,统计学家。
1904年加入俄国社会民主工党。1905年代表哈尔科夫布尔什维克《前进
报》小组出席党的第三次代表大会,对孟什维克采取调和主义态度。同年
参与组织和领导哈尔科夫武装起义。曾为布尔什维克报刊撰稿。1917年
退党,为半孟什维克的《新生活报》撰稿,后加入孟什维克国际主义派。
1918年脱离政治活动。1928年以前在苏联中央统计局工作,1929年起在
俄罗斯联邦国家计划委员会工作,后在交通人民委员部工作。——94。

埃森,爱德华·爱德华多维奇(恩·弗·)(Эссен,Эдуард Эдуардович(Н.Ф.)
1879—1931)——俄国社会民主党人,1898年加入俄国社会民主工党,布
尔什维克。曾在许多城市做党的工作。1903年在叶卡捷琳诺斯拉夫参与
组织俄国南方的罢工斗争。1904年9月参加俄国社会民主工党南方地区
代表会议,这次会议在团结南方各布尔什维克委员会和建立多数派委员会
常务局方面起了重要作用。1905年任党的彼得堡委员会委员。第一次世
界大战期间在北方面军士兵中进行革命宣传。1917年二月革命后在彼得
格勒任瓦西里耶夫岛区苏维埃主席。十月革命后任副国家监察人民委员。

1918—1924 年先后在红军中做政治工作和在军事院校做教学工作。
1925—1929 年任列宁格勒艺术研究院院长。1929 年起是特种退休金领
取者。——98。

埃森，亚历山大·马格努索维奇（斯捷潘诺夫；基塔耶夫）(Эссен, Александр
    Магнусович(Степанов, Китаев)1880—1930)——1899 年参加俄国社会民
    主主义运动，1902 年加入俄国社会民主工党，党的第二次代表大会后是布
    尔什维克。曾在叶卡捷琳诺斯拉夫、彼得堡、敖德萨、莫斯科及国外做党的
    工作，屡遭沙皇政府迫害。积极参加俄国社会民主工党第三次代表大会的
    筹备工作，是代表大会有发言权的代表。1907 年脱党。1918 年起是孟什
    维克国际主义者，1920 年加入俄共（布）。1922 年编辑《高加索工人》杂志。
    1923—1925 年任梯弗利斯工学院院长，1925—1929 年任俄罗斯联邦国家
    计划委员会副主席。1929 年起在交通人民委员部工作。—— 160、
    162、168。

安德拉西·久洛(Andrássy, Gyula 1823—1890)——匈牙利政治活动家，伯
    爵。曾参加匈牙利 1848—1849 年革命，任匈牙利革命政府驻君士坦丁堡
    的外交代表。革命失败后流亡法国，被缺席判处死刑并象征性地被处死。
    1857 年大赦后回到匈牙利，发誓效忠奥皇弗兰茨-约瑟夫一世。1861 年被
    选入匈牙利国务会议，赞成同哈布斯堡王朝缔结 1867 年协定；根据该协
    定，在奥地利帝国基础上建立了君主立宪的二元帝国——奥匈帝国。
    1867—1871 年任匈牙利首相，1871—1879 年任奥匈帝国外交大臣。积极
    推进哈布斯堡王朝在巴尔干的扩张，奉行亲德政策，并于 1879 年同德国缔
    结了军事同盟条约。——285、287。

安德列耶夫——见阿列克谢耶夫，尼古拉·亚历山德罗维奇。

奥布霍夫，弗拉基米尔·米哈伊洛维奇（卡姆斯基）(Обухов, Владимир
    Михайлович(Камский)1873—1945)——俄国社会民主党人，统计学家，经
    济学博士。1896 年开始革命工作，参加彼得堡工人阶级解放斗争协会的
    活动。1897 年被捕并被逐往萨拉托夫省。1902 年起任俄国社会民主工党
    萨拉托夫委员会委员，是该委员会出席党的第三次代表大会的代表。积极
    参加 1905—1907 年革命。1905 年 12 月被捕，被逐往托博尔斯克省，从那
    里逃往国外。1909 年回国后脱离政治活动，从事统计工作。1926—1933

年任中央统计局局务委员、实验统计学研究所所长。写有许多统计学和农业气象学方面的著作。——102。

奥尔洛夫斯基——见沃罗夫斯基，瓦茨拉夫·瓦茨拉沃维奇。

奥拉尔，弗朗索瓦·维克多·阿尔丰斯（Aulard, François Victor Alphonse 1849—1928）——法国历史学家，法国大革命史专家，激进党党员。1886—1922年在巴黎大学讲授法国革命史。曾任法国革命史学会会长和学会机关刊物《法国革命》杂志主编。在利用大量档案材料写成的著作中，从自由派资产阶级的立场出发，驳斥了反动历史学家对法国革命史的歪曲。写有18世纪末法国资产阶级革命史方面的著作。把1789年人权宣言的原则理想化，认为实现这些原则是今后法国全部历史的真谛。主要著作为《法国革命政治史》（1901）。——25。

B

巴尔索夫——见茨哈卡雅，米哈伊尔·格里戈里耶维奇。

彼·伯·；彼·司——见司徒卢威，彼得·伯恩哈多维奇。

彼得罗夫——见克维特金，O.A.。

彼特龙凯维奇，伊万·伊里奇（Петрункевич, Иван Ильич 1843—1928）——俄国地主，地方自治运动活动家。19世纪70年代末开始参加地方自治运动。解放社的组织者和主席（1904—1905），立宪民主党创建人之一，该党中央委员会主席（1909—1915）和中央机关报《言语报》出版人。曾参加1904—1905年地方自治机关代表大会。第一届国家杜马代表。十月革命后为白俄流亡分子。——278、285、287、297、381。

毕希纳，弗里德里希·卡尔·克里斯蒂安·路德维希（Büchner, Friedrich Karl Christian Ludwig 1824—1899）——德国生理学家和哲学家，庸俗唯物主义代表人物，资产阶级改良主义者；职业是医生。1852年起任蒂宾根大学法医学讲师。认为自然科学是世界观的基础，但不重视辩证法，力图复活机械论的自然观和社会观。主要著作有《力和物质》（1855）、《人及其在自然界中的地位》（1869）、《达尔文主义和社会主义》（1894）等。——25。

别利斯基——见克拉西科夫，彼得·阿纳尼耶维奇。

别姆——见西尔文，米哈伊尔·亚历山德罗维奇。

波尔恩，斯蒂凡（**西蒙·布特尔米尔希**）（Born，Stephan（Simon Buttermilch）1824—1898）——德国早期工人运动活动家，排字工人。1845年参加工人运动，1846年底去巴黎，不久与恩格斯相识，参加共产主义者同盟。德国1848年革命爆发后来到柏林，领导柏林工人中央委员会和由他建立的工人兄弟会。力图使工人运动脱离政治斗争，把工人运动引向追求实现微小的经济改革。曾参加1849年5月德累斯顿起义，起义失败后流亡瑞士，不久即脱离工人运动，从事新闻工作，在巴塞尔大学讲授德国和法国文学史。——227。

波格丹诺夫（**马林诺夫斯基**），亚历山大·亚历山德罗维奇（列兵；马克西莫夫；维尔涅尔；伊万诺夫）（Богданов（Малиновский），Александр Александрович（Рядовой，Максимов，Вернер，Иванов）1873—1928）——俄国社会民主党人，哲学家，社会学家，经济学家；职业是医生。19世纪90年代参加社会民主主义小组。1903年成为布尔什维克。在党的第三、第四和第五次代表大会上被选入中央委员会。曾参加布尔什维克机关报《前进报》和《无产者报》编辑部，是布尔什维克《新生活报》的编辑。在对待布尔什维克参加第三届国家杜马的问题上持抵制派立场。1908年是反对布尔什维克在合法组织里工作的最高纲领派的领袖。斯托雷平反动时期和新的革命高涨年代背离布尔什维主义，领导召回派，是"前进"集团的领袖。在哲学上宣扬经验一元论。1909年6月因进行派别活动被开除出党。第一次世界大战期间持国际主义立场。十月革命后是共产主义科学院院士，在莫斯科大学讲授经济学。1918年是无产阶级文化派的思想家。1921年起从事老年医学和血液学的研究。1926年起任由他创建的输血研究所所长。主要著作有《经济学简明教程》（1897）、《经验一元论》（第1—3卷，1904—1906）、《生动经验的哲学》（1913）、《关于社会意识的科学》（1914）、《普遍的组织起来的科学（组织形态学）》（1913—1922）。——36、98、159—160、164、358、359。

波斯托洛夫斯基，德米特里·西蒙诺维奇（米哈伊洛夫；瓦季姆；亚历山德罗夫）（Постоловский，Дмитрий Симонович（Михайлов，Вадим，Александров）1876—1948）——俄国社会民主党人。1895年参加社会民主主义运动。曾在彼得堡、维尔纽斯和梯弗利斯做党的工作。1904年起是党中央代办员,调和派分子。1905 年 3 月被任命为俄国社会民主工党中央委员会驻党总委员会的代表。在党的第三次代表大会上是西北委员会的代表,当选为中央委员。曾任俄国社会民主工党中央委员会驻彼得堡工人代表苏维埃执行委员会的正式代表。斯托雷平反动时期脱离政治活动。1917 年二月革命后在彼得格勒苏维埃法律委员会工作。十月革命后在人民委员会国家立法提案委员会工作。1932 年起是特种退休金领取者。——76、97、111、112、117、160、169、173。

波特列索夫,亚历山大·尼古拉耶维奇(阿尔先耶夫;斯塔罗韦尔;亚·尼·)(Потресов, Александр Николаевич (Арсеньев, Старовер, А. Н.) 1869 —
1934)——俄国孟什维克领袖之一。19 世纪 90 年代初参加马克思主义小组。1896 年加入彼得堡工人阶级解放斗争协会,后被捕,1898 年流放维亚特卡省。1900 年出国,参与创办《火星报》和《曙光》杂志。在俄国社会民主工党第二次代表大会上是《火星报》编辑部有发言权的代表,属火星派少数派,会后是孟什维克刊物的主要撰稿人和领导人。斯托雷平反动时期和新的革命高涨年代是取消派思想家,在《复兴》杂志和《我们的曙光》杂志中起领导作用。第一次世界大战期间是社会沙文主义者。1917 年在反布尔什维克的资产阶级《日报》中起领导作用。十月革命后侨居国外,为克伦斯基的《白日》周刊撰稿,攻击苏维埃政权。——307。

伯恩施坦,爱德华(Bernstein,Eduard 1850—1932)——德国社会民主党和第二国际右翼领袖之一,修正主义的代表人物。1872 年加入社会民主党,曾是欧·杜林的信徒。1879 年和卡·赫希柏格、卡·施拉姆在苏黎世发表《德国社会主义运动的回顾》一文,指责党的革命策略,主张放弃革命斗争,适应俾斯麦制度,受到马克思和恩格斯的严厉批评。1881—1890 年任党的中央机关报《社会民主党人报》编辑。从 90 年代中期起完全同马克思主义决裂。1896—1898 年以《社会主义问题》为题在《新时代》杂志上发表一组文章,1899 年发表《社会主义的前提和社会民主党的任务》一书,从经济、政治和哲学方面对马克思主义的理论和策略作了全面的修正。1902年起为国会议员。第一次世界大战期间持中派立场。1917 年参加德国独立社会民主党,1919 年公开转到右派方面。1918 年十一月革命失败后出任艾伯特—谢德曼政府的财政部长助理。——132。

勃兰登堡斯基,雅柯夫·纳坦诺维奇(叶夫根尼)(Бранденбургский, Яков Натанович(Евгений)1881—1951)——1900 年在大学读书时开始革命活动,加入俄国第一批火星派组织。1903 年参加敖德萨的布尔什维克组织。先后在叶卡捷琳诺斯拉夫、里加和特维尔做党的工作,是俄国社会民主工党第四次(统一)代表大会的代表。屡遭沙皇政府迫害。1908 年流亡法国。1917 年回国,在粮食机关工作。1922—1929 年任司法人民委员部部务委员,1929 年起任下伏尔加边疆区执行委员会副主席。1931 年任劳动人民委员部部务委员,1934 年起任苏联最高法院法官。1940 年起为特种退休金领取者。——85。

布兰亭,卡尔·亚尔马(Branting, Karl Hjalmar 1860—1925)——瑞典社会民主党和第二国际创建人和领袖之一,持机会主义立场。1887—1917 年(有间断)任瑞典社会民主党中央机关报《社会民主党人报》编辑。1896 年起为议员。1907 年当选为党的执行委员会主席。第一次世界大战期间是社会沙文主义者。1917 年参加埃登的自由党—社会党联合政府,支持武装干涉苏维埃俄国。1920 年、1921—1923 年、1924—1925 年领导社会民主党政府,1921—1923 年兼任外交大臣。曾参与创建和领导伯尔尼国际。——176。

布里根,亚历山大·格里戈里耶维奇(Булыгин, Александр Григорьевич 1851—1919)——俄国国务活动家,大地主。1900 年以前先后任法院侦查员和一些省的省长。1900—1904 年任莫斯科总督助理,积极支持祖巴托夫保安处的活动。1905 年 1 月 20 日就任内务大臣。同年 2 月起奉沙皇之命主持起草关于召开咨议性国家杜马的法案,以期平息国内日益增长的革命热潮。但布里根杜马在革命的冲击下未能召开。布里根于沙皇颁布十月十七日宣言后辞职,虽仍留任国务会议成员,实际上已退出政治舞台。——67、69、70、281、286、297。

C

茨哈卡雅,米哈伊尔·格里戈里耶维奇(巴尔索夫;列昂诺夫;米哈)(Цхакая, Михаил Григорьевич(Барсов, Леонов, Миха)1865—1950)——1880 年参加俄国革命运动,1898 年加入俄国社会民主工党。曾在高加索、哈尔科夫

和叶卡捷琳诺斯拉夫做党的工作,是党的高加索联合会委员会领导人之
一。参加了党的第二次代表大会的筹备工作;是高加索联合会出席党的第
三次代表大会的代表。积极参加 1905—1907 年革命。屡遭沙皇政府迫
害。1907—1917 年流亡国外;是党的第五次(伦敦)代表大会的代表。
1917 年二月革命后随列宁回国。1917—1920 年任俄国社会民主工党
(布)梯弗利斯委员会委员。1920 年起为格鲁吉亚共产党(布)中央委员。
1921 年格鲁吉亚建立苏维埃政权后担任苏维埃和党的领导工作,1923—
1930 年任外高加索联邦中央执行委员会主席、苏联中央执行委员会主席
团委员、格鲁吉亚中央执行委员会主席。是共产国际第二次至第七次代表
大会的代表。1920 年起为共产国际执行委员会委员,1931 年起为共产国
际监察委员会委员。——84、124、145。

D

大山岩(1842—1916)——日本元帅,陆军大将。1885—1891 年和 1892—
　　1896 年任陆军大臣。1894—1895 年中日战争时期任第 2 军司令。1898
　　年起为陆军元帅。1899—1906 年任参谋总长。1904—1905 年日俄战争
　　时期任满洲军总司令。1914—1916 年任内大臣。——24。

德斯特尔,卡尔·路德维希·约翰(D′Ester, Karl Ludwig Johann 1813—
　　1859)——德国社会主义者和民主主义者;职业是医生。共产主义者同盟
　　科隆支部成员,1848 年为普鲁士国民议会议员,属于左派。1848 年 10 月
　　起为德意志民主协会中央委员会委员,在 1849 年巴登-普法尔茨起义中起
　　了重要作用,后流亡瑞士。——134。

多尔戈鲁科夫,彼得·德米特里耶维奇(Долгоруков, Петр Дмитриевич
　　1866—约 1945)——俄国公爵,大地主,地方自治运动活动家,立宪民主党
　　人。苏贾县地方自治局主席,1904—1905 年地方自治机关代表大会的参
　　加者。立宪民主党创建人之一,该党中央委员。第一届国家杜马代表和副
　　主席。十月革命后为白俄流亡分子。——278。

多尔戈鲁科夫,帕维尔·德米特里耶维奇(Долгоруков, Павел Дмитриевич
　　1866—1930)——俄国公爵,大地主,立宪民主党人。1893—1906 年为莫
　　斯科省的县贵族代表。立宪民主党创建人之一,1905—1911 年任该党中

央委员会主席,后为副主席;第二届国家杜马立宪民主党党团主席。曾为
《俄罗斯新闻》撰稿。十月革命后是反对苏维埃政权活动的积极参加者。
因进行反革命活动被判刑。——278。

E

恩·弗·——见埃森,爱德华·爱德华多维奇。

恩格斯,弗里德里希(Engels,Friedrich 1820—1895)——科学共产主义创始
　　人之一,世界无产阶级的领袖和导师,马克思的亲密战友。——3、4、5、6、
　　122—123、128—135、222—228、229—232、234—240、320、365—369。

尔·(Л.)——俄国自由派的典型代表人物,彼·伯·司徒卢威的同道者。
　　1903年《解放》杂志第9期《论土地问题》一文的作者。——350。

F

菲拉托夫,弗谢沃洛德·弗拉基米罗维奇(弗·谢·;谢韦尔采夫,弗·)
　　(Филатов, Всеволод Владимирович(В. С., Северцев, В.)生于1879年)——
　　俄国社会民主党人,新闻工作者。19世纪90年代在彼得堡开始革命工
　　作。曾流放奥伦堡省,后流亡国外,为《火星报》撰稿。俄国社会民主工党
　　第二次代表大会后加入布尔什维克党,为布尔什维克的《前进报》和《无产
　　者报》撰稿。写有小册子《战术和筑城术在人民起义中的运用》(1905年日
　　内瓦版)。1905年秋回国,为布尔什维克的《新生活报》和《军营报》撰稿,
　　后在莫斯科军事战斗组织中工作。屡遭沙皇政府迫害。1920年退出俄共
　　(布)。——101。

费多罗夫,米哈伊尔·巴甫洛维奇(Федоров, Михаил Павлович 生于1845
　　年)——俄国工商业资产阶级代表人物之一,地方自治运动活动家,立宪民
　　主党人。圣彼得堡市杜马议员,第二届国家杜马代表。在自由派资产阶级
　　和地主勾结沙皇政府反对1905—1907年革命的过程中起了重要的政治
　　作用。——277、278、282、286。

费尔巴哈,路德维希·安德列亚斯(Feuerbach, Ludwig Andreas 1804—
　　1872)——德国唯物主义哲学家和无神论者,德国古典哲学代表人物之一,
　　德国资产阶级最激进的民主主义阶层的思想家。1828年起在埃朗根大学

任教。在自己的第一部著作《关于死和不死的思想》(1830)中反对基督教关于灵魂不死的教义；该书被没收，本人遭迫害，并被学校解聘。1836 年移居布鲁克贝格村(图林根)，在农村生活了近 25 年。在从事哲学活动的初期是唯心主义者，属于青年黑格尔派。到 30 年代末摆脱了唯心主义；在《黑格尔哲学批判》(1839)和《基督教的本质》(1841)这两部著作中，割断了与黑格尔主义的联系，转向唯物主义立场。主要功绩是在唯心主义长期统治德国哲学之后，恢复了唯物主义的权威。肯定自然界是客观存在的，不以人的意识为转移；人是自然的产物，人能认识物质世界和客观规律。费尔巴哈的唯物主义是马克思主义哲学的理论来源之一。但他的唯物主义是形而上学的和直观的，是以人本主义的形式出现的，历史观仍然是唯心主义的；把人仅仅看做是一种脱离历史和社会关系而存在的生物，不了解实践在认识和社会发展过程中的作用。晚年关心社会主义文献，读过马克思的《资本论》，并于 1870 年加入德国社会民主党。在马克思《关于费尔巴哈的提纲》和恩格斯《路德维希·费尔巴哈和德国古典哲学的终结》中对费尔巴哈的哲学作了全面的分析。——25。

弗·谢·——见菲拉托夫，弗谢沃洛德·弗拉基米罗维奇。

弗拉索夫——见李可夫，阿列克谢·伊万诺维奇。

弗托罗夫——见克罗赫马尔，维克多·尼古拉耶维奇。

福格特，卡尔(Vogt, Karl 1817—1895)——德国自然科学家，庸俗唯物主义主要代表之一，小资产阶级民主主义者。曾参加德国 1848—1849 年革命，是法兰克福国民议会议员。革命失败后流亡瑞士。反对科学社会主义，发表诽谤马克思和恩格斯的声明。马克思在《福格特先生》一文中揭露了他堕落为路易·波拿巴雇用的密探。写过一些动物学、地质学和生理学方面的著作。——25。

G

戈尔德曼——见李伯尔，米哈伊尔·伊萨科维奇。

戈洛文，费多尔·亚历山德罗维奇(Головин, Федор Александрович 1868—1937)——俄国地方自治运动活动家，立宪民主党人。1898—1907 年先后任莫斯科省地方自治局委员和自治局主席。1904—1905 年地方自治机关

J

加邦,格奥尔吉·阿波罗诺维奇(Гапон, Георгий Аполлонович 1870 — 1906)——俄国神父,沙皇保安机关奸细。1902 年起和莫斯科保安处处长祖巴托夫有了联系。1903 年在警察司授意下在彼得堡工人中成立了一个祖巴托夫式的组织——圣彼得堡俄国工厂工人大会。1905 年 1 月 9 日挑动彼得堡工人列队前往冬宫,向沙皇请愿,结果工人惨遭屠杀,他本人躲藏起来,逃往国外。同年秋回国,接受保安处任务,企图潜入社会革命党的战斗组织。阴谋败露后被工人战斗队员绞死。—— 15、16、64 — 65、175、176、177、178、343。

加利费,加斯东·亚历山大·奥古斯特(Galliffet, Gaston-Alexandre-Auguste 1830—1909)——法国将军,法国一系列战争的参加者,镇压 1871 年巴黎公社的刽子手。1870—1871 年普法战争期间在色当被俘,1871 年 3 月被放回参与镇压巴黎公社。曾指挥凡尔赛军骑兵旅,滥杀公社战士。1872 年残酷镇压了阿尔及利亚的阿拉伯人起义。以后担任多种军事要职,1899—1900 年任瓦尔德克-卢梭内阁陆军部长。—— 6、230。

加米涅夫(罗森费尔德),列夫·波里索维奇(尤里)(Каменев(Розенфельд), Лев Борисович(Юрий)1883—1936)——1901 年加入俄国社会民主工党,党的第二次代表大会后是布尔什维克。是高加索联合会出席党的第三次代表大会的代表。1905—1907 年在彼得堡从事宣传鼓动工作,为党的报刊撰稿。1908 年底出国,任布尔什维克的《无产者报》编委。斯托雷平反动时期对取消派、召回派和托洛茨基分子采取调和主义态度。1914 年初回国,在《真理报》编辑部工作,曾领导第四届国家杜马布尔什维克党团。1914 年 11 月被捕,在沙皇法庭上宣布放弃使沙皇政府在帝国主义战争中失败的布尔什维克口号,次年 2 月被流放。1917 年二月革命后反对列宁的《四月提纲》。从党的第七次全国代表会议(四月代表会议)起多次当选为中央委员。十月革命前夕反对举行武装起义的决定。在全俄苏维埃第二次代表大会上当选为全俄中央执行委员会第一任主席。1917 年 11 月主张成立有孟什维克和社会革命党人参加的联合政府,遭到否决后声明退出党中央。1918 年起任莫斯科苏维埃主席。1922 年起任人民委员会副主席,1924—1926 年任劳动国防委员会主席。1923 年起为列宁研究院第一任院长。1919 — 1925 年为党中央政治局委员。

1925 年参与组织"新反对派",1926 年 1 月当选为中央政治局候补委员,同年参与组织"托季联盟",10 月被撤销政治局候补委员职务。1927 年 12 月被开除出党,后来两次恢复党籍,两次被开除出党。1936 年 8 月 25 日被苏联最高法院军事审判庭以"参与暗杀基洛夫、阴谋刺杀斯大林及其他苏联领导人"的罪名判处枪决。1988 年 6 月苏联最高法院为其平反。——84。

贾帕里泽,普罗科菲·阿普拉西奥诺维奇(哥卢宾)(Джапаридзе, Прокофий Апрасионович(Голубин)1880—1918)——1898 年加入俄国社会民主工党梯弗利斯组织,在外高加索从事建立和巩固社会民主党组织的工作。1901—1904 年在库塔伊西社会民主党组织中工作,是俄国社会民主工党高加索联合会委员会委员。后来主要在巴库进行革命活动。1904 年任党的巴库委员会委员,是成立阿塞拜疆社会民主党人组织"古墨特"的发起人之一。1905 年代表巴库党组织出席了党的第三次代表大会。1906—1908 年参加《巴库工人报》、《号召报》等布尔什维克报刊的出版工作。1906—1909 年任石油工会理事会书记。多次被捕、监禁和流放。1917 年二月革命后是巴库党组织领导人之一,代表巴库组织出席了党的第六次代表大会,当选为候补中央委员。十月革命后先后任巴库苏维埃执行委员会副主席和主席,1918 年 4 月起兼任巴库人民委员会内务委员,6 月被任命为粮食委员。巴库公社失败后,1918 年 9 月 20 日同其他 25 名巴库委员一起被社会革命党人和英国武装干涉者杀害。——169、341。

杰斯尼茨基,瓦西里·阿列克谢耶维奇(索斯诺夫斯基;斯特罗耶夫)(Десницкий, Василий Алексеевич(Сосновский, Строев)1878—1958)——俄国社会民主党人。1897 年参加社会民主主义运动,俄国社会民主工党第二次代表大会后是布尔什维克。曾在下诺夫哥罗德、莫斯科、乌拉尔和俄国南方做党的工作,代表下诺夫哥罗德委员会出席了党的第三次代表大会。在党的第四次(统一)代表大会上代表布尔什维克当选为中央委员。作为中央委员会的代表参加了党的第五次(伦敦)代表大会的工作。1909 年脱离布尔什维克。1917 年是半孟什维克的《新生活报》的创办人之一。1918 年 3 月以前是全俄中央执行委员会委员(代表孟什维克国际主义派)。1919 年起在彼得格勒从事科研和教学工作。——91、112、139。

捷依奇,列夫·格里戈里耶维奇(Дейч, Лев Григорьевич 1855—1941)——俄
国社会民主主义运动活动家,孟什维克领袖之一。早年参加土地和自由
社、土地平分社。1880 年出国,1883 年参与创建劳动解放社,从事出版和
向国内运送马克思主义书刊的工作。曾参加《火星报》和《曙光》杂志的出
版工作。1884 年被判处服苦役。1901 年从流放地逃走,来到慕尼黑,参加
俄国革命社会民主党人国外同盟的工作。1903 年在俄国社会民主工党第
二次代表大会上是劳动解放社的代表,属火星派少数派,会后成为孟什维
克。斯托雷平反动时期是取消派分子。第一次世界大战期间是社会沙文
主义者。1917 年二月革命后与普列汉诺夫一起编辑孟什维克护国派的
《统一报》。十月革命后脱离政治活动,从事普列汉诺夫遗著的出版工作,
写有一些俄国解放运动史方面的论文。——76、78—79。

K

喀山人——见阿多拉茨基,弗拉基米尔·维克多罗维奇。

卡姆斯基——见奥布霍夫,弗拉基米尔·米哈伊洛维奇。

凯撒,盖尤斯·尤利乌斯(Caesar, Gaius Julius 公元前 100—前 44)——古罗
马统帅,国务活动家和著作家。公元前 60 年与克拉苏和庞培一起结成前
三头政治,出任高卢总督。任内征服高卢全境,权力迅速扩大。公元前
49—前 45 年先后战胜庞培等人的军队,独揽军政大权,自命为终身独裁
者。公元前 44 年被布鲁土斯和卡西乌斯为首的贵族共和派阴谋刺死。著
有《高卢战记》、《内战记》等书。——244。

考茨基,卡尔(Kautsky, Karl 1854—1938)——德国社会民主党和第二国际
的领袖和主要理论家之一。1875 年加入奥地利社会民主党,1877 年加入
德国社会民主党。1881 年与马克思和恩格斯相识后,在他们的影响下逐
渐转向马克思主义。从 19 世纪 80 年代到 20 世纪初写过一些宣传和解释
马克思主义的著作:《卡尔·马克思的经济学说》(1887)、《土地问题》
(1899)等。但在这个时期已表现出向机会主义方面摇摆,在批判伯恩施坦
时作了很多让步。1883—1917 年任德国社会民主党理论刊物《新时代》杂
志主编。曾参与起草 1891 年德国社会民主党纲领(爱尔福特纲领)。1910
年以后逐渐转到机会主义立场,成为中派领袖。第一次世界大战前夕提出

超帝国主义论,大战期间打着中派旗号支持帝国主义战争。1917年参与建立德国独立社会民主党,1922年拥护该党右翼与德国社会民主党合并。1918年后发表《无产阶级专政》等书,攻击俄国十月革命,反对无产阶级专政。——209、289、290。

柯瓦列夫斯基,尼古拉·尼古拉耶维奇(Ковалевский,Николай Николаевич 生于1858年)——俄国地主,地方自治运动活动家,立宪民主党人。1904—1905年地方自治机关代表大会的参加者。第一届国家杜马代表。——278。

科尔夫,帕维尔·莱奥波多维奇(Корф,Павел Леопольдович 1837—1913)——俄国男爵,地方自治运动活动家。1860年以前服兵役。退伍后在施吕瑟尔堡县当调解员,1866年起为县贵族代表。1868年起任彼得堡省地方自治局主席。1878—1881年任彼得堡市长。1906年被选入国务会议。——278。

科尔奈利(Cornély)——法国资产阶级报纸《世纪报》撰稿人。——243—244。

克拉莫尔尼科夫(**普里戈尔内**),格里戈里·英诺森耶维奇(Крамольников(Пригорный),Григорий Иннокентьевич 1880—1962)——1898年加入俄国社会民主工党,在党的西伯利亚联合会组织中开始革命活动,先后在鄂木斯克、托木斯克、萨马拉、莫斯科,彼得堡、喀山等城市开展工作,屡遭沙皇政府迫害。是萨马拉组织出席党的第三次代表大会的代表。1905—1906年为党中央巡视员。1907年倒向孟什维克,代表伊尔库茨克孟什维克组织出席党的第五次(伦敦)代表大会。斯托雷平反动时期追随取消派,1910年起不再积极参加党的工作。1919年加入俄共(布),在莫斯科一些高等院校从事党史的科研和教学工作。1924—1941年在马克思恩格斯列宁研究院工作。1943年起是特种退休金领取者。——370。

克拉西科夫,彼得·阿纳尼耶维奇(别利斯基)(Красиков,Петр Ананьевич (Бельский)1870—1939)——1892年在俄国彼得堡开始革命活动。1893年被捕,次年流放西伯利亚,在流放地结识了列宁。1900年到普斯科夫,成为《火星报》代办员。1902年被选入筹备召开俄国社会民主工党第二次代表大会的组织委员会。在代表大会上是基辅委员会的代表,属火星派多

数派,同列宁、普列汉诺夫一起进入大会常务委员会。会后积极参加同孟
什维克的斗争。1904 年 8 月参加了在日内瓦举行的 22 个布尔什维克的
会议;是布尔什维克出席第二国际阿姆斯特丹代表大会的代表。1905—
1907 年革命期间任彼得堡工人代表苏维埃执行委员会委员。屡遭沙皇政
府迫害。1917 年二月革命后任彼得格勒工兵代表苏维埃执行委员会委
员。十月革命后任彼得格勒军事革命委员会所属肃反侦查委员会主席、司
法人民委员部部务委员。1921 年起任小人民委员会委员、副司法人民委
员。1924 年起任苏联最高法院检察长。1933—1938 年任苏联最高法院
副院长。多次当选全俄中央执行委员会和苏联中央执行委员会委员。
——101、144、161、163。

克拉辛,列昂尼德·波里索维奇(季明;约翰森)(Красин, Леонид Борисович
(Зимин, Иогансен)1870—1926)——1890 年代参加俄国社会民主主义运
动,是布鲁斯涅夫小组成员。1895 年被捕,流放伊尔库茨克三年。流放期
满后进入哈尔科夫工艺学院学习,1900 年毕业。1900—1904 年在巴库当
工程师,与弗·扎·克茨霍韦利一起建立《火星报》秘密印刷所。俄国社会
民主工党第二次代表大会后加入布尔什维克党,被增补进中央委员会;在
中央委员会里一度对孟什维克采取调和主义态度,帮助把三名孟什维克代
表增补进中央委员会,但不久即同孟什维克决裂。俄国社会民主工党第三
次代表大会的参加者,在会上当选为中央委员。1905 年是布尔什维克第
一份合法报纸《新生活报》的创办人之一。1905—1907 年革命期间参加彼
得堡工人代表苏维埃,领导党中央战斗技术组。在党的第四次(统一)代表
大会上代表布尔什维克作了关于武装起义问题的报告,并再次当选为中央
委员,在第五次(伦敦)代表大会上当选为候补中央委员。1908 年侨居国
外。一度参加反布尔什维克的"前进"集团,后脱离政治活动,在国内外当
工程师。十月革命后是红军供给工作的组织者之一,任红军供给非常委员
会主席、最高国民经济委员会主席团委员、工商业人民委员、交通人民委
员。1919 年起从事外交工作。1920 年起任对外贸易人民委员,1920—
1923 年兼任驻英国全权代表和商务代表,参加了热那亚国际会议和海牙
国际会议。1924 年任驻法国全权代表,1925 年起任驻英国全权代表。在
党的第十三次和第十四次代表大会上当选为中央委员。——72、76、97、

104、118、139—140。

克里切夫斯基,波里斯·尼古拉耶维奇（Кричевский, Борис Николаевич
1866—1919)——俄国社会民主党人,政论家,经济派领袖之一。19世纪
80年代末参加社会民主主义小组的工作。90年代初侨居国外,加入劳动
解放社,参加该社的出版工作。90年代末是国外俄国社会民主党人联合
会的领导人之一。1899年任该会机关刊物《工人事业》杂志的编辑,在杂
志上宣扬伯恩施坦主义观点。1903年俄国社会民主工党第二次代表大会
后不久脱离政治活动。——40。

克利盖,海尔曼（Kriege, Hermann 1820—1850)——德国新闻工作者,正义
者同盟盟员,小资产阶级的所谓"真正的社会主义"的代表人物。1845年
前往纽约,在那里领导德国"真正的社会主义者"集团。曾出版《人民代言
者报》,在该报上鼓吹魏特林的基督教的"伦理宗教"共产主义。在土地问
题上,反对土地私有制,宣传土地平均使用制。马克思和恩格斯在《反克利
盖的通告》以及列宁在《马克思论美国的"土地平分"》等著作中对他的观点
作了评述。——50—55、352。

克罗赫马尔,维克多·尼古拉耶维奇（弗托罗夫）（Крохмаль, Виктор Нико-
лаевич（Второв)1873—1933)——俄国社会民主党人,孟什维克。19世纪
90年代中期参加基辅社会民主主义小组,1898年被逐往乌法,在当地社会
民主主义小组中起了积极作用。1901年起是《火星报》代办员,在基辅工
作。1902年被捕,同年8月越狱逃往国外,加入俄国革命社会民主党人国
外同盟。在俄国社会民主工党第二次代表大会上是乌法委员会的代表,属
火星派少数派。1904年底代表孟什维克被增补进党中央委员会,在党的
第四次（统一）代表大会上代表孟什维克被选入中央委员会。1917年二月
革命后编辑孟什维克的《工人报》。十月革命后在列宁格勒的一些机关中
工作。——77—79。

克维特金,O.A.（彼得罗夫）（Квиткин, O.A.（Петров)1874—1937)——俄国
社会民主党人。1901年因在布良斯克工厂工人中发表演说,被判处流放
沃洛格达省三年。1904年加入俄国社会民主工党,在奥廖尔、布良斯克和
科斯特罗马开展工作。曾代表奥廖尔、科斯特罗马和伊万诺沃-沃兹涅先
斯克的党组织出席党的第三、第四和第五次代表大会。1906年是莫斯科

区域局成员。1908 年脱离政治活动。1919 年起在苏联中央统计局工作。
——161、188。

库罗帕特金，阿列克谢·尼古拉耶维奇（Куропаткин, Алексей Николаевич 1848—1925）——沙俄将军，1898—1904 年任陆军大臣。1904—1905 年日俄战争期间，先后任满洲陆军总司令和俄国远东武装力量总司令，1905 年 3 月被免职。1906 年起为国务会议成员。第一次世界大战期间，1916 年任北方面军司令，1916—1917 年任土耳其斯坦总督兼部队司令，曾指挥镇压中亚起义。十月革命后住在普斯科夫省自己的庄园里，并在当地中学和他创办的农业学校任教。——24。

库兹涅佐夫——见李维诺夫，马克西姆·马克西莫维奇。

L

拉特舍夫——见李维诺夫，马克西姆·马克西莫维奇。

勒鲁，加斯东（Leroux, Gaston 生于 1868 年）——俄国 1905—1907 年革命期间法国资产阶级报纸《晨报》驻彼得堡记者。——279、281、284—285、286、287、328、331、332、384。

雷布金（Рыбкин）——俄国社会民主工党第三次代表大会高加索联合会的代表。——188。

李伯尔（戈尔德曼），米哈伊尔·伊萨科维奇（Либер（Гольдман）, Михаил Исаакович 1880—1937）——崩得和孟什维克领袖之一。1898 年起为社会民主党人，1902 年起为崩得中央委员。1903 年率领崩得代表团出席俄国社会民主工党第二次代表大会，在会上采取极右的反火星派立场，会后成为孟什维克。1907 年在党的第五次（伦敦）代表大会上代表崩得被选入中央委员会，是崩得驻中央委员会国外局的代表。斯托雷平反动时期是取消派分子，1912 年是"八月联盟"的骨干分子，第一次世界大战期间是社会沙文主义者。1917 年二月革命后任彼得格勒工兵代表苏维埃执行委员会委员和第一届中央执行委员会主席团委员，采取孟什维克立场，支持资产阶级联合内阁，敌视十月革命。后脱离政治活动，从事经济工作。——34、35。

李可夫，阿列克谢·伊万诺维奇（弗拉索夫；谢尔盖耶夫）（Рыков, Алексей

Иванович(Власов,Сергеев)1881—1938——1899 年加入俄国社会民主工党。曾在萨拉托夫、莫斯科、彼得堡等地做党的工作。1905 年党的第三次代表大会起多次当选为中央委员。斯托雷平反动时期对取消派、召回派和托洛茨基分子采取调和主义态度。曾多次被捕流放并逃亡国外。1917 年二月革命后被选进莫斯科苏维埃主席团,同年 10 月在彼得格勒参与领导武装起义。十月革命后参加第一届人民委员会,任内务人民委员。1917年 11 月主张成立有孟什维克和社会革命党人参加的联合政府,遭到否决后声明退出党中央和人民委员会。1918 年 2 月起任最高国民经济委员会主席,1921 年夏起任人民委员会和劳动国防委员会副主席。1923 年当选为党中央政治局委员。1924—1930 年任苏联人民委员会主席。1929 年被作为"右倾派别集团"领袖之一受到批判。1930 年 12 月被撤销政治局委员职务。1931—1936 年任苏联交通人民委员。1934 年当选为候补中央委员。1937 年被开除出党。1938 年 3 月 13 日被苏联最高法院军事审判庭以"参与托洛茨基的恐怖、间谍和破坏活动"的罪名判处枪决。1988年平反昭雪并恢复党籍。——118、143、156、157、168、370。

李维诺夫,马克西姆·马克西莫维奇(库兹涅佐夫;拉特舍夫)(Литвинов,Максим Максимович(Кузнецов,Латышев)1876—1951——1898 年加入俄国社会民主工党,在切尔尼戈夫省克林齐市工人小组中进行社会民主主义宣传。1900 年任党的基辅委员会委员。1901 年被捕,在狱中参加火星派。1902 年 8 月越狱逃往国外。作为《火星报》代办员,曾担任向国内运送《火星报》的工作。是俄国革命社会民主党人国外同盟的领导成员,出席了同盟第二次代表大会。1903 年俄国社会民主工党第二次代表大会后是布尔什维克,任党的里加委员会、西北委员会委员和多数派委员会常务局成员;代表里加组织出席了党的第三次代表大会。1905 年参加了布尔什维克第一份合法报纸《新生活报》的出版工作。1907 年是出席国际社会党斯图加特代表大会的俄国社会民主工党代表团的秘书。1907 年底侨居伦敦。1908 年起任布尔什维克伦敦小组书记。1914 年 6 月起为俄国社会民主工党中央委员会驻社会党国际局的代表。1915 年 2 月受列宁委托在协约国社会党伦敦代表会议上发表谴责帝国主义战争的声明。十月革命后在外交部门担任负责工作。1918—1921 年任外交人民委员部部务委员,

1921 年起任副外交人民委员。1922 年是出席热那亚国际会议的苏俄代表团团员和海牙国际会议的苏俄代表团团长。1930—1939 年任外交人民委员,1941—1943 年任副外交人民委员兼驻美国大使。从美国回国后至 1946 年任副外交人民委员。在党的第十七次和第十八次代表大会上当选为中央委员。曾任苏联中央执行委员会委员、第一届和第二届苏联最高苏维埃代表。——162、370。

李沃夫,格奥尔吉·叶夫根尼耶维奇(Львов, Георгий Евгеньевич 1861 — 1925)——俄国公爵,大地主,地方自治人士,立宪民主党人。1903—1906 年任图拉县地方自治局主席,曾参加 1904—1905 年地方自治机关代表大会。第一届国家杜马代表,是负责安置远东移民和救济饥民的地方自治机关全国性组织的领导人。第一次世界大战期间是全俄地方自治机关联合会主席以及全俄地方自治机关和城市联合会军需供应总委员会的领导人之一。1917 年 3—7 月任临时政府总理兼内务部长,是七月事变期间镇压彼得格勒工人和士兵的策划者之一。十月革命后逃亡法国,参与策划对苏维埃俄国的武装干涉。——278。

李沃夫,尼古拉·尼古拉耶维奇(Львов, Николай Николаевич 1867 — 1944)——俄国大地主,地方自治人士。1893—1900 年是萨拉托夫省的贵族代表,1899 年起任该省地方自治局主席。1904—1905 年地方自治机关代表大会的参加者,解放社的创建人之一。1906 年为立宪民主党中央委员,但因在土地问题上与立宪民主党人有意见分歧而退党,后为和平革新党的组织者之一。第一届、第三届和第四届国家杜马代表。在第三届和第四届杜马中是进步派领袖之一,1913 年任杜马副主席。1917 年为地主同盟的领导成员。国内战争时期在白卫军中当新闻记者,后为白俄流亡分子。——278。

利亚多夫(曼德尔施塔姆),马尔丁·尼古拉耶维奇(Лядов(Мандельштам), Мартын Николаевич 1872 — 1947)—— 1891 年参加俄国民粹派小组。1893 年参与创建莫斯科工人协会。1895 年被捕,1897 年流放上扬斯克,为期五年。从流放地返回后在萨拉托夫工作。在俄国社会民主工党第二次代表大会上是萨拉托夫委员会的代表,属火星派多数派;会后是党中央代办员。1904 年 8 月参加了在日内瓦举行的 22 个布尔什维克的会议,被

选入多数派委员会常务局。是布尔什维克出席第二国际阿姆斯特丹代表
大会的代表和俄国社会民主工党第三次代表大会有发言权的代表。积极
参加1905—1907年革命，为党的莫斯科委员会委员。斯托雷平反动时期
是召回派分子，卡普里党校（意大利）的讲课人，曾加入"前进"集团（1911
年退出）。1917年二月革命后任巴库工兵代表苏维埃副主席，持孟什维克
立场。1920年重新加入俄共（布），在最高国民经济委员会工作。1923年
起先后任斯维尔德洛夫共产主义大学校长，科学机构、博物馆及艺术科学
部门总管理局局长，十月革命档案馆馆长，列宁研究院和党史委员会学术
委员会委员等职。写有党史方面的著作。——132、370。

列昂诺夫——见茨哈卡雅，米哈伊尔·格里戈里耶维奇。

列兵——见波格丹诺夫，亚历山大·亚历山德罗维奇。

列宁，弗拉基米尔·伊里奇（**乌里扬诺夫，弗拉基米尔·伊里奇**；列宁，尼·）
（Ленин，Владимир Ильич（**Ульянов，Владимир Ильич**，Ленин，Н.）1870—
1924）——3、14、18、33—37、57、67、77、85、89、123、156、158、165、174、175、
178、181、185、210、211、216、217、241、246、263、266、267、299、319、320、
359、370、371。

列斯科夫——见罗曼诺夫，尼古拉·瓦西里耶维奇。

列特尼奥夫——见柳比莫夫，阿列克谢·伊万诺维奇。

列辛斯基，М.С.（莫罗佐夫；扎尔科夫）（Лещинский，М.С.（Морозов，
Жарков）生于1882年）——俄国社会民主党人。曾在敖德萨、莫斯科、叶
卡捷琳诺斯拉夫做党的工作，屡遭沙皇政府迫害。是叶卡捷琳诺斯拉夫委
员会出席俄国社会民主工党第三次代表大会的代表。1906年底（或1907
年初）侨居美国。后回国。——85、111。

林格尼克，弗里德里希·威廉莫维奇（瓦西里耶夫）（Ленгник，Фридрих
Вильгельмович（Васильев）1873—1936）——1893年参加俄国社会民主主
义运动，1896年因彼得堡工人阶级解放斗争协会案被捕，1898年流放东西
伯利亚，为期三年。流放归来后加入《火星报》组织，是筹备召开俄国社会
民主工党第二次代表大会的组织委员会委员，在代表大会上被缺席选入党
中央委员会和党总委员会。1903—1904年在国外积极参加反对孟什维克
的斗争。1903年10月出席俄国革命社会民主党人国外同盟第二次代表

大会,当孟什维克拒绝通过党中央提出的同盟章程时,他代表中央委员会宣布,此后的会议都是非法的,并同其他布尔什维克一起退出会场。1904年2月回国,是党中央委员会北方局成员,不久因北方局案被捕。1905—1907年革命后在俄国南方、莫斯科和彼得堡做党的工作。在彼得格勒参加十月革命。十月革命后在教育人民委员部、最高国民经济委员会、对外贸易人民委员部、工农检查人民委员部工作。1926—1930年为党中央监察委员会主席团委员。晚年从事科研和教学工作。全苏老布尔什维克协会副主席。——57。

柳比莫夫,阿列克谢·伊万诺维奇(列特尼奥夫;马尔克;瓦列里扬)(Любимов,Алексей Иванович(Летнев,Марк,Валерьян)1879—1919)——俄国社会民主党人。1898年参加革命运动,莫斯科工人阶级解放斗争协会会员。屡遭沙皇政府迫害。1904年被增补进俄国社会民主工党中央委员会,是党总委员会出席党的第三次代表大会的代表。党的第二次代表大会后以及斯托雷平反动时期,对孟什维克采取调和主义态度。1910年为中央委员会国外局成员,巴黎调和派集团(1911—1914)的组织者之一。第一次世界大战期间是护国派分子,1917年参加普列汉诺夫的统一派。——72、76、79、84、85、104。

卢那察尔斯基,阿纳托利·瓦西里耶维奇(沃伊诺夫)(Луначарский,Анатолий Васильевич(Воинов)1875—1933)——19世纪90年代初参加俄国社会民主主义运动。俄国社会民主工党第二次代表大会后是布尔什维克。曾先后参加布尔什维克的《前进报》、《无产者报》和《新生活报》编辑部。代表《前进报》编辑部出席了党的第三次代表大会,受列宁委托,在会上作了关于武装起义问题的报告。党的第四次(统一)代表大会和第五次(伦敦)代表大会的参加者,布尔什维克出席第二国际斯图加特代表大会(1907)和哥本哈根代表大会(1910)的代表。斯托雷平反动时期脱离布尔什维克,参加"前进"集团;在哲学上宣扬造神说和马赫主义。第一次世界大战期间持国际主义立场。1917年二月革命后参加区联派,在俄国社会民主工党(布)第六次代表大会上随区联派集体加入布尔什维克党。十月革命后到1929年任教育人民委员,以后任苏联中央执行委员会学术委员会主席。1930年起为苏联科学院院士。在艺术和文学方面著述很多。

——97、101、111—112、174、179、358。

卢森堡，罗莎（尤尼乌斯）（Luxemburg，Rosa（Junius）1871—1919）——德国、波兰和国际工人运动活动家，德国社会民主党和第二国际左翼领袖和理论家之一，德国共产党创建人之一。生于波兰。19世纪80年代后半期开始革命活动，1893年参与创建和领导波兰王国社会民主党，为党的领袖之一。1898年移居德国，积极参加德国社会民主党的活动，反对伯恩施坦主义和米勒兰主义。曾参加俄国第一次革命（在华沙）。1907年参加俄国社会民主工党第五次（伦敦）代表大会，在会上支持布尔什维克。斯托雷平反动时期和新的革命高涨年代对取消派采取调和主义态度。1912年波兰王国和立陶宛社会民主党分裂后，曾谴责最接近布尔什维克的所谓分裂派。第一次世界大战期间持国际主义立场，是建立国际派（后改称斯巴达克派和斯巴达克联盟）的发起人之一。参加领导了德国1918年十一月革命，同年底参与领导德国共产党成立大会，作了党纲报告。1919年1月柏林工人斗争被镇压后，于15日被捕，当天惨遭杀害。主要著作有《社会改良还是革命》（1899）、《俄国社会民主党的组织问题》（1904）、《资本积累》（1913）等。——13。

鲁勉采夫，彼得·彼得罗维奇（施米特）（Румянцев，Петр Петрович（Шмидт）1870—1925）——1891年参加俄国社会民主主义运动，在彼得堡和其他城市做党的工作。俄国社会民主工党第二次代表大会后是布尔什维克，为多数派委员会常务局成员。沃罗涅日委员会出席党的第三次代表大会的代表。1905年6月被增补进党中央委员会。1905年是布尔什维克第一份合法报纸《新生活报》撰稿人和编辑，1906—1907年是《生活通报》杂志撰稿人和编辑。党的第四次（统一）代表大会有发言权的代表。在土地问题上维护列宁的土地国有化纲领。斯托雷平反动时期脱党，从事统计工作。死于国外。——117、172、358、359、360—361。

罗季切夫，费多尔·伊兹迈洛维奇（Родичев，Федор Измаилович 1853—1932）——俄国地主，地方自治运动活动家，立宪民主党领袖之一，该党中央委员。1904—1905年地方自治机关代表大会的参加者。第一届至第四届国家杜马代表。1917年二月革命后任临时政府芬兰事务委员。十月革命后为白俄流亡分子。——278、287、297。

罗曼诺夫,尼古拉·瓦西里耶维奇(列斯科夫)(Романов, Николай Василь-
евич(Лесков)1864—1916)——俄国社会民主党人,布尔什维克。早年参
加民粹派小组活动,1890年起参加社会民主主义运动。屡遭沙皇政府迫
害。1903年底起为俄国社会民主工党北方委员会委员。代表北方委员会
出席了党的第三次代表大会,任代表资格审查委员会主席。1906—1907
年为《浪潮报》、《生活通报》杂志等布尔什维克定期报刊撰稿。——111。

罗日杰斯特文斯基(**罗热斯特文斯基**),季诺维·彼得罗维奇(Рождест-
венский(Рожественский), Зиновий Петрович 1848—1909)——沙俄海军
中将。1903年任海军总参谋部参谋长。1904—1905年日俄战争期间指
挥太平洋第2分舰队,该舰队奉沙皇政府之命东航增援被日军围困的旅顺
口。在1905年5月14—15日(27—28日)的对马海战中,充分暴露出他
在军事上的昏庸无能,致使分舰队被击溃,本人受伤被俘。1906年退役。
——242。

M

马尔丁诺夫,亚历山大(**皮凯尔,亚历山大·萨莫伊洛维奇**;亚·马·)
(Мартынов, Александр(Пиккер, Александр Самойлович, А. М.)1865—
1935)——俄国经济派领袖之一,孟什维克著名活动家,后为共产党员。19
世纪80年代初参加民意党人小组,1886年被捕,流放东西伯利亚十年;流
放期间成为社会民主党人。1900年侨居国外,参加经济派的《工人事业》
杂志编辑部,反对列宁的《火星报》。在俄国社会民主工党第二次代表大会
上是国外俄国社会民主党人联合会的代表,反火星派分子,会后成为孟什
维克。1907年作为叶卡捷琳诺斯拉夫组织的代表参加了党的第五次(伦
敦)代表大会的工作,在代表大会上当选为中央委员。斯托雷平反动时期
和新的革命高涨年代是取消派分子,参加取消派的机关报《社会民主党人
呼声报》编辑部。第一次世界大战期间持中派立场。1917年二月革命后
为孟什维克国际主义者。十月革命后脱离孟什维克。1918—1922年在乌
克兰当教员。1923年加入俄共(布),在马克思恩格斯研究院工作。1924
年起任《共产国际》杂志编委。——2—10、13、14、15、18、21、25、39、121—
122、125、126、129、131、132、133、197、221—222、223、224、228、229、232、

334、344、346、364、365——366、367、369。

马尔克——见柳比莫夫,阿列克谢·伊万诺维奇。

马尔托夫,尔·(**策杰尔包姆,尤利·奥西波维奇**)(Мартов, Л.(Цедербаум, Юлий Осипович)1873——1923)——俄国孟什维克领袖之一。1895年参与组织彼得堡工人阶级解放斗争协会。1896年被捕并流放图鲁汉斯克三年。1900年参与创办《火星报》,为该报编辑部成员。在俄国社会民主工党第二次代表大会上是《火星报》组织的代表,领导机会主义少数派,反对列宁的建党原则;从那时起成为孟什维克中央机关的领导成员和孟什维克报刊的编辑。曾参加党的第五次(伦敦)代表大会的工作。斯托雷平反动时期和新的革命高涨年代是取消派分子,编辑《社会民主党人呼声报》,参与组织"八月联盟"。第一次世界大战期间是中派分子,参加齐美尔瓦尔德代表会议和昆塔尔代表会议。曾参加孟什维克组织委员会国外书记处,为书记处编辑机关刊物。1917年二月革命后领导孟什维克国际主义派。十月革命后反对镇压反革命和解散立宪会议。1919年当选为全俄中央执行委员会委员,1919——1920为莫斯科苏维埃代表。1920年9月侨居德国。参与组织第二半国际,在柏林创办和编辑孟什维克杂志《社会主义通报》。——8、13、33、58、62、103、104、122、131、132、133、209、223、229、347、348。

马赫,恩斯特(Mach, Ernst 1838——1916)——奥地利物理学家和哲学家,主观唯心主义者,经验批判主义创始人之一。1864年起先后在格拉茨和布拉格任大学数学和物理学教授,1895——1901年任维也纳大学哲学教授。在认识论上复活贝克莱和休谟的观点,认为物体是"感觉的复合",感觉是"世界的真正要素"。主要哲学著作有《力学发展的历史评述》(1883)、《感觉的分析》(1886)、《认识和谬误》(1905)等。——128、231、368。

马克思,卡尔(Marx, Karl 1818——1883)——科学共产主义的创始人,世界无产阶级的领袖和导师。——3、6、45、50——56、122、124——133、222——230、232、240、352、362、366——368、375。

马克西莫夫——见波格丹诺夫,亚历山大·亚历山德罗维奇。

美舍尔斯基,弗拉基米尔·彼得罗维奇(Мещерский, Владимир Петрович 1839——1914)——俄国政论家,公爵。曾在警察局和内务部供职。1860年起为《俄罗斯通报》杂志和《莫斯科新闻》撰稿。1872——1914年出版黑帮刊物《公民》,1903 年创办反动杂志《慈善》和《友好的话》,得到沙皇政府大量资助。在这些报刊上,不仅反对政府向工人作任何让步,而且反对政府向自由派资产阶级作任何让步。——67、297。

米哈伊洛夫——见波斯托洛夫斯基,德米特里·西蒙诺维奇。

米勒兰,亚历山大·埃蒂耶纳(Millerand, Alexandre Étienne 1859—1943)——法国政治家和国务活动家,法国社会党和第二国际的机会主义代表人物。1885 年起多次当选议员。原属资产阶级激进派,90 年代初参加法国社会主义运动,领导运动中的机会主义派。1898 年同让·饶勒斯等人组成法国独立社会党人联盟。1899 年参加瓦尔德克-卢梭内阁,任工商业部长,是有史以来社会党人第一次参加资产阶级政府,列宁把这个行动斥之为"实践的伯恩施坦主义"。1904 年被开除出法国社会党,此后同阿·白里安、勒·维维安尼等前社会党人一起组成独立社会党人集团(1911 年取名为"共和社会党")。1909—1915 年先后任公共工程部长和陆军部长,竭力主张把帝国主义战争进行到底。俄国十月革命后是武装干涉苏维埃俄国的策划者之一。1920 年 1—9 月任总理兼外交部长,1920 年 9 月—1924年 6 月任法兰西共和国总统。资产阶级左翼政党在大选中获胜后,被迫辞职。1925 年和 1927 年当选为参议员。——6、23、129、230、231、369。

摩莱肖特,雅科布(Moleschott, Jakob 1822—1893)——荷兰生理学家和哲学家,庸俗唯物主义的代表人物。先后在苏黎世大学、都灵大学、罗马大学任生理学教授。主要哲学著作是《生命的循环》(1852)。——25。

莫罗佐夫——见列辛斯基,M.C.。

N

纳杰日丁,尔·(捷连斯基,叶夫根尼·奥西波维奇)(Надеждин, Л.(Зелен-ский, Евгений Осипович)1877—1905)——早年是俄国民粹派分子,1898年加入萨拉托夫社会民主主义组织。1899 年被捕并被逐往沃洛格达省,1900 年流亡瑞士,在日内瓦组织了"革命社会主义的"自由社(1901—1903)。在《自由》杂志上以及在他写的《革命前夜》(1901)、《俄国革命主义的复活》(1901)等小册子中支持经济派,同时宣扬恐怖活动是"唤起群众"的有效手段;反对列宁的《火星报》。俄国社会民主工党第二次代表大会后为孟什维克报刊撰稿。——14、15。

尼古拉二世(**罗曼诺夫**)(Николай II(Романов)1868—1918)——俄国最后一个皇帝,亚历山大三世的儿子。1894年即位,1917年二月革命时被推翻。1918年7月17日根据乌拉尔州工兵代表苏维埃的决定在叶卡捷琳堡被枪决。——132、262、277、278、280—282、284、285、286、287、296。

尼基京,А.Н.(Никитин, А.Н.1849—1909)——俄国自由派社会活动家,政论家,彼得堡市杜马议员。曾为资产阶级自由派的《圣彼得堡新闻》、《交易所新闻》、《欧洲通报》等报刊撰稿。精通银行业务,在金融界享有威信。——278、288。

涅博加托夫,尼古拉·伊万诺维奇(Небогатов,Николай Иванович 生于1849年)——沙俄海军少将。1905年指挥海军中将罗日杰斯特文斯基领导下的太平洋舰队第3分舰队,该舰队奉沙皇政府之命东航增援被日军围困的旅顺口。在1905年5月14—15日(27—28日)的对马海战中被日军俘虏。回国后被海军军事法庭判处监禁要塞十年,但不久即被赦免。——242。

诺斯科夫,弗拉基米尔·亚历山德罗维奇(格列博夫)(Носков, Владимир Александрович(Глебов)1878—1913)——俄国社会民主党人。19世纪90年代参加革命运动。1898年因彼得堡工人阶级解放斗争协会案被捕,先后流放雅罗斯拉夫尔和沃罗涅日。1900年是俄国社会民主工党北方协会组织者之一。1902年侨居国外,同年4月参加《火星报》编辑部的苏黎世会议,会上讨论了党纲草案。1902—1903年负责向国内运送社会民主党秘密出版物的组织工作,参与筹备俄国社会民主工党第二次代表大会。在会上是有发言权的代表,属火星派多数派;是党章起草委员会主席,当选为中央委员。会后对孟什维克采取调和主义态度,反对召开党的第三次代表大会。1905年被捕。斯托雷平反动时期脱离政治活动。——77、83、84、85、103、104。

诺沃西尔采夫,列昂尼德·尼古拉耶维奇(Новосильцев, Леонид Николаевич 生于1872年)——俄国地方自治运动活动家,立宪民主党人。卡卢加省地方自治局和市杜马议员。曾积极参加组建立宪民主党卡卢加分部的工作。第一届国家杜马卡卢加省代表。——278。

P

帕尔乌斯（**格尔方德，亚历山大·李沃维奇**）（Парвус（Гельфанд, Александр
Львович）1869—1924）——生于俄国，19 世纪 80 年代移居国外。90 年代
末起在德国社会民主党内工作，属该党左翼；曾任《萨克森工人报》编辑。
写有一些世界经济问题的著作。20 世纪初参加俄国社会民主工党的工
作，为《火星报》撰稿。俄国社会民主工党第二次代表大会后支持孟什维克
的组织路线。1905 年回到俄国，曾担任彼得堡工人代表苏维埃执行委员
会委员，为孟什维克的《开端报》撰稿；同托洛茨基一起提出"不断革命论"，
主张参加布里根杜马，坚持同立宪民主党人搞交易。斯托雷平反动时期脱
离俄国社会民主工党，后移居德国。第一次世界大战期间是社会沙文主义
者和德国帝国主义的代理人。1915 年起在柏林出版《钟声》杂志。1918 年
脱离政治活动。——13—16、23、26、39、40、41、87、124、128、344、347。

皮-马尔加尔，弗朗西斯科（Pi y Margall, Francisco 1824—1901）——西班牙
政治活动家，左翼联邦主义共和派领袖，空想社会主义者；职业是律师和作
家。积极参加 1854—1856 年革命。1864 年起任共和派报纸《争论报》编
辑。1868 年革命开始后被选入立宪议会。1873 年 2 月西班牙国王亚马多
逊位后，任共和国政府内务部长；同年 6 月当选为共和国总统。因不愿对
反政府的起义实行武装镇压，在右翼共和派的压力下，于 7 月 18 日被迫辞
职。1874 年波旁王朝复辟后，脱离政治活动。1886 年被选入议会，继续坚
持共和主义思想。——234。

普列汉诺夫，格奥尔吉·瓦连廷诺维奇（Плеханов, Георгий Валентинович
1856—1918）——俄国早期的马克思主义理论家，后来成为孟什维克和第
二国际机会主义领袖之一。19 世纪 70 年代参加民粹主义运动，是土地和
自由社成员及土地平分社领导人之一。1880 年侨居瑞士，逐步同民粹主
义决裂。1883 年在日内瓦创建俄国第一个马克思主义团体——劳动解放
社。翻译和介绍了马克思和恩格斯的许多著作，对马克思主义在俄国的传
播起了重要作用；写过不少优秀的马克思主义著作，批判民粹主义、合法马
克思主义、经济主义、伯恩施坦主义、马赫主义。20 世纪初是《火星报》和
《曙光》杂志编辑部成员。曾参与制定俄国社会民主工党纲领草案和参加

党的第二次代表大会的筹备工作。在代表大会上是劳动解放社的代表,属
火星派多数派,参加了大会常务委员会,会后逐渐转向孟什维克。1905—
1907年革命时期反对列宁的民主革命的策略,后来在孟什维克和布尔什
维克之间摇摆。在俄国社会民主工党第四次(统一)代表大会上作了关于
土地问题的报告,维护马斯洛夫的孟什维克方案;在国家杜马问题上坚持
极右立场,呼吁支持立宪民主党人的杜马。斯托雷平反动时期和新的革命
高涨年代反对取消主义,领导孟什维克护党派。第一次世界大战期间持社
会沙文主义立场。1917年二月革命后支持资产阶级临时政府。对十月革
命持否定态度,但拒绝支持反革命。最重要的理论著作有《社会主义与政
治斗争》(1883)、《我们的意见分歧》(1885)、《论一元论历史观之发展》
(1895)、《唯物主义史论丛》(1896)、《论个人在历史上的作用》(1898)、《没
有地址的信》(1899—1900),等等。——14、32、62、72—80、93、122、124—
131、147、210、221—232、290、364、365—368。

Q

乔利蒂,乔万尼(Giolitti,Giovanni 1842—1928)——意大利国务活动家,自由
党领袖。1882年起为议会议员。1889—1890年任财政大臣,1901—1903
年任内务大臣。1892—1921年多次出任首相。是意大利大资本利益的代
表,为意大利资产阶级与教权派的联盟奠定了基础。力求通过一些微不足
道的改革和让步(实行国家保险,承认工人组织的合法地位和工人有罢工
的权利等)以及通过与社会党改良派领袖的合作,来扩大意大利资产阶级
制度的社会基础,缓和国内阶级矛盾。赞成法西斯分子掌权(1922),但于
1924年11月转向反对派。——231。

R

饶勒斯,让(Jaurès,Jean 1859—1914)——法国社会主义运动和国际社会主
义运动活动家,法国社会党领袖,历史学家和哲学家。1885年起多次当选
议员。原属资产阶级共和派,90年代初开始转向社会主义。1898年同
亚·米勒兰等人组成法国独立社会党人联盟。1899年竭力为米勒兰参加
资产阶级政府的行为辩护。1901年起为社会党国际局成员。1902年与可

能派、阿列曼派等组成改良主义的法国社会党。1903年当选为议会副议长。1904年创办《人道报》,主编该报直到逝世。1905年法国社会党同盖得领导的法兰西社会党合并后,成为统一的法国社会党的主要领导人。在理论和实践问题上往往持改良主义立场,但始终不渝地捍卫民主主义,反对殖民主义和军国主义。由于呼吁反对临近的帝国主义战争,于1914年7月31日被法国沙文主义者刺杀。写有法国大革命史等方面的著作。——23、25。

S

萨尔梅龙-阿隆索,尼古拉斯(Salmerón y Alonso, Nicolas 1838—1908)——西班牙政治活动家,温和资产阶级共和派领袖之一,马德里大学历史和哲学教授。1871年被选入议会。1873年2月西班牙国王亚马多逊位后,任共和国政府司法部长。1873年7月接替皮-马尔加尔任共和国总统,曾组织镇压一些省的起义;同年9月在右翼共和派和君主派的压力下辞职。1874年波旁王朝复辟后流亡法国,1881年返回西班牙,1886年被选入议会,继续宣传和平渐进和变西班牙为共和国的"合法"道路。——234。

沙霍夫斯科伊,德米特里·伊万诺维奇(Шаховской, Дмитрий Иванович 1861—1939)——俄国地方自治运动活动家,公爵。自由派资产阶级刊物《解放》杂志的创办人和撰稿人之一,解放社的组织者之一。1905年起为立宪民主党中央委员。1906年为国家杜马代表,杜马和立宪民主党党团秘书。1917年5—6月任第一届联合临时政府国家救济部长。1918年为反革命组织"俄罗斯复兴会"的领导人之一。1920年起在合作社系统工作。——278。

沙佩尔,卡尔(Schapper, Karl 1812—1870)——德国工人运动和国际工人运动活动家。1836—1837年参与创建正义者同盟,1840年参与创建德意志工人教育协会。马克思和恩格斯把正义者同盟改组为共产主义者同盟后,他积极参加同盟的活动,任同盟中央委员会委员。德国1848—1849年革命期间是科隆工人联合会的领导人之一。革命失败后,于1850年7月流亡英国,和奥·维利希一起领导从共产主义者同盟中分裂出去的冒险主义宗派集团。认识错误后,于1856年恢复了同马克思和恩格斯的友好关系。

1865年经马克思推荐，被增补进第一国际总委员会。——229。

舍尔巴托夫，尼古拉·波里索维奇（Щербатов，Николай Борисович 生于 1868
年）——俄国公爵，大地主。1907年起是波尔塔瓦省贵族代表，1912年起
为国务会议成员。1915年当过一段时间的内务大臣。十月革命后在基
辅、敖德萨及南方其他城市进行反革命活动，是白卫组织"俄国国家统一委
员会"成员。——67。

舍列梅捷夫，谢尔盖·德米特里耶维奇（Шереметев，Сергей Дмитриевич 生于
1844年）——俄国伯爵。1885年被选为莫斯科省贵族代表。1900年起为
国务会议成员，与宫廷人士关系密切，是沙皇政府镇压革命运动的幕后鼓
动者之一。——67。

施德洛夫斯基，尼古拉·弗拉基米罗维奇（Шидловский，Николай Влади-
мирович 1843—1907）——俄国地主，参议员，国务会议成员。1905年1月
29日（2月11日）被任命为负责"迅即查清圣彼得堡市及其郊区工人不满
的原因并提出杜绝此种情况的措施"的特别政府委员会主席。1905年2
月20日（3月5日），委员会还没有开始工作即被沙皇政府解散。——
118、350。

施米特——见鲁勉采夫，彼得·彼得罗维奇。

司徒卢威，彼得·伯恩哈多维奇（彼·司·）（Струве，Петр Бернгардович（П.
С.）1870—1944）——俄国经济学家，哲学家，政论家，合法马克思主义主要
代表人物，立宪民主党领袖之一。19世纪90年代编辑合法马克思主义者
的《新言论》杂志和《开端》杂志。1896年参加第二国际第四次代表大会。
1898年参加起草《俄国社会民主工党宣言》。在1894年发表的第一部著
作《俄国经济发展问题的评述》中，在批判民粹主义的同时，对马克思的经
济学说和哲学学说提出"补充"和"批评"。20世纪初同马克思主义和社会
民主主义彻底决裂，转到自由派营垒。1902年起编辑自由派资产阶级刊
物《解放》杂志，1903年起是解放社的领袖之一。1905年起是立宪民主党
中央委员，领导该党右翼。1907年当选为第二届国家杜马代表。第一次
世界大战爆发后鼓吹俄国的帝国主义侵略扩张政策。十月革命后敌视苏
维埃政权，是邓尼金和弗兰格尔反革命政府成员，后逃往国外。——174、
195、197、217、246、247、250、252、259、280、297、302、305、382。

斯塔罗韦尔——见波特列索夫,亚历山大·尼古拉耶维奇。

索斯诺夫斯基——见杰斯尼茨基,瓦西里·阿列克谢耶维奇。

T

特列波夫,德米特里·费多罗维奇(Трепов, Дмитрий Федорович 1855—
1906)——沙俄少将(1900)。毕业于贵族子弟军官学校,曾在禁卫军供职。
1896—1905年任莫斯科警察总监,支持祖巴托夫的"警察社会主义"思想。
1905年1月11日起任彼得堡总督,4月起任副内务大臣兼独立宪兵团司
令,10月起先后任彼得戈夫宫和冬宫警卫长。1905年10月全国政治大罢
工期间发布了臭名昭著的"不放空枪,不惜子弹"的命令,是武装镇压
1905—1907年革命的策划者。——281、284、287、297、314—315。

特鲁别茨科伊,谢尔盖·尼古拉耶维奇(Трубецкой, Сергей Николаевич
1862—1905)——俄国社会活动家,宗教哲学家,公爵。在政治观点上是
自由派分子,力图通过制定一部温和的宪法来巩固沙皇制度。1905年作
为地方自治人士代表团的成员晋谒了尼古拉二世,并在沙皇面前发表了纲
领性的演说。列宁把地方自治人士的这一政治行动说成是对沙皇制度妥
协的尝试。1905年被推举为莫斯科大学校长。由于害怕学生在校内采取
反对专制制度的公开革命行动,曾答应关闭学校。在哲学著作中激烈反对
唯物主义。曾任《哲学和心理学问题》杂志编辑。——277、278、282、286、
297、381。

提格罗夫——见阿维洛夫,波里斯·瓦西里耶维奇。

屠拉梯,菲力浦(Turati, Filippo 1857—1932)——意大利工人运动活动家,意
大利社会党创建人之一,该党右翼改良派领袖。1896—1926年为议员,领
导意大利社会党议会党团。推行无产阶级同资产阶级阶级合作的政策。
第一次世界大战期间持中派立场。敌视俄国十月革命。1922年意大利社
会党分裂后,参与组织并领导改良主义的统一社会党。法西斯分子上台
后,于1926年流亡法国,进行反法西斯的活动。——129、240、368、369。

托洛茨基(勃朗施坦),列夫·达维多维奇(Троцкий(Бронштейн), Лев
Давидович 1879—1940)——1897年参加俄国社会民主主义运动。在俄
国社会民主工党第二次代表大会上是西伯利亚联合会的代表,属火星派少

数派。1905年同亚·帕尔乌斯一起提出和鼓吹"不断革命论"。斯托雷平反动时期和新的革命高涨年代,打着"非派别性"的幌子,实际上采取取消派立场。1912年组织"八月联盟"。第一次世界大战期间持中派立场。1917年二月革命后参加区联派,在党的第六次代表大会上随区联派集体加入布尔什维克党,当选为中央委员。参加十月武装起义的领导工作。十月革命后任外交人民委员,1918年初反对签订布列斯特和约,同年3月改任共和国革命军事委员会主席、陆海军人民委员等职。参与组建红军。1919年起为党中央政治局委员。1920年起历任共产国际执行委员会候补委员、委员。1920—1921年挑起关于工会问题的争论。1923年起进行派别活动。1925年初被解除革命军事委员会主席和陆海军人民委员职务。1926年与季诺维也夫结成"托季联盟"。1927年被开除出党,1929年被驱逐出境,1932年被取消苏联国籍。在国外组织第四国际。死于墨西哥。——13、14、16、344、347。

W

瓦尔兰,路易·欧仁(Varlin,Louis-Eugène 1839—1871)——法国工人运动活动家,巴黎公社主要领导人之一,左派蒲鲁东主义者;职业是装订工人。巴黎装订工人工会的组织者,曾领导1864年和1865年的装订工人罢工。1865年加入第一国际,是国际巴黎支部的组织者和领导人之一。1871年任国民自卫军中央委员会委员。1871年3月18日参与领导巴黎无产阶级起义。3月26日当选为巴黎公社委员,先后参加财政、粮食和军事委员会。凡尔赛军攻入巴黎后,指挥第六区和第十一区的防卫,在街垒中英勇作战。5月28日被俘遇害。——6、230。

瓦季姆——见波斯托洛夫斯基,德米特里·西蒙诺维奇。

瓦列里扬——见柳比莫夫,阿列克谢·伊万诺维奇。

瓦西里耶夫——见林格尼克,弗里德里希·威廉莫维奇。

维尔涅尔——见波格丹诺夫,亚历山大·亚历山德罗维奇。

维利希,奥古斯特(Willich,August 1810—1878)——德国工人运动参加者。原为普鲁士军官,1847年因政治信仰退伍,同年加入共产主义者同盟。德国1848—1849年革命期间参加过德国南部共和派的一系列武装发动。

1849 年巴登-普法尔茨起义时指挥志愿军部队,恩格斯担任他的副官。起
义失败后,先后流亡瑞士和英国。是 1850 年从共产主义者同盟分裂出去
的冒险主义宗派集团的领袖之一。他与其拥护者的策略遭到马克思和恩
格斯的反对。1853 年移居美国,积极参加美国内战(1861—1865),在北方
军队中担任指挥职务。——135、229。

维特,谢尔盖·尤利耶维奇(Витте,Сергей Юльевич 1849—1915)——俄国国
务活动家。1892 年 2—8 月任交通大臣,1892—1903 年任财政大臣,1903
年 8 月起任大臣委员会主席,1905 年 10 月—1906 年 4 月任大臣会议主
席。在财政、关税政策、铁路建设、工厂立法和鼓励外国投资等方面采取了
一系列措施,促进了俄国资本主义的发展。同时力图通过对自由派资产阶
级稍作让步和对人民群众进行镇压的手段来维护沙皇专制制度。1905—
1907 年革命期间派军队对西伯利亚、波罗的海沿岸地区、波兰以及莫斯科
的武装起义进行了镇压。——250、259。

沃罗夫斯基,瓦茨拉夫·瓦茨拉沃维奇(奥尔洛夫斯基)(Воровский,Вацлав
Вацлавович(Орловский)1871—1923)——1890 年在大学生小组中开始革
命活动,1894—1897 年是莫斯科工人协会领导人之一。1902 年侨居国
外,成为列宁《火星报》撰稿人。俄国社会民主工党第二次代表大会后是布
尔什维克。1904 年初受列宁委派,在敖德萨建立俄国社会民主工党中央
委员会南方局;8 月底出国,赞同 22 个布尔什维克的宣言。1905 年同列
宁、米·斯·奥里明斯基、阿·瓦·卢那察尔斯基一起参加《前进报》和《无
产者报》编辑部,是俄国社会民主工党第三次代表大会代表。1905 年底起
在彼得堡的布尔什维克组织和布尔什维克的《新生活报》编辑部工作。
1906 年是党的第四次(统一)代表大会代表。1907—1912 年领导敖德萨
的布尔什维克组织。因积极从事革命活动被捕和流放。1915 年去斯德哥
尔摩,1917 年根据列宁提议进入党中央委员会国外局。十月革命后从事
外交工作:1917—1919 年任俄罗斯联邦驻斯堪的纳维亚国家的全权代表,
1921—1923 年任驻意大利全权代表。曾出席热那亚国际会议和洛桑国际
会议。在洛桑被白卫分子杀害。——37、58、104。

沃伊诺夫——见卢那察尔斯基,阿纳托利·瓦西里耶维奇。

乌里扬诺夫,弗·;乌里扬诺夫,弗·伊·——见列宁,弗拉基米尔·伊里奇。

乌鲁索夫,谢尔盖·德米特里耶维奇(Урусов,Сергей Дмитриевич 生于 1862 年)——俄国公爵,大地主。拥护议会君主制,力图通过制定一部温和的宪法来巩固沙皇制度。1903 年和 1904 年任比萨拉比亚总督。1905 年一度任维特内阁副内务大臣。1906 年被选入第一届国家杜马。是比立宪民主党更右的民主改革党党员。第一届国家杜马解散后,因在维堡宣言上签名而被捕并被判处监禁三个月。1917 年 3—6 月任临时政府内务部副部长。十月革命后在最高国民经济委员会主席团所属库尔斯克磁力异常区调查特设委员会工作。1921—1929 年在国家银行工作。——67。

X

西尔文,米哈伊尔·亚历山德罗维奇(别姆)(Сильвин,Михаил Александрович(Бем)1874—1955)——俄国社会民主党人。1891 年参加革命运动,1895 年参与组织彼得堡工人阶级解放斗争协会,是协会的中心小组成员。1896 年被捕,1898 年流放东西伯利亚三年。1899 年 8 月在列宁起草的反对经济派《信条》的《俄国社会民主党人抗议书》上签了名。1901 年为《火星报》代办员。1902 年被捕,后流放伊尔库茨克省,从流放地逃往国外。1904 年被增补进俄国社会民主工党中央委员会,1905—1908 年为一些布尔什维克报纸撰稿。1908 年脱离政治活动并退党。十月革命后在俄罗斯联邦教育人民委员部工作。1923—1930 年在苏联驻英国商务代表处工作。1931 年起从事教学工作。——77—79。

希波夫,德米特里·尼古拉耶维奇(Шипов,Дмитрий Николаевич 1851—1920)——俄国大地主,地方自治人士,温和自由派分子。1893—1904 年任莫斯科省地方自治局主席。1904 年 11 月是地方自治人士非正式会议主席。1905 年 11 月是十月党的组织者之一,该党中央委员会主席。1906 年退出十月党,成为和平革新党领袖之一;同年被选为国务会议成员。1911 年脱离政治活动。敌视十月革命。1918 年是白卫组织"民族中心"的领导人。——70、217、219、220、277、279、280、297、376、314—315。

谢尔盖耶夫——见李可夫,阿列克谢·伊万诺维奇。

Y

亚历山德罗夫——见波斯托洛夫斯基,德米特里·西蒙诺维奇。

亚马多（Amadeo 1845—1890）——意大利国王维克多-艾曼努尔二世的次
　　子。波旁王朝在西班牙被推翻后登上西班牙王位，并于1870年11月由议
　　会宣布为西班牙国王。1873年2月在革命运动压力下逊位并返回意大
　　利。——234。

叶尔莫洛夫，阿列克谢·谢尔盖耶维奇（Ермолов，Алексей Сергеевич 1846—
　　1917）——俄国沙皇政府官员。高等学校毕业后一直在国家产业部和财政
　　部任职。1886—1888年是自由经济学会副会长。写有一些农业问题的著
　　作。1892年出版《歉收和人民的灾难》一书，为沙皇政府的农业政策辩护。
　　1892年任副财政大臣。1893年主持国家产业部，1894—1905年任农业和
　　国家产业大臣，后为国务会议成员。——67。

叶夫根尼——见勃兰登堡斯基，雅柯夫·纳坦诺维奇。

"一工人"（"Рабочий"）——1904年在日内瓦出版的小册子《我们组织内的工
　　人和知识分子》的作者。列宁详细地分析了这本小册子，揭露了孟什维克
　　在工人中进行的蛊惑宣传。——35、109、156。

伊洛瓦伊斯基，德米特里·伊万诺维奇（Иловайский，Дмитрий Иванович
　　1832—1920）——俄国历史学家和政论家。1854年毕业于莫斯科大学，一
　　度在该校任教，后从事写作和政论活动。编写过许多革命前俄国中小学普
　　遍采用的官定历史教科书，把历史主要归结为帝王将相的活动，用种种次
　　要的和偶然的事件来解释历史过程。——24

伊万诺夫——见波格丹诺夫，亚历山大·亚历山德罗维奇。

尤里——见加米涅夫，列夫·波里索维奇。

约翰森——见克拉辛，列昂尼德·波里索维奇。

Z

扎尔科夫——见列辛斯基，М.С.。

文 献 索 引

阿克雪里罗得,帕·波·《俄国社会民主党的统一及其任务》(Аксельрод, П. Б. Объединение российской социал-демократии и ее задачи. Итоги ликвидации кустарничества. —« Искра », [Женева], 1903, №55, 15 декабря, стр. 2 — 5; 1904, №57, 15 января, стр. 2 — 4)——196。

——《给工人同志们的信》(Письмо к товарищам-рабочим. (Вместо предисловия). —В кн.: Рабочий. Рабочие и интеллигенты в наших организациях. С предисл. П. Аксельрода. Изд. РСДРП. Женева, тип. партии, 1904, стр. 3 — 16. (РСДРП))——109、156。

[阿里斯塔尔霍夫,阿·阿·]奥谢特罗夫,[罗曼诺夫,尼·瓦·]列斯科夫和利亚多夫,马·尼·[《关于社会民主党组织中工人和知识分子的关系的决议草案(1905年4月22日(5月5日)在俄国社会民主工党第三次代表大会上宣读)》]([Аристархов, А. А.]Осетров, [Романов, Н. В.]Лесков и Лядов, М. Н. [Проект резолюции об отношении рабочих и интеллигентов в соц.-дем. организациях, зачитанный на III съезде РСДРП 22 апреля (5 мая) 1905 г.]. —В кн.: Третий очередной съезд Росс. соц.-дем. рабочей партии. Полный текст протоколов. Изд. ЦК. Женева, тип. партии, 1905, стр. 293. (РСДРП))——168。

[阿列克谢耶夫,尼·亚·]安德列耶夫[《关于讨论组委会报告的问题的决议草案(1905年4月13日(26日)在俄国社会民主工党第三次代表大会上提出)》]([Алексеев, Н. А.]Андреев. [Проект резолюции по вопросу об обсуждении доклада ОК, внесенный на III съезде РСДРП 13 (26)апреля 1905 г.]. —В кн.: Третий очередной съезд РСДРП. Полный текст протоколов. Изд. ЦК. Женева, 1905, стр. 32. (РСДРП))- —91。

[埃森,爱·爱·]恩·弗·《关于党章草案》([Эссен, Э. Э.]Н. Ф. К проекту

устава партии.—«Вперед», Женева, 1905, №15, 20 (7) апреля. Отдельное приложение к №15 «Вперед».К третьему съезду, стр.8 — 12)——98。

[埃森,亚·马·]基塔耶夫[《关于各委员会同外层组织的关系的决议草案(1905 年 4 月 22 日(5 月 5 日)在俄国社会民主工党第三次代表大会上宣读)》]([Эссен, А. М.] Китаев. [Проект резолюции об отношении комитетов к периферии, зачитанный на III съезде РСДРП 22 апреля (5 мая) 1905 г.].—В кн.: Третий очередной съезд Росс. соц.-дем. рабочей партии. Полный текст протоколов. Изд. ЦК. Женева, тип. партии, 1905, стр.291 — 292.(РСДРП))——168。

安德列耶夫——见阿列克谢耶夫,尼·亚·。

奥尔洛夫斯基——见沃罗夫斯基,瓦·瓦·。

奥拉尔,阿·《法国革命政治史》(Aulard, A. Histoire politique de la révolution française. Origines et Développement de la Démocratie et de la République (1789 — 1804). Paris, Colin, 1901. XII, 805 p.)——25。

[奥里明斯基,米·斯·]加廖尔卡和[波格丹诺夫,亚·亚·]列兵《我们之间的争论》([Ольминский, М.С.] Галерка и [Богданов, А. А.] Рядовой. Наши недоразумения. Изд. авторов. Женева, кооп. тип., 1904. 91, 1 стр. (РСДРП))——35。

[彼特龙凯维奇,伊·伊·《在特维尔省地方自治会议上的发言(1905 年 6 月 7 日(20 日))》]([Петрункевич, И.И. Выступление в губернском земском собрании в Твери 7 (20) июня 1905 г.].—«Русские Ведомости», М., 1905, №155, 11 июня, стр.2, в отд.: Внутренние известия, в ст.: Тверь, 8-го июня)——381。

别利斯基——见克拉西科夫,彼·阿·。

[波格丹诺夫,亚·亚·]马克西莫夫[《党章草案(1905 年 4 月 20 日(5 月 3 日)在俄国社会民主工党第三次代表大会上提出)》]([Богданов, А. А.] Максимов. [Проект устава партии, внесенный на III съезде РСДРП 20 апреля(3 мая) 1905 г.].—В кн.: Третий очередной съезд Росс. соц.-дем. рабочей партии. Полный текст протоколов. Изд. ЦК. Женева, тип. партии, 1905, стр.241 — 243(РСДРП))——98、160 — 163、168、170。

—马克西莫夫[《关于社会民主党组织中工人和知识分子的关系的决议草案(1905年4月20日(5月3日)在俄国社会民主工党第三次代表大会上提出)》](Максимов.[Проект резолюции об отношениях рабочих и интеллигентов в социал-демократических организациях,внесенный на III съезде РСДРП 20 апреля(3 мая)1905 г.].—В кн.:Третий очередной съезд Росс.соц.-дем.рабочей партии.Полный текст протоколов.Изд.ЦК.Женева,тип.партии,1905,стр.226—227.(РСДРП))——158、168。

—马克西莫夫[《关于宣传和鼓动的决议草案(1905年4月25日(5月8日)在俄国社会民主工党第三次代表大会上宣读)》](Максимов.[Проект резолюции об агитации и пропаганде,зачитанный на III съезде РСДРП 25 апреля(8 мая)1905 г.].—В кн.:Третий очередной съезд Росс.соц.-дем.рабочей партии.Полный текст протоколов.Изд.ЦК.Женева,тип.партии,1905,стр.352.(РСДРП))——371。

—马克西莫夫[《关于中央委员会全体会议的决议草案(1905年4月21日(5月4日)在俄国社会民主工党第三次代表大会上宣读)》](Максимов.[Проект резолюции об общих собраниях ЦК,зачитанный на III съезде РСДРП 21 апреля(4 мая)1905 г.].Рукопись)——164。

—《结论之一》(Один из выводов.—В кн.:[Ольминский,М.С.]Галерка и [Богданов,А.А.]Рядовой.Наши недоразумения.Изд.авторов.Женева,кооп.тип.,1904,стр.60—71.(РСДРП).Подпись:Рядовой)——35。

—伊万诺夫《组织问题》(Иванов.Организационный вопрос.—«Вперед»,Женева,1905,№13,5 апреля(23 марта),стр.2—3)——98、159—162。

[波斯托洛夫斯基,德·西·]米哈伊洛夫[《关于武装起义问题的决议草案(1905年4月16日(29日)在俄国社会民主工党第三次代表大会上宣读)》]([Постоловский,Д.С.]Михайлов.[Проект резолюции по вопросу о вооруженном восстании,зачитанный на III съезде РСДРП 16(29)апреля 1905 г.].—В кн.:Третий очередной съезд Росс.соц.-дем.рабочей партии.Полный текст протоколов.Изд.ЦК.Женева,тип.партии,1905,стр.141.(РСДРП))——111—112。

[波特列索夫,亚·尼·]斯塔罗韦尔《关于对自由派的态度的决议案》——见

《关于对自由派的态度》(斯塔罗韦尔的)。

［勃兰登堡斯基，雅·纳·］叶夫根尼《叶卡捷琳诺斯拉夫多数派委员会委员就叶卡捷琳诺斯拉夫党组织问题给党的第三次代表大会的信》(［Бранденбургский, Я. Н.］ Евгений. Письмо члена екатеринославского большевистского комитета III партийному съезду о екатеринославской партийной организации. Рукопись)——85。

恩·弗·——见埃森，爱·爱·。

恩格斯，弗·《德国农民战争》(Engels, F. Deutsche Bauernkrieg. 3. Abdruck. Leipzig, die Genossenschaftsbuchdruckerei, 1875. 120 S.)——3、4、5、6、123、232、365。

——《德国维护帝国宪法的运动》(Die deutsche Reichsverfassungskampagne.—In: Aus dem literarischen Nachlaß von K. Marx, F. Engels und F. Lassalle. Hrsg. von F. Mehring. Bd. III. Gesammelte Schriften von K. Marx und F. Engels. Von Mai 1848 bis Oktober 1850. Stuttgart, Dietz, 1902, S. 289—383)——133—135、365。

——［《给菲·屠拉梯的信》(1894 年 1 月 26 日)］(［Письмо Ф. Турати. 26 января 1894 г.]—«Искра», ［Женева］, 1905, №96, 5 апреля, стр. 1, в ст.: Плеханов, Г. В. К вопросу о захвате власти. (Небольшая историческая справка))——129、231、368。

——《关于"共产主义者同盟"的历史》(Zur Geschichte des «Bundes der Kommunisten».—In: Marx, K. Enthüllungen über den Kommunistenprozeß zu Köln. Neuer Abdruck, mit Einleitung von F. Engels und Dokumenten. Höttingen—Zürich, Volksbuchhandlung, 1885, S. 3—17. (Sozialdemokratische Bibliothek. IV))——230。

——《〈人民国家报〉国际问题论文集(1871—1875)》(Internationales aus dem Volksstaat(1871—75). Berlin, Expedition des «Vorwärts» Berliner Volksblatt, 1894. 72 S.)——130—131、234—239、362、369。

——《未来的意大利革命和社会党》(La futura rivoluzione italiana e il partito socialista.—«Critica Sociale», Milano, 1894, N 3, 1. febbraio, p. 35—36)——129、231、368—369。

——《行动中的巴枯宁主义者(关于 1873 年夏季西班牙起义的札记)》(Die Bakunisten an der Arbeit.Denkschrift über den Aufstand in Spanien im Sommer 1873.(Volksstaat 1873).—In:Engels,F.Internationales aus dem Volksstaat(1871—75).Berlin,Expedition des«Vorwärts»Berliner Volksblatt,1894,S.16—33)——130—131、234—239、362、369。

——《行动中的巴枯宁主义者(关于西班牙最近一次起义的札记)》(Die Bakunisten an der Arbeit.Denkschrift über den letzten Aufstand in Spanien.—«Der Volksstaat»,Leipzig,1873,N 105,31.Oktober,S.1;N 106,2.November,S.1—2;N 107,5.November,S.1)——234—235。

尔·《论土地问题》(Л.К аграрному вопросу.—«Освобождение»,Штутгарт,1903,№9(33),19 октября(1 ноября),стр.153—158)——350。

尔·马·——见马尔托夫,尔·。

菲力波夫——见鲁勉采夫,彼·彼·。

费多罗夫,米·巴·《在沙皇接见地方自治人士代表团时的讲话(1905 年 6 月 6 日(19 日))》——见费多罗夫,米·《致沙皇的请愿书》。

——《致沙皇的请愿书》(Feodoroff,M.Adresses au tsar.—«Le Matin»,Paris,1905,N 7787,21 juin,p.3,dansl'article:Leroux,G.Le tsar et son peuple)——277、282、286、296。

费尔巴哈,路·《留下的箴言》(Feuerbach, L. Nachgelassene Aphorismen.—In: Grün, K. Ludwig Feuerbach in seinem Briefwechsel und Nachlaß sowie in seiner Philosophischen Charakterentwicklung. Bd. 2. Ludwig Feuerbach's Briefwechsel und Nachlaß,1850—1872.Leipzig-Heidelberg,Winter'sche Verlagshandlung,1874,S.305—333)——25、347。

弗·谢·——见谢韦尔采夫,弗·(菲拉托夫,弗·弗·)。

格列杰斯库尔,尼·安·《在哈尔科夫法学家协会会议上发表的两篇讲话(1905 年 3 月 19 日)》(Гредескул, Н. А. Две речи, произнесенные в заседании Харьковского юридического общества 19-го марта 1905 года. I. Высочайший указ нравительствующему Сенату и рескрипт министру внутренних дел А. Г. Булыгину 18 февраля 1905 г. II. Современное положение в России. Харьков, тип. и лит. Петрова, 1905. 44 стр. На обл.

съезд Росс. соц.-дем. рабочей партии. Полный текст протоколов. Изд. ЦК. Женева, тип. партии, 1905, стр. 158. (РСДРП))——118。

捷依奇，列·格·[《给[列·波·克拉辛]约翰森和[阿·伊·柳比莫夫]瓦列里扬的信，拒绝把工作移交给[阿·伊·柳比莫夫]瓦列里扬同志》（1905年4月7日（20日））](Дейч, Л. Г. [Письмо [Красину, Л. Б.] Иогансену и [Любимову, А. И.] Валерьяну с отказом сдать дела тов. [Любимову, А. И.] Валерьяну. 7(20) апреля 1905 г.]. Рукопись)——79。

考茨基，卡·《俄国社会民主党的分裂》（Kautsky, K. Die Spaltung der russischen Sozialdemokratie. — «Leipziger Volkszeitung», 1905, N 135, 15. Juni, S. 2—3)——289—291。

[考茨基，卡·]《考茨基论我们党内的意见分歧》（[Каутский, К.] Каутский о наших партийных разногласиях. — «Искра», [Женева], 1904, №66, 15 мая, стр. 2—4)——209。

科尔奈利《一篇史诗的终结》（Corneli. La fin d'une épopée. — «Le Siècle», Paris, 1905, 30 mai)——243。

[克拉西科夫斯夫，彼·阿·]别列斯基《关于国外组织章程的决议草案》——见《俄国社会民主工党第三次代表大会关于国外组织章程的决议》。

[克拉辛，列·波·]季明[《关于参加临时革命政府的决议草案（1905年4月19日（5月2日）在俄国社会民主工党第三次代表大会上宣读）》]（[Красин, Л. Б.] Зимин. [Проект резолюции об участии во временном революционном правительстве, зачитанный на III съезде РСДРП 19 апреля(2 мая) 1905 г.]. — В кн.: Третий очередной съезд Росс. соц.-дем. рабочей партии. Полный текст протоколов. Изд. ЦК. Женева, тип. партии, 1905, стр. 178—179. (РСДРП))——139—140。

[克拉辛，列·波·]约翰森和[柳比莫夫，阿·伊·]瓦列里扬[《给俄国社会民主工党总委员会主席的信（请求不晚于1905年4月10日（23日）召开总委员会会议）》（1905年4月7日（20日））]（[Красин, Л. Б.] Иогансен и [Любимов, А. И.] Валерьян [Письмо председателю Совета РСДРП с просьбой о назначении заседания Совета не позднее 10(23) апреля 1905 г. 7(20) апреля 1905 г.]. Рукопись)——72、78。

—[《给列·格·捷依奇的信（要求把俄国社会民主工党中央委员会的一切技术工作和财务工作移交给［柳比莫夫，阿·伊·］瓦列里扬同志)》(1905年4月6日(19日))]([Письмо Л. Г. Дейчу с требованием передать все технические и денежные дела ЦК РСДРП тов. [Любимову, А. И.] Валерьяну. 6(19)апреля 1905 г.]. Рукопись)——79。

克里切夫斯基,波·尼·《原则、策略和斗争》(Кричевский, Б. Н. Принципы, тактика и борьба.—«Рабочее Дело», Женева, 1901, №10, сентябрь, стр. 1—36)——39。

[克利盖,海·]《答孔策》([Kriege, H.] Antwort.—«Der Volks-Tribun», New-York, 1846, N 14, 4. April, S. 4)——52。

—《告妇女书》(An die Frauen.—«Der Volks-Tribun», New-York, 1846, N 13, 28. März, S. 1—2)——53。

—《我们要求的是什么》(Was wir wollen.—«Der Volks-Tribun», New-York, 1846, N 10, 7. März, S. 1—2)——52、54。

勒鲁,加·"地方自治人士代表接受了宫廷事务部向他们提出的条件"(Leroux, G. Les délégués des zemstvos ont acceptés les conditions d'audience qui leur ont été imposées.—«Le Matin», Paris, 1905, N 7782, 16 juin, p. 3. Sous le titre général: La crise Russe)——281。

—《黑海事件终于在俄国获准披露,在各地引起巨大反响》(La publication, enfin autorisée en Russie, des événements de la mer Noire, a produit partout une émotion considérable.—«Le Matin», Paris, 1905, N 7801, 5 juillet, p. 3. Sous le titre général: La crise Russe. Le «Kniaz Potemkin»)——327—328。

—《沙皇的诺言》(La réponse de l'empereur.—«Le Matin», Paris, 1905, N 7787, 21 juin, p. 3, dans l'article: Leroux, G. Le tsar et son peuple)——277、282、287、296—297。

—《沙皇和他的人民》(Le tsar et son peuple.—«Le Matin», Paris, 1905, N 7787, 21 juin, p. 3. Sous le titre général: L'entrevue de Péterhoff)——284—285、286—288、381。

—"沙皇同意在一定条件下接见一些地方自治人士代表,但这些条件能否被他们所接受还值得怀疑。"（Le tsar consent à recevoir un certain nombre de délégués des zemstvos,mais dans des conditions telles qu'on doute de leur acceptation.—«Le Matin»,Paris,1905,N 7781,15 juin,p.3. Sous le titre général：La crise Russe)——279—280。

—《向沙皇呼吁》(Suprême appel au tsar.Le peuple russe s'adresse à son empereur.—«Le Matin»,Paris,1905,N 7781,15 juin,p.1)—— 279—280。

—"在莫斯科隆重集会的地方自治人士代表在一项具有历史意义的文件中明确提出了俄国人民的要求。"(Les délégués des zemstvos,réunis en assemblée solennelle à Moscou,viennent de préciser,dans un document historique,les revendications du peuple russe.—«Le Matin»,Paris,1905, N 7799,3 juillet,p.1. Sous le titre général：L'agitation en Russie. Déclaration des droits de l'homme)——331—332、383。

列兵——见波格丹诺夫,亚·亚·。

列宁,弗·伊·《党章草案(在俄国社会民主工党第二次代表大会上提出)》 (Ленин,В.И.Проект устава партии,внесенный на II съезде РСДРП) ——37。

—《第二步》(Второй шаг.—«Вперед»,Женева,1905,№13,5 апреля(23 марта),стр.5—6,в отд.：Из партии)——61。

—《对普列汉诺夫〈论夺取政权问题〉一文的意见》(Замечания на статью Плеханова «К вопросу о захвате власти».(Материалы к докладу об участии социал-демократии во временном революционном правительстве). Рукопись)——365。

—《俄国社会民主党人的任务》(Задачи русских социал-демократов. С предисл. П. Аксельрода. Изд. РСДРП. Женева,тип. «Союза рус. с.-д.»,1898.32 стр.)——320。

—[《俄国社会民主工党第三次代表大会议程草案(1905年4月13日(26日)在俄国社会民主工党第三次代表大会上宣读)》]([Проект порядка дня III съезда РСДРП,зачитанный 13(26)апреля 1905 г. на III съезде РСДРП].—В кн.：Третий очередной съезд Росс. соц.-дем. рабочей партии.

Полный текст протоколов. Изд. ЦК. Женева, тип. партии, 1905, стр. 49 — 50. (РСДРП))——95、97。

—《告贫苦农民》(К деревенской бедноте. Объяснение для крестьян, чего хотят социал-демократы. С прил. проекта программы РСДРП. Изд. Загран. лиги русск. рев. соц.-дем. Женева, тип. Лиги, 1903. 02 стр. (РСДРП). Перед загл. авт.: Н. Ленин)——147。

—《告全党书》(К партии. [Отдельный листок]. Б. м., тип. Рижского комитета, август 1904. 2 стр. (РСДРП))——34、211、380。

—《告犹太工人书》(К еврейским рабочим.— В кн.: Извещение о III съезде Российской социал-демократической рабочей партии. С предисл. ред. ЦО партии и с прил. партийного устава и важнейших резолюций III съезда. [Лондон], изд. ЦК РСДРП, [1905],. стр. I—III. (РСДРП). На еврейском яз.)——254。

—《革命斗争和自由派的渔利行为》(Революционная борьба и либеральное маклерство.— «Пролетарий», Женева, 1905, №3, 9 июня (27 мая), стр. 1—2)——263、280。

—《革命无产阶级的民主主义任务》(Демократические задачи революционного пролетариата.— «Пролетарий», Женева, 1905, №4, 17 (4) июня, стр. 1)——280。

—《给〈火星报〉编辑部的信》[《我为什么退出了〈火星报〉编辑部?》] (Письмо в редакцию «Искры». [Почему я вышел из редакции «Искры»?]. Женева, тип. партии, декабрь, 1903. 8 стр. После загл. авт.: Н. Ленин)——33、34。

—[《给中央委员会委员们的信》》](1904 年 5 月 13 日 (26 日))] ([Письмо членам ЦК. 13 (26) мая 1904 г.].— В кн.: Шахов, Н. [Малинин, Н. И.] Борьба за съезд. (Собрание документов). Женева, кооп. тип., 1904, стр. 86—89. (РСДРП))——211。

—《工人政党和农民》(Рабочая партия и крестьянство.— «Искра», [Мюнхен], 1901, №3, апрель, стр. 1—2)——351。

—[《关于党章第 1 条的决议草案》] ([Проект резолюции о § 1 устава

партии].—В кн.: Второй очередной съезд Росс. соц.-дем. рабочей партии. Полный текст протоколов. Изд. ЦК. Женева, тип. партии, [1904], стр. 238. (РСДРП))——37。

—[《关于俄国社会民主工党的公开政治活动问题的决议草案(1905 年 4 月 19 日(5 月 2 日)在俄国社会民主工党第三次代表大会上宣读)》] ([Проект резолюции по вопросу об открытом политическом выступлении РСДРП, зачитанный 19 апреля (2 мая) 1905 г. на III съезде. РСДРП].— В кн.: Третий очередной съезд Росс. соц.-дем. рабочей партии. Полный текст протоколов. Изд. ЦК. Женева, тип. партии, 1905, стр. 190 — 191. (РСДРП))——141、143。

—《关于俄国社会民主工党第三次代表大会的通知》(Извещение о III съезде Российской социал-демократической рабочей партии.— «Пролетарий», Женева, 1905, №1, 27(14) мая, стр. 1)——200、207、208、211、212。

—[《关于俄国社会民主工党对武装起义的态度的决议草案(1905 年 4 月 14 日(27 日)阿·瓦·卢那察尔斯基以个人名义在俄国社会民主工党第三次代表大会上提出)》]([Проект резолюции об отношении РСДРП к вооруженному восстанию, внесенный 14 (27) апреля 1905 г. А. В. Луначарским от своего имени на III съезде РСДРП].—В кн.: Третий очередной съезд Росс. соц.-дем. рабочей партии. Полный текст протоколов. Изд. ЦК. Женева, 1905, стр. 87. (РСДРП))——107—112。

—[《关于高加索事件的决议草案(1905 年 4 月 26 日(5 月 9 日)在俄国社会民主工党第三次代表大会上提出)》]([Проект резолюции по поводу событий на Кавказе, внесенный 26 апреля(9 мая) на III съезде РСДРП].—Там же, стр. 397 — 398)——187。

—[《关于恢复党内和平的措施的决议草案(1904 年 1 月 15 日(28 日)在俄国社会民主工党总委员会会议上提出)》]([Проект резолюции о мерах по восстановлению мира в партии, внесенный 15 (28) января 1904 г. на заседании Совета РСДРП].—В кн.: Шахов, Н. [Малинин, Н. И.] Борьба за съезд. (Собрание документов). Женева, 1904, стр. 81 — 83. (РСДРП))

———211。

—[《关于临时革命政府的决议草案(4月18日(5月1日)在俄国社会民主
工党第三次代表大会上提出)》]([Проект резолюции о временном
революционном правительстве, внесенный 18 апреля(1 мая)на III съезде
РСДРП].—Там же, стр. 173—174)———138、139—140、362—364。

—《关于起义的战斗协议》(О боевом соглашении для восстания.—
«Вперед», Женева, 1905, №7, 21(8)февраля, стр. 1)———175、267。

—[《关于社会民主党组织中工人和知识分子的关系的决议草案(1905 年 4
月 22 日(5 月 5 日)在俄国社会民主工党第三次代表大会上宣读)》]
([Проект резолюции об отношениях рабочих и интеллигентов в с.-д.
организациях, зачитанный 22 апреля(5 мая)1905 г. на III съезде
РСДРП].—В кн.: Третий очередной съезд Росс. соц.-дем. рабочей партии.
Полный текст протоколов. Изд. ЦК. Женева, тип. партии, 1905, стр. 292.
(РСДРП))———168。

—《关于我们的土地纲领》(给第三次代表大会的信)(О нашей аграрной
программе(Письмо III съезду).—«Вперед», Женева, 1905, №12, 29(16)
марта, стр. 1—2. Подпись: —ъ)———50。

—《关于武装起义的决议[俄国社会民主工党第三次代表大会通过]》
(Резолюция о вооруженном восстании, [принятая на III съезде
РСДРП].—«Пролетарий», Женева, 1905, №1, 27(14)мая, стр. 1. Под
общ. загл.: Главнейшие резолюции)———202—203。

—[《关于支持农民运动的决议草案》]([Проект резолюции относительно
поддержки крестьянского движения].—«Вперед», Женева, 1905, №11,
23(10)марта, стр. 1, в ст.: [Ленин, В. И.]Пролетариат и крестьянство)
———145—149。

—《就我们的组织任务给一位同志的信》(Письмо к товарищу о наших
организационных задачах. Изд. ЦК РСДРП. Женева, тип. партии, 1904. 31
стр. (РСДРП). Перед загл. авт.: Н. Ленин)———156、157。

—《旅顺口的陷落》(Падение Порт-Артура.—«Вперед», Женева, 1905, №2,
14(1)января, стр. 1)———241。

—《论临时革命政府》(第一篇文章《普列汉诺夫的历史考证》)(О временном революционном правительстве. Статья первая: Историческая справка Плеханова. — «Пролетарий», Женева, 1905, №2, 3 июня(21 мая), стр. 2—4)——221。

—《论临时革命政府》(第二篇文章《仅仅从下面还是既从下面又从上面?》)(О временном революционном правительстве. Статья вторая: Только снизу или и снизу и сверху? — «Пролетарий», Женева, 1905, №3, 9 июня(27 мая), стр.3—4)——232。

—《马克思论美国的"土地平分"》(Маркс об американском «черном переделе». — «Вперед», Женева, 1905, №15, 20(7) апреля, стр. 1 — 2)——45、50。

—《民粹派化的资产阶级和惊慌失措的民粹派》(Народничествующая буржуазия и растерянное народничество. — «Искра», [Женева], 1903, №54, 1 декабря, стр. 1 — 2. Подпись: Н. ленин)——351。

—《欧洲资本和专制制度》(Европейский капитал и самодержавие. — «Вперед», Женева, 1905, №13, 5 апреля(23 марта), стр.1)——67。

—《社会民主党在民主革命中的两种策略》(Две тактики социал-демократии в демократической революции. Изд. ЦК РСДРП. Женева, тип. партии, 1905. VIII, 108 стр. (РСДРП). Перед загл. авт.: Н. Ленин)——308。

—《我为什么退出了〈火星报〉编辑部?》——见列宁,弗·伊·《给〈火星报〉编辑部的信》。

—《无产阶级和农民》(Пролетариат и крестьянство. — «Вперед», Женева, 1905, №11, 23(10) марта, стр.1)——145—149。

—《无产阶级和农民的革命民主专政》(Революционная демократическая диктатура пролетариата и крестьянства. — «Вперед», Женева, 1905, №14, 12 апреля(30 марта), стр.1)——10、18、123、129、230、231、271。

—《新的革命工人联合会》(Новый революционный рабочий союз. — «Пролетарий», Женева, 1905, №4, 17(4) июня, стр. 2—4)——265、308。

—《新的任务和新的力量》(Новые задачи и новые силы. — «Вперед», Женева, 1905, №9, 8 марта(23 февраля), стр.1)——37、38。

—[《在讨论党章时的第一次发言(1903 年 8 月 2 日(15 日)在俄国社会民主工党第二次代表大会上)》](〔Первая речь при обсуждении устава партии 2(15)августа 1903 г. на II съезде РСДРП〕.—В кн.: Второй очередной съезд Росс. соц.-дем. рабочей партии. Полный текст протоколов. Изд. ЦК. Женева, тип. партии, [1904], стр. 240. (РСДРП))　　37。

—[《在讨论党章时的第二次发言(1903 年 8 月 2 日(15 日)在俄国社会民主工党第二次代表大会上)》](〔Вторая речь при обсуждении устава партии 2(15)августа 1903 г. на II съезде РСДРП〕.—Там же, стр. 250 — 252)——37。

—《政治诡辩》(Политические софизмы.—«Вперед», Женева, 1905, №18, 18 (5)мая, стр. 1—2)——217、246。

—《致代表大会代表资格审查委员会的声明》(Заявления в мандатную комиссию съезда. В комиссию по проверке состава съезда. Рукопись) ——89。

—《致国外同盟》(Заграннчной лиге. [Май, позднее 10(23), 1905 г.]. Рукопись) ——299。

—[《中央委员会代表的不同意见(1904 年 1 月 17 日(30 日)在俄国社会民主工党总委员会会议上提出)》](〔Особое мнение представителей ЦК, внесенное 17(30)января 1904 г. на заседании Совета РСДРП〕.—В кн.: Шахов, Н. [Малинин, Н. И.] Борьба за съезд. (Собрание документов). Женева, кооп. тип., 1904, стр. 84 — 85. (РСДРП))——57。

—《资产阶级背叛的头几步》(Первые шаги буржуазного предательства.— «Пролетарий», Женева, 1905, №5, 26 (13) июня, стр. 1) —— 277、284、286。

[列宁, 弗·伊·]《第三次代表大会》([Ленин, В. И.] Третий съезд.— «Пролетарий», Женева, 1905, №1, 27(14)мая, стр. 3)——299。

—《俄国沙皇寻求土耳其苏丹的保护以抵御本国人民》(Русский царь ищет защиты от своего народа у турецкого султана.—«Пролетарий», Женева, 1905, №7, 10 июля(27 июня), стр. 1—2)——319。

—[《关于崩得在俄国社会民主工党中的地位问题的发言(1903 年 7 月 20

日（8 月 2 日）在俄国社会民主工党第二次代表大会上）》]（[Речь по
вопросу о месте Бунда в РСДРП 20 июля（2 августа）1903 г. на II съезде
РСДРП].—В кн.: Второй очередной съезд Росс. соц.-дем. рабочей партии.
Полный текст протоколов. Изд. ЦК. Женева, тип. партии,[1904], стр. 90—
92.(РСДРП))——34。

—《关于武装起义的决议［俄国社会民主工党第三次代表大会通过］》
（Резолюция о вооруженном восстании,[принятая на III съезде РСДРП].—
В кн.: Извешение о III съезде Российской социал-демократической
рабочей партии. С прилож. устава партии и главнейших резолюций,
принятых III съездом. Изд. ЦК РСДРП. Женева, кооп. тип., 1905, стр. 9—
10.(РСДРП). Под общ. загл.: Главнейшие резолюции)—— 289、293、
295、303—305、316、382。

—《进一步，退两步（我们党内的危机）》（Шаг вперед, два шага назад.
(Кризис в нашей партии). Женева, тип. партии, 1904. VIII, 172 стр.
(РСДРП). Перед загл. авт.: Н. Ленин)——33、34、35—36、37、211。

—[《就代表大会的合法性所作的发言（1905 年 4 月 13 日（26 日）在俄国社
会民主工党第三次代表大会上）》]（[Речь о законности съезда 13(26)
апреля 1905 г. на III съезде РСДРП].—В кн.: Третий очередной съезд
Росс. соц.-дем. рабочей партии. Полный текст протоколов. Изд. ЦК.
Женева, тип. партии, 1905, стр. 35—36.(РСДРП))——181。

—[《就社会民主党组织中工人和知识分子的关系问题所作的发言（1905
年 4 月 20 日（5 月 3 日）在俄国社会民主工党第三次代表大会上）》]
（[Речь по вопросу об отношениях рабочих и интеллигентов в с.-д.
организациях 20 апреля（3 мая）1905 г. на III съезде РСДРП].—В кн.:
Третий очередной съезд Росс. соц.-дем. рабочей партии. Полный текст
протоколов. Изд. ЦК. Женева, тип. партии, 1905, стр. 234 — 235.
(РСДРП))——370。

—《社会民主党和临时革命政府》（Социал-демократия и временное рево-
люционное правительство.—«Вперед», Женева, 1905, №13, 5 апреля（23
марта）, стр. 3—4; №14, 12 апреля（30 марта）, стр. 3—4)——18、123、

зачитанный на Ⅲ съезде РСДРП 23 апреля(6 мая)1905 г.].—В кн.：Третий очередной съезд Росс. соц.-дем. рабочей партии. Полный текст протоколов. Изд. ЦК. Женева, тип. партии, 1905, стр. 342.（РСДРП））——179。

—《欧洲无产阶级革命斗争史纲要》（Очерки по истории революционной борьбы европейского пролетариата.—«Вперед», Женева, 1905, №2, 14(1) января, стр. 2—3）——332。

—沃伊诺夫《关于武装起义的决议草案(1905 年 4 月 14 日(27 日)在俄国社会民主工党第三次代表大会上以他的名义提出)》—见列宁, 弗·伊·《关于俄国社会民主工党对武装起义的态度的决议草案》。

卢森堡, 罗·《俄国社会民主党的组织问题》（Люксембург, Р. Организационные вопросы русской социал-демократии.—«Искра», ［Женева］, 1904, №69, 10 июля, стр. 2—7）——13—14、301—302、308。

［鲁勉采夫, 彼·彼·］施米特［《关于党内分裂出去的部分的［不应发表的］决议草案(1905 年 4 月 23 日(5 月 6 日)在俄国社会民主工党第三次代表大会上提出)》]（［Румянцев, П. П.］Шмидт.［Проект резолюции, ［не подлежащей опубликованию］об отколовшейся части партии, внесенный на Ⅲ съезде РСДРП 23 апреля(6 мая)1905 г.].Рукопись)——172。

—菲力波夫《关于俄国社会民主工党的公开政治活动问题的决议草案》—见［鲁勉采夫, 彼·彼·］菲力波夫《关于在革命前夕对待政府政策的决议草案》。

—菲力波夫［《关于在革命前夕对待政府政策的决议草案(1905 年 4 月 16 日(29 日)在俄国社会民主工党第三次代表大会上提出)》]（Филиппов.［Проект резолюции об отношении к политике правительства накануне переворота, внесенный на Ⅲ съезде РСДРП 16(29)апреля 1905 г.].—В кн.：Третий очередной съезд Росс. соц.-дем. рабочей партии. Полный текст протоколов. Изд. ЦК. Женева, тип. партии, 1905, стр. 146.（РСДРП））——117、118、360。

［罗曼诺夫, 尼·瓦·］列斯科夫［《关于在革命前夕对待政府政策的决议草案(1905 年 4 月 18 日(5 月 1 日)在俄国社会民主工党第三次代表大会上

提出)》]([Романов, Н. В.]Лесков.[Проект резолюции об отношении к политике правительства накануне переворота, внесенный на III съезде РСДРП 18 апреля(1 мая)1905 г.].—В кн.: Третий очередной съезд Росс. соц.-дем. рабочей партии. Полный текст протоколов. Изд. ЦК. Женева, тип. партии, 1905, стр. 151 — 152. (РСДРП))——118。

[罗曼诺夫,尼·瓦·]列斯科夫等[《……(补充)决议草案》]——见《各地方委员会的六位代表关于召开定期代表会议的(补充)决议草案》。

马尔丁诺夫,亚·《各种革命前景》(Мартынов, А. Революционные перспективы.—«Искра», [Женева], 1905, №95, 31 марта, стр. 2—6)——131。

—《揭露性的刊物和无产阶级的斗争》(Обличительная литература и пролетарская борьба(«Искра», №№ 1 — 5).—«Рабочее Дело», Женева, 1901, №10, сентябрь, стр. 37 — 64)——39, 259。

—《两种专政》(Две диктатуры. Изд. РСДРП. Женева, тип. партии, 1905. 68 стр. (РСДРП))——2, 4, 5 — 11, 13, 18, 21, 26, 121 — 123, 126, 129, 133, 196, 197, 221 — 222, 224, 228, 232, 343, 346, 364, 365, 366, 367。

马尔托夫,尔·《同俄国社会民主工党内的"戒严状态"作斗争》(Мартов, Л. Борьба с «осадным положением» в Российской социал-демократической рабочей партии. С прил. писем Н. Ленина. Г. Плеханова и Ф. Дана. (Ответ на письмо Н. Ленина). Женева, Pfeffer, 1904. VIII, 96 стр. (РСДРП)) ——160。

[马尔托夫,尔·][《党章草案》]([Мартов, Л.][Проект устава партии].—В кн.: [Ленин, В. И.]Шаг вперед, два шага назад. (Кризис в нашей партии). Женева, тип. партии, 1904, стр. 31 — 34. (РСДРП). Перед загл. авт.: Н. Ленин)——33。

—《[党]总委员会书记的答复》[1904 年 11 月 6 日于日内瓦](Ответ секретаря Совета [партии. Женева, 6 ноября 1904 г.].—В кн.: [Воровский, В. В.]Орловский. Совет против партии. №11. Изд-во соц.-дем. партийной литературы В. Бонч-Бруевича и Н. Ленина. Женева, кооп. тип., 1904, стр. 40 — 41, в отд.: Приложение I. (РСДРП))——58。

—《当务之急。工人政党和作为我们当前任务的"夺取政权"》(На очереди.

Рабочая партия и «захват власти», как наша ближайшая задача.— «Искра», [Женева], 1905, №93, 17 марта, стр. 2 — 5. Подпись: Л. М.) —— 10、18、21、22、26、27、130、131、132、133、135、233、236、345、346、347、348、362、366、369。

—[《关于各委员会有权召开党的代表大会的决议(1904 年 6 月 5 日(18 日)党总委员会会议通过)》]([Резолюция о полноправности комитетов по вопросу о созыве съезда партии, принятая на заседании Совета партии 5(18) июня 1904 г.].—В кн.: [Воровский, В. В.] Орловский. Совет против партии. №11. Изд-во соц.-дем. партийной литературы В. Бонч-Бруевича и Н. Ленина. Женева, кооп. тип., 1904, стр. 10 — 11. (РСДРП)) —— 103。

—[《关于代表大会召开问题的表决程序的决议(1904 年 6 月 5 日(18 日)在俄国社会民主工党总委员会会议上提出)》]([Резолюция о порядке голосования по вопросу о созыве съезда, внесенная на заседании Совета РСДРП 5(18) июня 1904 г.]. Рукопись) —— 83、85。

—《五一的胜利和挫折》(Первомайские успехи и неудачи.—«Искра», [Женева], 1905, №100, 15 мая, стр. 1—2) —— 334。

—《现代俄国社会党人之歌》(Гимн новейшего русского социалиста.— «Заря», Stuttgart, 1901, №1, апрель, стр. 152 — 153. Подпись: Нарцис Тупорылов) —— 13。

—《1 月 9 日》(Девятое января.—«Искра», [Женева], 1905, №85, 27 января, стр. 1—2) —— 39—40。

—[《以〈火星报〉编辑部的名义给格·加邦的信》]([Письмо Г. Гапону от имени редакции газеты «Искра»]. 1(14) марта 1905 г. Рукопись) —— 176。

马克思, 卡·《〈黑格尔法哲学批判〉导言》(Marx, K. Zur Kritik der Hegel'-schen Rechts-Philosophie. Einleitung.—«Deutsch-Französische Jahrbücher», Paris, 1844, 1. u. 2. Lfg., S. 71—85) —— 45。

—《揭露科隆共产党人案件》(Enthüllungen über den Kommunistenprozeβ zu Köln. Neuer Abdruck, mit Einleitung von F. Engels und Dokumenten. Höttingen—Zürich, Volksbuchhandlung, 1885. 88 S. (Sozialdemokratische Bibliothek. IV)) —— 6、124—128、224—229、230、232—233、362、366—

369、375。

——科隆，12 月 11 日。（Köln, 11. Dezbr.—«Neue Rheinische Zeitung», Köln, 1848, N 169, 15. Dezember, S. 1 — 2, in der Abt.：Deutschland）——132。

——《路易·波拿巴的雾月十八日》(Der 18-te Brumaire des Louis Napoleon. New-York, Schmidt und Helmich, 1852. IV, 64 S. (Die Revolution. Eine Zeitschrift in zwanglosen Heften. Hrsg. von J. Weydemeyer. 1. Hft))——11—12。

——《社会民主党纲领批判》(Zur Kritik des sozialdemokratischen Parteiprogramms. Aus dem Nachlaß von Karl Marx.—«Die Neue Zeit», Stuttgart, 1890—1891, Jg. IX, Bd. I, N 18, S. 561—575)——230。

——《资本论》(Das Kapital. Kritik der politischen Ökonomie. Bd. I. Buch I. Der Produktionsprozeß des Kapitals. Hamburg, Meißner, 1867. XII, 784 S.)——382。

马克思，卡·和恩格斯，弗·《反克利盖的通告》——见马克思，卡·和恩格斯，弗·《海尔曼·克利盖在纽约编辑出版的〈人民代言者报〉》。

——《共产党宣言》(Manifest der Kommunistischen Partei. London, «Bildungs-Gesellschaft für Arbeiter», 1848. 30 S.)——3、125。

——《共产主义者同盟中央委员会告同盟书》——见马克思，卡·和恩格斯，弗·《中央委员会告同盟书》。

——《海尔曼·克利盖在纽约编辑出版的〈人民代言者报〉》(1846 年比勒菲尔德版)(Der Volkstribun, redigiert von Hermann Kriege in New-York.—«Das Westphalische Dampfboot», Bielefeld, 1846, [Juli], S. 295—308)——50。

——《海尔曼·克利盖在纽约编辑出版的〈人民代言者报〉》(1902 年斯图加特版)(Der Volkstribun, redigiert von Hermann Kriege in New-York.— In：Aus dem literarischen Nachlaß von K. Marx, F. Engels und F. Lassalle. Hrsg. von F. Mehring. Bd. II. Gesammelte Schriften von K. Marx und F. Engels. Von Juli 1844 bis November 1847. Stuttgart, Dietz, 1902, S. 414—428)——50—55、351。

——《神圣家族，或对批判的批判所做的批判（驳布鲁诺·鲍威尔及其伙伴）》
(Die heilige Familie, oder Kritik der kritischen Kritik. Gegen Bruno Bauer
und K°. Frankfurt a. M., Literarische Anstalt(Rütten), 1845. VIII, 336 S.)
——16、338。

——《中央委员会告同盟书(1850 年 3 月)》(Ansprache der Zentralbehörde an
den Bund vom März 1850.—In: Marx, K. Enthüllungen über den
Kommunistenprozeß zu Köln. Neuer Abdruck, mit Einleitung von F.
Engels und Dokumenten. Höttingen—Zürich, Volksbuchhandlung, 1885,
S. 75—83, IX. Anhang. (Sozialdemokratische Bibliothek. IV))——125—
128、225—229、231、232—233、362、366—369、375。

——《资产阶级和反革命》——见马克思，卡·科隆，12 月 11 日。

马克西莫夫——见波格丹诺夫，亚·亚·。

[美舍尔斯基，弗·彼·]《日志》([Мещерский, В. П.] Дневники.—«Граж-
данин», Спб., 1905, №45, 9 июня, стр. 18—20)——297。

米哈伊洛夫——见波斯托洛夫斯基，德·西·。

纳杰日丁，尔·《革命前夜》——见《革命前夜》。

尼古拉二世(罗曼诺夫)《在接见地方自治人士代表团时的讲话(1905 年 6 月
6 日(18 日))》——见勒鲁，加·"地方自治人士代表接受了宫廷事务部
向他们提出的条件"。

[尼基京，А. Н.]《А. Н. 尼基京关于皇上接见地方自治和城市活动家代表团的
报告》([Никитин, А. Н.] Доклад А. Н. Никитина о высочайшем приеме
депутации земских и городских деятелей.—«Наша Жизнь», Спб., 1905,
№116, 9(22) июня, стр. 3)——288。

帕尔乌斯《不要沙皇，而要工人政府》[传单](Парвус. Без царя, а прави-
тельство—рабочее. [Листовка]. [Женева], тип. партии, [1905]. 4 стр.)
——13、344。

——[《托洛茨基〈1 月 9 日以前〉小册子的序言》]([Предисловие к книге:
Троцкий, Н. До девятого января].—В кн.: [Троцкий, Л. Д.] До девятого
января. С предисл. Парвуса. Женева, тип. партии, 1905, стр. I—XIV.
(РСДРП). Перед загл. авт.: Н. Троцкий)——14、16、26、123、124、128、

344、347、348。

—《血腥的供桌》[传单]（Кровавая трапеза. [Листовка]. Женева, тип. партии,[1905].2 стр.）——13、344。

—[《致弗·伊·列宁》(1904 年 11 月—1905 年 2 月 15 日（25 日）以前）]（[В. И. Ленину. ноябрь 1904 —ранее 15（28）февраля 1905 г.].—«Вперед», Женева, 1905, №8, 28(15) февраля, стр. 3, в ст.:[Ольминский, М.С.]Разновидность оппортунизма)——41。

—《总结与展望》（Итоги и перспективы.—«Искра», [Женева], 1905, №85, 27 января, стр.2—4)——13、38—39、40、344。

普列汉诺夫,格·瓦·——见列宁,弗·伊·和普列汉诺夫,格·瓦·《给〈火星报〉原编辑们和撰稿人列·达·托洛茨基的信》。

—《分进,合击》（Врозь идти, вместе бить.—«Искра», [Женева], 1905, №87, 10 февраля, стр.1—2)——123。

—[《给俄国社会民主工党中央委员会的信》(1905 年 4 月 9 日（22 日）)]（[Письмо ЦК РСДРП. 9（22）апреля 1905 г.]. Рукопись）——72、78、79、80。

—《论夺取政权问题》（К вопросу о захвате власти.（Небольшая историческая справка).—«Искра», [Женева], 1905, №96, 5 апреля, стр.1—2)——122、124—125、126、127、128—129、131、221、222—223、224—225、226、228—232、362、364—365、366—368。

—《农民暴动》（«Мужики бунтуют».—«Дневник Социал-Демократа», [Женева], 1905, №1, март, стр.6—16)——147。

—[《致〈火星报〉编辑部》(1905 年 5 月 16 日（29 日)）]（[В редакцию «Искры». 16（29）мая 1905 г.].—«Искра», [Женева], 1905, №101, 1 июня, стр.8, в отд.: Из партии)——290。

饶勒斯,让·《国民公会》（Jaurès, J. La Convention. I. La République. Les idées politiques et sociales de L'Europe et la Révolution.（1792). II. La mort du roi.—La chute des Girondins.—Idées sociales de la Convention.—Gouvernement révolutionnaire.（1793—1794（9）Thermidor). Nombreuses illustrations d'après des documents de chaqueépoque. Paris, Rouff, [1903].

1824 p.(Histoire Socialiste(1784—1900).Sous la direction de J.Jaurès.T.
III—IV))——25。

——《立法议会(1791—1792 年)》(La Législative(1791—1792).Nombreuses
illustrations d'après des documents de chaque époque. Paris, Rouff,
[1902].757—1316 p.(Histoire Socialiste(1789—1900).Sous la direction
de J.Jaurès.T.II))——25。

——《制宪会议(1789 — 1791 年)》(La Constituante(1789 — 1791).Nomb-
reuses illustrations d'après des documents de chaque époque. Paris,
Rouff,[1901].756,VIII p.(Histoire Socialiste(1789—1900).Sous la di-
rection de J.Jaurès.T.I))——25。

萨尔蒂科夫-谢德林,米·叶·《野蛮地主》(Салтыков-Щедрин, М. Е. Дикий
помещик)——69。

塞万提斯,米格尔《唐·吉诃德》(Сервантес,Мигель. Дон-Кихот)——121。

沙霍夫,尼·[马利宁,尼·伊·]《为召开代表大会而斗争》(文件汇编)
(Шахов, Н.[Малинин, Н. И.]Борьба за съезд.(Собрание документов).
Женева, кооп. тип., 1904. 111 стр. (РСДРП))——— 57、60、72 — 73、76、
104、211。

莎士比亚,威·《仲夏夜之梦》(Шекспир,В.Сон в летнюю ночь)——347。

施米特——见[鲁勉采夫,彼·彼·]。

司徒卢威,彼·伯·《〈解放〉杂志编辑为〈俄罗斯帝国国家根本法〉一书所写
的序言》(Струве,П.Б.Предисловие редактора«Освобождения»[к книге:
«Основной государственный закон Российской империи. Проект русской
конституции,выработанный группой членов «Союза освобождения»»].—
В кн.: Основной государственный закон Российской империи. Проект
русской конституции, выработанный группой членов «Союза освобож-
дения». Paris,Société nouvelle de librairie et d'édition, 1905, стр. VII—
XV.(Изд. ред. «Освобождения»))——194。

——《论解放社的纲领》(К программе Союза освобождения. —«Освобо-
ждение», Париж, 1905, №69 — 70, 20 (7) мая, стр. 307 — 308. Подпись.:
П.С.)——246、247、248—249、250、251、252、259、280、302、377、378。

и земство. Конфиденциальная записка министра финансов статс-секретаря
С.Ю.Витте(1899 г.).С предисл. и примеч. Р.Н.С.Печ.«Зарей».Stuttgart,
Dietz,1901.XLIV,212 стр.)——250、259、260。

[沃罗夫斯基,瓦·瓦·]奥尔洛夫斯基[《对[鲁勉采夫,伊·伊·]菲力波夫
　关于在革命前夕对待政府政策的决议草案的修改意见(1905 年 4 月 18
　日(5 月 1 日)在俄国社会民主工党第三次代表大会上宣读)》]
　([Воровский, В. В.] Орловский. [Поправки к проекту резолюции
　[Румянцева, И. И.] Филиппова по вопросу об отношении к политике
　правительства накануне переворота,зачитанные на III съезде РСДРП 18
　апреля(1 мая)1905 г.].—В кн.:Третий очередной съезд Росс. соц.-дем.
　рабочей партии.Полный текст протоколов.Изд. ЦК. Женева,тип. партии,
　1905,стр.157.(РСДРП))——118。

—《对俄国革命社会民主党人国外同盟第二次代表大会记录的述评》
　(Комментарий к протоколам Второго съезда Заграничной лиги русс.
　революционной социал-демократии. Женева, тип. партии, 1904. 40 стр.
　(РСДРП))——211。

—《反党的总委员会》(Совет против партии. №11. Изд-во соц.-дем. партийной
　литературы В. Бонч-Бруевича и Н. Ленина. Женева,кооп. тип. , 1904. 47
　стр.(РСДРП))——14、37、58、72—73、76、103、104。

—[《关于对各民族的社会民主党组织的态度的决议草案(1905 年 4 月 21
　日(5 月 4 日)在俄国社会民主工党第三次代表大会上宣读)》]([Проект
　резолюции об отношении к национальным с.-д.организациям,зачитанный
　на III съезде РСДРП 21 апреля (4 мая) 1905 г.].—В кн.:Третий
　очередной съезд Росс.соц.-дем.рабочей партии.Полный текст протоколов.
　Изд.ЦК.Женева,тип.партий,1905,стр.327.(РСДРП))——173。

沃伊诺夫——见卢那察尔斯基,阿·瓦·。

[谢韦尔采夫,弗·(菲拉托夫,弗·弗·)][《给俄国社会民主工党第三次代
　表大会的信与俄国社会民主工党战斗组织章程草案》]([Северцев, В.
　(Филатов, В. В.)]([Письмо III съезду РСДРП и проект устава Боевой
　организации РСДРП].Рукопись)——101。

——[《给弗·伊·列宁的信（请求准许参加俄国社会民主工党第三次代表大
会）》(1905 年 3 月 25 日和 30 日(4 月 7 日和 12 日之间))]([Письмо В.
И.Ленину с просьбой допустить на III съезд РСДРП. Между 25 и 30
марта(7 и 12 апреля)1905 г.].Рукопись)——100—101。

——《关于构筑街垒的问题》(К вопросу о постройке баррикад—«Вперед»,
Женева,1905，№14，12 апреля（30 марта），стр. 1 — 2. Подпись: В. С.)
——101。

——《战术和筑城术在人民起义中的运用》(Приложение тактики и фортиф-
икации к народному восстанию. Изд. ЦК РСДРП. Женева, тип. партии,
1905.45 стр.)——101。

叶夫根尼——见勃兰登堡斯基,雅·纳·。

[一工人]《俄国社会民主党初露锋芒的领袖》([Рабочий]. Новоявленные
вожди российской социал-демократии. — «Искра», [Женева], 1905, №86,
3 февраля. Отдельное приложение к №86 «Искры». Вопросы партийной
жизни,стр.1—2.Подпись:Тот же рабочий)——35。

——《我们组织内的工人和知识分子》(Рабочие и интеллигенты в наших
организациях. С предисл. П. Б. Аксельрода. Изд. РСДРП. Женева, тип.
партии,1904.56 стр.(РСДРП))——35、109、156。

伊万诺夫——见波格丹诺夫,亚·亚·。

——ъ——见列宁,弗·伊·。

　　　　　　*　　　　*　　　　*

《阿姆斯特丹国际社会党代表大会》(Internationaler Sozialisten-Kongreß zu
Amsterdam.14.bis 20. August 1904.Berlin,Expedition der Buchhandlung
«Vorwärts»,1904.78 S.)——22。

[《敖德萨的大暴动》]([The formidable riots at Odessa...].—«The Times»,
London,1905,N 37,750,Juli 4,p.9)——325—327。

《彼得堡工人[1905 年]1 月 9 日给沙皇的请愿书》[传单](Петиция
петербургских рабочих царю 9-го января[1905 г.].[Листовка].Изд.соц.-
дем. группы меньшинства. [Спб., январь 1905]. 2 стр. Гектограф)——

(1905 年 4 月 13 日（26 日）在俄国社会民主工党第三次代表大会上宣读）》]（[Предложение мандатной комиссии по вопросу о представительстве на съезде Казанского комитета, зачитанное на III съезде РСДРП 13(26)апреля 1905 г.].Рукопись)——89、90。

《党章（俄国社会民主工党第二次代表大会通过）》——见《俄国社会民主工党组织章程（党的第二次代表大会通过）》。

《党章[俄国社会民主工党第三次代表大会通过]》（载于《关于俄国社会民主工党第三次代表大会的通知》一书）（Устав партии, [принятый на III съезде РСДРП]. — В кн.: Извещение о III съезде Российской социал-демократической рабочей партии. С прилож. устава партии и главнейших резолюций, принятых III съездом. Изд. ЦК РСДРП. Женева, кооп. тип., 1905, стр. 17—18. (РСДРП))——186。

《党章[俄国社会民主工党第三次代表大会通过]》（载于 1905 年 5 月 27 日（14 日）《无产者报》第 1 号）（Устав партии, [принятый на III съезде РСДРП]. — «Пролетарий», Женева, 1905, №1, 27 (14) мая, стр. 2. Под общ. загл.: Главнейшие резолюции)—— 201 — 202、208、209、210、211、216。

《德法年鉴》杂志（巴黎）（«Deutsch-Französische Jahrbücher», Paris, 1844, 1, u.2.Lfg., S.71—85)——46。

《德国社会民主党德累斯顿代表大会会议记录》（1903 年 9 月 13—20 日）（Protokoll über die Verhandlungen des Parteitages der Sozialdemokratischen Partei Deutschlands. Abgehalten zu Dresden vom 13. bis 20. September 1903. Berlin, Expedition der Buchhandlung «Vorwärts», 1903. 448 S.)——289、290。

《德国社会民主党的组织（1900 年美因茨代表大会通过的决议）》（Organisation der Sozialdemokratischen Partei Deutschlands, beschlossen auf dem Parteitag zu Mainz 1900. — In: Protokoll über die Verhandlungen des Parteitages der Sozialdemokratischen Partei Deutschlands. Abgehalten zu Lübeck vom 22. bis 28. September 1901. Berlin, Expedition der Buchhandlung «Vorwärts», 1901, S.6—8)——93—94。

《德国社会民主党吕贝克代表大会会议记录》(1901 年 9 月 22—28 日)(Protokoll über die Verhandlungen des Parteitages der Sozialdemokratischen Partei Deutschlands. Abgehalten zu Lübeck vom 22. bis 28. September 1901. Berlin, Expedition der Buchhandlung «Vorwärts». 319 S.) —— 93—94。

《地方自治和城市活动家联席会议》[传单](Соединенное заседание земских и городских деятелей. [Листовка]. Б. м., [1905]. 4 стр.) —— 277—278、280—281、282、283、286、288。

《多数派委员会常务局和[俄国社会民主工党]中央委员会之间的协议》[1905 年 3 月 12 日(25 日)](Договор между Бюро К[омитетов] Б[ольшинства] и ЦК [РСДРП. : 12(25) марта 1905 г.]. —«Искра», [Женева], 1905, №95, 31 марта, стр. 7—8, в отд. : Из партии) —— 60、61、76、79—80、87、93。

《俄国的政局与和解问题》(La situation politique, et la question de la paix en Russie. —«Le Temps», Paris, 1905, N 16090, 8 juillet) —— 314—315。

《俄国革命社会民主党人国外同盟第二次(例行)代表大会记录》(Протоколы 2-го очередного съезда Заграничной лиги русской революционной соц.-демократии. Под ред. И. Лесенко и Ф. Дана. Изд. Заграничной лиги русской революц. социал-демократии. [Женева, 1903]. VIII, 136 стр. (РСДРП)) —— 160、379。

[《俄国解放联盟中央委员会阐明俄国解放联盟的宗旨和性质的非号召性宣言》(传单)]([Воззвание ЦК Российского освободительного союза без обращения, излагающее цели РОС и его характер. Листовка]. Б. м., изд. ЦК РОС, [1905]. 1 стр.) —— 265、269—270、271、272—274。

[《俄国解放联盟中央委员会关于建立工人联合会的告工人书》(传单)]([Воззвание ЦК Российского освободительного союза к рабочим об основании Рабочего союза. Листовка]. Б. м., изд. ЦК РОС, [1905]. 1 стр.) —— 265、266。

[《俄国社会民主工党敖德萨委员会关于召开党的第三次代表大会的决议》(1904 年 2 月)]([Резолюция Одесского комитета РСДРП о созыве III съезда партии. февраль 1904 г.]. Рукопись)——72—73、76。

[《俄国社会民主工党彼得堡委员会、莫斯科委员会、北方委员会、特维尔委员
会、下诺夫哥罗德委员会和里加委员会关于召开党的第三次代表大会的
决议》(1904 年 12 月)]([Резолюция Петербургского, Московского,
Северного, Тверского, Нижегородского и Рижского комитетов РСДРП о
созыве III съезда партии. декабрь 1904 г.].—«Вперед», Женева, 1905,
№2, 14(1) января, стр. 4, в отд. : Из партии)——72—73、76。

《[俄国社会民主工党]波列斯克委员会[关于召开党的第三次代表大会]的决
议》(Резолюция Полесского комитета [РСДРП о созыве III съезда
партии].—«Искра», [Женева], 1905, №96, 5 апреля, стр. 6, в отд. : Из
партии)——73、76。

《[俄国社会民主工党第一次]代表大会的决定》(Решения [I] съезда
[РСДРП].—В листовке: Манифест Российской социал-демократической
рабочей партии. Б. м., тип. партии, [1898], стр. 2)——201、255。

《俄国社会民主工党第二次代表大会通过的主要决议》(Главнейшие
резолюции, принятые на Втором съезде Российской соц.-дем. рабочей
партии.—В кн. : Второй очередной съезд Росс. соц.-дем. рабочей партии.
Полный текст протоколов. Изд. ЦК. Женева, тип. партии, [1904], стр. 12—
18. (РСДРП))——201。

《[俄国社会民主工党第二次]代表大会议程》(Порядок дня [II] съезда
[РСДРП].—В кн. : Второй очередной съезд Росс. соц.-дем. рабочей
партии. Полный текст протоколов. Изд. ЦК. Женева, тип. партии. [1904],
стр. 10. (РСДРП))——97。

《俄国社会民主工党第二次(例行)代表大会》(Второй очередной съезд Росс.
соц.-дем. рабочей партии. Полный текст протоколов. Изд. ЦК. Женева, тип.
партии, [1904]. 387, II стр. (РСДРП))——10—11、22、34、37、38、46、
58、73、74、75—76、77、79—80、87、93、94、97、98、136—137、147、148—
149、159—160、165、179、193、201、208、209、210、246、255—256、259、
260—261、269—271、300、307—308、321—322、351、372—374。

《[俄国社会民主工党第三次代表大会]关于从物质上支援党的决议》(Резолюция[Ⅲ съезда РСДРП]о материальной поддержке партии.—В кн.: Извещение о Ⅲ съезде Российской социал-демократической рабочей партии.С прилож. устава партии и главнейших резолюций, принятых Ⅲ съездом. Изд. ЦК РСДРП. Женева, кооп. тип., 1905, стр. 19. (РСДРП). Под общ. загл.: Главнейшие резолюции.)——289、290。

《［俄国社会民主工党第三次代表大会］关于代表大会的组成的决议》》（载于《关于俄国社会民主工党第三次代表大会的通知》一书）（Резолюция［Ⅲ съезда РСДРП］о конституировании съезда.—В кн.: Извещение о Ⅲ съезде Российской социал-демократической рабочей партии. С прилож. устава партии и главнейших резолюций, принятых Ⅲ съездом. Изд. ЦК РСДРП. Женева, кооп. тип., 1905, стр. 7—9. (РСДРП). Под общ. загл.: Главнейшие резолюции)——289、290。

《［俄国社会民主工党第三次代表大会］关于代表大会的组成的决议》》（载于1905年5月27日（14日）《无产者报》第1号）（Резолюция［Ⅲ съезда РСДРП］о конституировании съезда.—«Пролетарий», Женева, 1905, №1, 27 (14) мая, стр. 1. Под общ. загл.: Главнейшие резолюции）——201、205。

《［俄国社会民主工党第三次代表大会］关于党的各种组织的定期代表会议的决议》》（Резолюция［Ⅲ съезда РСДРП］о периодических конференциях представителей различных партийных организаций.—Там же, стр. 19—20)——289、290。

《［俄国社会民主工党第三次代表大会］关于党的中央机关报的决议》》（Резолюция［Ⅲ съезда РСДРП］о Центральном Органе партии.—Там же, стр. 19)——289、290。

《［俄国社会民主工党第三次代表大会］关于党内分裂出去的部分的决议》》（载于《关于俄国社会民主工党第三次代表大会的通知》一书）（Резолюция［Ⅲ съезда РСДРП］об отколовшейся части партии.—В кн.: Извещение о Ⅲ съезде Российской социал-демократической рабочей партии.С прилож. устава партии и главнейших резолюций, принятых Ⅲ съездом. Изд. ЦК РСДРП. Женева, кооп. тип., 1905, стр. 13—14. (РСДРП). Под общ. загл.:

［Ⅲ съезда РСДРП］по поводу событий на Кавказе.—В кн.:Извещение о
Ⅲ съезде Российской социал-демократической рабочей партии.С прилож.
устава партии и главнейших резолюций,принятых Ⅲ съездом. Изд. ЦК
РСДРП.Женева, кооп. тип. , 1905, стр. 16. (РСДРП). Под общ. загл.:
Главнейшие резолюции)——289、290。

《［俄国社会民主工党第三次代表大会］关于各中心组织必须将党内工作情况
　　通知各外层组织并重视它们的发言权的决议》(Резолюция［Ⅲ съезда
　　РСДРП］об обязанности центров осведомлять периферии о партийных
　　делах и считаться с их совещательным голосом.—Там же, стр. 19)——
　　289、290。

《［俄国社会民主工党第三次代表大会］关于国外组织章程的决议》(Резо-
　　люция［Ⅲ съезда РСДРП］об уставе заграничной организации.—В кн.:
　　Третий очередной съезд Росс. соц.-дем. рабочей партии. Полный текст
　　протоколов. Изд. ЦК. Женева, тип. партии, 1905, стр. 271. (РСДРП))
　　——162。

《［俄国社会民主工党第三次代表大会］关于临时革命政府的决议》(载于《关
　　于俄国社会民主工党第三次代表大会的通知》一书) (Резолюция［Ⅲ
　　съезда РСДРП］о временном революционном правительстве.—В кн.:
　　Извещение о Ⅲ съезде Российской социал-демократической рабочей
　　партии.С прилож. устава партии и главнейших резолюций,принятых Ⅲ
　　съездом.Изд. ЦК РСДРП. Женева, кооп. тип. , 1905, стр. 10. (РСДРП).
　　Под общ. загл.:Главнейшие резолюции)——289、290、305、316、321。

《［俄国社会民主工党第三次代表大会］关于临时革命政府的决议》(载于
　　1905 年 5 月 27 日 (14 日)《无产者报》第 1 号) (Резолюция［Ⅲ съезда
　　РСДРП］о временном революционном правительстве.—«Пролетарий»,
　　Женева, 1905, №1, 27 (14) мая, стр. 1. Под общ. загл.: Главнейшие
　　резолюции)——203、221。

《［俄国社会民主工党第三次代表大会］关于〈前进报〉的决议》(Резолюция［Ⅲ
　　съезда РСДРП］относительно«Вперед».—В кн.:Извещение о Ⅲ съезде
　　Российской социал-демократической рабочей партии. С прилож. устава

партии и главнейших резолюций, принятых III съездом. Изд. ЦК
РСДРП. Женева, кооп. тип. , 1905, стр. 20. (РСДРП). Под общ. загл.:
Главнейшие резолюции)——289、290。

《［俄国社会民主工党第三次代表大会］关于同社会革命党达成实际协议的决
议》(Резолюция［III съезда РСДРП］о практических соглашениях с
социалистами-революционерами.—Там же, стр. 14)——289、290。

《俄国社会民主工党第三次代表大会关于武装起义的决议》——见列宁，弗·
伊·《关于武装起义的决议(俄国社会民主工党第三次代表大会通过)》。

《［俄国社会民主工党第三次代表大会］关于宣传和鼓动的决议》(Резолюция
［III съезда РСДРП］о пропаганде и агитации.—В кн.: Извещение о III
съезде Российской социал-демократической рабочей партии. С прилож.
устава партии и главнейших резолюций, принятых III съездом. Изд. ЦК
РСДРП. Женева, кооп. тип. , 1905, стр. 15—16. (РСДРП). Под общ. загл.:
Главнейшие резолюции)——289、290。

《［俄国社会民主工党第三次代表大会］关于在革命前夕对政府策略的态度的
决议》(Резолюция ［III съезда РСДРП］об отношении к тактике
правительства накануне переворота.—Там же, стр. 11)——289、290、307。

《俄国社会民主工党第三次代表大会［公报］。通知和主要决议》([Communiqué
sur le]Troisième congrès du Parti ouvrier social-démocrate de Russie.
Compte rendu et principales résolutions.—«Le Socialiste», [Paris], 1905,
N 8, 25 juin— 2 juillet. Supplément à N 8«Le Socialiste», p. 5 — 6)——
216、290、291。

［《俄国社会民主工党第三次代表大会议程(俄国社会民主工党中央委员会和
多数派委员会常务局提出)》](［Порядок дня III съезда РСДРП,
предлагаемый ЦК РСДРП и Бюро Комитетов Большинства].—
«Вперед», Женева, 1905, №13, 5 апреля (23 марта), стр. 6, в отд.: Из
партии, в ст.: Ленин, В. И. Второй шаг)——97。

《［俄国社会民主工党第三次代表大会］议程》(Порядок дня ［III съезда
РСДРП].—В кн.: Третий очередной съезд Росс. соц.-дем. рабочей партии.
Полный текст протоколов. Изд. ЦК. Женева, тип. партии, 1905, стр. 53.

（РСДРП））——99。

[《俄国社会民主工党第三次代表大会议事规程》]（[Регламент Ⅲ съезда
РСДРП].—В кн.:Третий очередной съезд Росс.соц.-дем.рабочей партии.
Полный текст протоколов.Изд.ЦК.Женева,тип.партии,1905,стр.3 — 4.
（РСДРП））——106。

《[俄国社会民主工党第三次代表大会]主要决议》（载于《关于俄国社会民主
工党第三次代表大会的通知》一书）（Главнейшие резолюции[Ⅲ съезда
РСДРП].—В кн.:Извещение о Ⅲ съезде Российской социал-демокра-
тической рабочей партии.С прилож.устава партии и главнейших резолю-
ций,принятых Ⅲ съездом.Изд.ЦК РСДРП.[Женева],кооп.тип.,1905,
стр.7 — 20.（РСДРП））——186、216、289、290、291、300。

《[俄国社会民主工党第三次代表大会]主要决议》（载于 1905 年 5 月 27 日
（14 日）《无产者报》第 1 号）（Главнейшие резолюции[Ⅲ съезда РСДРП].—
«Пролетарий»,Женева,1905,№1,27（14）мая,стр.1 — 3）——202、207、
211、213、372。

《俄国社会民主工党第三次（例行）代表大会》（Третий очередной съезд Росс.
соц.-дем.рабочей партии.Полный текст протоколов.Изд.ЦК.Женева,тип.
партии,1905.XXIX,401 стр.（РСДРП））——89、90、91、92、93、94、97、
99、102、104、106、109、111—112、117、118、138、139—140、143、144、145、
156、158、159—163、165、168、169、170、171、174、179 — 180、181 — 182、
185、186、188、206、207、208、255 — 256、341、358 — 359、360、362 — 365、
370、371。

《[俄国社会民主工党]顿河区委员会决议》[1905 年 3 月 20 日（4 月 2 日）]
（Резолюция Донского комитета[РСДРП.20 марта（2 апреля）1905 г.].—
«Искра»,Женева,1905,№95,31 марта,стр.8,в отд.:Из партии）——73。

《俄国社会民主工党纲领》[传单]（里加）（Программа Российской социал-де-
мократической рабочей партии.[Листовка].Рига,1905）——260。

《俄国社会民主工党纲领》[传单]（莫斯科）（Программа Российской социал-
демократической рабочей партии. Принятая на Втором съезде. [Лис-
товка]. Изд. Московского комитета.[М.],тип.МК,июнь 1905. 2 стр.）

—— 260。

《俄国社会民主工党纲领》[传单](沃罗涅日)(Программа Российской социал-
демократической рабоч. партии. [Листовка]. Изд. Воронежского
комитета.[Воронеж], январь 1905.2 стр.(РСДРП))—— 260。

《俄国社会民主工党纲领(党的第二次代表大会通过)》(载于《俄国社会民主
工党第二次(例行)代表大会》一书)(Программа Российской соц.-дем.
рабочей партии, принятая на Втором съезде партии.—В кн.: Второй
очередной съезд Росс.соц.-дем.рабочей партии.Полный текст протоколов.
Изд.ЦК.Женева, тип. партии, [1904], стр. 1 — 6.(РСДРП))—— 10 —
11、21 — 22、38、46、136 — 137、147、148 — 149、179、193、201、255、259、
260 — 261、270、322、351。

《俄国社会民主工党纲领(党的第二次代表大会通过)》(载于《俄国社会民主
工党第三次(例行)代表大会》一书)(Программа Российской соц.-дем.
рабочей партии, принятая на Втором съезде партии.—В кн.: Третий
очередной съезд Росс.соц.-дем.рабочей партии.Полный текст протоколов.
Изд.ЦК.Женева, тип. партии, 1905, стр. IX—XV.(РСДРП))—— 186。

《[俄国社会民主工党高加索各委员会代表会议]决议》[传单](Резолюции
[конференции кавказских комитетов РСДРП. Листовка]. Б. м., тип.
Союза, [1904].1 стр.(Кавказский союз РСДРП))—— 72 — 73、76。

[《俄国社会民主工党高加索各委员会——梯弗利斯委员会、巴库委员会、巴
统委员会和伊梅列利季亚-明格列利亚委员会关于召开党的第三次代表大
会的决议》(1904 年 11 月)]([Резолюция конференции кавказских.
комитетов РСДРП—Тифлисского, Бакинского, Батумского и Имеретино-
Мингрельского о созыве III съезда партии.ноябрь 1904 г.]—В листовке:
Резолюции[конференции кавказских комитетов]. Б. м., тип. Союза,
[1904].1 стр.(Кавказский союз РСДРП))—— 72、73、76。

《[俄国社会民主工党]哈尔科夫委员会[关于召开党的第三次代表大会]的决
议》(Резолюция Харьковского комитета [РСДРП о созыве III съезда
партии].—«Вперед», Женева, 1905, №14, 12 апреля (30 марта), стр. 6, в
отд.: Из партии)—— 31、73、76。

《［俄国社会民主工党］基辅委员会的决议》［1905 年 3 月 25 日（4 月 7 日）］
　　（Резолюция Киевского комитета［РСДРП. 25 марта（7 апреля）1905
　　г.］.—«Искра»,［Женева］, 1905, №95, 31 марта, стр. 8, в отд.: Из
　　партии)——73。

《［俄国社会民主工党］喀山委员会［关于召开党的第三次代表大会］的决议》
　　［1905 年 3 月 20 日（4 月 2 日）］（Резолюция Казанского комитета
　　［РСДРП о созыве III съезда партии. 20 марта（2 апреля）1905 г.］.—
　　«Искра»,［Женева］, 1905, №96, 5 апреля, стр. 6, в отд.: Из партии)
　　——73。

《［俄国社会民主工党］库班委员会的决议》［1905 年 3 月 30 日（4 月 12 日）］
　　（Резолюция Кубанского комитета［РСДРП. 30 марта（12 апреля）1905
　　г.］.—«Искра»,［Женева］, 1905 г., №96, 5 апреля, стр. 6, в отд.: Из
　　партии)——73。

《［俄国社会民主工党］尼古拉耶夫委员会［关于召开党的第三次代表大会］的
　　决议》（Резолюция Николаевского комитета［РСДРП о созыве III съезда
　　партии].—В кн.:［Воровский, В. В.］Орловский. Совет против партии.
　　№11. Изд-во соц.-дем. партийной литературы В. Бонч-Бруевича и Н.
　　Ленина. Женева, кооп. тип., 1904, стр. 40.（РСДРП))——72—73、76。

《［俄国社会民主工党］萨马拉委员会［关于召开党的第三次代表大会］的决
　　议》［1905 年 2 月］（Резолюция Самарского комитета［РСДРП о созыве III
　　съезда партии. Февраль 1905 г.］.—«Вперед», Женева, 1905, №14, 12
　　апреля（30 марта）, стр. 6, в отд.: Из партии)——73、76。

《［俄国社会民主工党］斯摩棱斯克委员会［关于召开党的第三次代表大会］的
　　决》（Резолюция Смоленского комитета［РСДРП о созыве III съезда
　　партии.].—«Вперед», Женева, 1905, №14, 12 апреля（30 марта）, стр. 6, в
　　отд.: Из партии)——73、76。

《［俄国社会民主工党］特维尔委员会的来信》（Письмо Тверского комитета
　　［РСДРП］. В редакцию ЦО.—«Искра»,［Женева］, 1904, №60, 25
　　Февраля, стр. 8, в отд.: Из партии)——13。

［《俄国社会民主工党图拉委员会关于立即召开党的第三次代表大会的决

议》](［Резолюция Тульского комитета РСДРП о немедленном созыве III съезда партии].—В кн.: Шахов, Н.［Малинин, Н. И.］ Борьба за съезд. (Собрание документов). Женева, кооп. тип., 1904, стр. 61. (РСДРП))——72、73、76。

《［俄国社会民主工党］沃罗涅日委员会［关于召开党的第三次代表大会］的决议》［1904 年 10 月中旬］(Резолюция Воронежского комитета［РСДРП о созыве III съезда партии. Середина октября 1904 г.].—«Вперед», Женева, 1905, No 3, 24(11) января, стр. 4, в отд. : Из партии)——72、73、76。

《［俄国社会民主工党］乌拉尔委员会［关于召开党的第三次代表大会］的决议》(Резолюция Уральского комитета［РСДРП о созыве III съезда партии.].—«Вперед», Женева, 1905, No 11, 23(10) марта, стр. 6, в отд.: Из партии)——73、76。

《俄国社会民主工党宣言》［传单］(Манифест Российской социал-демократической рабочей партии.［Листовка］. Б. м., тип. партии,［1898］. 2 стр.)——201、255。

《俄国社会民主工党中央委员会的声明》(1905 年 3 月 4 日(17 日))——见《告全党书》。

《俄国社会民主工党中央委员会对列·格·捷依奇的要求》——见［克拉辛, 列·波·］约翰森和［柳比莫夫, 阿·伊·］瓦列里扬《给列·格·捷依奇的信》。

《俄国社会民主工党中央委员会各次会议记录》［1904 年 7 月 9 日(22 日)］(Протокол заседания ЦК РСДРП.［9(22) июля 1904 г.]. Рукопись)——85、104。

［《俄国社会民主工党中央委员会给党总委员会的信, 并附关于立即召开总委员会会议的请求》(1905 年 4 月 4 日(17 日))］(［Письмо ЦК РСДРП в Совет партии с просьбой о назначении заседания Совета немедленно. 4 (17) апреля 1905 г.]. Рукопись)——72、78。

《［俄国社会民主工党中央委员会］给党总委员会和〈火星报〉编辑部的信, 并附关于委派［列·伊·克拉辛］约翰森和［阿·伊·柳比莫夫］瓦列里扬为国外中央委员会代表的通知》［1905 年 4 月 4 日(17 日)］(［Письмо

ЦК РСДРП]в Совет партии и редакцию «Искры» с уведомлением о назначении представителями ЦК за границей [Красина, Л. Б.]Иогансена и[Любимова, А. И.] Валерьяна. [4 (17) апреля 1905 г.]. Рукопись) ——72。

《俄国社会民主工党中央委员会给俄国革命社会民主党人国外同盟的信》——见列宁,弗·伊·《致国外同盟》。

《[俄国社会民主工党中央委员会]给技术委员会和原中央机关报〈火星报〉发行处的[信]》[1905年5月20日]([Письмо ЦК РСДРП]в техническую комиссию и экспедицию бывшего ЦО «Искры». [20 мая 1905 г.]. Рукопись)——299。

《俄国社会民主工党中央委员会和多数派委员会常务局宣言》(1905年3月12日(25日))——见《告全党书》。

[《俄国社会民主工党中央委员会决定(1904年2月14日)》]([Постановление ЦК РСДРП от 14 февраля 1904 г.])——77—78。

《俄国社会民主工党中央委员会七月宣言》(1904年)——见《中央委员会的声明》。

[《俄国社会民主工党中央委员会声明》]([Заявление Центрального Комитета РСДРП].—В кн.: [Воровский, В. В.]Орловский. Совет против партии. №11. Изд-во соц.-дем. партийной литературы В. Бонч-Бруевича и Н. Ленина.Женева,кооп. тип.,1904,стр.30.(РСДРП))——58。

《俄国社会民主工党总委员会第二次会议记录》(Протоколы второго заседания Совета РСДРП.Третья сессия.[5(18)июня 1904 г.].Рукопись)——83、85、102、103、104。

《俄国社会民主工党总委员会关于党的名称只能用在受党组织委托出版的小册子上的决定》([Постановление Совета РСДРП о допустимости заголовка партии лишь на брошюрах, издаваемых по поручению партийных организаций].—«Искра»,[Женева],1904,№73,1 сентября,стр. 8,в отд.:Из партии)——14。

《俄国社会民主工党总委员会决定(1905年2月7日)》(Постановление Совета РСДРП от 7 февраля 1905 г.—«Искра»,[Женева],1905,№86,3

45—76.（Изд.ред.«Освобождеиия»））——193—199。

《俄罗斯新闻》（莫斯科）（«Русские Ведомости»，М.）——261。

——1905，№58，2 марта，стр.3.——42—44、45、47、48—49、349—352。

——1905，№155，11 июня，стр.2.——381—382。

——1905，№156，12 июня，стр.1.——381—382。

——1905，№161，17 июня，стр.3.——331。

《二十二人宣言》——见列宁，弗·伊·《告全党书》。

《法国和俄国的贿赂之风!》（Französisch-russische Schmiergelder! — «Vorwärts»，Berlin，1905，N 78，1.April，S.1)——29—30。

《法兰克福报》（美因河畔法兰克福）（«Frankfurter Zeitung»，Frankfurt am Mein)——348。

——1905，16.Juni.——279—280。

——1905，Juli.——326。

《福斯报》（柏林）（«Vossische Zeitung»，Berlin，1905，N 177，14.April，S.1—2) ——67—71、286、288、331、332、333。

——1905，N 293，25.Juni，S.2.——381。

《改革运动的进展》(Progress of the reform movement.—«The Times»，London，1905，N 37，706，May 13，p.7.Under the general title：The State of Russia)——218—220。

《告俄国社会民主工党党员书》［传单］（Обращение к членам РСДРП.［Листовка].Изд.МК.［М.］，тип.МК，октябрь 1904.［2]стр.（РСДРП)) ——380。

《告全党书》［俄国社会民主工党中央委员会的呼吁书(1905 年 3 月 4 日(17 日))］（К партии.［Воззвание ЦК РСДРП. 4 (17) марта 1905 г.].—«Вперед»，Женева，1905，№13，5 апреля(23 марта)，стр.5—6，в отд.：Из партии，в ст.：［Ленин，В.И.］Второй шаг)——82。

《告全党书》［俄国社会民主工党中央委员会和多数派委员会常务局的呼吁书 (1905 年 3 月 12 日(25 日))］（К партии.［Воззвание ЦК РСДРП и Бюро Комитетов Большинства. 12 (25) марта 1905 г.].—«Вперед»，Женева，1905，№13，5 апреля(23 марта)，стр.6，в отд.：Из партии，в ст.：［Ленин，

年 4 月 7 日（20 日）〕（〔Письмо〕председателю Совета РСДРП〔тов. Плеханову с просьбой о назначении заседания Совета не позднее 10（23）апреля 1905 г.7（20）апреля 1905 г.〕.Рукопись）——72。

《给沙皇的呈文》——见《致沙皇的请愿书（1905 年 5 月 25 日（6 月 7 日）地方 自治和城市活动家代表大会通过）》。

《工人联合会章程》（Устав рабочего Союза.Б. м.，изд.ЦК РОС,〔1905〕.2 стр.） ——265——266、271、272。

《工人事业》杂志（日内瓦）（«Рабочее Дело»，Женева）——39、122。

　　——1901，№10，сентябрь.136，46 стр.——39、259。

《公民》（圣彼得堡）（«Гражданин»，Спб.，1905，№45，9 июня，стр.18——20） ——297。

《公民们！开始燃烧起来的革命烈火的赤色之光清楚地表明了它的真正本质 和真正意义》〔传单〕（Граждане! Багровое зарево начинающегося революционного пожара ярко освещает его настоящую природу, его истинное значение. 〔Декларация социалистических организаций, принятая конференцией социалистических партий России, созванной Г. Гапоном. Листовка〕.Б. м.，〔1905〕.3 стр.Гектограф）——178——179。

《公民们！我们正经历着一个伟大的历史时期……》〔传单〕（Граждане! Великий исторический момент переживаем все мы... 〔Общая политическая декларация конференции социалистических партий России, созванной Г. Гапоном. Листовка〕.Б. м.，〔1905〕.3 стр.Гектограф）—— 178——179。

《关于崩得在党内的地位》〔俄国社会民主工党第二次代表大会通过的主要决 议〕（О месте Бунда в партии. 〔Главнейшие резолюции, принятые на Втором съезде РСДРП〕.—В кн.:Второй очередной съезд Росс. соц.-дем. рабочей партии.Полный текст протоколов.Изд.ЦК.Женева，тип. партии, 〔1904〕,стр.12，62.（РСДРП））——255——256。

《关于党的两部分之间的关系》〔全俄党的工作者第一次代表会议决议〕（Об отношениях между двумя частями партии. 〔Резолюция первой общерусской конференции партийных работников〕.—Там же，стр. 27 —

28)——374。

《关于党的书刊》[全俄党的工作者第一次代表会议决议](О партийной литературе. [Резолюция первой общерусской конференции партийных работников].—В кн.: Первая общерусская конференция партийных работников. Отдельное приложение к №100 «Искры». Женева, тип. партии, 1905, стр. 26—27. (РСДРП))——302—303。

[《关于地方自治活动家 1905 年 2 月 24 日和 26 日 (3 月 9 日和 11 日) 会议的通告》]([Сообщение о совещании земских деятелей 24 и 26 февраля (9 и 11 марта) 1905 г.].—«Русские Ведомости», М., 1905, №58, 2 марта, стр. 3, в отд.: Московские вести)——42。

《关于对其他革命党和反对党的态度》(Об отношениях к другим революционным и оппозиционным партиям. [Резолюция первой общерусской конференции партийных работников].—В кн.: Первая общерусская конференция партийных работников. Отдельное приложение к №100 «Искры». Женева, тип. партии, 1905, стр. 25—26. (РСДРП))——307—308。

《关于对自由派的态度》(斯塔罗韦尔的)(Об отношении к либералам (Старовера). [Главнейшие резолюции, принятые на Втором съезде РСДРП].—В кн.: Второй очередной съезд Росс. соц.-дем. рабочей партии. Полный текст протоколов. Изд. ЦК. Женева, тип. партии, [1904], стр. 13—14, 357. (РСДРП))——307—308。

《关于夺取政权和参加临时政府》[全俄党的工作者第一次代表会议决议](О завоевании власти и участии во временном правительстве. [Резолюция первой общерусской конференции партийных работников].—В кн.: Первая общерусская конференция партийных работников. Отдельное приложение к №100 «Искры». Женева, тип. партии, 1905, стр. 23—24. (РСДРП))——305—307、384、385。

《关于俄国社会民主工党第三次代表大会的通知。附党的中央机关报编辑部序言和第三次代表大会的党章和重要决议》(Извещение о III съезде Российской социал-демократической рабочей партии. С предисл. ред. ЦО партии и с прил. партийного устава и важнейших резолюций III съезда. [Лондон], изд. ЦК РСДРП, [1905]. III, 27 стр. На еврейском яз.) —— 254、256。

《关于俄国社会民主工党第三次代表大会的通知。附第三次代表大会通过的党章和主要决议》(Извещение о III съезде Российской социал-демократической рабочей партии. С прилож. устава партии и главнейших резолюций, принятых III съездом. Изд. ЦК РСДРП. Женева, кооп. тип., 1905. 20 стр. (РСДРП)) —— 186、216、254、256、289 — 290、291、293、295、299、300、303、304、305、307、316、321、382。

《关于俄国社会民主工党第三次代表大会的通知。附第三次代表大会通过的党章和主要决议》(Bericht über den III. Parteitag der SDAPR mit Beifügung des Partei-Statuts und der wichtigsten Resolutionen, die auf dem III. Parteitag angenommen wurden. München, Birk, 1905. 23 S. (SDAPR)) —— 216、289、290。

《关于革命前时期对待政府的策略的集体性决议草案》(Проект коллективной резолюции об отношении к тактике правительства в предреовлюционный момент. — В кн.: Третий очередной съезд Росс. соц.-дем. рабочей партии. Полный текст протоколов. Изд. ЦК. Женева, тип. партии, 1905, стр. 191 — 192. (РСДРП)) —— 144。

《关于经济斗争》[全俄党的工作者第一次代表会议决议](Об экономической борьбе. [Резолюция первой общерусской конференции партийных работников]. — В кн.: Первая общерусская конференция партийных работников. Отдельное приложение к №100 «Искры». Женева, тип. партии, 1905, стр. 19 — 20. (РСДРП)) —— 307。

《关于农业雇佣工人的条例》(Положение о найме на сельские работы. 12 июня 1886 г. — «Собрание узаконений и распоряжений правительства, издаваемое при правительствующем Сенате», Спб., 1886, №67, 11 июля, ст. 619, стр. 1355 — 1372) —— 46。

《关于起义的传单》——见《迫切的问题》。

《关于擅自离开工作岗位的法律》——见《关于农业雇佣工人的条例》。

《关于武装起义》[全俄党的工作者第一次代表会议决议](О вооруженном восстании. [Резолюция первой общерусской конференции партийных работников].—В кн.: Первая общерусская конференция партийных работников. Отдельное приложение к №100 «Искры». Женева, тип. партии, 1905, стр. 18—19. (РСДРП))——303—305、307、382、385。

[《关于亚·马尔丁诺夫的小册子〈两种专政〉的出版》]([О выходе в свет брошюры А. Мартынова «Две диктатуры»].—«Освобождение», Париж, 1905, №66, 25 (12) февраля, стр. [2, обл.], в отд.: Библиографический листок «Освобождения»)——197。

[《关于亚·马尔丁诺夫的小册子〈两种专政〉的出版公告》]([Объявление о выходе брошюры А. Мартынова «Две диктатуры»].—«Искра», [Женева], 1905, №84, 18 января, стр. 8, в отд.: Из партии)——2。

《关于在农民中的工作》[全俄党的工作者第一次代表会议决议](О работе среди крестьян. [Резолюция первой общерусской конференции партийных работников].—В кн.: Первая общерусская конференция партийных работников. Отдельное приложение к №100 «Искры». Женева, тип. партии, 1905, стр. 21—23. (РСДРП))——307。

《关于召开党的第三次代表大会的通知》(Извещение о созыве третьего партийного съезда.—«Вперед», Женева, 1905, №8, 28 (15) февраля, стр. 1)——33、35、37、140。

[《国外社会民主主义组织代表会议决议》(1901年6月)]([Резолюции конференции заграничных социал-демократических организаций. июнь 1901 г.].—В кн.: Документы «объединительного» съезда. Изд. Лиги русской революционной социал-демократии. Женева, тип. Лиги, 1901, стр. 1—3)——379。

[《哈尔科夫多数派小组关于召开党的第三次代表大会的决议》](Резолюция Харьковской группы большинства о созыве III съезда партии].—«Вперед», Женева, 1905, №14, 12 апреля (30 марта), стр. 6, в отд.: Из партии)——31、73、76。

《火星报》(旧的、列宁的)[莱比锡—慕尼黑—伦敦—日内瓦](«Искра»

(старая，ленинская)，[Лейпциг—Мюнхен—Лондон—Женева])——32、
　　36—37、38、39、210、379。

《火星报》[慕尼黑]（«Искра»，[Мюнхен]，1901，№3，апрель，стр.1—2）
　　——351。

—[Женева]，1903，№54，1 декабря，стр.1—2.——351。

—1903，№55，15 декабря，стр.2—5，10.——34、196—197。

—1904，№57，15 января，стр.2—4.——196—197。

—1904，№60，25 февраля，стр.8.——14。

—1904，№62，15 марта，стр.1—2.——109。

—1904，№66，15 мая，стр.2—4.——209。

—1904，№69，10 июля，стр.2—7.——12—14、302、308。

—1904，№70，25 июля.Приложние к №70«Искры»，стр.3.——72—73、76。

—1904，№72，25 августа，стр.9—10.——60、104。

—1904，№73，1 сентября，стр.8.——14。

—1905，№83，7 января，стр.5—6.——58、379。

—1905，№84，18 января，стр.8.——2。

—1905，№85，27 января，стр.1—2，2—4.——13、38、39—40、344。

—1905，№86，3 февраля，стр.8.——77。

—1905，№86，3 февраля.Отдельное приложение к №86《Искры》，стр.1—2.
　　——35。

—1905，№87，10 февраля，стр.1—2，4.——123、343。

—1905，№89，24 февраля，стр.8.——59、73、77、84、86、102。

—1905，№91，6 марта，стр.3.——77、79。

—1905，№92，10 марта，стр.2—5.——32、35、36、37、38、39—40。

—1905，№93，17 марта，стр.2—5.—— 10、18、21、22、26、27、130—131、
　　132、133、135、233、236、345、346、347、348、362、365、369。

—1905，№94，25 марта，стр.6.——81—82。

—1905，№95，31 марта，стр.2—6，7—8.——60、61、73、76、79—80、87、93、
　　131—132。

—1905，№96，5 апреля，стр.1—2，6.——72—73、76、122、124—125、126—

——Париж,1905,№66,25(12)февраля,стр.[2,обл.].——192。

——1905,№67,18(5)марта,стр.278—279.——2、280。

——1905,№69—70,20(7)мая,стр.305—306,307—308.——245、246—250、251—253、259、261、272、273、280、301、303、377、378。

——1905,№71,31(18)мая,стр.337—343.——280、305、382。

《经济报》(圣彼得堡)(«Экономическая Газета»,Спб.,1905,№1,20 марта,стр. 2—3)——43。

《君主主义政党》(Организация монархической партии.—«Московские Ведомости»,1905, №61,3(16)марта,стр.1—2)——42。

《卡·马克思、弗·恩格斯和斐·拉萨尔的遗著》(第2卷)(Aus dem literarischen Nachlaß von K.Marx,F.Engels und F.Lassalle.Hrsg.von F.Mehring.Bd.II.Gesammelte Schriften von K.Marx und F.Engels.Von Juli 1844 bis November 1847.Stuttgart,Dietz,1902.VIII,482 S.)——50—55、351。

《卡·马克思、弗·恩格斯和斐·拉萨尔的遗著》(第3卷)(Aus dem literarischen Nachlaß von K.Marx,F.Engels und F.Lassalle.Hrsg.von F.Mehring.Bd.III.Gesammelte Schriften von K.Marx und F.Engels.Von Mai 1848 bis Oktober 1850.Stuttgart,Dietz,1902.VI,491 S.)——132—135、365。

《克里木联合会决定》(Резолюция Крымского союза.—«Искра»,[Женева],1905, №97,18 апреля,стр.8,в отд.:Из партии)——73。

[《矿业主代表大会委员会委员给谢·尼·特鲁别茨科伊的电报》](([Телеграмма членов совета съезда горнопромышленников С.Н.Трубецкому].—«Русские Ведомости»,М.,1905,№156,12 июня,стр.1,в отд.:Телеграфические известия)——381。

《莱比锡人民报》(«Leipziger Volkszeitung»,1905,N 135,15.Juni,S.2—3)——289—290。

《论崩得脱离俄国社会民主工党》[1903年8月10日(23日)俄国社会民主工党第二次代表大会通过的决议](О выходе Бунда из РСДРП. [Резолюция,принятая на II съезде РСДРП 10(23)августа 1903 г.].—В кн.: Второй очередной съезд Росс. соц.-дем. рабочей партии. Полный текст протоколов. Изд. ЦК. Женева, тип. партии, [1904], стр. 355. (РСДРП)) ——255—256。

《马尔托夫派的声明》[1903 年 9 月 25—26 日（10 月 8—9 日）]（Заявление мартовцев. [25—26 сентября (8—9 октября) 1903 г.]. Подписи: Зас [улич] и др. Рукопись)——379。

[《孟什维克关于停止党内分立状态的声明》]（[Заявление меньшинства о прекращении обособленного существования в партии].—«Искра», [Женева], 1905, №83, 7 января, стр. 5—6, в отд.: Из партии)——58、379。

《莫斯科新闻》（«Московские Ведомости», 1905, №61, 3(16) марта, стр. 1—2)——42。

[《南方各委员会——敖德萨委员会、尼古拉耶夫委员会和叶卡捷琳诺斯拉夫委员会以及俄国社会民主工党中央委员会南方局代表会议关于召开党的第三次代表大会的决议》（1904 年 9 月）]（[Резолюция конференции южных комитетов—Одесского, Николаевского, Екатеринославского и Южного бюро ЦК РСДРП о созыве III съезда партии. сентябрь 1904 г.]. Рукопись)——73。

《内务大臣的指令（1905 年 6 月 9 日（22 日））》（Распоряжение министра внутренних дел 9(22) июня 1905 г.—«Наша Жизнь», Спб., 1905, №118, 11(24) июня, стр. 1)——297。

[《迫切的问题》]（[Насущные вопросы]. Листок №2. Б. м., [1905]. 4 стр. (РСДРП). Подпись: Бюро Комитетов Большинства)——40。

《前进报》（柏林）（«Vorwärts», Berlin, 1905, N 78, 1. April, S. 1)——29—30。

《前进报》（日内瓦）（«Вперед», Женева）——26、31、32、33、35、38、39、40、66、123、130、131、175、176、178、205、221、222、230—232、233、346、362、365—366、367—368、380。

——1905, №2, 14(1) января, стр. 1, 2—3, 4.——35、72—73、76、168、241、332。

——1905, №3, 24(11) января, стр. 4.——72—73、76。

—1905,№7,21(8)февраля,стр.1.——175、267。

—1905,№8,28(15)февраля,стр.1,2—3.——33、35、37、40、140。

—1905,№9,8 марта(23 февраля),стр.1—2.——37、38。

—1905,№11,23(10)марта,стр.1,6.——72—73、76、145—147。

—1905,№12,29(16)марта,стр.1—2.——50。

—1905,№13,5 апреля(23 марта),стр.1,2—4,5—6.——18、31、59、60、61、67、82、97、98、122—123、124、128、129、159—161、222—224、225、230—231、232。

—1905,№14,12 апреля(30 марта),стр.1—4,6.——10、18、31、72—73、76、101、122、123、124、128、129、222—224、225、230—231、231—232、366。

—1905,№15,20(7)апреля,стр.1—2,6.——45、147。

—1905,№15,20(7)апреля. Отдельное приложение к №15 «Вперед». К третьему съезду,стр.8—12.——98。

—1905,№18,18(5)мая,стр.1—2.——217、246。

《全党工作者代表会议》(Конференция общепартийных работников.—«Искра»,[Женева],1905,№100,15 мая,стр.8,в отд.:Из партии)——300。

《全党注意》(Вниманию партии.—«Искра»,[Женева],1905,№94,25 марта,стр.6,в отд.:Из партии)——81—82。

《全俄党的工作者第一次代表会议》(Первая общерусская конференция партийных работников.Отдельное приложение к №100«Искры».Женева,тип.партии,1905.31 стр.(РСДРП))——205—206、289、300、301—302、303—304、305—307、372—374、382、383、385。

《[全俄党的工作者第一次]代表会议通过的决议》(Резолюции, принятые [первой общерусской] конференцией [партийных работников].—В кн.:Первая общерусская конференция партийных работников. Отдельное приложение к №100 «Искры», Женева, тип. партии, 1905, стр.15—30.(РСДРП))——289、300、303、308。

[《全俄律师代表大会的决议(1905 年 3 月 28—30 日(4 月 10—12 日))》]([Резолюции Всероссийского съезда адвокатов 28—30 марта(10—12

апреля)1905 г.].—В листовке: Всероссийский союз адвокатов.[I съезд].
28—30 марта 1905 г.[М.,1905],стр.1—4)——215。

《全俄律师联合会》[第一次代表大会](1905 年 3 月 28—30 日)[传单]
(Всероссийский союз адвокатов.[I съезд].28—30 марта 1905 года.
[Листовка,М.,1905].4 стр.Гектограф)——215。

《人民代言者报》(纽约)(«Der Volks-Tribun»,New-York)——50、52。
—1846,N 10,7.März,S.1—2.——52、54。
—1846,N 13,28.März,S.1—2.——54。
—1846,N 14,4.April,S.4.——51、52。

《人民国家报》(莱比锡)(«Der Volksstaat»,Leipzig,1873,N 105,31.Oktober,
S.1;N 106,2.November,S.1—2;N 107,5.November,S.1)——234。

《任务和目的》(Purposes and prospects.—«The Times»,London,1905,N 37,
700,May 6,p.9.Under the general title: Zemstvo congress at Moscow)
——174。

《日内瓦日报》(«Journal de Genève»,Genève,1905,1 juillet)—— 332—
333、381。

《社会党策略的国际准则》(Internationale Regeln der sozialistischen Taktik.
[Die Resolution des Internationalen Sozialisten Kongresses zu Amster-
dam].—In: Internationaler Sozialisten-Kongreß zu Amsterdam.14.bis 20.
August 1904.Berlin,Expedition der Buchhandlung «Vorwärts»,1904,S.
31—32)——22。

《社会革命党农民协会告俄国革命社会主义运动全体工作者书》(От крес-
тьянского союза партии социалистов-революционеров ко всем работникам
революционного социализма в России.—« Революционная Россия »,
[Женева],1902,№8,25 июня,стр.5—14)——51。

《社会民主党人报》[日内瓦](«Социал-Демократ»,[Женева])——302—303。

《社会民主党人日志》[日内瓦](«Дневник Социал-Демократа»,[Женева],
1905,№1,март,стр.6—16)——147。

《社会评论》杂志(米兰)(«Critica Sociale»,Milano,1894,N 3,1.febbraio,p.
35—36)——129、231、369。

《社会主义者报》(巴黎)(《Le Socialiste», [Paris], 1905, N 8, 25 juin— 2
　　juillet.Supplément à N 8, p.5 — 6)——216、291。

[《圣彼得堡五金工厂工人小组的决议》]([Резолюция группы рабочих Санкт-
　　Петербургского металлического завода].—« Вперед », Женева, 1905,
　　№14, 12 апреля(30 марта), стр.6, в отд. : Из партии)——31。

[《17位代表大会代表关于严格遵守规程的声明(1905年4月19日(5月2
　　日)在俄国社会民主工党第三次代表大会上提出)》]([Заявление 17
　　участников съезда о необходимости точного соблюдения регламента,
　　внесенное на III съезде РСДРП 19 апреля (2 мая) 1905 г.].—В кн. :
　　Третий очередной съезд Росс. соц.-дем. рабочей партии. Полный текст
　　протоколов. Изд. ЦК. Женева, тип. партии, 1905, стр. 190. (РСДРП))
　　——145。

《时报》(巴黎)(«Le Temps» ,Paris)——314。
　　—1905, N 16090, 8 juillet.——314。

《世纪报》(巴黎)(«Le Siècle» ,Paris, 1905, 30 mai)——243—244。

《曙光》杂志(斯图加特)(«Заря» , Stuttgart, 1901, №1, апрель, стр.152—153)
　　——13。

《泰晤士报》(伦敦)(«The Times», London)——218—219、314、325。
　　—1905, N 37,700, May 6, p.9.——174。
　　—1905, N 37,701, May 8, p.5.——217—218。
　　—1905, N 37,702, May 9, p.5.——218。
　　—1905, N 37,706, May 13, p.7.——218—220。
　　—1905, N 37,750, Juli 4, p.9.——325—327。
　　—1905, N 37,753, Juli 7, p.5.——315。

《"统一"代表大会文件汇编》(Документы « объединительного» съезда. Изд.
　　Лиги русской революционной социал-демократии. Женева, тип. Лиги,
　　1901.IV, 11 стр.)——379。

[《土地纲领(1905年2月24日和26日(3月9日和11日)地方自治活动家
　　会议拟定)》]([Аграрная программа, выработанная совещанием земских
　　деятелей 24 и 26 февраля (9 и 11 марта) 1905 г.].—« Русские

《新闻和交易所报》(圣彼得堡)(«Новости и Биржевая Газета»,Спб.,1905,
　　№87,18(5)апреля)——246。

星期六。《沙皇的诺言。各党的态度》(本报特派记者)(Samedi. Les
　　promesses du tsar. L'attitude des partis.(De notre correspondant particu-
　　lier).—«Journal de Genève»,1905,1 juillet)——332—333、381。

《1872 年 9 月 15 日在圣伊米耶举行的,由意大利人、法国人、西班牙人、美国
　　人和汝拉人的联合会和支部代表通过的国际反权威主义代表大会决议》
　　(Résolutions du congrès antiautoritaire international tenu à Saint-Jmier le
　　15 septembre 1872 par les délégués des Fédérations et sections itali-
　　ennes,françaises,espagnoles,américaines et jurassiennes.[Le tract].S.l.,
　　[1872].3 p.)——236、238。

《1900 年 9 月 23—27 日在巴黎举行的国际社会党第五次代表大会速记报告
　　非正式法文本》(Compte rendu sténographique non officiel de la version
　　française du cinquième congrès socialiste international tenu à Paris du 23
　　au 27 septembre 1900.Paris,1901.218 p.)——347。

《1901 年代表大会决议》——见《国外社会民主主义组织代表会议决议》
　　(1901 年 6 月)。

《1905 年 4 月 1 日(14 日)被批准的俄国社会民主工党各委员会名单》——见
　　马尔托夫,尔·《关于表决程序的决议》。

《[1905 年 5 月 23 日(6 月 5 日)地方自治和城市活动家代表大会通过的]决
　　议》(Резолюция,[принятая 23 мая(5 июня)1905 г. на съезде земских и
　　городских деятелей].—В листовке: Соединенное заседание земских и
　　городских представителей.Б.м.,[1905],стр.4)——277、278—279、280—
　　281、282、286、288。

《以俄国社会民主工党中央委员会和多数派委员会常务局的名义发表的声
　　明》(1905 年 3 月 12 日(25 日))——见《告全党书》(俄国社会民主工党
　　中央委员会和多数派委员会常务局的呼吁书(1905 年 3 月 12 日(25
　　日)))。

《在莫斯科召开的地方自治人士代表大会》(The zemstvo congress at Mos-
　　cow.—«The Times»,London,1905,N 37,702,May 9,p.5)—— 217

—218。

《政府法令汇编》(执政参议院出版)(«Собрание узаконений и распоряжений правительства, издаваемое при правительствующем Сенате», Спб., 1886, №67, 11 июля, стр. 1355—1372)——46。

《致"多数派委员会常务局"召开的代表大会代表》(К членам съезда, созываемого «Бюро Комитетов Большинства». [Постановление Совета партии от 10 марта 1905 г.].—«Искра», [Женева], 1905, №91, 6 марта, стр. 3, в отд.: Из партии)——77、79。

[《致欧洲列强》]([A toutes les puissances de l'Europe].—«Le Matin», Paris, 1905, N 7801, 5 juillet, p. 3, dans l'article: Un manifeste des mutins)——327。

[《致沙皇的请愿书(1905年5月25日(6月7日)地方自治和城市活动家代表大会通过)》](载于《地方自治和城市代表联席会议》传单)([Петиция царю, принятая 25 мая(7 июня)1905 г. на съезде земских и городских деятелей].—В листовке: Соединенное заседание земских и городских представителей. Б. м., [1905], стр. 3 — 4)—— 277 — 278、279、280 — 281、282。

[《致沙皇的请愿书(1905年5月25日(6月7日)地方自治和城市活动家代表大会通过)》](载于1905年6月8日(21日)《俄罗斯报》第151号)([Петиция царю, принятая 25 мая(7 июня)1905 г. на съезде земских и городских деятелей].—«Русь», Спб., 1905, №151, 8(21)июня, стр. 2, в ст.: Высочайший прием делегатов от земств и городов)——296。

《致应"组织委员会"之邀参加代表大会的同志们》——见《致"组织委员会"召开的代表大会的声明》。

《致"组织委员会"召开的代表大会的声明》(Заявление съезду, созванному «Орг. ком [итетом]».—В кн.: Первая общерусская конференция партийных работников. Отдельное приложение к №100 «Искры». Женева, тип. партии, 1905, стр. 7—14. (РСДРП))——205—206、373。

《中央委员会代表在总委员会上提出的声明》——见列宁, 弗·伊·《中央委员会代表的不同意见(1904年1月17日(30日)在俄国社会民主工党总委员会会议上提出)》。

《中央委员会的声明》[俄国社会民主工党中央委员会七月宣言(1904年)]
　　　(载于沙霍夫,尼·[马利宁,尼·伊·]《为召开代表大会而斗争》(文件
　　　汇编)一书)(Заявление Центрального Комитета.[Июльская декларация
　　　ЦК РСДРП. 1904 г.].—В кн.: Шахов, Н.[Малинин, Н. И.] Борьба за
　　　съезд. (Собрание документов). Женева, кооп. тип., 1904, стр. 90, 93.
　　　(РСДРП))——60、104。

《中央委员会的声明》[俄国社会民主工党中央委员会七月宣言(1904年)]
　　　(载于1904年8月25日《火星报》第72号)(Заявление Центрального
　　　Комитета.[Июльская декларация ЦК РСДРП. 1904 г.].—«Искра»,
　　　[Женева], 1904, №72, 25 августа, стр. 9, в отд.: Из партии)——60、104。

《中央委员会的最后通牒》——见《中央委员会给斯塔罗韦尔同志的信》。

《中央委员会对党总委员会主席普列汉诺夫同志的再一次请求》——见[克拉
　　　辛,列·波·]约翰森和[柳比莫夫,阿·伊·]瓦列里扬《给俄国社会民
　　　主工党总委员会主席的信……》。

《中央委员会给斯塔罗韦尔同志的信》[1903年11月12日(25日)](Письмо
　　　ЦК к тов. Староверу.[12(25) ноября 1903 г.].—В кн.:[Воровский, В. В.]
　　　Комментарий к протоколам Второго съезда Заграничной лиги русс.
　　　революционной социал-демократии. Женева, тип. партии, 1904, стр. 26 —
　　　28. (РСДРП))——211。

《自由派的土地纲领》——见《土地纲领(1905年2月24日和26日(3月9日
　　　和11日)地方自治活动家会议拟定)》。

《祖国之子报》(圣彼得堡)(«Сын Отечества», Спб.)——261。

《组织章程[全俄党的工作者第一次代表会议通过]》(Организационный
　　　устав, [принятый первой общерусской конференцией партийных
　　　работников].—В кн.: Первая общерусская конференция партийных
　　　работников. Отдельное приложение к №100 «Искры». Женева, тип.
　　　партии, 1905, стр. 17 — 18. (РСДРП))——301 — 302、303、372 — 374。

年　表

（1905 年 3 月下旬—6 月）

1905 年

3 月—6 月

列宁侨居日内瓦。

3 月 23 日（4 月 5 日）以前

起草《社会民主党和临时革命政府》一文提纲。

3 月 26 日（4 月 8 日）

读俄国社会民主工党莫斯科委员会写的关于该委员会支持《劳动呼声报》的短文,给这篇短文加写标题《声明》,并写批注。

3 月 30 日（4 月 12 日）以前

写《无产阶级和农民的革命民主专政》一文。

写《嫁祸于人》一文,这篇文章发表在 4 月 7 日（20 日）《前进报》第 15 号上。

校订瓦·瓦·沃罗夫斯基的文章《争取罢工权的斗争》。这篇文章发表在 3 月 30 日（4 月 12 日）《前进报》第 14 号上。

校订阿·瓦·卢那察尔斯基（瓦·沃伊诺夫）的小册子《彼得堡工人是怎样去见沙皇的》。

与米·斯·奥里明斯基合写《前进报》编辑部关于圣彼得堡五金工厂工人小组的决议（决议谈到党内统一的必要性）的按语。

3 月 30 日（4 月 12 日）

列宁的文章《无产阶级和农民的革命民主专政》（社论）、《社会民主党和临时革命政府》一文的后一部分、《法国和俄国的"贿赂"之风！》一文和《前进报》编辑部关于圣彼得堡五金工厂工人小组的决议的按语发表在

《前进报》第 14 号上。

3 月底—4 月 7 日(20 日)以前

会见布尔什维克叶卡捷琳诺斯拉夫委员会委员雅·纳·勃兰登堡斯基。当得知他对俄国社会民主工党土地纲领感兴趣时,便建议他准备关于这一问题的报告。

3 月

多次会见普·伊·库利亚布科,她是因筹备俄国社会民主工党第三次代表大会从俄国来到日内瓦的。列宁向她询问俄国国内党的工作情况。

3 月—4 月 12 日(25 日)以前

在日内瓦布尔什维克会议上作报告,谈俄国社会民主工党第三次代表大会的筹备情况和代表大会的议程问题。

3 月—4 月

会见俄国社会民主工党喀山委员会委员弗·维·阿多拉茨基,同他就党内事务进行交谈。列宁向阿多拉茨基回忆起 1887 年在喀山大学闹学潮时同逮捕他的警察局长的一次谈话。警察局长对列宁说:"年轻人,你为什么造反? 要知道前面是一堵墙!"列宁回答说:"是一堵墙,但却是一堵糟朽的墙,一戳就会倒塌!"

4 月 2 日(15 日)

写《宪法交易》一文。

4 月 5 日(18 日)

在日内瓦出席筹备召开俄国社会民主工党第三次代表大会的组织委员会的会议。

4 月 6 日(19 日)

致函《前进报》工作人员加·达·莱特伊仁,委托他代表《前进报》编辑部在法国社会党代表大会上致贺词;建议他在贺词中揭露卡·考茨基在《新时代》杂志第 29 期上对布尔什维克与孟什维克分歧的实质的歪曲。

4 月 7 日(20 日)以前

草拟《自由派的土地纲领》一文的提纲。

摘录《反克利盖的通告》,研究马克思和恩格斯对 1846 年美国土地改革运动的态度问题,写《马克思论美国的"土地平分"》一文。

为敖德萨的一篇关于工厂党委会组织的通讯稿写《前进报》编辑部按语。这份材料发表在 4 月 7 日(20 日)《前进报》第 15 号上。

校订瓦·瓦·沃罗夫斯基的《在科科夫佐夫委员会》一文。这篇文章发表在 4 月 7 日(20 日)《前进报》第 15 号上。

4 月 7 日(20 日)

列宁的文章《自由派的土地纲领》(社论)、《马克思论美国的"土地平分"》、《被揭穿的总委员会》发表在《前进报》第 15 号上。

4 月 8 日(21 日)以前

复函在萨马拉的阿·安·普列奥布拉任斯基,告知党的第三次代表大会即将召开,而格·瓦·普列汉诺夫的立场尚未彻底明朗。

4 月 10 日(23 日)

以俄国社会民主工党中央委员会的名义写《给俄国社会民主工党总委员会主席普列汉诺夫同志的公开信》,信中揭露党总委员会反党的分裂政策,并且说明必须尽快召开第三次代表大会的原因。

4 月 10 日至 17 日(23 日至 30 日)之间

列宁写的《给俄国社会民主工党总委员会主席普列汉诺夫同志的公开信》印成单页传单。

不晚于 4 月 11 日(24 日)

起草筹备召开俄国社会民主工党第三次代表大会的组织委员会关于某些组织的代表资格的决定和组织委员会关于代表大会的组成的决议。

4 月 11 日(24 日)

出席筹备召开俄国社会民主工党第三次代表大会的组织委员会的会议。

4 月 12 日(25 日)以前

出席雅·纳·勃兰登堡斯基关于俄国社会民主工党土地纲领的报告会。

拟定《五一节》传单的提纲以及传单的正文。传单由多数派委员会常务局和《前进报》编辑部印行。

收到库尔斯克和敖德萨委员会寄来的出席俄国社会民主工党第三次代表大会的代表委托书。列宁就是作为敖德萨委员会的代表出席代表大会的。

出席阿·瓦·卢那察尔斯基关于起义问题的报告会。

同前来参加俄国社会民主工党第三次代表大会的代表谈话,向他们了解俄国国内党的工作情况,并同他们商谈代表大会的工作。

出席俄国国内来的党的第三次代表大会代表和党的工作人员的磋商会议;在会上发言,严厉批评费·普·施普林斯基(卢申)给第三次代表大会代表们的公开信,信中错误地指责多数派同少数派斗争不够坚决。

离开日内瓦前往伦敦出席党的第三次代表大会。

拟订党的第三次代表大会议事日程,同多数派委员会常务局委员以及《前进报》编辑部成员开会协商。

会见米·格·茨哈卡雅,同他谈高加索情况,谈工作的前景。

提议让年纪最大的代表米·格·茨哈卡雅宣布俄国社会民主工党第三次代表大会开幕。

为米·格·茨哈卡雅起草代表大会开幕词(开幕词的文稿没有找到)。

同马·尼·利亚多夫谈话,在谈到俄国社会民主工党中央委员列·波·克拉辛和阿·伊·柳比莫夫所持的立场时,认为在讨论俄国社会民主工党中央委员会的报告时必须彻底批判他们的活动。

同下诺夫哥罗德委员会出席党的第三次代表大会的代表瓦·阿·杰斯尼茨基谈话,详细询问有关阿·马·高尔基的情况,要求对他加以保护;关心地方上的党内关系、革命情绪、地下工作条件、革命运动的发展等问题。

不晚于 4 月 12 日(25 日)

写《关于第三次代表大会问题》一文。

4 月 12 日—27 日(4 月 25 日—5 月 10 日)

领导俄国社会民主工党第三次代表大会的工作,主持代表大会的会议,作为主席发言达百次以上,写代表大会主席日志,参加决议起草委员会,作报告等。

在代表大会休会期间同代表们一起参观伦敦的名胜古迹。

4 月 12 日(25 日)

俄国社会民主工党第三次代表大会开幕,列宁当选为代表大会主席。

在代表大会第 1 次会议上,列宁提议,在讨论党的第三次代表大会

的议程时以俄国社会民主工党第二次代表大会的议程为基础,获通过;
对瓦·瓦·沃罗夫斯基针对俄国社会民主工党第三次代表大会议程第
7条关于有发言权的代表的票数的统计办法提出的补充案作修正,获
通过。

4月13日(26日)

出席代表大会第2次会议,作为主席提议由代表资格审查委员会报告
工作。

　　起草致代表大会代表资格审查委员会的声明,建议邀请俄国社会民
主工党喀山委员会委员弗·维·阿多拉茨基(阿尔纳茨基)作为有发言
权的代表出席代表大会,因为在代表大会上没有他们的正式代表;就代
表资格审查委员会关于喀山委员会出席代表大会代表资格问题的报告
发言,对代表资格审查委员会关于这一问题的提案提出修改意见。

　　出席代表大会第3次会议,就讨论组委会报告的问题发言,并提出
关于这个问题的决议草案,获得一致通过;就代表大会的合法性发言,并
草拟关于这个问题的决议的提纲;在讨论自己拟定的代表大会议程时发
言,这一议程略加修改后被代表大会通过;在讨论代表大会工作程序时
发言;提出关于选举代表报告审查委员会和决议起草委员会的决议草案
并发言;被选入决议起草委员会。

4月14日(27日)以前

向阿·瓦·卢那察尔斯基提出关于武装起义问题以及俄国社会民主工
党对武装起义的态度问题的报告的要点,并修改他关于这个问题的
报告。

4月14日(27日)

出席代表大会第4次会议,提出关于巴统委员会代表资格的决议草案并
获一致通过;对马·马·李维诺夫的关于俄国社会民主工党明斯克小组
的代表资格的决议草案提出修改意见。

　　向代表大会转交弗·弗·菲拉托夫关于要求准许他参加代表大会
并享有发言权的书面申请,就这个问题起草致代表大会代表资格审查委
员会的声明。

　　在代表大会第5次会议上,继续讨论代表资格审查委员会的报告。

列宁就喀山委员会和库班委员会是否享有全权的问题发言,并向会议提出决议草案,提议在确定代表大会的组成时不算这两个委员会,但批准这两个委员会为将来的享有全权的委员会。决议获得通过。列宁以大会主席的身份宣告俄国社会民主工党第三次代表大会最后组成。

提出关于在代表大会上表决问题的程序的决议草案并获通过。

阿·瓦·卢那察尔斯基将列宁起草的关于俄国社会民主工党对武装起义的态度的决议草案提交大会讨论。

4 月 15 日(28 日)

在代表大会第 6 次会议上就武装起义问题发言。

主持代表大会第 7 次会议。

不晚于 4 月 16 日(29 日)

起草关于武装起义的补充决议草案。

4 月 16 日(29 日)

在代表大会第 8 次会议上就武装起义问题发言;起草关于武装起义的决议。

出席代表大会第 9 次会议。会议通过列宁关于武装起义的决议。

对关于俄国社会民主工党在革命前夕和革命时期对待政府政策的决议案提出补充。

4 月 16 日和 19 日(4 月 29 日和 5 月 2 日)之间

为决议起草委员会撰写对彼·彼·鲁勉采夫关于俄国社会民主工党的公开政治活动问题的决议草案的意见。

4 月 17 日(30 日)以前

校订阿·瓦·卢那察尔斯基的《正教会的复活》一文。

《宪法交易》、《给俄国社会民主工党总委员会主席普列汉诺夫同志的公开信》在《前进报》第 16 号上发表。

4 月 18 日(5 月 1 日)以前

起草关于社会民主党参加临时革命政府的决议草案。

准备关于社会民主党参加临时政府问题的报告:摘录报告所要引用的马克思和恩格斯著作中的论述,写报告要点和决议提纲、报告的简要提纲,以及对普列汉诺夫《论夺取政权问题》一文的意见。

写信给一位尚未查明的收信人，提出必须把恩格斯的《德国维护帝国宪法的运动》一文翻译成俄文并出版单行本。列宁在自己关于社会民主党参加临时政府问题的报告中引用了这一著作。

4月18日（5月1日）

在代表大会第10次会议上，就俄国社会民主工党在革命前夕对待政府的策略问题发言，提出将所有关于这一问题的决议草案都交给决议草案起草委员会，同时扩充这一委员会的班子。

在代表大会第11次会议上，作关于社会民主党参加临时革命政府的报告，并提出关于临时革命政府的决议草案。

不晚于4月19日（5月2日）

对关于临时革命政府的决议案提出补充意见。

4月19日（5月2日）

在代表大会第12次会议上就修改关于临时革命政府的决议案一事发言，提出对该决议案第一、二、三项的修改意见（决议案经讨论后一致通过）。

在代表大会第13次会议上，起草关于俄国社会民主工党的公开政治活动问题的决议；在讨论关于俄国社会民主工党的公开政治活动问题的决议时发言；在讨论关于革命前时期对待政府的策略的决议时发言；作关于支持农民运动的决议案的报告。

不晚于4月20日（5月3日）

写《关于各级党组织的两周报告制》一文。

4月20日（5月3日）

在代表大会第14次会议上提出关于支持农民运动的决议草案。

校订瓦·瓦·沃罗夫斯基关于俄国社会民主工党对农民运动态度的发言稿。

代表大会第15次会议继续讨论列宁起草的、并经他亲自校订的关于对农民运动的态度的决议。列宁校订关于社会民主党组织中工人和知识分子的关系问题的决议草案，并就这个问题发言；写条子给代表大会主席团，说明作出关于工人和知识分子的关系的决议是适时的。在第15次会议结束时，列宁参加记名投票，赞成通过关于社会民主党组织中工人和知识分子的关系问题的决议(多数票要求将问题推延到通过党章时解决)。列宁作为大会主席宣布转入讨论党章草案。

4月21日(5月4日)

代表大会第16次会议上继续讨论党章草案,大会一致通过列宁的党章第1条条文。列宁在讨论党章草案时6次发言。

代表大会第17次会议继续讨论党章草案,列宁就这个问题7次发言;在讨论俄国社会民主工党党章草案关于外层组织对委员会的关系问题时,列宁作札记;在讨论关于中央委员会全体会议的决议草案时发言;校订彼·阿·克拉西科夫关于俄国社会民主工党国外组织委员会的决议草案。

4月22日(5月5日)

在代表大会第18次会议上就代表资格审查委员会关于喀山委员会代表资格问题的报告发言。

在代表大会第19次会议上重新讨论关于社会民主党组织中工人和知识分子的关系问题。列宁起草并由列宁和亚·亚·波格丹诺夫一起提出的草案被代表大会采纳作为讨论的基础。列宁就这个问题3次发言;在讨论对党章关于党的各种组织的定期代表会议的补充决议案时发言;对关于党内分裂出去的部分的决议草案提出修改意见。会议讨论了这一决议草案,并在第20次会议上以多数票通过。

4月22日和27日(5月5日和10日)之间

在俄国社会民主工党第三次代表大会休会期间,同明斯克小组代表格·李·什克洛夫斯基谈在党的第二次代表大会上分裂的原因。

4月23日(5月6日)

代表大会第20次会议上继续讨论关于党内分裂出去的部分的决议草案。会上鲁勉采夫也提出关于党内分裂出去的部分的决议案,列宁发言表示反对。

代表大会通过经列宁修改的关于解散那些拒绝承认第三次代表大会决议的委员会的决议草案。

主持代表大会第21次会议。会议讨论关于对各民族的社会民主党组织的态度的决议案。列宁就这个问题发言。会议转入讨论下一个问

题:对自由派的态度,列宁就这个问题发言,发言中引用了 1905 年 5 月
6 日的英国《泰晤士报》的材料。列宁就同社会革命党达成实际协议问
题发言。

　　同出席代表大会第 21 次会议的乌拉尔联合会的代表弗·尤·弗里
多林谈话。

4 月 25 日(5 月 8 日)

　　主持代表大会第 22 次会议。会议讨论关于宣传和鼓动的决议草案。列
宁发言主张各个党组织每两周应向中央委员会报告一次工作,并对决议
草案中的一、三、四项提出修改意见(修正案获通过)。

　　主持代表大会第 23 次会议。列·波·克拉辛在会上作关于俄国社
会民主工党中央委员会的工作报告。列宁就中央委员会的工作报告两
次发言;就选举中央委员会的程序问题 6 次发言;起草关于中央委员会
行使职权时间的决议(获一致通过);被选为党中央委员会委员;就出版
俄国社会民主工党第三次代表大会记录问题发言;提出关于出版俄国社
会民主工党第三次代表大会的通知和代表大会记录的决议草案。

4 月 26 日(5 月 9 日)以前

　　在代表大会休会期间审阅《前进报》第 17 号的稿件,并在致米·斯·奥
里明斯基的信中说明自己的意见。

　　审阅阿·瓦·卢那察尔斯基的文章《欧洲无产阶级革命斗争的历史
纲要。四、饥饿妇女向凡尔赛进军》。这篇文章发表在 1905 年 4 月 26
日《前进报》第 17 号上。

4 月 26 日(5 月 9 日)

　　在代表大会第 25 次会议上同米·格·茨哈卡雅一起提出关于高加索事
件的决议草案,在讨论这一决议草案时两次发言,草案被通过。

4 月 27 日(5 月 10 日)

　　下午 1 时,列宁宣布俄国社会民主工党第三次代表大会闭幕。

　　主持党的第三次代表大会选出的中央委员会的第一次会议。

　　中央委员会委任列宁为中央机关报《无产者报》主编和中央委员会
驻国外代表。

　　拟定中央委员会国外委员和国内委员职责分工计划;拟定各中央委

员相互联系的暗号、密码和代号,制定党的组织工作细则和拨款办法。

把俄国社会民主党第三次代表大会的代表按"鼓动员、宣传员、组织员"分组,编写名单。

4月27日(5月10日)以后

同俄国社会民主工党第三次代表大会代表一起到伦敦海格特公墓参谒马克思墓。

离伦敦前,同米·格·茨哈卡雅、娜·康·克鲁普斯卡娅和罗·萨·捷姆利亚奇卡一起去英国自然历史博物馆和动物园参观。

自伦敦返回日内瓦途经巴黎时,同茨哈卡雅、克鲁普斯卡娅和捷姆利亚奇卡一起参谒巴黎公社战士被枪杀的地方——拉雪兹神父墓地"公社战士墙";参观埃菲尔铁塔和卢浮宫。

同侨居意大利的阿·瓦·卢那察尔斯基通信,请他为《无产者报》写文章。

4月27日(5月10日)—5月初

委托米·格·茨哈卡雅去看望在柏林附近疗养院治疗的弗·菲·哥林。

派茨哈卡雅去俄国社会民主工党彼得堡委员会完成党交给的任务。

4月27日和5月14日(5月10日和27日)之间

委托阿·瓦·卢那察尔斯基写一组关于群众政治罢工的文章,并指明写稿所必需的材料。

5月5日(18日)

列宁的文章《政治诡辩》、《俄国的旁观者》发表在《前进报》第18号上。

5月7日(20日)

出席党中央机关报——《无产者报》编辑部工作人员会议,会上讨论了编辑部的工作计划。

用英文写信给英国"劳工代表委员会"书记,感谢寄来捐款,救济在争取自由的斗争中牺牲的工人的家属。

主持俄国社会民主工党中央委员会会议。会议通过决定,任命格·瓦·普列汉诺夫为党的学术性机关报主编和俄国社会民主工党驻社会党国际局代表。

同列·波·克拉辛和德·西·波斯托洛夫斯基一起签署俄国社会

民主工党中央委员会关于任命格·瓦·普列汉诺夫为党的学术性机关报主编和俄国社会民主工党驻社会党国际局代表的决定。中央委托列宁执行这两项决定,其条件是普列汉诺夫承认党的第三次代表大会的各项决议。

5月10日和14日(23日和27日)之间

代表俄国社会民主工党中央委员会给俄国革命社会民主党人国外同盟写信,询问它对党的第三次代表大会决议及代表大会产生的党的中央机关的态度。

5月10日(23日)以后

收到俄国社会民主工党中央委员会驻党总委员会代表德·西·波斯托洛夫斯基从柏林的来信,信中说在柏林的调和派对党的第三次代表大会关于《火星报》的决议采取否定态度,他们也不满意亚·亚·波格丹诺夫关于代表大会的报告。波斯托洛夫斯基在信中还介绍了自己的报告的提纲,并请列宁提意见。

5月12日(25日)以前

致函在柏林的俄国社会民主工党中央委员会驻党总委员会的代表德·西·波斯托洛夫斯基。

5月12日(25日)

德·西·波斯托洛夫斯基向列宁讲述自己给柏林小组作关于第三次代表大会的报告和列·米·欣丘克作关于孟什维克代表会议的报告的情况;请列宁指示如何同孟什维克作斗争。

不早于5月13日(26日)

用德文就罗·汉特尔的《贫穷》一书的书评写札记。

5月14日(27日)以前

拟定《第三次代表大会》一文的提纲。

就《无产者报》的编排问题,向《无产者报》编辑部和印刷所工作人员作指示。

不晚于5月14日(27日)

研究1905年3月俄国社会民主工党国外组织成立大会制定的国外组织章程草案,并写自己对这一文件的意见。

5 月 14 日（27 日）

列宁主编的党中央机关报——布尔什维克报纸《无产者报》创刊号出版。在这号报纸上发表了列宁写的《关于俄国社会民主工党第三次代表大会的通知》（社论）、《第三次代表大会》、《关于代表大会的组成》等文件，以及俄国社会民主工党第三次代表大会的主要决议（大部分是列宁起草的）。

5 月 14 日（27 日）以后

致函尤·米·斯切克洛夫，邀请他担任俄国社会民主工党中央机关报——《无产者报》的撰稿人。

5 月上半月

结识从西伯利亚流放地逃出的职业革命家谢·伊·莫伊谢耶夫，并多次同他会见。

在日内瓦两次作关于俄国社会民主工党第三次代表大会的报告。第一次是内部的，是为布尔什维克侨民和被派到各地方党组织去的代表所作的；第二次是公开的，孟什维克也出席了报告会。在对第二次报告进行辩论时，记下尔·马尔托夫的发言。

同经日内瓦回俄国去的代表大会代表举行会议。

5 月 15 日（28 日）以后

拟定关于俄国社会民主工党第三次代表大会及其决议的报告提纲。

5 月 19 日或 20 日（6 月 1 日或 2 日）

致电并致函莉·亚·福季耶娃，说自己打算在巴黎作关于俄国社会民主工党第三次代表大会及大会决议的报告，请她选择作报告的地点并及时通知他。

5 月 20 日（6 月 2 日）

致函社会党国际局，说俄国社会民主工党第三次代表大会已经开过，大会决定《无产者报》为俄国社会民主工党中央机关报。列宁在信中还通知社会党国际局，根据新党章的规定，俄国社会民主工党中央委员会是党的唯一的中央机关；中央任命列宁为驻社会党国际局的代表。

5 月 21 日（6 月 3 日）以前

摘录英国报纸《泰晤士报》关于地方自治人士第二次代表大会的报道，在

《保守派资产阶级的忠告》一文中引用了这一摘录。

　　写《论临时革命政府》一文开头部分的草稿,拟提纲,写笔记,摘录格·瓦·普列汉诺夫的文章《论夺取政权问题》。

5 月 21 日(6 月 3 日)

　　列宁的《保守派资产阶级的忠告》一文发表在《无产者报》第 2 号上。

5 月 21 日和 27 日(6 月 3 日和 9 日)

　　列宁的《论临时革命政府》一文发表在《无产者报》第 2 号和第 3 号上。

5 月 21 日(6 月 3 日)以后

　　收到列·波·克拉辛 1905 年 5 月 21 日(6 月 3 日)从柏林寄来的信。克拉辛在信中说,他拜访了卡·考茨基和罗·卢森堡,并同他们就布尔什维克与孟什维克的分歧问题、就奥·倍倍尔打算发表谈话呼吁布尔什维克与孟什维克统一的问题进行了谈话。

5 月 23 日和 6 月 4 日(6 月 5 日和 17 日)之间

　　对叶·德·斯塔索娃的来信进行编辑加工。信中谈到由于季·彼·罗日杰斯特文斯基海军中将的舰队在对马岛附近覆灭,知识分子在巴甫洛夫斯克市举行游行示威,反对日俄战争。这封信发表在《无产者报》第 4 号上。

5 月 24 日(6 月 6 日)

　　在巴黎作关于党的第三次代表大会及其决议的报告。

不早于 5 月 25 日(6 月 7 日)

　　摘录法文报纸《时报》所载关于地方自治机关选民代表举行会议的情况。

5 月 27 日(6 月 9 日)以前

　　拟定《工人们,组织起来!》传单或文章的提纲。列宁后来在《革命斗争和自由派的渔利行为》和《革命无产阶级的民主主义任务》这两篇文章中阐述了这个提纲所提出的原理。

　　写有关《革命斗争和自由派的渔利行为》一文的笔记。

5 月 27 日(6 月 9 日)

　　列宁的文章《覆灭》(社论)和《革命斗争和自由派的渔利行为》发表在《无产者报》第 3 号上。

5 月 27 日(6 月 9 日)以后

　　就 1905 年 6 月 9 日(公历)《法兰克福报》关于日俄和谈的报道及《人道

报》上彼·伯·司徒卢威给让·饶勒斯的信写札记。

不早于5月29日（6月11日）

用法文写信给亚·玛·德鲁索（布拉克），请他把保·拉法格关于社会民主党参加临时革命政府问题的讲话寄来。

5月29日（6月11日）—6月初

收到基辅的亚·马·埃森1905年5月29日（6月11日）的来信，信中谈到当地委员会的工作情况。

5月31日（6月13日）

代表俄国社会民主工党中央委员会用德文起草并签署任命奥·阿·皮亚特尼茨基为俄国社会民主工党中央委员会特派员的证件，请一切组织协助皮亚特尼茨基的工作。

5月底

写《告犹太工人书》一文。该文作为依地文小册子《关于俄国社会民主工党第三次代表大会的通知》的序言发表。

不晚于5月

读俄国社会民主党人弗·弗·菲拉托夫给彼得堡同志们的信，信中谈到关于建立新的俄国舰队问题以及布尔什维克必须加强在建筑工人中进行工作的问题。

不早于5月

起草题为《党内分裂概况》的提纲，提纲中指出了俄国社会民主党内革命派同机会主义派之间斗争的各个主要阶段。

读寄到日内瓦的一封信，信中谈到社会民主党人和社会革命党人在莫斯科的几次关于土地问题的争论，说必须由列宁或格·瓦·普列汉诺夫就这一问题写一本通俗小册子。列宁在信的第一页上划掉几个字，并在信上注明："莫斯科"。

5月—6月10日（23日）

写《社会民主党在民主革命中的两种策略》一书。

5月—6月12日（25日）

组织出版《关于俄国社会民主工党第三次代表大会的通知》和代表大会主要决议的德文本和法文本。

5 月—6 月

安置从流放地逃出来的同志们。

写《胜利的革命》一文。

列宁向格·李·什克洛夫斯基作指示,什克洛夫斯基就共同工作问题同格·瓦·普列汉诺夫进行谈判。

俄国社会民主工党中央委员会代表同孟什维克组委会代表举行磋商会议,目的是要使布尔什维克和孟什维克统一起来。列宁电召列·波·克拉辛前来参加(电报没有找到)。

5 月—11 月初

编辑俄国社会民主工党中央机关报《无产者报》创刊号至第 24 号。

6 月 2 日和 9(15 日和 22 日)之间

从德国《法兰克福报》和法国《晨报》上摘录关于地方自治人士代表团晋谒沙皇的消息。列宁在《资产阶级背叛的头几步》一文中利用了这些摘录。

6 月 4 日(17 日)以前

校阅阿·瓦·卢那察尔斯基的文章《群众政治罢工。第二篇文章》和米·伊·瓦西里耶夫-尤任的文章《自由派资产者和俄国教师》。这两篇文章发表在 6 月 4 日(17 日)《无产者报》第 4 号上。

读俄国社会民主工党特维尔委员会、明斯克小组和科斯特罗马小组的报告,以及从叶卡捷琳诺斯拉夫、特维尔和伊万诺沃-沃兹涅先斯克寄来的通讯,在报告和通讯上作批注并画线。这些材料发表在 6 月 4 日(17 日)《无产者报》第 4 号上。

研究俄国解放联盟中央委员会的几份宣言,在这些文件上划重点,在写《新的革命工人联合会》一文时使用了这些材料。

6 月 4 日(17 日)

列宁的文章《革命无产阶级的民主主义任务》(社论)和《新的革命工人联合会》发表在《无产者报》第 4 号上。

6 月 5 日(18 日)

以中央委员会国外代表的身份,批准俄国社会民主工党国外组织章程。

6 月 8 日(21 日)

撰写《资产阶级背叛的头几步》一文。

6月8日(21日)—7月

翻阅6月份的《黎明报》,从报上摘录有关地方自治人士代表团晋谒沙皇的消息,写评注,在《社会民主党在民主革命中的两种策略》一书中评价了该报发表的材料,认为这是按资产阶级精神伪造社会民主主义的把戏,是用机会主义来歪曲阶级斗争概念的伎俩。

6月10日(23日)

撰写《戴白手套的"革命家"》一文。

6月10日(23日)以后

亚·亚·波格丹诺夫1905年6月10日(23日)自彼得堡寄信给列宁,说许多委员会站到了俄国社会民主工党第三次代表大会一边,孟什维克在这些委员会中遭到了失败。

6月11日和6月27日(6月24日和7月10日)之间

翻阅1905年6月11日(24日)和12日(25日)的《俄罗斯新闻》,并摘录有关沙皇接见地方自治人士代表团的材料;在《革命军队和革命政府》一文中利用了这些材料。

6月12日(25日)以后

写《给〈莱比锡人民报〉编辑部的公开信》,信中抗议卡·考茨基歪曲俄国社会民主工党党内的情况,反对企图用抵制俄国社会民主工党第三次代表大会的决议和关于代表大会的通知的德文小册子的办法,来封锁布尔什维克在德国社会民主党的报刊上的声音。

翻阅1905年6月25日(公历)的资产阶级自由派的《福斯报》,并摘录关于地方自治人士和贵族代表大会的材料。

6月13日(26日)以前

校订瓦·瓦·沃罗夫斯基的文章《资产阶级和罢工。第二篇文章》、弗·弗·菲拉托夫和瓦·瓦·沃罗夫斯基的文章《革命斗争和政治领导》、俄国社会民主工党莫斯科委员会关于莫斯科党代表会议同意俄国社会民主工党第三次代表大会决议的传单。这两篇文章和传单的一部分发表在6月13日(26日)《无产者报》第5号上。

6月13日(26日)

列宁的文章《资产阶级背叛的头几步》和《戴白手套的"革命家"》发表在

《无产者报》第5号上。

6月15日(28日)

写《无产阶级的斗争和资产阶级的奴颜婢膝》一文。

6月15日(28日)以后

谢·伊·古谢夫1905年6月15日(28日)自敖德萨寄信给列宁,报告敖德萨的革命事件和"波将金"号装甲舰举行起义的情况。

校订阿·瓦·卢那察尔斯基的文章《罗马庆祝马志尼一百周年诞辰》一文。

6月16日(29日)以前

列宁起草的《关于俄国社会民主工党第三次代表大会的通知》的拉脱维亚文和俄文单行本在里加散发。

6月17日(30日)

根据列宁的提议,俄国社会民主工党派米·伊·瓦西里耶夫-尤任作为中央的代办员前往敖德萨,同领导黑海舰队起义和"波将金"号装甲舰起义的社会民主党组织建立联系;行前列宁同瓦西里耶夫-尤任进行谈话,指示他特别需要取得农民的积极支持,行动要坚决、勇敢和迅速,要武装工人,夺取城市。瓦西里耶夫-尤任到达敖德萨时"波将金"号装甲舰已经驶往罗马尼亚,没能取得上联系。

6月18日(7月1日)以后

从1905年7月1日(公历)英国《经济学家》杂志上摘录关于"波将金"号装甲舰起义的资料。

6月18日和27日(7月1日和10日)之间

从1905年7月1日(公历)瑞士自由派《日内瓦日报》摘录关于自由派对布里根杜马草案的态度;在《资产阶级向专制制度讨价还价,专制制度向资产阶级讨价还价》一文和《革命军队和革命政府》一文的提纲中利用了这一材料。

6月19日(7月2日)以后

收到阿·瓦·卢那察尔斯基的来信,信中感谢寄去了书,并请求把载有卢那察尔斯基的《群众政治罢工》一组文章的那几号《无产者报》寄给他,因为他想把这几篇文章编成小册子。

6 月 20 日（7 月 3 日）以前

修改自己的《倒退的第三步》一文的手稿。

校订尼·费·纳西莫维奇的文章《军队里发生了什么事》,审定纳西莫维奇按照列宁建议拟定的提交各地方党组织的关于在军队里建立鼓动工作的调查表。

6 月 20 日（7 月 3 日）

列宁的文章《无产阶级的斗争和资产阶级的奴颜婢膝》（社论）和《倒退的第三步》发表在《无产者报》第 6 号上。

收到社会党国际局书记的来信,信中通知说给格·瓦·普列汉诺夫寄去 5 049 法郎,作为俄国社会民主工党在俄国开展革命活动的费用。

代表俄国社会民主工党中央委员会复函社会党国际局书记,告知从俄国社会民主工党第三次代表大会开始格·瓦·普列汉诺夫已不再是驻社会党国际局的代表,在中央未专门派代表去社会党国际局期间,一切事务应同中央委员会代表列宁联系。

6 月 20 日和 27 日（7 月 3 日和 10 日）之间

从 1905 年 7 月 3 日（公历）《晨报》上摘录有关城市和地方自治机关代表会议拟定的立宪要求;在《资产阶级向专制制度讨价还价,专制制度向资产阶级讨价还价》一文和《革命军队和革命政府》一文的提纲中利用了摘录的材料。

6 月 21 日（7 月 4 日）

收到从柏林给《无产者报》编辑部的电报,电报要求通知社会党国际局:俄国政府已经请求各强国帮助它恢复国内秩序。

代表俄国社会民主工党中央委员会用法文写信给社会党国际局,请求向全世界工人发表呼吁书,制止欧洲各强国帮助沙皇政府镇压俄国的革命。

6 月 21 日（7 月 4 日）以后

为《社会民主党在民主革命中的两种策略》一书写《补充说明》,起草《补充说明》第 2 章的提纲和纲要。

6 月 23 日（7 月 6 日）

从《泰晤士报》、《法兰克福报》、《晨报》和《柏林日报》上摘录有关沙皇政府请求欧洲各强国派警察帮助镇压起义水兵的消息;写《俄国沙皇寻求土耳其苏丹的保护以抵御本国人民》一文。

6月24日(7月7日)

列宁写的《三种宪法或三种国家制度》由《无产者报》印成传单。

6月24日或25日(7月7日或8日)

收到社会党国际局书记处1905年6月23日(7月6日)关于俄国社会民主工党在社会党国际局的代表问题的来信。

6月24日和29日(7月7日和12日)之间

收到德·西·波斯托洛夫斯基的来信,信中报告了高加索的局势以及在格鲁吉亚学习列宁著作《怎么办?》和《进一步,退两步》的情况;请求对俄国社会民主工党高加索联合会给予物质上的帮助,以维持印刷所的日常工作。

6月25日(7月8日)

致函社会党国际局,说明在中央委员会任命新代表代替格·瓦·普列汉诺夫以前,凡涉及俄国社会民主工党的信件、宣言、文件、经费等,均请寄给中央委员会。

在瑞士比尔作专题报告。

代表俄国社会民主工党中央委员会致函社会党国际局书记卡·胡斯曼,说收到了他寄来的钱款的一半;再次重申:格·瓦·普列汉诺夫已不是俄国社会民主工党驻社会党国际局的代表。

6月25日(7月8日)以后

从1905年7月8日《时报》和7月7日《泰晤士报》上摘录有关提名大地主、地方自治运动活动家德·尼·希波夫为内务大臣候选人的消息。

写《特列波夫搞专制独裁和希波夫被提名上台》一文未完草稿。

6月25日(7月8日)—7月

同来自日内瓦的水兵阿·尼·马秋申科谈话,他是"波将金"号装甲舰起义的领导者之一。

6月26日和29日(7月9日和12日)之间

经叶·德·斯塔索娃收到俄国社会民主工党中央委员会关于任命格·瓦·普列汉诺夫为俄国社会民主工党驻社会党国际局代表和党的学术

性机关报主编的决定。

6月27日(7月10日)以前

校订弗·弗·菲拉托夫的小册子《战术和筑城术在人民起义中的运用》的手稿。

写《革命军队和革命政府》一文的两个提纲。

6月27日(7月10日)

列宁的文章《革命军队和革命政府》(社论)、《俄国沙皇寻求土耳其苏丹的保护以抵御本国人民》、《资产阶级向专制制度讨价还价,专制制度向资产阶级讨价还价》和《最后消息》发表在《无产者报》第7号上。

6月28日(7月11日)

致函俄国社会民主工党中央委员会,认为中央委员会工作中存在缺点,为了在革命高潮的复杂形势下执行正确的策略路线,建议加强思想领导,印发关于党和政治问题的传单,建议补充中央委员会的成员和增加中央委员会的代办员。

6月29日(7月12日)以前

收到社会党国际局的来信,信中询问有关俄国社会民主工党驻社会党国际局的代表问题,并提到奥·倍倍尔提出的进行调解以促成布尔什维克和孟什维克统一的建议。

会见俄国社会民主工党中央委员会战斗技术组成员 H.E.布勒宁,谈解决从国外获得武器的实际问题。

6月29日(7月12日)

致电彼得堡俄国社会民主工党中央委员会,同意增补彼·彼·鲁勉采夫为中央委员会委员(这封电报没有找到)。

致函俄国社会民主工党中央委员会,不同意任命格·瓦·普列汉诺夫为驻社会党国际局代表,因为他反对党的第三次代表大会通过的各项决议。

6月30日(7月13日)—7月

同自己的家属住在日内瓦近郊的别墅里,每周去市里三四次。

6月下半月

根据俄国社会民主工党中央委员会的决定,雅·纳·勃兰登堡斯基和其他同志被派往国内,到党的地方委员会去工作。列宁对他们作指示,说明当前局势的特点、战争的情况、"波将金"号装甲舰事件,详细分析俄国社会民主工党第三次代表大会的决议和孟什维克日内瓦代表会议的决议。

6月

拟定《谈谈政治同教育的混淆》一文的提纲并撰写正文。

写札记《临时革命政府图景》。

阅读已经出版的载有列宁撰写的《关于俄国社会民主工党第三次代表大会的通知》、代表大会通过的主要决议和党章的小册子,在小册子上作批注,并在正文各页划重点。

会见从俄国来的 А.И.雅柯夫列夫,向他询问莫斯科的情况和来自满洲的消息。

尔·马尔托夫在日内瓦作关于武装起义的报告,列宁听了他的报告并作了记录。

不晚于7月

写俄国社会民主工党第三次代表大会记录出版委员会对记录的说明。

《列宁全集》第二版第 10 卷编译人员

译文校订：高叔眉　黄有自
资料编写：丁世俊　王其侠　张瑞亭　刘方清　王丽华　王锦文
　　　　　刘彦章　门三姗
编　　辑：江显藩　钱文干　任建华　许易森　李桂兰　薛春华
　　　　　李京洲　刘京京
译文审订：胡尧之　屈　洪

《列宁全集》第二版增订版编辑人员

翟民刚　李京洲　高晓惠　张海滨　赵国顺　任建华　刘燕明
孙凌齐　李桂兰　门三姗　韩　英　侯静娜　彭晓宇　李宏梅
武锡申　戢炳惠　曲延明

审　　定：韦建桦　顾锦屏　王学东

本卷增订工作负责人：任建华　刘燕明

项目统筹：崔继新

责任编辑：崔继新

装帧设计：石笑梦

版式设计：周方亚

责任校对：胡　佳

图书在版编目(CIP)数据

列宁全集.第10卷/(苏)列宁著;中共中央马克思恩格斯列宁斯大林著作编译局编译.
—2版(增订版)-北京:人民出版社,2017.3
ISBN 978 - 7 - 01 - 017093 - 0

Ⅰ.①列… Ⅱ.①列… ②中… Ⅲ.①列宁著作-全集 Ⅳ.①A2

中国版本图书馆 CIP 数据核字(2016)第 316478 号

书　名　**列宁全集**
　　　　　LIENING QUANJI
　　　　　第十卷

编 译 者　中共中央马克思恩格斯列宁斯大林著作编译局

出版发行　**人民出版社**
　　　　　(北京市东城区隆福寺街 99 号　邮编 100706)

邮购电话　(010)65250042　65289539

经　销　新华书店

印　刷　北京新华印刷有限公司

版　次　2017 年 3 月第 2 版增订版　2017 年 3 月北京第 1 次印刷

开　本　880 毫米×1230 毫米 1/32

印　张　18.75

插　页　4

字　数　495 千字

印　数　0,001—3,000 册

书　号　ISBN 978 - 7 - 01 - 017093 - 0

定　价　47.00 元

ISBN 978-7-01-017093-0

9 787010 170930 >